DIE GRÜNEN
DAS BUCH

—

ZEIT MAGAZIN

DIE GRÜNEN
DAS BUCH

Herausgegeben von Christoph Amend und Patrik Schwarz

INHALT

—

13 **VORWORT**
   Christoph Amend und Patrik Schwarz

16 DAS GRÜN-O-GRAM

—

KAPITEL I
19 DIE GRÜNEN & DER ZEITGEIST

21 DIE GRÜNIS SIND DAS ALLERLETZTE, *Matthias Horx, DIE ZEIT 19.04.1985*
   Bislang haben die Jungwähler für ein Anwachsen der Grünen gesorgt. Dieser Trend scheint jetzt gebrochen. Doch mehr als politische Inhalte spielen dabei Stile und Moden jugendlicher Kulturen eine Rolle.

27 DAS VERLORENE PARADIES, *Matthias Horx, ZEITmagazin 16.12.1988*
   Vor sechs Jahren begann eine Gruppe junger Deutscher ein spannendes soziales Experiment: Sie kauften in Italien einen ganzen Quadratkilometer Hügelland und ließen sich dort nieder, weit weg vom kalten Deutschland mit seinen Sach- und Geldzwängen. Die Großkommune »Utopiaggia« spiegelt Glanz und Elend des alternativen Lebens.

33 JUHNKE SPIELT JUHNKE, *Jutta Ditfurth, ZEITmagazin 15.11.1991*
   Die Szene: Der deutsche Showstar Harald J., 61, trifft sich in einem Berliner Hotel mit der Journalistin und Ex-Grünen-Politikerin Jutta D. Es kommt zu einem Meinungsaustausch. Freimütig plaudert Harald J. über seine Sauftouren und seine Erfolge, über das Geheimnis der Popularität und über Politik. Das Interview gerät zur Inszenierung. Und Jutta D. schreibt alles mit.

38 EIN STARKER AUFTRITT, *Jörg Albrecht, ZEITmagazin 16.07.1993*
   Modefetischisten packt das Grausen, wenn sie nur den Namen hören. Birkenstock – der hässlichste Schuh aller Zeiten. Nun heißt es umdenken. Die Gesundheitstreter sind zum letzten Schrei geworden. Und der Fuß freut sich.

41 DROHUNG MIT DEM MUTTERKREUZ, *Waltraud Schoppe, DIE ZEIT 08.04.1994*
   Für viele Linke ist Familie ein Reizwort. Waltraud Schoppe, grüne Familienministerin in Niedersachsen, schreibt über den Widerstand in den eigenen Reihen gegen eine Politik für Leute mit Kindern.

45 LASSET DIE KINDER ZU UNS KOMMEN, *Jochen Buchsteiner, DIE ZEIT 10.05.2001*
   Der grüne Führungsnachwuchs rüstet zum Kampf. Noch vor der Wahl soll ein neues Image her: »Wir, die Familienpartei«.

49   ALLES MÜLLER? *Sven Hillenkamp und Henning Sußebach, ZEITmagazin 29.08.2002*
     Klaus und Birgit Müller: verheiratet, ein Kind. Er geht zur Arbeit, sie bleibt zu Hause. Sind die
     Grünen zu normal geworden? Ein Hausbesuch bei Schleswig-Holsteins Umweltminister.

54   »SCHON IN DEN NÄCHSTEN JAHREN WERDEN IN DEUTSCHLAND GROSSFLÄCHIG
     WÄLDER ABSTERBEN«, *Heike Faller, ZEITmagazin 31.12.2003*
     Das glaubten Anfang der achtziger Jahre viele Menschen. Auslöser war die Prognose eines
     Göttinger Bodenkundlers.

60   BIONADE-BIEDERMEIER, *Henning Sußebach, ZEITmagazin 02.11.2007*
     Im Berliner Stadtteil Prenzlauer Berg hat das Land sich neu erfunden: Menschen aus dem Westen
     besiedelten ein Stück Osten. Alle sagen, hier gehe es tolerant, solidarisch und weltoffen zu –
     das schauen wir uns mal genauer an!

71   »PFIAT DI, SEPP!« *Henning Sußebach, DIE ZEIT 28.08.2010*
     Wie Freunde und frühere Gegner um den Grünen-Politiker Sepp Daxenberger und seine Frau trauern.

76   *Harald Martenstein, ZEITmagazin 25.11.2010*
     Über Energiesparlampen und Heizkugeln: »Die Wärme, welche früher von Glühbirnen ausging,
     muss jetzt anderweitig beschafft werden.«

78   *Harald Martenstein, ZEITmagazin 13.01.2011*
     Über den neuen Öko-Treibstoff: »Ihr könnt meinetwegen acht Sorten Biodiesel einführen.«

80   VERSCHONT UNS! *Jan Ross, DIE ZEIT 26.05.2011*
     Auto-Feindschaft, Frauenquote, Ökostrom – die Grünen wollen uns zwangsbeglücken.
     Doch wir brauchen keinen Tugendstaat, sondern echten Liberalismus.

83   99 FRAGEN AN RENATE KÜNAST, *Moritz von Uslar, ZEITmagazin 08.09.2011*
     Mehr braucht kein Mensch

92   DEUTSCHLANDKARTE: BIONADE *Matthias Stolz, ZEITmagazin, 11.12.2008*

     KAPITEL 2
95   DIE GRÜNEN & DER PROTEST

97   EIN NATURRECHT AUF WIDERSTAND? *Klaus Pokatzky, DIE ZEIT 06.05.1983*
     Die Mehrheit mag sich von Gewalt nicht distanzieren.

102 DER TOD UNTER DEM WASSERWERFER, *Michael Sontheimer, DIE ZEIT 18.10.1985*
     Der Tod von Günter Sare wurde zum Fanal der Unruhen in vielen Großstädten. Woher kommt die Wut der
     »Chaoten« und die Maßlosigkeit der »Bullen«? Momentaufnahmen aus Frankfurt, Hamburg und Freiburg.

113   IMMER WIEDER DEMO? *Mark Spörrle, ZEITmagazin 22.03.2001*
    Demnächst wird wieder ein Castor nach Gorleben rollen. Ein Polizist und eine Demonstrantin sprechen über den Sinn der ritualisierten Proteste – und darüber, warum sie sich trotzdem gut verstehen.

119   GORLEBEN IST NIRGENDWO, *Frank Drieschner, DIE ZEIT 01.03.2011*
    Von der Bewegungs- zur Regierungspartei: Im Wendland lässt sich das Ende einer Ära besichtigen.

124   HINTERN AUF DIE STRASSE, *Brigitte Fehrle, 06.11.2008*
    Jahrelang hielten die Grünen Distanz zum Castor-Protest im Wendland. Nun rufen sie wieder zu Sitzblockaden auf.

126   DER GRAUE BLOCK, *Matthias Stolz und Philipp Wurm, ZEITmagazin 31.01.2011*
    Wer sind die älteren Menschen, die zum ersten Mal in ihrem Leben zur Demo gehen?

134   DEUTSCHLANDKARTE: BÜRGERBEGEHREN, *Matthias Stolz, ZEITmagazin, 14.01.2010*

KAPITEL 3
137   DIE GRÜNEN & IHR AUFSTIEG

139   DIE GRÜNEN RÄTE VON BREMEN *Peter Sager, ZEITmagazin 16.11.1979*
    Sie sammeln sich von Links bis Rechts, von Gruhl bis Dutschke, von Joseph Beuys bis Rudolf Bahro: Deutschlands Grüne. Im Stadt-Staat Bremen wurden sie erstmals Überraschungssieger bei einer Landtagswahl. Seit letzter Woche nun sitzen vier Grüne in der Bürgerschaft, vier von hundert Abgeordneten. Wer sind die Neuen, was wollen sie?

146   »HURRA, DIE GRÜNEN SIND DA!« *Horst Bieber, DIE ZEIT 18.01.1980*
    Aber die Geburtsstunde der neuen Partei birgt bereits den Keim der Spaltung in sich.

149   DIE UREINWOHNER ÜBEN GELASSENHEIT, *Gunter Hofmann, DIE ZEIT 18.03.1983*
    Die Grünen halten Einzug in Bonn. Aber die Neulinge bereiten den etablierten Parteien Sorge.

152   »HIER KANN MAN NICHT DENKEN«, *Gunter Hofmann, DIE ZEIT 13.05.1983*
    Die Bonner Welt aus der Sicht der Neulinge – Tagebuch einer Parlaments-Woche mit den Grünen.

157   NICHTS WIE WEG MIT DEN PLATZHIRSCHEN, *Margrit Gerste, DIE ZEIT 13.04.1984*
    Neue Führungsmannschaft der Grünen – Der Coup der listigen Frauen erregt Wut, Neid und heimliche Bewunderung.

161   ZWISCHEN BONN UND NEW YORK, *Petra K. Kelly, ZEITmagazin 24.05.1985*
    Wenn ich Tagebuch schriebe ...

163   DER FUNDAMENTALIST, *Margrit Gerste, DIE ZEIT 05.12.1986*
        Flink und verletzend: Thomas Ebermann, Hamburgs grüner Rebell.

166   EIN GREENHORN IM PARLAMENT, *Christiane Grefe, ZEITmagazin 21.04.1989*
        Die grüne Abgeordnete Marie-Luise Schmidt ist vor kurzem in den Bundestag eingezogen.
        Ihre erste Arbeitswoche im ungewohnten Milieu.

174   PROFITEURE DER FLAUTE, *Jutta Ditfurth, DIE ZEIT 27.10.1989*
        Die grüne Politikerin und Journalistin mit entschieden eigenen Ansichten ist zornig: über den
        eigenen Weggefährten, über die Grünen »am Tropf der Harmoniesucht«, über Anpasser, Absahner
        und rosa-grünes Kungeln. In diesem Beitrag macht sie sich Luft.

178   WIE DIE ZUKUNFT AUS DEM PARLAMENT VERSCHWAND, *Frank Drieschner, Wolfgang Gehrmann,
        Thomas Kleine-Brockhoff, Norbert Kostede, Klaus Pokatzky, Ulrich Stock, Christian Wernicke,
        DIE ZEIT 14.12.71990*
        Angetreten als Antipartei. Viele gute Ideen gehabt. Dann nur noch zerstritten. Schließlich erstarrt.
        Am 2. Dezember aufgewacht. Zu spät?

190   »STERBEN IM KAMPF, ABER NICHT SO!« *Norbert Kostede, DIE ZEIT 30.10.1992*
        Die Beweggründe bleiben im Dunkeln: Die Grünen rätseln über den Tod von Petra Kelly und Gert Bastian.

194   DEUTSCHLANDKARTE: DIE BIOLADEN-DICHTE, *Matthias Stolz, ZEITmagazin 29.10.2009*

KAPITEL 4

197   DIE GRÜNEN & DER KRIEG

199   IST DIE WELT VERRÜCKT GEWORDEN?, *Petra Kelly und Gert Bastian, DIE ZEIT 25.01.1991*
        Die Friedensbewegung macht es sich zu leicht.

203   LETZTE WORTE, *Klaus Hartung, DIE ZEIT 18.06.1993*
        Grüne Politiker erlebten das Grauen in Bosnien.

207   ZURÜCK ZUR REINEN MORAL, *Klaus Hartung, DIE ZEIT 15.10.1993*
        Somalia hat die Blauhelm-Debatte wieder entfacht. Die Grünen entsagen der Gewalt
        als Mittel der Außenpolitik.

209   BASTELN AM AUSSENPOLITISCHEN KONSENS, *Matthias Geis, DIE ZEIT 11.08.1995*
        Joschka Fischer bricht mit dem Pazifismusprinzip seiner Partei.

214   DAS PRINZIP FISCHER, *Jochen Buchsteiner, DIE ZEIT 08.12.1995*
        Die grünen Pazifisten haben ihre letzte Schlacht gewonnen.

216 EDEL LEIDEN, *Jochen Buchsteiner, DIE ZEIT 29.04.1999*
Warum Joschka Fischer Außenminister bleiben wird.

218 DAS GRÜNE THEATER, *Jochen Buchsteiner, DIE ZEIT 12.05.1999*
In Bielefeld will die kleine Partei Weltpolitik machen.

222 DIE ZERREISSPROBE, *Gunter Hofmann, DIE ZEIT 27.09.2001*
Die Grünen reden sich in Hysterie – aber eine Große Koalition liegt nicht in der Luft.

225 DER HANDLANGER DES KANZLERS *Matthias Geis, DIE ZEIT 22.11.2001*
Joschka Fischer muss die Grünen in Rostock zur Räson bringen
und die Partei dürfte ihm auch diesmal folgen.

230 DEUTSCHLANDKARTE: WIE ÖKO IST UNSER STROM? *Matthias Stolz, ZEITmagazin, 24.03.2011*

KAPITEL 5
233 DIE GRÜNEN & DIE ROTEN

235 KEINE ANGST VOR DEN GRÜNEN, *Gerhard Schröder, DIE ZEIT 24.09.1982*
Die SPD verliert ihren Bündnispartner FDP und gleichzeitig ihre alternativ orientierten Wähler.
Manche Sozialdemokraten suchen den Kampf mit den Grünen, andere hofieren sie als zukünftigen
Koalitionspartner. Der frühere Juso-Vorsitzende Gerhard Schröder plädiert für die Integration der
grünen und alternativen Bewegungen in die SPD.

242 ABSCHIED VON DEN BLÜTENTRÄUMEN, *Horst Bieber, Michael Sontheimer und
Gerhard Spörl, DIE ZEIT 20.01.1984*
In Hessen bieten sich die Grünen der SPD als Juniorpartner an. Wandelt sich die
Anti-Parteien-Partei zur Normal-Partei?

249 VOM SCHÖNEN TRAUM ZUM BÖSEN TRAUMA, *Gerhard Spörl, DIE ZEIT 10.04.1987*
Hessen-Wahl: Das rot-grüne Modell ist zerschellt – und Helmut Kohl gesichert.

253 ZÄHMUNG PER AKTENZEICHEN, *Ulrich Steger, DIE ZEIT 15.05.1987*
Sind die Grünen bereits ein verlässlicher Koalitionspartner für die Sozialdemokraten? Der ehemalige
hessische Wirtschaftsminister bezweifelt es – aus eigener Erfahrung.

260 WAS WOLLEN SIE, WOFÜR STEHEN SIE? *Gunter Hofmann, DIE ZEIT 17.03.1995*
Bündnis 90 / Die Grünen: Von »alternativ« keine Spur mehr, politische Profis sind sie geworden, machtorientierter als die SPD. Der Krieg zwischen Fundis und Realos – fast vergessen. Schwarz-Grün – warum nicht?

264 WOZU SIND DIE GRÜNEN NOCH GUT? *Matthias Geis, DIE ZEIT 04.06.1998*
Die Partei hat sich in eine schwere Krise manövriert. Nach ihrem Benzinpreisbeschluss gibt sie sich bußfertig – und betont ökonomisch. Doch dabei verspielt sie womöglich ihr ökologisches Profil.

269 RISIKO SONNENBLUME, *Jochen Buchsteiner, DIE ZEIT 01.10.1998*
Außenminister Fischer? Das Amt freut sich, die Partei trägt es mit Fassung.

273 DIE REGIERENDE LEBENSLÜGE, *Matthias Geis, DIE ZEIT 04.03.1999*
Zwischen Unernst und Zynismus – mit ihren alten Themen sind die Grünen nicht zukunftsfähig.

279 ABPFIFF? NEIN, NUR HALBZEIT, *Fritz Vorholz, DIE ZEIT 21.06.2000*
Die Grünen unterliegen: Der Atomausstieg gönnt der Energiewirtschaft jene Restlaufzeiten, die sie sich immer gewünscht hat.

281 DER DOPPELTE OTTO, *Sabine Rückert, DIE ZEIT 22.11.2001*
Vor einem Vierteljahrhundert verteidigte der Anwalt Otto Schily Terroristen gegen den Staat. Heute verteidigt der Minister Otto Schily den Staat gegen Terroristen. Annäherung an einen Mann, der sich Fragen nach biografischen Brüchen verbittet.

293 ÖZDEMIR FLIEGT, *Matthias Geis, DIE ZEIT 01.08.2002*
Und die Grünen geben sich moralisch.

295 JOSCHKA GIBT, JOSCHKA NIMMT, *Matthias Geis, DIE ZEIT 02.10.2002*
Nach dem Wahlsieg der Grünen legt sich der Außenminister keine Zurückhaltung mehr auf. Er fordert die Unterwerfung seiner Partei.

298 AUS UND VORBEI, STEFAN WILLEKE, *ZEITmagazin 02.06.2005*
Warum Rot-Grün mich enttäuscht hat und warum ich es trotzdem vermissen werde.

304 RIEN NE VA PLUS, *Matthias Geis und Bernd Ulrich, DIE ZEIT 25.05.2005*
Gerhard Schröder und Franz Müntefering haben faktisch das Ende von Rot-Grün verkündet. Für die SPD beginnt eine harte Zeit, und die Grünen könnten an der 5-Prozent-Hürde scheitern.

310 VERSTEHEN SIE DAS, HERR SCHMIDT?, *Giovanni di Lorenzo und Helmut Schmidt, ZEITmagazin 28.7.2011*
In ihren frühen Jahren wirkten die Grünen auf viele wie verbohrte Ideologen, die man politisch nicht ernst nehmen musste. Die ökologische Bewegung wurde als Sponticlub abgetan. Heute findet sich die SPD in Baden-Württemberg auf einmal als Juniorpartner der Grünen wieder.

316 DEUTSCHLANDKARTE: SOLARDÄCHER, *Matthias Stolz, ZEITmagazin, 16.09.2010*

KAPITEL 6
319 DIE GRÜNEN & IHR FISCHER

321 ZYNISCH, DRASTISCH UND UNENTBEHRLICH, *Michael Sontheimer, DIE ZEIT 13.01.1984*
Joschka Fischer, parlamentarischer Geschäftsführer: Zuchtmeister der Grünen und Streiter für eine Realpolitik.

326 EIN SPONTI SPIELT VABANQUE, *Gerhard Spörl, DIE ZEIT 13.12.1985*
Joschka Fischer, der neue Umweltminister, will die Grünen ans Regieren gewöhnen.

330 JOSCHKAS ERSTE TAT, *Irene Mayer-List, DIE ZEIT 14.03.1986*
Der grüne Umweltminister macht dem Chemiekonzern Hoechst neue Auflagen.

334 DER GESAMTMINISTER, *Jochen Buchsteiner, DIE ZEIT 20.12.2000*
Niemand leidet so mitreißend an Deutschland wie Joschka Fischer, der beliebteste Politiker des Landes.

340 ÜBER DIE GRÜNE GRENZE, *Matthias Geis und Bernd Ulrich, DIE ZEIT 17.02.2005*
In der Steinewerfer-Affäre hat Fischers Arroganz ihn in Gefahr gebracht. Die Dummheit der Opposition rettete ihn. In der Visa-Affäre sind seine Gegner offenbar klüger geworden. Er auch?

345 FISCHERS VIERTES LEBEN, *Tina Hildebrandt, ZEITmagazin 02.09.2010*
In Berlin sieht man ihn selten, und wenn, dann mäßig gelaunt im Schlepptau seiner glamourösen Frau. Joschka Fischer ist jetzt Berater. Ist es dem ehemaligen grünen Außenminister gelungen, sich noch einmal neu zu erfinden?

358 DEUTSCHLANDKARTE: GRÜNE BÜRGERMEISTER, *Matthias Stolz, ZEITmagazin 17.09.2009*

KAPITEL 7
361 DIE GRÜNEN & DIE ZUKUNFT

363 DER TRIUMPH DES EWIGEN ZWEITEN, *Matthias Geis, DIE ZEIT 13.09.2007*
Jürgen Trittin ist die Schlüsselfigur der grünen Afghanistan-Debatte. Wird ausgerechnet er, der Linke, die Partei in ein Bündnis mit der Union führen?

367 DIESE EHE WIRD WILD, *Patrik Schwarz, DIE ZEIT 24.04.2008*
Von der Gentechnik bis zur Atomenergie: Schwarz-Grün birgt weit mehr Zündstoff, als heute viele glauben – aber auch mehr Chancen. Eine davon könnte die Kanzlerin nutzen.

370 INFOGRAFIK: GRÜNE PARTEIAUSTRITTE, *Ole Haentzschel und Matthias Stolz*
Alle Bundestagsabgeordnete der Grünen, die in eine andere Partei überwechselten, im zeitlichen Verlauf.

372 DIE GRÜNEN AUS DEM SUPERMARKT, *Patrik Schwarz, DIE ZEIT 18.06.2009*
Die einstige Alternativpartei läuft heute vielerorts der SPD den Rang ab. Kann das gut gehen?

374	INFOGRAFIK: GRÜNE STRÖMUNGEN, *Ole Haentzschel und Matthias Stolz*
	Welches Gewicht hatten die parteiinternen Gruppierungen zu welcher Zeit?
376	WENN'S REICHT, GEHT'S, *Bernd Ulrich, DIE ZEIT 25.06.2009*
	Schwarz-Grün im Bund ist kein Projekt und keine Vision, sondern nur eine neue Koalition, deren Zeit gekommen ist.
378	INFOGRAFIK: GRÜNE LOGOS, *Ole Haentzschel und Matthias Stolz*
	Mit welchen Partei-Emblemen zog die Partei in den Bundestagswahlkampf?
380	SO GRÜN WIE WIR, *Bernd Ulrich, DIE ZEIT 11.11.2010*
	Die Grünen treffen das deutsche Lebensgefühl: Man genießt den Wohlstand, man protestiert ein wenig und trennt den Müll. Reicht das, um künftig das Land zu führen?
385	DAS TODESSTÖSSCHEN, *Matthias Krupa, DIE ZEIT 02.12.2010*
	Zu viel Grün, wenig Schwarz: Warum die Koalition in Hamburg gescheitert ist.
388	INFOGRAFIK: GRÜNES VOKABULAR, *Ole Haentzschel und Matthias Stolz*
	Welche Wörter kommen wie oft in den drei Parteiprogrammen der Grünen vor?
390	MOSES AUS SIGMARINGEN, *Mariam Lau, DIE ZEIT 24.03.2011*
	Dass er von einer Katastrophe profitiert, steht fest. Winfried Kretschmann will Ministerpräsident werden.
395	»ES GIBT KEIN LINKES LEBENSGEFÜHL«, *Marc Brost und Matthias Geis, DIE ZEIT 20.04.2011*
	Die Zeit der Ausreden ist vorbei, sagt Jürgen Trittin. Ein Gespräch über das Regierenlernen, die Kanzlerkandidatur und bürgerliche Hybris.
400	INFOGRAFIK: GRÜNE WELTKARTE, *Ole Haentzschel und Matthias Stolz*
	In welchen Parlamenten sitzen grüne Abgeordnete?
402	ES GRÜNT IM KLUB, *Giovanni di Lorenzo, DIE ZEIT 12.05.2011*
	Mit der Wahl Winfried Kretschmanns zum Ministerpräsidenten etabliert sich die dritte deutsche Volkspartei.
404	DER TEST: SIND SIE EIN GRÜNER SPIESSER? *Heike Faller, Christine Meffert und Matthias Stolz*
411	ÜBER DIE AUTOREN
414	BILDNACHWEIS
416	IMPRESSUM

VORWORT

Karlsruhe, ein Sonntag im Januar 1980. 1004 Delegierte haben sich in der überfüllten Stadthalle versammelt, um eine Partei zu gründen, von der niemand weiß, wo sie einmal enden wird – an der Macht oder im Orkus. Und obwohl sich verschiedene Gruppierungen schon vorab auf das Heftigste bekämpfen – »zwei turbulente, streckenweise chaotische Tage lang«, wie ZEIT-Autor Horst Bieber schreibt –, obwohl es bei Reden oft Pfiffe und Beifall gleichzeitig gibt, scheint an diesem Sonntag um 17.25 Uhr dann doch der entscheidende Satz an der Saalwand auf: Hurra, die Grünen sind da!

Mehr als 30 Jahre später, wieder ein Sonntag, Stuttgart im März 2011. Zum ersten Mal überrunden die Grünen bei Landtagswahlen die einst so übermächtige SPD. Der Spitzenkandidat Winfried Kretschmann kann erster grüner Ministerpräsident werden, und ZEIT-Chefredakteur Giovanni di Lorenzo analysiert in einem Leitartikel, dass sich mit der Wahl in Baden-Württemberg »die dritte deutsche Volkspartei« etabliert habe.

Die Geschichte zwischen diesen beiden Sonntagen erzählt dieses Buch.

Die Grünen sind von Anfang an mehr als nur eine Partei. Sie gelten den einen als Störenfriede und den anderen als Idol, sie setzen politische Trends und verursachen politisches Chaos, vor allem aber halten sie den Deutschen immer wieder den Spiegel vor. Die Grünen sind keine Ein-Generationen-Partei geblieben, auch wenn es ihren Konkurrenten oft ein Rätsel ist, wie sie es schaffen, 17-Jährige genauso für sich einzunehmen wie 70-Jährige. Und bis heute ringen sie mit sich, ob sie allein eine linke oder doch auch eine konservative Partei sind, und manchmal vielleicht sogar beides auf einmal.

Autoren von ZEIT und ZEITmagazin haben den Weg der Grünen von Anfang an begleitet, ihre Erfolge, ihre Niederlagen, ihre Hybris und ihre Selbstzweifel. Getrieben von ihren Träumen, rangen die Grünen stets mit einer Wirklichkeit, die sich ihnen widersetzte – aber immer mal wieder wurde aus ihren Träumen Wirklichkeit.

Dass die Grünen lebendig geblieben sind bis zum heutigen Tag, hat vor allem eine Ursache: Ihre Widersprüche sind auch die Widersprüche dieses Landes gewesen.

Die Grünen pflegen bis heute einen Basis-Kult und haben dabei von ihren Stars wie Joschka Fischer nie lassen können. Sie waren Instinkt-Pazifisten und haben doch Deutschland auf dem Balkan in den ersten Kriegseinsatz seit 1945 geführt. Sie sind gestartet als Alternative und sind heute so sehr Mainstream, dass sie das selbst manchmal nicht glauben können. Sie wollen die Welt immer noch zum Besseren verändern und müssen sich doch nach jeder Regierungsbeteiligung in Land oder Bund fragen lassen, warum sie nicht mehr erreicht haben.

Wer in die Grünen-Geschichten aus mehr als 30 Jahren ZEIT und ZEITmagazin eintaucht, stößt auf viele alte Bekannte und manche neue Sichtweise. Die grüne Fundamentalistin Jutta Ditfurth porträtiert im Auftrag des ZEITmagazins den Showbiz-Fundamentalisten Harald Juhnke: »Der Mann ist nicht bloß vom Alkohol abhängig. Er ist süchtig nach Alkohol, Beifall und nach weiblicher Bestätigung, ein erfolgreicher Junkie in öffentlichem Besitz.« Da schreibt aber zum Beispiel auch ein Nachwuchspolitiker der SPD im September 1982 in der ZEIT, seine Partei dürfe »Keine Angst vor den Grünen« haben und warnt davor, sich »an einem Machtkartell zur Ausgrenzung der Grünen und Alternativen« zu beteiligen. Der Autor: Gerhard Schröder. Den meisten Sozialdemokraten waren die Grünen zu dieser Zeit noch mehr als suspekt. Hat nicht auch der damalige Bundeskanzler Helmut Schmidt unterschätzt, wie stark die ökologische Frage die Menschen bewegt? Die Frage stellt Giovanni di Lorenzo dem heutigen ZEIT-Herausgeber Schmidt in einem der Gespräche, die beide für das ZEITmagazin führen. Antwort Schmidt: »Was Ökologie angeht, muss ich mir keinerlei Vorwürfe machen, darin bin ich, unter dem starken Einfluss meiner Frau Loki, seit mehr als einem halben Jahrhundert Grüner.«

Die Grünen sind bis heute eine Partei der Premieren: der erste Sieg bei einer Bundestagswahl 1983, der erste Umweltminister 1985, der erste Vizekanzler 1998, der erste Ministerpräsident 2011. Und so ziehen sich Premieren quer durch diesen Band. Die Grünen sind als bundesweite Partei noch gar nicht gegründet, da erzählt Peter Sager in seiner Reportage von 1979 über die Grünen Räte in Bremen bereits, welche Erfahrungen die ersten grünen Parlamentarier machen. Die ersten Schritte der ersten Bundestagsabgeordneten notiert Gunter Hofmann in seinem Tagebuch einer Woche in Bonn 1983 (und eine gewisse Marieluise Beck erklärt dem langjährigen Leiter des Hauptstadtbüros der ZEIT, in Bonn könne man »nicht denken«). 1984 beschreibt ZEIT-Redakteurin Margrit Gerste, wie grüne Frauen mit einem Coup einmal die Macht in der Fraktion übernahmen.

Doch wenn der Aufstieg zur Macht die eine Hälfte grüner Politik ist, dann ist der Protest auf den Straßen der andere. Klaus Pokatzky analysiert 1983, wie schwer sich die Partei tut, sich von Gewalt zu distanzieren – im grünen-üblichen Debatten-Milieu: »Draußen, auf dem Gang, wickelte eine Frau unentwegt ihre mitgebrachten Kleinkinder; drinnen, im Saale, wurde gezankt und gestritten und dann wieder herzlich gelacht.« Michael Sontheimer fängt den Aufruhr quer durch Deutschland ein, nachdem 1985 ein Wasserwerfer einen Demonstranten überfahren hat. Im Tagebuch, das Petra Kelly zeitweilig für das ZEITmagazin führte, erzählt die Ikone der deutschen Friedensbewegung, wie sie in New York den Dichter Alan Ginsberg traf, anschließend festgenommen und auf das 14. Revier gebracht wurde. Aber auch den Nachruf von 1992 auf Kelly und ihren Lebenspartner Gert Bastian enthält dieser Band, nachdem der Ex-General die Friedensaktivistin mit seiner Pistole erschossen hatte, ehe er sich selbst tötete: »Petra Kellys und Gert Bastians zu gedenken, das könnte ja auch heißen: Abschied nehmen von dem idealisierten Selbstbildnis der heroischen Anfangsjahre.«

Es ist nicht in erster Linie Vollständigkeit, die diese Sammlung aus Reportagen, Essays und Kommentaren ausmacht. Von den Grünen und dem Zeitgeist bis zu den Grünen und der Zukunft reichen die Kapitel, und sie verfolgen vor allem ein Ziel: die Geschichten einer Partei lebendig werden zu lassen, die selbst Teil der deutschen Geschichte geworden ist.

Eines ist dabei alles andere als neu: das Unbehagen an den Grünen und das Unbehagen vieler Grünen mit sich selbst. »Die Grünis sind das Allerletzte« ist bereits 1985 ein Beitrag von Matthias Horx überschrieben, in dem er Jugendliche befragt, die über die »Ökos« und »Müslis« herziehen. Knapp 25 Jahre später porträtiert Henning Sußebach in seiner sprichwörtlich gewordenen Reportage über das Bionade-Biedermeier eine wohlstandsübersättigte Öko-Boheme am Berliner Prenzlauer Berg, denen der Anspruch, »alternativ zu leben« nur noch ästhetischer Distinktionsgewinn ist. Jan Ross wiederum geißelt nach dem grünen Triumph von Baden-Württemberg einen ökologisch verbrämten Tugendterror 2011. Für ein Themen-Heft zu den Grünen hat die ZEITmagazin-Redaktion einen dazu passenden Selbst-Test entwickelt. Die Leser finden ihn am Ende dieses Buches, wenn sie herausfinden wollen: »Bin ich ein grüner Spiesser?«

So sehr die Grünen sich über ihren fragilen Aufstieg zur dritten Volkspartei freuen können: Im Herbst 2011 scheiterten sie mit ihrem Plan, in Berlin mit Renate Künast erstmals die Regierende Bürgermeisterin zu stellen. Eine Partei, die meinte, die Jugend gepachtet zu haben, musste feststellen, dass sie ihre relative Niederlage auch einer neuen Partei verdankt, die knapp neun Prozent der Stimmen bekommen hatte – und besonders bei jungen Wählern beliebt ist.

Die Piraten haben, ganz wie die Grünen früher auch, ein Thema besetzt, das die jüngere Generation von der älteren trennt: Was damals der Umweltschutz war, ist heute das Internet. Doch das ist bereits eine andere Geschichte.

Christoph Amend / Patrik Schwarz

DAS GRÜN-O-GRAMM

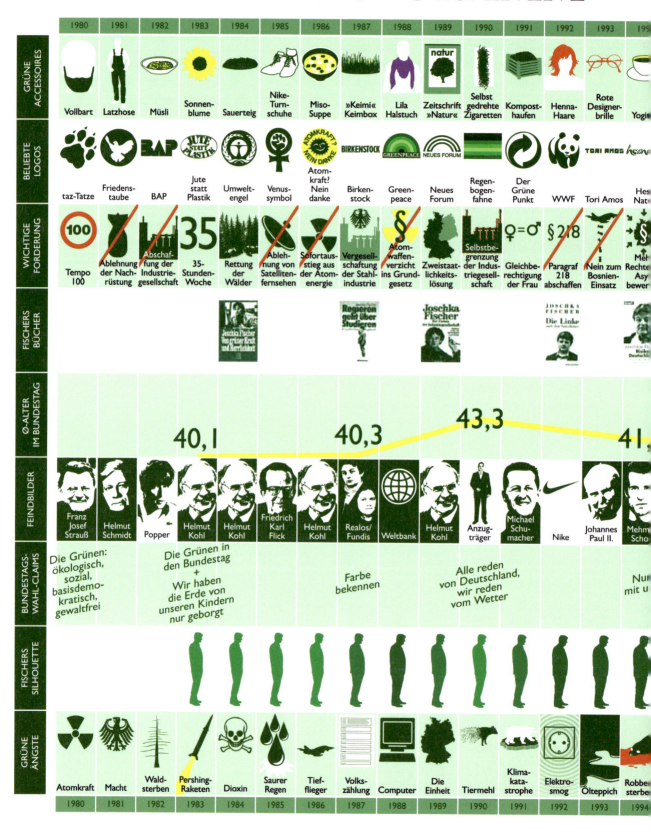

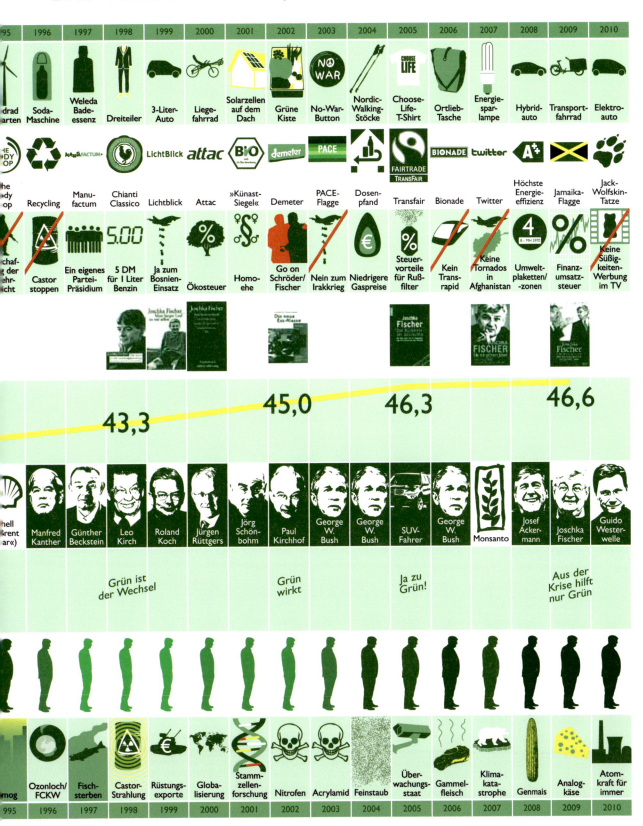

Kapitel 1

DIE GRÜNEN & DER ZEITGEIST

DIE GRÜNIS SIND DAS ALLERLETZTE

DIE ZEIT 19.04.1985
Matthias Horx

Bislang haben die Jungwähler für ein Anwachsen der Grünen gesorgt. Dieser Trend scheint jetzt gebrochen. Doch mehr als politische Inhalte spielen dabei Stile und Moden jugendlicher Kulturen eine Rolle.

Olaf, siebzehnjähriger Schüler im Gymnasialzweig einer hessischen Gesamtschule, verkörpert den cool-modischen Gestus der »Neon-Generation«. Eine motzige Haltung irgendwo zwischen schlaff und eckig und modisches Styling gehen eine Synthese ein; Olaf trägt die Haare schwarz gefärbt und hochgekämmt, spitze Lackschuhe und überhaupt viel Schwarz. »Die Grünis«, sagt Olaf, »sind für mich so ziemlich das Allerletzte. Alles ist ja irgendwie Müll für die, die ganze Welt nur Gift und so. Und die Grünis sind dauernd beleidigt, weil sie von den Etablierten fertiggemacht werden, von Reagan und diesem ... wie heißt der noch gleich ... Kohl und so. Ich meine, wenn sie sich unbedingt fertigmachen lassen wollen, dann meinetwegen. Aber ohne mich.«

Dieses Statement kommt in einem wunderschön arroganten und selbstbewussten Tonfall heraus, es wirkt, als wäre der Text eingeübt. In der Tat kursieren in Olafs kleiner Clique (die sich, ironisch gegen die Etikettierung der diversen Cliquenstile, »die Namenlosen« nennt) häufig abfällige Bemerkungen gegenüber allem, was irgendwie mit »Öko« oder »Grün« in Verbindung gebracht wird – die Gruppe scheint sich geradezu aus dieser Abgrenzung heraus konstituiert zu haben. Hier bedeuten die richtigen Kleider viel, Musik fast alles, »Schrägheit« steht hoch im Kurs, und über »die Ökos« wird geredet wie andernorts über Arbeitsemigranten; Marcus, der von der Gruppe »Imperator Marc der Zweite« tituliert wird, nennt die Grünen verächtlich »Späthippie-Affen«. Und Sven, ein schon wahlberechtigter Abiturient, der ein »berühmter Leuchtfarbenkünstler« werden will, hat bei der letzten Kommunalwahl in Frankfurt Walter Wallmann gewählt. Ein CDU-Anhänger? Mitnichten, »Weil der Walli so gut grinsen kann«, sagt er trocken, »da muss ich immer lachen. So einer muss Stadtkanzler bleiben.«

»Politik« als Attitüde, als Un-Ernst, als allenfalls ästhetisches Vergnügen. »Es ist wirklich unheimlich schwer«, sagt Manfred F., ein 35-jähriger Deutsch- und Gemeinschaftskundelehrer an

1983: In Iserlohn demonstrieren Jugendliche gegen antisemitische Schmierereien an einem Gymnasium.

1985: Teilnehmer am Ostermarsch Ruhr '85 in Dortmund.

Olafs, Markus' und Svens Schule, »überhaupt noch Problemstellungen im Unterricht zu erarbeiten. Für die Hälfte der Jugendlichen sind Sachen wie Umweltschutz und Aufrüstung inzwischen eher Namen von Popgruppen als reale Dinge. Nicht, dass sie nicht darüber Bescheid wüssten – im Gegenteil, aber sie orientieren sich an ganz anderen Dingen. Nicht nur an Mode und Kleidung, das wäre zu kurz gegriffen. Wahrscheinlich ist Gesten der richtige Ausdruck. Sie finden einen wie mich, der Problembewusstsein zu schaffen versucht und nicht allzu autoritär auftritt, einfach einen ›Laschi‹. Sie nehmen mich nicht ernst.«

Eine geradezu inflationäre Lehrerklage. Sind diese Jugendlichen an »harten« Mentalitäten orientiert, suchen sie nach der starken Hand, haben sie eine »Komme-was-wolle«-Mentalität? »Alles das trifft es nicht«, meint Manfred F. »Sie haben nur das Gefühl, dass das ›Problemschinden‹, wie sie es nennen, erstens keinen Effekt hat, zweitens inzwischen benotet wird wie alles andere auch – und damit jeden Spaßeffekt verliert – und drittens der Spleen irgendeiner vergangenen Clique ist, die sie nicht kopieren wollen. Und irgendwie haben sie gar nicht so unrecht.«

Irgendwie eben. Aber Cliquen wie Olafs, Svens und Marcus' sind eine relativ kleine Minderheit, Anti-Antikulturen, wie sie im Verlauf aller Jugendlichen-Stile gegeneinander konkurrieren, quasi »dialektisch« entstehen – Punks und Popper symbolisieren eine ähnliche Extrapolierung. Lehrer wie Manfred F. jedoch sind inzwischen in der Mehrheit: Er ist einer aus jener typischen Nach-68er-Lehrergeneration, die inzwischen die »Diskussionsfächer« beherrschen: moralisch, problembewusst, kritisch und, wie man so schön sagt: solidarisch. Manfred F. weiß selbst, dass er zur Entstehung der »Neonkulturen« beigetragen hat: »Unsere Form der Pädagogik war ja immer: bildet euch selbst eine Meinung, wir machen nur wenig Vorgaben. So entstehen eigentlich keine Konflikte mehr, die Schüler können sich nirgends abarbeiten, und sie machen dann wiederum diesen kooperativen Stil selbst zum Abarbeitungspunkt. Außerdem haben sie erfahren, dass alles und jedes in der Schule zum Thema gemacht wurde, ohne dass es einen Deut verändert hat – und das lässt sie natürlich misstrauisch werden, was die Wirkung von Kritik betrifft.«

Ganz so sieht das die Clique nicht. Auf die Vermutung, sie wolle mit ihren Anti-Grünen-Sprüchen nur die Lehrer ärgern, reagiert sie geradezu beleidigt. Dass die Grünen »was gegen den Staat haben«, hat Olaf jedenfalls »geschnallt«. Dagegen hat er nichts, im Gegenteil. »Aber«, sagt Sven, »die werden das härter machen als der Staat jetzt. Wenn du dir beim Zähneputzen schon Gedanken machen musst, ob du auch richtig Öko bist oder nicht, dann macht das keinen Spaß mehr. Wenn die Grünen am Drücker sind, dann wird doch alles verboten. Müll in den Wald schmeißen – ab ins Gefängnis. Motorräder gehen nur noch als Dreirad durch, und die Haare musst du dir mit rohen Eiern waschen statt mit diesem geilen grünen Shampoo!«

Das hört sich nach Vorurteilen an, die irgendwo zwischen ulkiger Übersteigerung und Übernahme von Medienbildern liegen. Es könnte aber auch auf mehr hindeuten: Für viele Jugendliche sind die Grünen inzwischen Symbol für einen neuen, moralischen Konsens, einen »Rigorismus des Alltags« geworden, der gesellschaftliche Konflikte gleichsam in die Individuen hineintransportiert – so entsteht kein Raum mehr für die so notwendige Trennung von eigener Individualität und dem »fremden« gesellschaftlichen Außen. Die Muster der Rücksichtnahme auf die Natur, der »handelnden Ökologie« richten sich gegen vieles, was Jugendlichen Spaß macht – sie haben gleichzeitig ihren Protestcharakter verloren. »Mein Vater«, sagt Olaf, »ist auch ein Öko, obwohl er CDU wählt. Ständig regt er sich auf, dass ich mir mit irgendwas die Haare kaputtmache oder dass was nicht gesund ist.« Beim Wort »Vollkornbrot« brechen alle drei in brüllendes Gelächter aus. Ökologisches Alltagshandeln als neue Zwangsnorm – die Werbeindustrie dürfte ihre Freude haben.

Doch nicht nur in solchen modischen Cliquen, die seit einigen Jahren gegen die »Unmittelbarkeitsästhetik« vergangener Jugendrevolten Neon, Kälte und Styling setzen, entwickelt sich Distanz zur grünen Kultur. Es gibt auch andere, ganz entgegengesetzte Motive. Susanne zum Beispiel, 16 Jahre alt und eine Klasse tiefer, wird die Grünen in zwei Jahren, zur Bundestagswahl, nicht wählen, sagt sie – obwohl sie das noch vor einem halben Jahr vorhatte. Die Begründung ist eher lapidar, sie scheint direkt aus den Medien zu stammen: »Die streiten sich doch dauernd.«

Susanne steht für den »anderen« Zugang zur Ökologie, einen Zugang, der die Grünen aus ihrem radikal-politischen Getto hinaus über die fünf Prozent getrieben haben dürfte. Nicht in erster Linie der Protest, die Unzufriedenheit, die Geste des Aufbegehrens machte sie zur Sympathisantin, sondern eine sehr klassische Vorliebe für Natur und Natürlichkeit. Susanne liebt, wie viele Jungen und Mädchen in diesem Alter, Tiere über alles. Aus Zeitschriften und nicht zuletzt in der Schule hat sie von der Bedrohung vieler Tierarten gehört, »und dass durch die Chemie und die Straßen ja alles verseucht wird«. Unterstützt wurde dieses Interesse durch schulische Aktivitäten (unter anderem betrieben von Manfred F.). Susannes Klasse hat im Rahmen eines »Projektunterrichts« ein nahegelegenes »Sumpfgebiet« biologisch analysiert, hat Schadstoffgehalte und Verunreinigungen in Luft und Wasser gemessen und in einer Ausstellung dokumentiert. Das war für Susanne »das Beste, was es in der Schule bisher gegeben hat«.

Mit »Politik« im klassischen Sinne hat das wenig zu tun – eher mit einem tiefgreifenden Harmoniebedürfnis. Dass es die Grünen gibt, findet sie gut, »wegen der Tiere und Pflanzen und so«. Aber: »Die sind ja noch schlimmer als die anderen, da klappt ja nichts«, fügt sie traurig hinzu. Ob denn nicht auch Streit und Probleme etwas »Natürliches« sind? »Na ja«, sagt sie, »die Natur ist ja eigentlich nicht gegeneinander, da hat ja alles seinen Sinn.«

Zwei konträre Motive, die diese Jugendlichen heute Distanz von den Grünen nehmen lassen, zwei brüchige und wohl auch nicht dauerhafte Motive. Dennoch dürften sie, was die Schwierigkeiten der Grünen betrifft, ihr recht kleines angestammtes Wählerpotential in der Generation der 25- bis 35-Jährigen zu erweitern, symptomatisch sein. Auf der einen Seite fehlt es an rebellischem Nachwuchs, an jenem Typus von jugendlichen Hausbesetzern, Startbahn-West-Bewegten, die durch solche Konflikte politisiert wurden. Andererseits fällt das Misstrauen gegenüber der etablierten Politik nun den Grünen auf die Füße: Sie sind Teil des parlamentarischen Geschehens geworden, das gleichsam abstrakt auf der Bühne der Medien stattfindet. »Die reden genauso viel wie die anderen«, sagt Susanne. »Nur noch lauter.«

Dass die »Ästhetik« des Konflikts, mit dem die Grünen zunächst als Bewegung, später als Partei groß geworden sind, weniger Identifikation schafft – ist das ein Ergebnis zunehmender Anpassung der Jugendlichen, die unter dem Druck der Jugendarbeitslosigkeit allmählich »stromlinienförmig« werden? Gibt es gar einen neuen »Rechtsruck«? In keiner der aktuellen Meinungsumfragen (die meisten sind allerdings schon ein bis zwei Jahre alt) ist ein Ansteigen deutlich konservativer Meinungen zu erkennen, im Gegenteil. Die kritische Distanz der Jugendlichen zu den Parteien, die Meinungen zu Autorität und Ordnung, Kernkraft und Rüstung, haben sich weitgehend stabilisiert. Etwas anderes dürfte hier wichtiger sein: So manche Jugendlichen von heute sind die Kinder der Revoltegeneration, zumindest haben sie indirekt die Auswirkungen der Emanzipationsbewegungen, der vielen kulturellen Infragestellungen und Umbrüche – durch all dies entstand ja auch die grüne Partei – miterlebt. Die Anzahl jener Jugendlichen, deren Eltern geschieden sind oder die von ihrer alleinstehenden Mutter erzogen werden, ist auf über ein Drittel gestiegen. Viele »Kids« kennen also – ob direkt oder indirekt – auch die »Sollseiten der Emanzipation«, die vielen alltäglichen Konflikte und Unsicherheiten, die durch die Sehnsüchte nach einem anderen Leben entstanden sind.

Maren, 17 Jahre alt, geht in dieselbe Klasse wie Susanne, wirkt aber frühreifer und sehr selbstbewusst. Sie lebt, seit sie denken kann, bei ihrer alleinerziehenden Mutter, die sie eindeutig als »Grüne« identifiziert. »Die hat eine Menge Probleme«, sagt sie, »eigentlich mit allem, mit dem Beruf und dem Freund und so. Ich weiß nicht – ich würde mir nicht so viele Probleme machen. So einfach gut leben – das muss doch gehen. Und wenn es irgendwann einen Atomkrieg gibt, dann hat man wenigstens vorher was vom Leben gehabt ...«

Resignation? Vielleicht auch schon wieder eine Art Trotz. Die Frankfurter Wissenschaftler Allerbeck und Hoag haben in ihrer Jugendstudie »Jugend ohne Zukunft?« (Piper Verlag, München) einen »Optimismus trotz No Future« festgestellt. Zwar glaubt nach ihrer Befragung mehr als die Hälfte der Jugendlichen an den Ausbruch des Atomkrieges, sie verlagern aber den Zeitpunkt weit in die Zukunft. Verblüffend auch die Untersuchungen zur Jugendarbeitslosigkeit: Die Jugendlichen sind über die Schwierigkeiten ihrer zukünftigen Berufsfindung sehr gut informiert, aber das scheint sie – über ein »normales« Maß hinaus – nicht in ihrer Identität zu erschüttern.

Sie schätzen ihre eigene Zukunft optimistischer ein als die »allgemeine« – man könnte auch sagen: sie trauen sich trotz aller Widrigkeiten etwas zu. Überdies konstatieren die Autoren eine deutliche Abneigung gegen »große« Zukunftsentwürfe, aber auch persönliche Festlegungen. »Fragen Sie mich das in zehn Jahren wieder«, war eine oft gehörte selbstbewusste Antwort auf die Frage nach den Zukunftsperspektiven.

Daraus lässt sich zweierlei herauslesen: man möchte sich von den Ängsten nicht auch noch »das Leben vermiesen« lassen; die Jugendlichen beginnen sich dagegen zu wehren, zum »doppelten Opfer« zu werden – Schwierigkeiten zu haben und auch noch ständig darunter zu leiden. Und sie vertrauen nicht mehr in die »großen Würfe« – seien es welche der Marke »Aufschwung« oder »Apokalypse«, »heile Familienwelt« oder »ökologische Gesellschaft«. So könnte Schelskys Parole von der »skeptischen Generation« jetzt erst, Mitte der 80er Jahre, realistische Wirklichkeit geworden sein. Denn die Nach-68er- und Alternativgeneration, die schließlich in die Grünen mündete, war ja nur auf dem einen Auge skeptisch – sie war andererseits auch glaubend, in Utopien, große Gesellschaftsentwürfe, kollektive Emphasen und eine manchmal abgrundtiefe Moral (siehe RAF) verliebt.

Mit einer ungläubigen Generation, die nicht mehr bereit ist, für Ideale zu opfern, was auch immer, dürften es die Grünen, deren moralische Kraft sich ja immer noch aus idealistischen Entwürfen speist – ob »Realos« oder »Fundis« –, schwer haben. Und der viel beschworene modische »Narzissmus« entpuppt sich bei näherem Hinsehen vielleicht weniger als Konsumrausch denn als ein schlichter Mangel an Begeisterung, gepaart mit der Erkenntnis, dass vorangegangene Jugendgenerationen viele Erfahrungs- und Sinnfelder schon besetzt haben – und denen man nur um den Preis des Plagiats nacheifern kann.

Für Maren etwa symbolisiert sich so etwas im Begriff der »Startbahn-Generation«. Die Zeit, als die Konflikte um die Startbahn-West des Frankfurter Flughafens viele Jugendliche in ihren Bann zogen, hat sie als Außenstehende erlebt: »Da gab es überall so Gruppen an der Schule, die nachts durch die Gegend zogen und die Wände vollpinselten. Irgendwie sahen die alle gleich aus – Parka und Jeans. Dann sind sie tagelang in den Wald gezogen und haben gelebt wie die Indianer, das war sicher ganz spannend. Aber ich weiß nicht, das ist irgendwie vorbei, heute würde das keiner mehr machen, tagelang im Regen und in der Kälte frieren und sich dann von Polizisten verkloppen lassen, zu guter Letzt.«

Ist es also nur noch eine Frage der Zeit, bis auch aus dem grünen Lager die altbekannte Klage angestimmt wird, dass die Jugend von heute keine Ideale mehr habe? Stimmig wäre das allemal. Aber seltsam: Dieser Niedergang der Öko-Moden schlägt sich tatsächlich kaum auf politische Meinungen nieder. Ginge es nach den »Inhalten«, dann müsste die grüne Partei bei den nächsten Wahlen mehr als die Hälfte der Jungwählerstimmen einheimsen und weit über die Zehn-Prozent-Marke klettern. Die Jugendstudien widersprechen sich kaum, und das seit geraumer Zeit: Mehr als die Hälfte der Jugendlichen ist für einen Baustopp aller Atomprojekte, mehr als die Hälfte fordert einen Abzug der Mittelstreckenraketen. Und während die Grünen als favorisierte Partei kaum über das Viertel herauskommen, sind 85% der Jugendlichen begeisterte Fans von Organisationen wie »Greenpeace« oder »Robin Wood«. Hier vermischen sich moderne Heldenmythen mit Umweltschutzbewusstsein, bahnt sich ein Bedürfnis nach Konkretion den Weg, den man den Grünen unabhängig von den diversen Flügeln der Partei nicht zutraut. Was heutige Jugendliche von einer Partei fordern, der sie nicht nur provisorisch ihre Stimme geben würden, dürfte im Grunde unerfüllbar sein – und das ist nach allen historischen Erfahrungen mit real existierenden »Bewegungsparteien« vielleicht gar nicht einmal so schlecht.

Wie das alles in Prozente, Zahlen, Fakten aufzudröseln ist? Im Hinblick auf die nächsten Wahlen ist von Demoskopien alles zu haben: vom rapiden Absacken des grünen Jugend-Wählerpotentials bis zum Anstieg auf stolze 25 Prozent. Und die Medien spekulieren mit den Grünen wie mit dem Dollar. Welche Partei Olaf, Susanne und Maren dereinst wählen werden, ist aber wohl kaum in »Wählerströmen« quantifizierbar. Stile und Gesten jugendlicher Kulturen werden entscheidender als alle Politprogramme.

Wie sagt Olaf so schön schnodderig: »Wenn die Grünen hier 'ne gute Ökosiedlung hinbauen würden mit Springbrunnen und Sonnenkollektoren und Windrädern, die echt funktionieren, mit ein paar scharfen Hochhäusern und guten Diskos und 'nem tollen Flughafen, dann würde ich sofort einziehen und die wählen.«

New York plus Ökoparadies. Auf die Jugend von heute ist kein Verlass mehr. Echt.

DAS VERLORENE PARADIES

ZEITmagazin, 16.12.1988
Matthias Horx und B.C. Möller (Fotos)

Vor sechs Jahren begann eine Gruppe junger Deutscher ein spannendes soziales Experiment: Sie kauften in Italien einen ganzen Quadratkilometer Hügelland und ließen sich dort nieder, weit weg vom kalten Deutschland mit seinen Sach- und Geldzwängen. Die Großkommune »Utopiaggia« spiegelt Glanz und Elend des alternativen Lebens

—

Nein, in »Utopiaggia« gibt es kein Schmuddelwetter, keine tiefhängende Wolke erzeugt Novemberdepressionen. »Das Wetter«, behauptet Wolfgang, der Silberschmied, »bleibt im Prinzip bis Weihnachten so«. An der Südmauer des Haupthauses, wo die dicken Steine die Wärme speichern, kann man tagsüber draußen sitzen. Im Januar und Februar regnet es ein wenig, selten fällt Schnee. Im März bricht mit Macht wieder der Frühling an. Bella Italia.

Alle reden vom Wetter – wir nicht: Mit diesem ironischen Slogan unter den Köpfen von Marx, Engels und Lenin warb vor zwanzig Jahren der sozialistische deutsche Studentenbund, der SDS. Damals bereiteten zwei junge SDS-Dozenten aus Frankfurt, Bernd Leineweber und Karl-Ludwig Schibel, eine theoretische Attacke gegen den orthodoxen Marxismus vor. Wenige Jahre später sollten sie eine programmatische Broschüre veröffentlichen: »Die Revolution ist vorbei, wir haben gesiegt«. Das klang sarkastisch, war aber durchaus ernst gemeint: Hier und jetzt, so die Devise, und nicht erst nach der Revolution, könne und müsse man mit dem anderen, dem solidarischen, dem unentfremdeten Leben beginnen.

»Man trachtet«, schrieb Bernd Leineweber kurz darauf in seinem Buch *Pflugschritt,* »der verwalteten Welt mit ihren konsumistischen Entlohnungen durch ein einfaches Leben in möglichst direktem Austausch mit der Natur zu entgehen. Die natürliche, biologische Seite des Lebens soll wieder hervortreten, um über sie den Anschluss an eine in der Massengesellschaft verloren gegangene Identität zu erlangen.«

So fühlten damals viele. Träume von alternativen Dörfern spukten durch die Freakbezirke von Kreuzberg, München-Haidhausen und Frankfurt-

Bockenheim. »Endlich fortgehen aus diesem kalten Land des Deutschen Herbstes« (Flugblatttext) hieß es in jeder Kneipe. Im Jahr 1982 hatte sich nach den obligaten Endlosdebatten ein Kreis von 50 Emigrationswilligen gebildet. Jeder von ihnen brachte – geerbt, geliehen, mühsam verdient – zwischen drei- und dreißigtausend Mark auf. Und hier, gut hundert Kilometer nördlich von Rom, in den Ausläufern des Apennin über dem Trasimenischen See, fanden die Emissäre der Gruppe endlich ein Grundstück, das groß genug schien für den Traum. Für einen halben Berg, 116 Hektar Land mit drei verstreuten Bauernhäusern darauf, legten die Emigranten eine halbe Million Mark hin.

Der Traum vom anderen Leben: »Piaggia« ist das italienische Wort für Hang, Abhang, Bergflanke: zusammen mit »Utopia«, dem man sich hier verschrieben hat, ergibt sich »Utopiaggia«. Es sind die Details, die einen auf den ersten Blick betören. Wenn Ingrid, die einst Lehrerstudentin in Hannover war, bei Sonnenaufgang die Schafe auf die Weide treibt, dann wird man an eine italienische Renaissancemalerei erinnert. Der kleine Tisch in ihrem Zimmer mit den Terrakottafliesen, das zerschlissene Jugendstilsofa, das noch aus der Studentenzeit stammt, die Bücher an der Wand, die von Hoffnungen und Illusionen der siebziger Jahre erzählen, die Schallplatten in den zerfledderten Hüllen, die ausschließlich aus der Steinzeit des Pop stammen, zwischen Woodstock und Blues – Bilder einer ästhetischen Armut. Neben dem Hauptgebäude, einem alten Herrenhaus aus rohem Stein, hat man eine solide Hütte gebaut. Sitzt man drinnen beim Geschäft, kann man durch ein riesiges Panoramafenster »Utopiaggia« überblicken – Olivenhaine, Eichenwälder und kleine Täler, schlanke Koniferen auf den Hügelspitzen, die der Landschaft ihr südliches Gepräge verleihen. Es ist das kollektive Klo. Über Ebbi, der unweit des Haupthauses in einem Wohnwagen lebt, sagt Bernd Leineweber: »Wenn es so etwas gäbe wie einen neuen Menschen – er käme ganz oben auf die Kandidatenliste.« Der hagere Ebbi ist eines jener seltenen Freak-Originale, die sich von den Sechzigern bis heute kaum verändert haben. Als einer der ersten begann er 1966 mit Haschisch, als einer der ersten geriet er ans Heroin – und hörte aus eigener Willenskraft wieder damit auf. Seitdem zieht er von Alternativgruppe zu Alternativgruppe, überall ist er ein gern gesehener Mitarbeiter. Seine Finger haben eine rissige Hornhaut vom Arbeiten, die Lachfalten um Augen und Mundwinkel verraten unverwüstlichen Humor. Er ist einer, der niemals jammert, der von jedem klagenden Ton der Psychodebatte unberührt bleibt. Jetzt, im Spätherbst, pflügt er draußen mit dem Traktor den Acker.

Sieht man zu, wie sich der altersschwache Traktor über den steinigen Boden quält, werden einem unweigerlich die Schattenseiten des Projekts klar. Groß waren die Hoffnungen, das Ackerland zu rekultivieren – die ökologische Landwirtschaft sollte das ökonomische Standbein der Truppe werden.

Einige Gruppenmitglieder hatten gerade mühsam gelernt, wie man Olivenbäume schneidet – eine hohe Kunst –, als diese durch einen plötzlichen Frosteinbruch im Winter allesamt erfroren. Nun stehen 600 tote Strünke auf den Weiden. Die Weinstöcke erwiesen sich als alt und ausgelaugt, auf den mühsam bestellten Äckern vertrocknete das Korn. Ein Utopiaggianer, der später nach Deutschland remigrierte, pflanzte hundert Obstbäume, von denen drei Wurzeln schlugen. Alle Jahre kaufte man neue Kühe, Schafe, Ziegen, die alsbald wieder verkauft wurden. Geblieben ist nur Ingrids und Detlefs Schafherde. Und drei riesige Sauen im Stall, um die sich Eugen kümmert. Von ihrem infernalischen Gequieke direkt neben der Küche geht etwas Gewalttätiges aus: sie verbreiten Gestank und Millionen Fliegen.

Zwanzig Erwachsene und zwölf Kinder zählt die »Utopiaggia«-Kolonie im sechsten Jahr. Trotz des Kindersegens herrscht Nachwuchsmangel. Das Gros der Kolonisten ist um die Vierzig, einziges italienisches Mitglied ist Beppo (mittlere Reihe, dritter von rechts).

Ingrid, eine ehemalige Studentin aus Hannover, hütet die Schafherde der Gruppe. Und das Telefon.

Schwein versus High-Tech: Karl-Ludwig Schibel, der Intellektuelle von »Utopiaggia«, benutzt zum Schreiben den Computer. Doch moderne Technik ist den meisten Kolonisten suspekt.

Das milde Hügelland Umbriens entpuppt sich auf den zweiten Blick als das, was der englische Schriftsteller John Berger als »Sau-Erde« bezeichnet hat. Ein weißer Staub liegt wie Mehl über der Macchia, seit zwei Jahrzehnten fällt der Grundwasserspiegel. Im letzten Frühjahr fraßen Raupen das junge Grün an Bäumen und Sträuchern ratzekahl ab. »Das Schmatzen«, erzählt Trixi schaudernd, »konnte man über alle Hügel hören.« Dazu kommt der chronologische Geldmangel und der Gruppen-Anspruch, jede Investition einem erbarmungslos zähen Diskussionsprozess zu unterwerfen – das Kollektiv als Kontroletti. Je nach Bedarf ist jeder mal Schafzüchter oder Dachdecker, Zimmermann oder Architekt. Überall stehen Bauruinen; aufwändige Projekte erwiesen sich als Fehlkonstruktionen: Das ökologische Klärsystem verstopfte gleich beim Probelauf, das Badezimmer im Haupthaus ist nach sechs Jahren Kommuneleben noch immer eine Baustelle.

So führt man auf dem Hügel eine zusammengezimmerte, letzten Endes geliehene Existenz. Nur Ingrid finanziert sich voll und ganz durch die Schafe, und Barbara, die aus Schafsmilch einen würzigen Käse herstellt. Der Rest muss immer wieder in die »alte Heimat« reisen (wie die Bundesrepublik halb ironisch, halb sentimental von manchem Utopiaggianer genannt wird), um für das nötigste Überlebensgeld zu sorgen. Barbara fährt dann in ihrer Heimatstadt Neumarkt, Ebbi in München und Wolfgang in Frankfurt Taxi.

Eine Puzzle-Ökonomie: Man lebt von kleinen Geschäften, Tauschaktionen, Gelegenheitsjobs, Erbschaften, bisweilen immer noch von Zuschüssen der Eltern. Wolfgang, der das zweite

Staatsexamen als Rechtsanwalt gemacht hat, arbeitet auch noch ein bis zwei Monate im Jahr in einem Frankfurter Anwaltskollektiv mit, ansonsten bastelt er Silberschmuck. Barbara bemalt Seidentücher. Der berufliche Dilettantismus wurde immer zum eigentlichen Kitt der Gruppe: Außerhalb verlieren ihre Mitglieder die Fähigkeit zum Überleben, nur etwa die Hälfte spricht zudem passabel Italienisch. »Das hier«, sagt Bernd Leineweber trocken, »ist ja kein Assimilierungsprojekt, sondern eine Kulisse für unsere Selbstfindung. Alle größeren Kommunen, die bis heute überlebt haben – etwa die Bhagwan-Kolonie oder »The Farm«, ein riesiges Landkommunenprojekt in Tennessee –, verfügten von Anfang an über eine gemeinsame verbindliche Weltanschauung; ordnende Rituale und eine charismatische Führungsfigur sorgten für die Nivellierung unterschiedlicher Interessen. Nichts dergleichen findet man in »Utopiaggia«. Dies macht das Projekt sympathisch, ist aber gleichzeitig sein großes Manko. So dreht sich das Rad der Spaltungsprozesse immer wieder aufs neue – Handarbeiter intrigieren gegen Kopfarbeiter, Pragmatiker fühlen sich von den Intellektuellen im Stich gelassen. Wie viele nach Deutschland zurückgegangen sind, weiß keiner mehr genau. Einige haben sich auf dem Gelände in idyllischen Wohnwagen niedergelassen, andere wurschteln in abgelegenen Gebäuden auf eigene Rechnung vor sich hin. Die Kerngruppe sät immer wieder ihre eigenen Dissidenten auf die umliegenden Hügel.

Rudi und Regine zum Beispiel: Mit drei weißblonden Kindern haben sie sich vor zwei Jahren mit großem Krach und zwei Kühen in fünf Kilometer Distanz zur Hauptgruppe abgesetzt, in ein Haus am Ende eines steinigen Weges, der jedem Auto die Achsen zu brechen droht.

Man kann dem kleinen nervösen Rudi mit der Halbglatze, der sich andauernd am Hinterkopf kratzt, der aufspringt und sich wieder setzt, der ununterbrochen redet und sich legitimiert, als einen Veteranen bezeichnen. Seit 20 Jahren sucht der Sohn eines Regierungsrats nach dem anderen, dem richtigen, dem endlich *wahren* Leben. »Ich denke zu viel«, sagt Rudi. »Ich bin ein Handarbeiter, aber ich denke von früh bis abends über die Handarbeit nach«.

Mitte der Siebziger kannte ihn in der Frankfurter Szene jeder als »Drucker-Rudi« – er war der Typ im Blaumann mit den ständig schwarzen Fingern, der die Flugblätter und Broschüren druckte. »1977, im ›Deutschen Herbst‹, merkten wir plötzlich, dass es nichts mehr zu kämpfen gab«, sagt Rudi. Er zog nun mit einem Planwagen durch Deutschland. Als das Projekt »Utopiaggia« gegründet wurde, gehörten Regine und Rudi zu den ersten, die auf den Hügel zogen.

»Wir haben es nicht geschafft, gleich zu werden«, sagt Rudi heute über das Experiment »Utopiaggia«. »Wir sind einfach nicht zusammengewachsen. Das war eine schwere Niederlage.« Aber Rudi ist unfähig zu resignieren. Die Revolte von 1968 hat ihn auf eine Umlaufbahn geschossen, von der er wohl nicht mehr herunterkommt. Er will weiter, immer weiter. Sein spartanischer Lebensstil ist ihm noch viel zu luxuriös, er sucht nach einem Haus am Bach, »wo man ganz auf Maschinen und Strom und diesen Scheiß verzichten kann.« Und je mehr Rudi zum kauzigen Eigenbrötler wird, um so mehr träumt er vom Glück in der Gruppe, von einem Kollektiv der Gleichen. Andere Mentalitäten, Charaktere, Prägungen kann er nur schwer ertragen. »Da ackerst du den ganzen Tag auf dem Feld«, murrt er, »und oben im Haus sitzt ein bescheuerter Intellektueller und übersetzt irgendeinen Scheiß vom Italienischen ins Deutsche! Der Arsch braucht auch im Winter 20 Grad im Zimmer, weil er den ganzen Tag drauf sitzt.« Zu dieser Existenz gehört die Dämonisierung der Stadt. Wenn Rudi von seinen seltenen Besuchen in Frankfurt erzählt, klingt es, als sei er

Wenn eines der Lämmer aus Ingrids Herde dran glauben muss, hilft Karl-Ludwig gerne beim Schlachten – eine Tätigkeit, die ihn besonders fasziniert.

in die Zombie-Kathedralen von Fritz Langs *Metropolis* verschlagen worden. »Da sitzen kaputte Typen in kalten Cafes und trinken Bier zu Preisen, für die du hier 'ne Woche leben kannst. Die sind alle vollständig verrückt geworden.« Dieses Gefühl teilt er mit den meisten restlichen Utopiaggianern. Die Bundesrepublik der achtziger Jahre – das ist für die Emigranten ein bedrohliches Sündenbabel: Yuppie-Land, vom Mammon und ungeheurer Verschwendung regiert.

Auf den umbrischen Hügeln scheint die Zeit stehengeblieben zu sein. Wie in einem Museum kann man hier noch einmal die studentischen Lebensweisen der siebziger Jahre bewundern. Der Haushaltskassenbeitrag, für jedes Gruppenmitglied verbindlich, ist bei 300 Mark eingefroren. Mit 400 bis 1000 Mark im Monat kommt hier jeder über die Runden. Man findet alles, was vor 15 Jahren das Leben schmackhaft machte: schrottreife Autos mit Aufklebern, knoblauchreiches Essen, rührend verwilderte Kinder – und muffige Arroganz gegenüber jenen, die sich nicht als Gleichgesinnte ausweisen können; aber dann doch auch wieder jene Freundlichkeit und Neugierde aus der Geselligkeitskultur der Freak-Ära.

Gleichwohl ist das Gefühl der Niederlage deutlich spürbar, unübersehbar die Müdigkeit in den Gesichtern. Man spürt, dass das Lebensmodell der Landkommune keine Konjunktur hat. Die Gruppe leidet an Nachwuchsmangel und Überalterung. »Leute um die 20 wollen wieder weg, wenn sie auch nur eine halbe Stunde hier sind«, sagt Karl-Ludwig. »Aber irgendwer«, fügt Bernd Leineweber hinzu, »muss die Kommune-Lebensmodelle weiterführen – unabhängig von den Konjunkturen. Vielleicht gehören wir in ein paar Jahren schon wieder zur Avantgarde.«

Vielleicht. Und wer wüsste schon, ob er wirklich ein besseres Leben lebt? »Utopiaggia« – das ist nicht das Scheitern einer Utopie, wie es der Gruppe immer wieder von Journalisten und Heimkehrern vorgeworfen wurde. Es ist viel schlimmer: Hier auf den Hügeln Umbriens hat sich das utopische Leben tatsächlich realisiert.

Drastisch wird uns vor Augen geführt, wie eine ökologische, kommunitäre, »unentfremdete« Mangelwirtschaft in der Realität aussehen würde. »Unsere Utopie ist heute das Hierbleiben schon der Kinder wegen«, sagt eine Mutter. »Ich rege mich nicht mehr auf«, lautet die stumme Parole. Es ist, als seien die Utopiaggianer in der Gruppe vereinsamt, als lehnten sie sich nur noch aneinander an.

Warum sie trotzdem bleiben? Schwer zu sagen. Trotz ist dabei, eine übergroße Sensibilität, die keine »Entfremdung« und schon gar keinen Acht-Stunden-Arbeitstag aushält, und hartnäckige Ideologieablagerungen aus den siebziger Jahren. Wenn all dies eines Tages gänzlich verschwunden ist, wenn die Kinder die Nase voll haben von den Segnungen der Natur und in die Yuppie-Städte flüchten werden, bleibt im besseren Fall schlichte ländliche Armut, der man den Respekt nicht versagen kann. Geht es schlecht aus, bleibt nur das Sozialamt in der »alten Heimat«.

JUHNKE SPIELT JUHNKE

ZEITmagazin 15.11.1991
Jutta Ditfurth

Die Szene: Der deutsche Showstar Harald J., 61, trifft sich in einem Berliner Hotel mit der Journalistin und Ex-Grünen-Politikerin Jutta D. Es kommt zu einem Meinungsaustausch. Freimütig plaudert Harald J. über seine Sauftouren und seine Erfolge, über das Geheimnis der Popularität und über Politik. Das Interview gerät zur Inszenierung. Und Jutta D. schreibt alles mit

---

Der Mann ist nicht bloß vom Alkohol abhängig. Er ist süchtig nach Alkohol, Beifall und nach weiblicher Bestätigung, ein erfolgreicher Junkie in öffentlichem Besitz. Der Komödiant, Entertainer, Schauspieler sitzt mir in einem Ostberliner Hotel gegenüber, nennt sich selbst einen »Quartalssäufer« und spricht mit einer Abgeklärtheit über seine Krankheit, als rezitiere er aus seinem Krankenblatt für eine Harald-Juhnke-Show. Er hat längst, ein wenig verwundert, gelernt, dass seine Popularität unter seiner Krankheit nicht leidet, sondern sogar von ihr profitiert. Eine hochprozentige Mischung aus Mitgefühl und Blutdurst von Massen und Medien *keeps the show going on*. Er liebt es, vielleicht als Vorwärtsverteidigung, mit seiner Krankheit zu kokettieren. Vergnügt erzählt er, wie, wenige Tage nachdem Ende August seine Rolle als Salieri in *Amadeus* am Berliner Renaissance-Theater platzte, die Medienwelt seine dritte Sauftour in diesem Jahr verfolgte. Bald darauf sollte er am 8. September seinen großen Auftritt bei der ARD-Gala haben, live. »Kinder«, habe er zu den Machern gesagt, »macht doch am Anfang eine Ansage: Juhnke ist noch nicht da. Kommt er, oder kommt er nicht?« Irgendsowas haben sie dann verkündet, und mit swingenden Schritten ist er auf die Bühne getanzt, rauschender Beifall und ein großer Erfolg. Klingenberg, Intendant des Renaissance-Theaters, der in Medizinerpose presseöffentlich Juhnke ein Jahr Genesungsdauer geweissagt hatte, war blamiert.

So blamiert wie der Privatsender Sat 1, der Juhnke kurz vor der Gala trinkend in einer Bar erwischte, auf einen Stuhl setzte und interviewte. Und die »liebe« Kollegin Ursela Monn, die jene Sat 1-Sendung über Berlin moderierte, hatte offensichtlich nichts Besseres zu tun, als zu diesem Beitrag überzuleiten und zu sagen – Juhnke imitiert sie: – »Hach, unser Harald, so isser nun

Harald Juhnke

mal.« Juhnke grinst bei der Erinnerung an seine »Rolle« bei Sat 1: »Da saß ich nun auf dem Stuhl und spielte die Rolle eines ganz traurigen Menschen: ›Das Leben ist vorbei für mich. Nie in meinem Leben war ich wirklich glücklich‹« – nachzulesen in der Boulevardpresse. »Glatt gelogen?« frage ich. »Glatt gelogen«, sagt er. Harald Juhnke ist für die Boulevardpresse ein echter Wirtschaftsfaktor. Erwischt ihn einer mit einem Glas, sind meist vier bis sieben Zentimeter Headline in der Kasse. Ein Mensch mit so wenig Rüstung wie Juhnke bietet sich als Kannibalenfutter an, zumal er gelegentlich den eitlen Fehler begeht, sein Leben in schlechten Serien und Klischees auszuplaudern. Er würde von der zeilenschlagenden Meute vollends gefressen, wäre da nicht die kommerzielle Angst von *Bild* zum Beispiel vor der unerschütterlichen Zuneigung des Publikums zu »unserem Harald«. Das führt zu triefend verlogenen Texten. *Bild* am 8.12.1990 in Fettbuchstaben: »Es war vier Uhr gestern nacht. Bei einem Chefredakteur ging das Telefon. Eine tiefe Stimme sagte: ›Harald Juhnke hat sich in München erschossen.‹ Der Journalist rief sofort bei den großen Münchner Hotels an – in tiefer Sorge und der Hoffnung, dass TV-Star Juhnke (61) doch noch leben könnte.« Und er lebte noch, und durch den Text zieht sich der Jammer um Schlagzeile und Auflage.

Und eine *Bild*-Reporterin, die über ihn kaum schreibt, wenn er nicht trinkt, teilte der Leser-Innenschaft ein anderes Mal tränendrüsig mit: »Harald, hör auf, dich kaputtzutrinken. Wir lieben dich doch.«

Juhnke ist einer, der sich im Alltag selbst inszeniert – beinahe auch während unseres Gesprächs (Harald Juhnke spielt Harald Juhnke, der gerade vom *ZEITmagazin* interviewt wird, Eintritt zwanzig Mark, Theater im »Dom-Hotel«). Für ihn existiert oft keine präzise Trennung zwischen Schein und Wirklichkeit. Manchmal spielt er bewusst und aus Spaß, und manchmal wird er Opfer der eigenen Inszenierung. Die Grenzen schwimmen: »Dann denke ich nicht als ich, sondern als Rolle.«

Im Leben spielt er oft das andere, auf der Bühne oft sich selbst. Juhnkes Charakterrollen als *Entertainer* von John Osborne, als *Tartuffe* und der *Geizige* von Moliere oder in *Eines langen Tages Reise in die Nacht* von Eugene O'Neill erkämpfte er sich, um auch als »richtiger Schauspieler« ernst genommen zu werden. Für alle Rollen bekam er – von anfangs regelrecht verblüfften Kritikern – hervorragende Kritiken. Seine Figuren verkörpern meist Typen, deren Charaktere hohe Überschneidungen mit dem seinen aufweisen: angeschlagene, verkrachte Männer, widersprüchliche, geniale (»Meine Ärzte sprechen mir Genialisches zu«), gebrochene Figuren. Der Hamlet hingegen sei ihm intellektuell zu kompliziert. Richard III. würde er gern spielen. Ab Sommer 1992 hätte er wieder Zeit für Theaterproben, er würde gern im Berliner Schauspielhaus auftreten, nicht bloß, weil der junge Harald Juhnke seine Leidenschaft fürs Theater dort entdeckte.

Noch im Februar 1991 hatte er geschwärmt, wie kultiviert seine Arbeit als Entertainer durch eine solche Rolle wie den Salieri würde. Im August bat er den Intendanten für die Rolle um mehr Probenzeit: »Bloß eine Woche mehr hätte ich gebraucht.« Gerhard Klingenberg lehnte ab, und es gab einen richtigen schönen Theaterkrach.

Danach hat sich Juhnke eine halbe Stunde, gleich beim Theater, in ein Cafe gesetzt, nur mit einer Tasse Kaffee. »Klingenberg kam nicht und hat so seine Chance für eine Verständigung verplempert«, sagt Juhnke. »Theaterkräche sind zu reparieren, wenn sie nicht öffentlich werden«, fügt er an, »aber Klingenberg ist öffentlich über mich hergezogen, also muss er sich genauso öffentlich entschuldigen. Meine Kollegen haben mir brieflich bestätigt, dass unser Krach ein nüchterner war. Erst danach habe ich gesoffen.«

Ich frage ihn, ob er nicht einfach Angst vor der Rolle gehabt habe und davor, dass Klingenberg vielleicht doch noch nachgeben, die Probezeit verlängern würde, er den Salieri doch noch spielen müsste. Ob er einen Konflikt inszenierte aus Angst vor der Überforderung durch die Figur des Salieri? Denn der Opernkomponist Salieri ist der Handwerker, der Spezialist, er hat nicht die genialische Leichtigkeit, die Mozart zugeschrieben wird. Juhnke wäre vielleicht lieber Mozart, mit dem Salieri hätte er einen echten Gegner auf der Bühne gehabt. Juhnke überlegt, nickt und sagt: »Kann sein.« Auf jeden Fall hatte er Angst vor Überlastung, denn die vierwöchigen Proben für die Komödie *Ein seltsames Paar* mit Eddi Arent hätten ihn im September parallel zum Salieri gefordert. Die Proben laufen nun ohne Schwierigkeiten. Er ist erleichtert und gut gelaunt. Der Schauspieler, der für ihn einsprang »hat für die kurze Vorbereitungszeit seine Sache gut gemacht«, sagt er.

Die *Amadeus*-Kritiken hat er gleich am Morgen nach der Premiere gelesen. Mit einer gewissen Schadenfreude hat er vernommen, dass das Stück »konventionell und uninszeniert« sei. Er weiß, warum er populär ist, aber er fragt sich und andere gern. Er ist ein außerordentlicher Komödiant. Er hält mit zwei bis drei Sauftouren jährlich die liebevolle Spannung seiner Fans aufrecht (Tanzt er, oder schwankt er? Schafft's unser Harald diesmal?). Sein »Alkoholproblem« haben viele Leute auch. Er steht im Fernsehstudio in einer Live-Sendung und sagt mit Juhnkescher Offenherzigkeit: »Ab und zu muss ich einen saufen«, und die Leute trampeln Beifall. Er ist ein Aufsteiger, der seine kleinbürgerliche Berliner Herkunft nicht leugnet. Der Vater war bei der Polizei im Wedding und sein Vorbild, »obwohl er nicht erfolgreich war«. Die Mutter bleibt in Juhnkes Memoiren im Nebel.

Er hat viel von dem, was andere Showgrößen nicht haben: Vielseitigkeit, Freundlichkeit, Offenheit, eine kindliche Verspieltheit und – überhaupt keine Distanz. Er zeigt, dass er unbedingt von allen sofort geliebt werden will, und weist damit jedem und jeder im Saal eine bedeutende Rolle zu. Wo andere Moderatoren wie Friseure, Autoverkäufer oder Milchbubis erscheinen (Namen werden zur Vermeidung von Beleidigungsklagen nicht genannt), ist er einer aus dem Publikum, einer, der direkt mit den Leuten kommuniziert. Das können nur wenige, unter ihnen Thomas Gottschalk, der allerdings – gut getarnt – in Wirklichkeit kilometerweite Distanz hält und damit sicher besser fährt. Harald Juhnke ist ein widersprüchlicher Mensch. Mal fordert er »die Politiker« auf, mit Hausbesetzern zu reden, und ist ehrlich verblüfft, dass Richard von Weizsäcker sich weigert. Also ging er eines Tages selbst zu einem besetzten Haus, rief nach oben: »Hallo, jemand da? Ich will mit euch reden!« »Wer ist da?« »Harald Juhnke.« – »Red keinen Quatsch, Alter!«, und dann haben sie sich gemütlich zusammengesetzt und geredet. Hat ihm gut gefallen. Rudi Dutschke hat ihn damals beeindruckt, obwohl er ihn zuerst nicht verstanden hat. Aber dass er Eberhard Diepgen im Wahlkampf unterstützt haben soll, wie eine Zeitung meldete, bestreitet er heftig.

Yves Montand habe es eigentlich richtig gemacht, der habe nach dem Tod von Simone Signoret seine Sekretärin geheiratet, eine einfache Frau, die mit dem Showgeschäft nichts zu tun hatte. Weil sie nicht von Montand profitieren wollte, habe der wenigstens sicher sein können, dass sie ihn liebt. Im Gegensatz zur traditionellen Opferrolle, die die meisten Medien Juhnkes Frau Susanne Hsiao scheinheilig zuweisen, entwickelt er im Gespräch das Bild einer selbstbewussten Frau mit viel Eigenleben, die Klavier spielt und einen eigenen Freundeskreis hat. Einige dieser Freundinnen findet er zu »Schickimicki«. Seine Frau ärgert ihn damit, dass sie, wenn alle jubeln »Harald, wir lieben dich, du bist der Jrößte!« und er sich in Rührung aufzulösen beginnt, cool und erst auf seine Nachfrage meint, er sei »ganz gut« gewesen.

Es ist ausschließlich ihr Verdienst, sagt er, dass ihre Ehe so lange gehalten habe. Ob die Verbindung halten wird, weiß er nicht. Er deutet aus dem Fenster: »Manchmal wünsche ich mir eine von diesen neuen schicken Wohnungen hier am Platz der Akademie. Ach, und dann allein losziehen. Aber ich kann nicht allein sein. Ich brauche Leute um mich. Nach der Arbeit muss die Anstrengung abklingen. Aber die Leute, die dann da sind, haben oft ihre eigenen Interessen. Und dann ist da wieder eine Frau, und der Alkohol ist im Spiel [in Juhnkes Buch *Alkohol ist auch keine Lösung* beschreibt er, wie eng Sexualität und Alkohol für ihn verknüpft sind], und ich denke wunder weiß was. Und dann war's wieder nur Einbildung und Mist. Aber irgendwie habe ich immer das Gefühl«, sagt Juhnke sehnsüchtig, »das kann doch noch nicht alles gewesen sein?« Er fängt selbst mit dem Thema Politik an. Vielleicht meint er, bei dieser Interviewerin muss er. Juhnke: »Helmut Schmidt hat sich mal drei Stunden für mich Zeit genommen, da war ich noch nicht berühmt, hatte aber gerade die *Peter-Frankenfeld-Show* übernommen (1979). Der muss gerochen haben, dass mal was aus mir wird.« – »Aber Engholm und Lafontaine, was halten Sie von denen?« fragt er mich. Ich sag's ihm. Er nickt: »Können Sie sich vorstellen, dass einer wie Engholm Kanzler wird? Ich nicht. Und Lafontaine, na, einiges ist an dem ja unkonventionell, die Freundin zum Beispiel. Aber hat der schon mal was mit Durchschlagkraft gesagt? Was will der eigentlich? Haben die keinen Brandt mit vierzig Jahren?«

Jutta Ditfurth

Er spielt in einem neuen Filmprojekt einen Schauspieler, der sich im heutigen Ostdeutschland von Rechtsextremisten zu Propagandazwecken einsetzen lässt. Seine Partnerin im Film bringt ihn zum Nachdenken. Daraufhin interpretiert der Schauspieler, den Juhnke spielt, seine Rolle, indem er sie so überzieht, dass er den Machtzuwachs der Neonazis – im Film – verhindern helfen kann. Juhnke findet den Umgang der Bundesregierung mit Honecker idiotisch. »Warum die den alten Mann noch vor ein Gericht zerren? Das war ein anderer Staat, mit seiner eigenen Geschichte, eigenen Gesetzen. Der Mann war immerhin im KZ. Der ist doch mit seiner Frau genug bestraft.«

Juhnke sagt, er weiß nicht, ob er, wenn er in der DDR gelebt hätte, nicht auch eine Einladung von Honecker angenommen hätte. Diese Verlogenheit von vielen! Brutal fügt er an: »Wenn ich im Faschismus gelebt hätte, weiß ich auch nicht, ob ich eine Einladung von Hitler ausgeschlagen hätte. Sehen Sie sich Gründgens an, wie der sich angepasst und herumlaviert hat. Naja, ein paar Leute soll er gerettet haben, sagt man.« Harald Juhnke, Jahrgang 1929, ist überzeugt: »Einen wie mich hätten die Nazis gebraucht. Ich weiß nicht, wie ich mich verhalten hätte, ich hoffe, ich wäre wenigstens abgehauen. Nach dem Krieg hatte ich manchmal den Eindruck, als sei ich der einzige gewesen, der je die Nazis unterstützt hätte. Keiner wollte es gewesen sein, und damit fing die ganze Scheiße wieder an. Die Vergangenheit muss doch wachgehalten werden.«

Er wäre gern ein internationaler Entertainer. Seine Selbstvergleiche im Lauf der Jahre in vielen Medien mit Yves Montand, Maurice Chevalier, Dean Martin, Richard Burton und – allen voran – Frank Sinatra sind Legion. Hat er es wirklich nötig, in jedem zweiten Interview mit dem Zaunpfahl darauf hinzuweisen, dass er mit Frank Sinatra verglichen werden will? Er sieht mich stirnrunzelnd an: »Hm, vielleicht nicht.« Auftritte im Olympia in Paris, in Las Vegas, das ist sein Traum. Er ist sicher, er würde das Publikum auch dort überall faszinieren. Bloß Englisch und Französisch, meint er, lernt er nicht mehr. Als ich ihn zwei Wochen später noch einmal treffe, hat er eine Einladung nach Las Vegas frisch in der Hand: eine Woche zu Ostern 1992. Nun lernt er doch noch Englisch.

Was immer er in Zukunft tun wird, dieser vielseitige, freundliche, beifallssüchtige und gelegentlich opportunistische Entertainer und Komödiant, der mal ehrlich ist und mal den Ehrlichen mimt, er wird immer Harald Juhnke spielen, die Rolle seines Lebens.

EIN STARKER AUFTRITT

ZEITmagazin 16.07.1993
Jörg Albrecht

Modefetischisten packt das Grausen, wenn sie nur den Namen hören. Birkenstock – der hässlichste Schuh aller Zeiten. Nun heißt es umdenken. Die Gesundheitstreter sind zum letzten Schrei geworden. Und der Fuß freut sich

---

Es gibt Dinge, die tut man einfach nicht. Öffentlich in der Nase bohren. Nach Achselschweiß riechen. Italien nicht mögen. Dinge in dieser Richtung stempeln einen schnell zum Außenseiter. Was, Sie tragen weiße Socken? Ab nach Pinneberg. Vor einiger Zeit ließ ich in vertrauter Runde mal die Bemerkung fallen, gelegentlich seien Sandalen einer bestimmten Marke eine echte Wohltat für die Füße. Iiih! schrien die Damen und verzogen die Münder, als hätten sie in Zitronen gebissen. Genauso gut hätte ich behaupten können, Kakerlakenpizza sei mein Leibgericht.

Birkenstock. Mit einem Wort: tabu. Da nimmt man doch lieber ein Überbein in Kauf, als dass man das Bild des hässlichen Deutschen abgibt, der schwitzend und schnaufend die Akropolis erklimmt, in ebenjenen Latschen, die ihn angeblich in den Augen der gesamten zivilisierten Menschheit lächerlich machen. »Ungelüftete Holdrio-Gemütlichkeit« attestierte eine Schweizer Zeitung den Sandalen und verwies ihre Besitzer an den Küchentisch, wo Mutti dampfende Kartoffeln serviert und Vati, Beine ausgestreckt, die Bierflasche köpft.

Na denn Prost. Machen wir einen Besuch in Bad Honnef am Rhein. Gleich nebenan liegt Rhöndorf, wo Adenauer seine Memoiren schrieb. Hier ist sie nun also, die Zentrale des schlechten Geschmacks, in der ersonnen wurde, was amerikanische Kommentatoren »*the ugliest shoe ever made*« genannt haben: die Birkenstock Orthopädie GmbH.

Karl Birkenstock, der Geschäftsführer, ist ein Mann, der die Häme, mit der sein Produkt bedacht worden ist, mit einem gewissen Kopfschütteln zur Kenntnis nimmt. »Uns geht es um die ideale Passform«, sagt er, »an Modefragen sind wir eigentlich nicht interessiert.« Karl Birkenstock ist einfach ein Mann, der sein Ding macht, und das möglichst gut. Rund um das Mittelmeer kauft er Kork, der bei der Produktion von Flaschenkorken abfällt. Nur die allerbeste Qualität, das versteht sich von selbst. Dieser Kork wird gemahlen und gesiebt, mit Latex, dem Saft des

Gummibaums, vermischt und zu dem berühmten Fußbett gepresst, das die natürliche Form des Fußes widerspiegelt und unter eingefleischten Birkenstock-Fans so viel gilt wie eine obenliegende Nockenwelle unter Sportwagenfreunden. Es wird in zwei Versionen hergestellt, schmal und normal, wobei normal eher breit ausfällt, also den Inhabern von Senk- und Spreizfüßen entgegenkommt. Über das Korkbett werden, mit lösungsmittelfreiem Kleber, Jute und Velours geklebt, darunter kommt eine derbe Gummisohle, dann noch die Riemen, und fertig ist der Schuh, der seinen Anhängern höchstes Wohlbefinden verschafft und seinen Gegnern Anlass zu Abscheu und Entsetzen. Selbst in dieser Zeitung wurde vor nicht allzu langer Zeit nach einem Geschmacksschutzgesetz gerufen. In ihrer Hässlichkeit würden die Sandalen nur von ihrer Haltbarkeit übertroffen.

Letzteres ist der Firma Birkenstock sogar ein Herzensanliegen. »Im Durchschnitt kauft jeder Deutsche pro Jahr fünf Paar Schuhe«, weiß Karl Birkenstock, »die Tragezeit beträgt danach zweieinhalb Monate. Das ist unsinnig, das ist völlig abwegig. Unsere Sandalen halten zehnmal so lange.« Und falls dann der Absatz schief gelaufen sein sollte, repariert man die Sohle herzlich gern, denn: »So ein alt eingelaufenes Paar hat ein ganz eigenes, wunderschönes Bild.« 375 000 Paar Schuhe werfen die Deutschen jedes Jahr in die Mülleimer. Paarweise hintereinandergelegt, hat der Birkenstock-Chef ausgerechnet, entspricht das einer Strecke von mehr als hundert Kilometern, also ungefähr der Entfernung zwischen Bad Honnef und Frankfurt am Main. Würde man hingegen die Birkenstock-Produktion eines einzigen Jahres aneinanderreihen, reichte die in einer imaginären Luftlinie glatt bis nach Kairo.

Johann Adam Birkenstock hätte sich das nicht unbedingt träumen lassen. Der Ur-Ur-Ur-Großvater des heutigen Firmenchefs, seines Zeichens »Untertan und Schuhmacher«, war der erste in der Familie, der sich vor mehr als zweihundert Jahren des Wohlergehens seiner Mitmenschen annahm. Spätere Birkenstockgenerationen widmeten sich dem »vollplastischen Maßschuh« und der Anfertigung von Einlegesohlen. Die Birkenstock-Sandale in ihrer heutigen Form erblickte erst relativ spät, nämlich Anfang der sechziger Jahre, das Licht der Welt.

Davon werden inzwischen jährlich knapp zehn Millionen Paare hergestellt, jedes Jahr kommen neue Modelle hinzu, längst gibt es die Gesundheitslatsche nicht mehr nur in Braun und Weiß, sondern auch in Pflaume und Jade, in Mint und Flieder, in Indian-Kupfer und Marine-Rost. Sogar das Undenkbare ist eingetreten: Birkenstock hat Eingang gefunden in die Haute Couture. Der amerikanische Modeschöpfer Perry Ellis schickte seine Models in den Tretern aus Bad Honnef auf den Laufsteg. Der Export in die Vereinigten Staaten schnellte um vierzig Prozent in die Höhe, Stars wie Harrison Ford oder Patrick Swayze wurden in Birkenstöckern gesichtet, und selbst von Madonna heißt es, sie würde nach getanem Exhibitionisten-Werk vom Stöckelschuh zurück in ihre Lieblingssandalen schlüpfen.

Schon ist ein neuer Trend ausgemacht: Die achtziger Jahre, so heißt es, waren *glitzy*, die neunziger werden *downtoearth*. So konnte es nicht ausbleiben, dass die Marke Birkenstock bis in den amerikanischen Wahlkampf hinein eine Rolle spielte. Der Sieg Bill Clintons, der nach eigenem Bekenntnis schon mal an einem Joint gezogen, wenn auch nicht inhaliert haben will, verhalf der einstigen Hippie-Fußbekleidung endgültig zur allgemeinen Tragfähigkeit.

Hier möchte man wieder, wie sooft, mit Goethe konstatieren: Amerika, du hast es besser! Gesegnet das Land, das die Boxershorts erfand und nun auch entdeckt hat, dass der menschliche Fuß nach vorne zu in Wahrheit gar nicht in spitzem Winkel zuläuft, sondern eher breiter wird. Und armes Deutschland, hartes Pflaster, das du in deiner ewigen Selbstverleugnung dem italienischen Modediktat aufgesessen bist, wonach eine Schuhsohle hauchdünn, ein Absatz möglichst hoch und die Zehen verkrüppelt zu sein haben. Wadenkrämpfe, Bandscheibenschäden, von Blasen ganz zu schweigen – all das nehmen wir teutonisch in Kauf.

Dabei hat die Mehrheit längst mit den Füßen abgestimmt. Bei Umfragen stellt sich immer wieder heraus, dass der Schuhkäufer nichts sehnlicher wünscht als Bequemlichkeit. Und das müssen selbst die ärgsten Birkenstock-Feinde einräumen: Bequem sind sie wirklich, die geschmähten Schlappen. Man möchte gar nicht wissen, wie groß die Zahl der Philister ist, die öffentlich Chic predigen und heimlich den Müßiggang einlegen. Karl Birkenstock kann es recht sein. Jahr für Jahr verzeichnet sein Unternehmen zwischen zehn und zwanzig Prozent Umsatzsteigerung. Wenn sich angesichts der Kübel von Spott, die über ihn ausgegossen wurden, auch Hornhaut auf seine Fabrikantenseele gelegt haben mag – unbeirrt baut er den Betrieb aus, verbessert hier, erneuert da. Die beiden Söhne sitzen mit in der Geschäftsleitung, Enkel sind ebenfalls vorhanden, und so spricht nicht viel dagegen, dass der Name Birkenstock noch im nächsten Jahrhundert von Japan bis zu den Niederländischen Antillen und von Schweden bis zu den Bahamas für »Ehrfurcht vor dem Fuß« stehen wird. Fachverkäufer werden sich weiterhin die Klinke in die Hand geben, und treue Kunden werden sich in die Rheinstraße nach Bad Honnef aufmachen, um im Schuhgeschäft gegenüber der Firmenzentrale einmal im Leben Birkenstock pur zu erleben. Vom Modell Rhön bis zum Modell Rio, vom Modell Bonn bis zum Modell Boston – hier sind sie alle versammelt, in vier Dutzend Ausführungen und in fünf Dutzend Farben, die Mercedesse unter den Sandalen, klobig wie die S-Klasse, aber genauso komfortabel. Trägt nicht auch Helmut Kohl welche, wenn er am Wolfgangsee weilt? Eben. Der Mann wusste immer, was gut für ihn ist.

DROHUNG MIT DEM MUTTERKREUZ

DIE ZEIT 08.04.1994
Waltraud Schoppe

Für viele Linke ist Familie ein Reizwort. Waltraud Schoppe, grüne Familienministerin in Niedersachsen, schreibt über den Widerstand in den eigenen Reihen gegen eine Politik für Leute mit Kindern

»Das Wort Familie darf man in unserer Gesellschaft nicht in den Mund nehmen!« So meinte jemand aus meiner Wahlkampfkommission, als ich vorschlug, dass sich Bündnis 90/Die Grünen bei den Wahlveranstaltungen in Niedersachsen zum Thema Familie zu Wort melden sollten. Mein Engagement für Mütterzentren wurde mit der Verbreitung des Gerüchts quittiert, die CDU hätte mir bereits ein Aufnahmeformular geschickt. Linkssein, was heute mehr aus dem Bauch denn aus dem Kopf kommt, und Familienpolitik vertragen sich danach nicht.

Wer erinnert sich noch an den Beginn der neuen Frauenbewegung? Von Frauen organisierte Kinderläden machten Furore. Mütter suchten ihren Platz in der Gesellschaft. Mit ihrer Anklage gegen den Gleichmut von Vätern gegenüber Kindern, Erziehung und Hausarbeit zettelten sie eine Diskussion über die Binnenstruktur familialer Lebensgemeinschaften an. Mit Arbeits- und Organisationsplänen in Wohngemeinschaften sollten Männer mit mehr oder weniger Erfolg zur Übernahme von Kindererziehung und Hausarbeit gezwungen werden. Trennung von besonders widerspenstigen männlichen Exemplaren war an der Tagesordnung. Mütter wollten Entlastung von den Mühen im privaten Bereich, um ihren Platz in Erwerbsarbeit, in Politik und an anderen gesellschaftlichen Orten zu finden. Dieser Strang der Frauenbewegung, der Schwangerschaft, Geburt, Kinderhaben und das Leben in familialen Zusammenhängen als einen wichtigen Teil des weiblichen Lebenszusammenhangs thematisiert hat, ist immer argwöhnisch betrachtet worden.

Als Mütter Anfang der achtziger Jahre mit dem *Müttermanifest* einen neuen Schritt in Richtung Partizipation versuchten, wurde die ungeklärte Stellung zur Familie deutlich. Frauen, mit historischen Kenntnissen wenig beschlagen, verteilten zum Beispiel auf einem Parteitag der Grünen Zettel mit abgedruckten Mutterkreuzen. Der Parteitag reagierte empört, aber folgenlos.

Die Frauenbewegung, als deren Kind ich mich betrachte, hat mit der Diskussion um die Abtreibung ihr schärfstes Instrument aufgefahren. Jede Abtreibung ist die Weigerung, die Pflichten einer Mutter zu übernehmen und die damit verbundenen Ausgrenzungen ertragen zu wollen. Die biologische Fähigkeit, Kinder zu gebären, wird zum sozialen Schicksal, wenn daraus abgeleitet wird, dass Frauen die alleinige Verantwortung für Kinder und Pflege in der Familie zu leisten haben. Deshalb hat auch die Zuspitzung ihre Berechtigung.

Während zu den üblichen Geschäftszeiten der Mann als potentieller Vergewaltiger und Patriarch angegriffen wird, verschwinden allerdings nach Dienstschluss die meisten Frauen zu ihren Ehe- oder anderen Männern und Familien oder Restfamilien. Und wenn der Fernseher abgeschaltet ist, wird noch ein bisschen gekuschelt. So hat jede scheinbar das Ausnahmeexemplar, den ideellen Nichtpatriarchen ergattert. Frau wiegt sich in millionenfachem Ausnahmezustand und ist nicht bereit, über die Binnenstruktur von familialen Verhältnissen zu räsonieren.

Die Menschen haben nicht nur Sehnsüchte, sie sind ausdrücklich auf Solidarstrukturen angewiesen und suchen sie in familialen Zusammenhängen. Deshalb und weil kaum andere lebbare Formen des Zusammenlebens sich als praktikabel erwiesen haben, ist die Familie, wie immer sie aussehen mag und trotz innerer Veränderungen, erstaunlich resistent. Es zeichnet sich ab, dass die Ehe eine Episode im Leben der Menschen wird, aber die überwiegende Zahl durchlebt danach neue Organisationsformen des familialen Zusammenhangs.

In einer Gesellschaft, in der Traditionsverlust und Individualisierung strukturbestimmend sind, stellt sich die Frage nach Autonomie und Verantwortung für andere Menschen neu. Richtig ist, dass viele Frauen diesem Anspruch gerecht werden wollen und sich zwischen Familie und Beruf zerrissen fühlen. Richtig ist auch, dass eine Geschlechterdemokratie entwickelt werden muss, die den Männern die Verantwortung für die Gesamtheit menschlichen Lebens abverlangt. Für ihre Kinder, für die Alten und Kranken. Verantwortung tragen sie auch dafür, dass Frauen Einfluss gewinnen in Wirtschafts-, Finanz- und Außenpolitik.

Alles ist richtig. Nur: Wo bleibt die Empörung der Frauenbewegung, wenn Mütter, unsere Mütter, im Alter in Armut leben, wenn Familien durch Steuerbelastungen finanziell ausgeplündert werden.

Oder wird hier gehandelt nach dem Motto: Schön doof, dass sie noch Mutter geworden ist, jetzt soll sie sehen, wie sie mit den Folgen klarkommt!? Die Frauenbewegung wollte und will die Zuschreibung der Frau auf Ehe, Familie und Kinder überwinden. Das ist ein großes Verdienst. Sie hat sich dabei der provokanten Themen bedient wie Abtreibung, Gewalt gegen Frauen, Recht der Frauen auf Erwerbstätigkeit. Dabei hat sie gewollt oder ungewollt die Rolle der männlichen Erwerbstätigkeit verklärt.

Die männliche Erwerbsbiographie ist in der Tendenz asozial, weil in ihr wenig Zeit für Pflege und Betreuung und solidarisches Zusammenleben in familiären Zusammenhängen bleibt. Die Verklärung der Erwerbstätigkeit, für mich immer eine Mischung aus linken Versatzstücken wie der Entwicklung der Produktivkräfte und protestantischer Arbeitsmoral, hat vergessen lassen, dass der überwiegende Teil der Frauen nicht nur Kinder haben, sondern auch mit ihnen leben will. Was ist eigentlich für linke Teile und auch Teile der Frauenbewegung verwerflich daran, wenn ein Mensch, es sind ja meistens Frauen, für eine bestimmte Zeit im Leben intensiv mit Kindern leben will und aussteigt? Verwerflich sind doch wohl nur die Umstände, die diese Zeit zur Last und Strafe werden lassen.

43 DROHUNG MIT DEM MUTTERKREUZ

Waltraud Schoppe

Machen wir uns nichts vor, der Rechtsanspruch auf einen Kindergartenplatz ist nicht deshalb durchgesetzt worden, weil die Frauenbewegung West ihn lautstark gefordert hat, sondern weil man nicht hinter die flächendeckende Versorgung in den neuen Bundesländern zurückfallen mochte.

Wir haben es durchschaut. Wenn von der rechten Seite der Politik der Wertewandel beklagt wird, verbirgt sich dahinter nicht nur die Forderung nach autoritären Strukturen, sondern auch die Hoffnung, die »alte« Familie mit den »alten« Familienfrauen wieder herbeireden zu können. Für die Linke war das Thema Familie nach *Autorität und Familie* durch. Familie gilt als Ort von Herrschaft, Unterdrückung und Zurichtung auf Geschlechterrollen. Keine Frage, auch das ist richtig und bedarf der Annahme durch die Politik.

Rechts wie links hat der Umgang mit Familie das gleiche Muster. Beide Seiten verdrängen. Die rechte Seite, weil für sie die Veränderungen bedrohlich erscheinen; die linke Seite, weil – ich behaupte mal aus eigener Erfahrung – ihr Familienbild noch den Ballast überkommener Traditionen trägt. Und so ist die Familie denn auch in diesem Widerspruch von Tradition und Experiment anzusiedeln. Ganz abgesehen davon, dass das nicht rechtfertigen kann, die Familie finanziell auszutrocknen und diejenigen zu bestrafen, die sie mit ihrer Arbeit gestalten.

Familiäre Lebensgemeinschaften sind massenhaft gewollt und werden gelebt. Netzwerkforschung hat gezeigt, dass auch die Single-Existenz in der Regel in diesem Netzwerk lebt. Es sind allein die in privilegierten Berufen Tätigen, für die Familie oftmals nur eine Telefonnummer ist. Die Mehrzahl der Menschen, vor allem die, die Kinder haben oder wollen, suchen verlässliche Strukturen. Bei den Scheidungsziffern ist das deutlich: hohe Ziffern bei Ehepaaren ohne Kinder und abnehmende mit der Anzahl der Kinder.

Moderne Familienpolitik kann nicht nur eine Form von Familie unterstützen. Nicht Ehe allein ist das Synonym für Familie. Wie empfindlich die Ehe, die offensichtlich als Stütze unserer Gesellschaft, wenn nicht des gesamten Abendlandes angesehen wird, verteidigt wird, zeigt sich in der Diskussion um die Ehe für Schwule und Lesben. Ablehnung von rechts bis links. Dass damit allerdings Menschen bürgerliche Rechte aberkannt werden, nur weil sie eine andere sexuelle Orientierung haben, wird dabei in Kauf genommen.

Gemeinschaften unterschiedlichster Form, oftmals nacheinander wechselnde Gemeinschaften, prägen die Biographien. Die Betreuungs- und Pflegearbeit in diesen kleinen Gemeinschaften muss Grundlage für finanzielle Unterstützung und gesellschaftliche Anerkennung sein. Unsere Sozialsysteme privilegieren diejenigen, die dem Erwerbsarbeitssektor zur Verfügung stehen. Aber in Zeiten des Umbruchs wird deutlich, dass nicht die männliche Erwerbsbiographie das Modell der Zukunft ist. Warum, frage ich mich, verteidigen Frauen nicht konsequent die Patchwork-Biographie von Frauen als das Vorbild für die Zukunft. Ich sehe schon, wie sich manche aufblähen. Wir haben immer Familienpolitik gemacht!

Ehegattensplitting abschaffen, Kindergeld erhöhen. Kindergärten bauen. Als ob das reichte! Die Abschaffung des Ehegattensplittings gleicht den finanziellen Nachteil von Familien mit Kindern nicht aus. Ein höheres Kindergeld, aus der Opposition gefordert, macht sich gut. Wir werden sehen, was bleibt. Kindergärten werden gebaut, aber die Konzeptionen sind von gestern. Warum haben Kinderzimmer die Größe geräumiger Einbauschränke? Gerade wenn Familien fragile Gebilde sind, brauchen wir Kommunikationsstrukturen neben der Familie. Wo bleiben Nachbarschafts- und Familienzentren?

Die Familie ist im Wandel. Aber das Leben mit Kindern, mit Lebenspartnern und -partnerinnen, mit Alten, Kranken und Behinderten bleibt, und es bedarf der Unterstützung. Wer den Kältestrom der Gesellschaft beklagt und gleichzeitig den Finanztopf für die Familien kürzt, vergisst, dass Politik den Menschen ins Zentrum zu stellen hat.

LASSET DIE KINDER ZU UNS KOMMEN

DIE ZEIT 10.05.2001
Jochen Buchsteiner

Der grüne Führungsnachwuchs rüstet zum Kampf. Noch vor der Wahl soll ein neues Image her: »Wir, die Familienpartei«

Das Pfarramt von Ingersleben sieht auf den ersten Blick nicht danach aus, als könne von hier aus der grünen Partei neues Leben eingehaucht werden. Eher fühlt sich der Besucher in die Frühphase der Ökobewegung versetzt, als sich Aussteiger auf die Suche nach dem natürlichen ländlichen Leben machten. Im Pfarrhof steht eine Schaukel, die aus Baumstämmen gezimmert ist, ein paar Stalltüren hängen müde in den Scharnieren, ab und zu knarzt der Hausherr, ein Mann mit Vollbart, Zopf und langem Pullover, die Holztreppe hinauf, um nach der Kinderschar zu sehen.

Das alte Pfarrhaus ist Sitz der Familie Göring-Eckardt, und damit beginnen auch schon die Abweichungen vom karikaturenhaften Grünen-Idyll. Die Mutter, Katrin Göring-Eckardt, hat wenig Zeit für ihre Kinder. Die Woche über arbeitet sie als Parlamentarische Geschäftsführerin der Grünen-Fraktion im Bundestag, in einem der aufreibendsten Jobs, den die kleine Regierungspartei zu vergeben hat. Ihr Mann, äußerlich dem Bilderbuch des grünen Hausmanns entsprungen, bedient mitnichten die Rolle des Kindergärtners mit der sanften Problemstimme. Im Ort hält er die kleine, schwierige Gemeinde zusammen, zuhause lässt er eine Haushälterin helfen; der Ton gegenüber den beiden Söhnen schwingt durchaus autoritär. Auch die Gäste, die heute mit Gummistiefeln und einem ganzen Schwanz von Kindern ins thüringische Ingersleben gefahren sind, lassen sich kaum als klischeegrün beschreiben: Vor dem Pfarrhaus warten ihre Fahrer, morgen arbeiten sie wieder als Staatssekretäre, Landesminister, Parlamentarier.

Ingersleben, der Ort, an dem am vergangenen Sonntag ein Aufstand mit ungewissen Folgen geprobt wurde, diente auch zur Selbstvergewisserung: Wie leben wir eigentlich? Gibt es so etwas wie einen »grünen Lebensstil« der 30-Jährigen? Sieben Politiker nahmen teil am »Familientreffen«: die Staatssekretäre Simone Probst und Matthias Berninger, der Kieler Umweltminister Klaus Müller sowie die Bundestagsabgeordneten Ekin Deligöz, Steffi Lemke, Cem Özdemir und natürlich die Gastgeberin; ein achter Parlamentarier, Christian Simmert, war nur im Geiste zugegen.

Gemeinsam repräsentieren die aufständischen Acht, alle im Alter zwischen 28 und 35 Jahren, den grünen Führungsnachwuchs in seiner ganzen Spannweite: Mann und Frau, links und rechts, West und Ost, Bund und Land. Zusammengeführt hat sie die Not: Was können wir tun, fragen sie sich, um den Abstieg der Grünen aufzuhalten? Was müssen wir anbieten, um endlich wieder die Jüngeren anzusprechen?

Die Antwort finden sie in der eigenen Lebenswelt. Alle ringen mit der Vereinbarkeit von Erziehung und Karriere, alle empfinden ihre Umgebung als wenig kindgerecht. »Mit Kindern ändert sich der Blickwinkel«, sagt Simone Probst, die neben ihrer Arbeit im Bundesumweltministerium zwei Kinder erzieht. »Die Grünen müssen sich zu einer Partei wandeln, in der sich junge Familien wiederfinden.« Die Partei, ergänzt Ekin Deligöz, Parlamentarierin und werdende Mutter, soll Familienpolitik nicht länger als Fachgebiet, sondern als »Querschnittsaufgabe« begreifen. Matthias Berninger, Deutschlands jüngster Staatssekretär (im Verbraucherministerium) und demnächst zweifacher Vater, spricht von einer »neuen Klammer« für das gesamte Inhaltsangebot der Grünen: Alle Politikfelder – von der Sozialpolitik über die Umwelt- bis hin zur Finanzpolitik – sollten fortan an den Interessen der Kinder ausgerichtet werden.

Die Grünen als Familienpartei – die jungen Politiker wissen, dass sie sich mit dieser Ausrichtung gegen einen Traditionsflügel in der Partei stellen. Zwar ist der Satz »Wir haben die Erde von unseren Kindern nur geborgt« ein urgrüner Slogan, doch haben sich gerade die Feministinnen der Gründergeneration für das Thema Familie nie recht erwärmen wollen. »Wir Jüngeren müssen zeigen, dass wir keine 68er-Partei mehr sind«, sagt Katrin Göring-Eckardt.

»Wir leben gerne in – zum Teil durchaus traditionellen – Familien.« Kein kritisches Wort über die Führungsspitze der Grünen – sollen sich andere in Erinnerung rufen, dass von den drei grünen Ministern und den beiden Bundesvorsitzenden nur einer, Fritz Kuhn, in einer Familie lebt.

Ein »politischer Embryo«, heißt es passend, sei in Ingersleben gezeugt worden. Aber als was wird er das Licht der Welt erblicken? Als ernsthafter Ansatz, die Grünen von morgen zu konturieren? Oder als ein weiterer wohlfeiler Profilierungsversuch in eigener Sache, als ein grünes Projekt 18? Noch während die Kaffeetafel in Ingersleben eingedeckt wurde, hielt am anderen Ende der Republik, in Düsseldorf, Guido Westerwelle seine erste Grundsatzrede als FDP-Chef. Bei den Liberalen, das entgeht den Grünen nicht, läuft vieles anders. Der Vorsitzende ist jung und führungsstärker als es je ein Grünenchef war, die FDP hat eine Botschaft: Freiheit, und eine Priorität: Bildung. Und sie berauscht sich zurzeit derart an sich selbst, dass Westerwelle mit gutem Gewissen in den Saal rufen durfte: »Die FDP kämpft für den Aufstieg, die Grünen kämpfen gegen den Abstieg!«

Seit die Grünen in der Wählergunst schrumpfen, kreisen sie um die Sinnfrage, schwanken sie zwischen Ausdehnung und Kontraktion, zwischen wirtschaftsliberaler Öko-FDP und dirigistischer Umweltpartei. Fast wöchentlich wirft die Parteiführung frische Prioritäten auf den Markt. Während der BSE-Krise rief sie die Grünen zur Verbraucherschutzpartei aus, rechtzeitig zum Armutsbericht der Bundesregierung wurde die Partei des sozialen Ausgleichs wiederentdeckt, und nun, wo alle über Kinder reden – die Grünen als Familienpartei?

Andererseits: Von allen verzweifelten Versuchen, die Partei neu auszurichten, verspricht der jüngste am meisten. Die Sehnsucht nach einem verbindenden Grundwert, wie ihn Sozialdemokraten, Konservative und Liberale besitzen, ließ die Grünen schon vor Jahren das Prinzip der »Nachhaltigkeit« entdecken. Die Idee, alle Politik auf das Wohl der nachwachsenden Generationen auszurichten, ist geeignet, grüne Konsistenz zu erzeugen, allein, der Schlüsselbegriff – Nachhaltigkeit – war zu sperrig, passte eher zwischen Aktendeckel als auf Wahlplakate. »Familie« hingegen, »Kinder«, das ist eine warme Übersetzung.

Was es bedeutet, »die Kinderfreundlichkeit zum Kriterium des politischen Handelns zu machen«, haben die jungen Grünen erst in Ansätzen formuliert. Sie wollen mehr Vielfalt im Bildungssystem. Schulen sollen mehr Autonomie erhalten und sich zu einem »Lebensort« entwickeln, der, wie Katrin Göring-Eckardt sagt, »zu Kreativität und zum Verweilen einlädt, auch für Lehrerinnen und Lehrer, deren Schreibtisch in die Schule gehört und nicht ins heimische Arbeitszimmer«. Kinderbetreuung soll nichts mehr kosten. Im Steuerrecht und in den sozialen Sicherungssystemen möchten die jungen Grünen die Kindererziehung stärker als bisher honorieren. Auch in den Feldern Gesundheit, Verbraucherschutz, Verkehr und Energiewirtschaft wird das Kind zum Maß der Dinge erklärt. Das kann Geld kosten – von der Orientierung von Schadstoffgrenzwerten an Kindern bis zu freien Bahntickets auch für Kinder über sechs Jahre. Da aber auch die Ökosteuer im Sinne der Nachwachsenden angehoben wird, spült die Kinderorientierung einiges in die Kasse zurück.

Die jungen Grünen haben Ingersleben mit der Absicht verlassen, ihr Projekt mit Nachdruck zu verfolgen. Die Neudefinition der grünen Bestimmung soll Eingang finden in das Grundsatzprogramm, das die Delegierten des grünen Parteitags im kommenden Herbst verabschieden wollen. »Der Parteirat«, kündigt Katrin Göring-Eckardt an, »wird sich schon bald damit befassen müssen.«

ALLES MÜLLER?

ZEITmagazin 29. 08. 2002

Klaus und Birgit Müller: verheiratet, ein Kind. Er geht zur Arbeit, sie bleibt zu Hause. Sind die Grünen zu normal geworden? Ein Hausbesuch bei Schleswig-Holsteins Umweltminister

---

Was ist grün? Ein Bekenntnis? Ein Lebensgefühl? Oder ist Grün nach vier Jahren an der Macht nur noch das, was es immer schon war: eine Farbe? Man könnte Joschka Fischer fragen. Renate Künast. Cem Özdemir. Rezzo Schlauch. Hans-Christian Ströbele.

Wir klingeln lieber bei Familie Müller.

Ein Altbau in Kiel, zu dritt warten sie oben an ihrer Wohnungstür: Birgit Müller, 34 Jahre alt, Mutter, Pressesprecherin des grün geführten Justiz- und Familienministeriums von Schleswig-Holstein, derzeit im Erziehungsurlaub. Klaus Müller, 31 Jahre alt, Vater, Schleswig-Holsteins grüner Landesminister für Umwelt, Natur und Forsten. Annika Milena, zehn Monate alt, vier Zähne. Im Rücken der Familie: 117 Quadratmeter Altbau, Stuck, Dielen, Bücherwand von Ikea. Bei Müllers wollen wir eine Antwort auf die Frage suchen, wie normal die Grünen geworden sind – und ob diese Normalität nicht genau ihr Problem ist vor der Bundestagswahl. Die Inspektion beginnt auf dem Balkon.

Schöne Fuchsien haben Sie hier.

Er: Ja, nicht wahr? Blumentechnisch hat meine Frau das Sagen.

Wo sind denn die Sonnenblumen?

Sie: (mit dem Kind auf dem Arm) Die wachsen auf unserem Balkon nicht. Die bleiben klitzeklein.

Stattdessen eine Geranie. Wir dachten, so was hängt eher bei Stoibers.

Sie: Hab ich's mir doch gedacht: Irgendjemand macht noch einen blöden Spruch drüber.

Er: Dabei ist sie so schön rot-grün.

Schon Blattläuse gehabt?

Sie: Nein. Aber Spinnmilben. Biologisch bekämpft!

Er: Gehen wir ins Wohnzimmer? Wir haben Kuchen da. Ökokuchen.

Essen Sie den sonst auch?

Er: Selbstverständlich.

(Sie setzt das Kind auf den Teppich.)

Ihre Wohnung sieht ja ziemlich normal aus für eine Ministerfamilie. Etwa diese Art von Gabbé-Teppich ...

Er: ... die Regale müssten Sie auch kennen.

Ivar? Von Ikea?

Sie: Richtig. Klaus und ich hatten die beide. Als wir zusammengezogen sind, haben wir sie zusammengestellt. Und jede Menge Bücher hatten wir doppelt.

Ministerfamilie vor Ikea-Regalen: Klaus, Birgit und Tochter Annika Müller (Foto: Jens Boldt).

Wir sehen den Medicus, Mankell, Schäuble ... haben Sie irgendwo Politposter?
Er: Ja, eins von Greenpeace im Arbeitszimmer und zwei von den Grünen in der Küche.
Und die Bilder hier im Wohnzimmer haben Sie gemalt, Frau Müller?
Sie: Ja.
Haben Sie ein Auto?
Er: Kein eigenes. Wir sind Mitglied beim Car-Sharing hier in Kiel. Die haben 150 Meter weiter einen Standplatz, was den Vorteil hat, dass wir keinen Parkplatz suchen müssen. Da nehmen wir entweder einen Corsa oder Twingo.
Würden Sie Car-Sharing auch machen, wenn's am anderen Ende der Stadt läge?
Er: Nein.
Sie: Doch. Innerhalb der Stadt geht's überall.
Er: Ich finde es schon praktisch, dass der Standort nur 150 Meter weg ist. Wenn's mehr als 500 Meter wären, hätte ich so meine Zweifel.
Reicht die Ideologie nicht weiter als 500 Meter?
Sie: Er macht's sowieso eher selten. Das Statt-Auto ist mein Ding, er kann ja notfalls den Dienstwagen nutzen.
Werden Sie morgens notfalls abgeholt?
Er: Wenn's geht, fahre ich mit dem Rad ins Ministerium, damit ich nicht zunehme. Aber wenn ich viele Akten habe oder es rausgeht aus Kiel, dann ja.
Sicher nicht im Twingo.
Er: Im Audi A8.
Wo immer Sie hinkommen, Herr Müller, ist für Sie gesorgt: Namensschild, Wasserglas, ein kleines Karussell mit Getränken. Ist das schön?
Er: Natürlich. Und jeder, der das leugnet, lügt.
Und dann Ihr Dienstwagen. Genießen Sie den?
Er: Ja, zumal Autofahren nicht meine Leidenschaft ist und ich abends oft müde bin. Außerdem schaffe ich da echt was weg, im Dienstwagen ist das Aktenstudium so effektiv wie im Zug.

Duzen Sie Ihren Fahrer?
Er: Nein. Er ist Herr Wieben, und ich bin Herr Müller.
Nehmen wir an, Sie trinken am Ende eines Abendtermins noch etwas, plaudern ein wenig, und Herr Wieben muss auf Sie warten. Haben Sie wegen dieser offensichtlichen Hierarchie Probleme?
Er: Nein.
Sie: Hattest du anfangs schon, Klaus.
Er: Na ja, er ist älter als ich, das war schon komisch. Aber jetzt? Sehe ich kein Problem mehr. Herr Wieben ist gerne Fahrer. Er liebt seinen Job. Er spricht mit mir über das Auto, wir sprechen über unsere Kinder oder über Politik, wir sind beide zufrieden – er vorne, ich hinten.
Herr Müller, wir sind hier, um über das Normalwerden der Grünen zu reden ...
Er: ... hab ich gemerkt ...
... wir möchten wissen, wie Sie Ihren Bart bezeichnen würden? Als alternativ-revolutionären Bart?
Er: Nein! Als praktischen Bart. Das war zwar mal anders ... wann bin ich Landesvorsitzender geworden, Birgit?
Sie: Mit 23.
Er: Genau. Da war der Bart noch länger – da hat der locker zehn Jahre gegeben.
Sie wollten älter wirken?
Er: Der Bart hat es leichter gemacht, ernst genommen zu werden. Bei den Koalitionsverhandlungen: Ich war 25 und hab als Landesvorsitzender die Verhandlungen mit der SPD geführt – und wegen des Bartes hat mich eine führende Sozialdemokratin für älter gehalten. Wie die sich aufgeregt hat, als sie später erfuhr, dass ihr da ein 25-Jähriger gegenübersaß!
Mit Verlaub: Das, was Sie jetzt tragen, ist nur noch ein Sachbearbeiterbart.
Er: Sie waren aber lange nicht mehr in der Verwaltung. Im Umweltministerium trägt fast keiner Bart.

Auf der Skala zwischen Revoluzzerbart und Sachbearbeiterbart sind Sie aber eher auf der Sachbearbeiterseite ...
Er: Bei den Grünen gibt's doch auch nur noch den Trittin-Schnäuzer – definitiv kein Revoluzzerbart.
Sie: Ich finde, ein paar Hutzelmännchen laufen auf den Parteitagen schon noch rum.
Dann müssen auch Sie über einige alternative Ausdrucksweisen schmunzeln? Über dieses vehement Individualistische?
Er: Es gibt jetzt bei den Grünen einen ganz anderen Schlag von Individualisten. Joschka ist ein absoluter Individualist. Künast ...
... und Rezzo Schlauch in seinem Porsche. Der fliegt auch als Individualtourist nach Bangkok – mit Bundestags-Bonusmeilen.
Er: Für die Bonusmeilen hat er sich entschuldigt. Rezzo ist aber ein Oberindividualist! Ich finde das nicht negativ, das heißt ja, dass die Grünen eben doch Individualisten geblieben sind.
Und Sie sind zwischen den Hutzelmännchen auf der einen und den Dreiteilern auf der anderen Seite der grüne Normalo?
Er: Kann sein.
Und als Normalo in der Mitte des grünen Spektrums tragen Sie vermutlich oben Sakko, Hemd, Krawatte – unten aber Jeans.
Sie: Trägt er fast immer.
Warum keinen ganzen Anzug?
Er: Finde ich unbequem.
Ist »Sakko/Jeans« nicht gewissermaßen das Dilemma der Linken: Wir sind zwar pazifistisch, aber wir sagen ja zum Krieg?
Er: Das Dilemma der Linken? Absolut überinterpretiert!
Wir haben schon den Eindruck, dass sich viele Grüne auch modisch auf halber Wegstrecke befinden. Sie passen sich an, pflegen aber Ideologierestbestände: Wenn Anzug, dann Leinen.
Er: Zugegeben, hab ich auch.

Der Ohrring als Restprotest.
Er: Stimmt. Aber nicht bei mir.
Und wenn schon kurze Haare, dann im Nacken ein Zöpfchen ...
Er: ... hat bei uns nur noch Angelika Beer! Ich sehe das so: Die Grünen gehen ihren eigenen Weg. Sie unterscheiden sich auch immer noch im Habitus. Ich finde das sympathisch. (Das Kind weint. Sie steht auf und bringt es ins Bett.)
Herr Müller, bleiben wir beim Dilemma der Linken: Sie haben einmal gesagt, der Golfkrieg habe Sie politisiert. Wie halten Sie es jetzt mit dem Krieg?
Er: Ich bin 1990 radikal pazifistisch eingestiegen, aber eher christlich motiviert.
Und Afghanistan?
Er: Da war ich mit Claudia Roth für eine Bombardierungspause. Claudia und ich waren zwar für militärische Maßnahmen, haben dazu aber, wie sie sagte, eine »rationale Distanz« entwickelt.
Ist das nicht wieder »Sakko/Jeans«, wenn Sie mit »rationaler Distanz« eine Bombardierungspause fordern statt ein Ende des Krieges?
Er: Bei uns war das die schwierige Abwägung einer Regierungspartei. Das Militärische kann eine Sucht entfalten, man steigert sich in Allmachtsfantasien hinein und glaubt, dass man mit einem Krieg alles lösen kann.
Ein Pazifist sind allerdings auch Sie nicht mehr.
Er: Stimmt.
Und auch nicht auf Umwelt festgelegt.
Er: Nein. Interessant wären auch Wirtschaft und Finanzen, so wie das Gordon Brown in Großbritannien macht.
Ein glühender Ideologe waren Sie wohl nie.
Er: Die Grünen und ich, wir hatten einfach die größte Schnittmenge, was die politischen Ziele anging. Mein Eintritt war kein Bekenntnis. Ich bin da ganz verkopft: 1990, Asylrechtsdiskussion, ich war auf dieser Demo, 100 000 im Bonner Hofgarten – aber es hat in diesem Land keinen interessiert, wie viele demonstriert haben. Da hab ich

mir gesagt: »Offensichtlich funktioniert dieses Land nur über Parteien.« Ich bin zu einer Podiumsdiskussion der Grünen gegangen. Zwei Realos, zwei Fundis. Die haben sich auf dem Podium zerlegt …

… toller Wahlkampf!

Er: Totaler Zoff! Das war die Phase, in der die Grünen sich selber in die Grütze gerittet haben. Aber mir war klar: Die diskutieren wirklich. An dem Abend bin ich eingetreten.

Ohne für eine Seite Partei ergriffen zu haben?

Er: Wie denn? Ich hatte ja gerade erst angefangen mit der Politik und bin, wie gesagt, nicht ideologisch rangegangen.

Fühlen Sie sich trotzdem als Grüner?

Er: Klar. Würde ich mich sonst 60, 70 Stunden pro Woche dafür einsetzen? (Seine Frau kommt zurück.) Birgit, fühlst du dich als Grüne?

Sie: Absolut. Im Gegensatz zu dir bin ich ja nicht so sehr übers Programm zu den Grünen gekommen, sondern eher über die grüne Kultur.

Sie schmunzeln über Langbärtige und fühlen sich trotzdem wohl in der grünen Kultur? Wie geht das zusammen?

Sie: Weil die mit der ernsthaften Sorge für die Umwelt zu tun hat. Allein das Hochwasser jetzt! Wir bemühen uns auch, ökologisch verträglich zu leben. Erst recht, seit wir ein Kind haben.

Wie haben Sie sich kennengelernt? Auf einer Demo? Auf einem Grünen-Parteitag?

Er: Nein. 1995, als ich Landesvorstandssprecher war, haben wir eine Pressesprecherin gesucht …

Sie: … 'ne Frau, für die Quote, weil der Vorstand schon einen männlichen Geschäftsführer hatte.

Wie war Ihr erster Eindruck voneinander?

Er: Powerfrau.

Sie: Der Macher.

Wann haben Sie geheiratet?

Er: Vor einem Jahr.

Kirchlich?

Er: Nein.

Aber rechtzeitig vor der Geburt Ihrer Tochter.

Sie: Ja, wir haben die Hochzeit extra ein halbes Jahr vorgezogen.

Wollen Grüne kein uneheliches Kind mehr?

Sie: Nein, wir wollten das ganz groß feiern, und das zu einer Zeit, in der mein Bauch noch nicht allzu dick war.

Wer hat wessen Namen angenommen?

Sie: Ich hieß vorher schon Müller.

Er: Ich aber auch.

Sie: Wirklich. Laut Standesamt führen wir keinen gemeinsamen Familiennamen. Sonst hätte einer immer schreiben müssen »Müller geb. Müller«. »Müller 2« durften wir uns nicht nennen. Aber Annika heißt nach mir!

Irgendwann werden Sie beide auch über Ihre Karriereplanungen gesprochen haben. Wie lief das ab?

Sie: Als Klaus im Februar 2000 gefragt wurde, ob er Umweltminister werden wolle, sind wir an die Nordsee gefahren und haben einen langen Spaziergang am Watt gemacht. Da haben wir vereinbart: Wenn er Minister wird, mache ich ein Kunststudium. Das war immer mein Traum. Die Aufnahmeprüfung habe ich kurz vor Annikas Geburt noch bestanden, und in diesem Herbst fange ich an.

So harmonisch war das?

Sie: Es war nicht leicht. Es war klar, dass ich es bei der Landesregierung schwerer haben würde, wenn er Minister ist. Selbst eine ganz normale Regelbeförderung hätte für Getuschel gesorgt.

Hatten Sie ein schlechtes Gewissen, Herr Müller?

Er: Es war schon ein Problem. Ich kam aus Berlin, und Birgit war schon länger in Kiel, die Landesregierung war also ihr Bereich. Insofern hatte ich das Gefühl, dass ich in ihr Revier eindringe.

Und nun? Empfinden Sie die Entscheidung von damals immer noch als Verzicht, Frau Müller?

Sie: Ich habe einen tollen Job gehabt. Aber Klaus und mir war immer klar, dass zu unserem Leben

Kinder gehören, so ist es jetzt, und das ist schön. Allerdings wäre es gelogen, wenn ich nicht sagen würde: Damit ist auch bei uns die klassische Rollenverteilung eingezogen. Also: Er kann alles, er kann waschen, wickeln, Brei kochen, und er tut's auch. Aber ich trage die Hauptlast.

Wird Ihre Tochter Puppen bekommen?
Er: Keine Barbie.
Sie: Sagst du!
Er: Zumindest nicht von uns.
Sie: Ich glaube, dass man das noch nicht sagen kann. Dass wir ihr eine schenken, denke ich auch nicht. Aber wenn's jemand anders schenkt, Klaus?
Er: Lange Beine, blonde Haare als Schönheitsideal? Tolle Kleidung als Lebensziel?
Sind Modellautos erlaubt?
Er: Nein.
Auch keine Car-Sharing-Modellautos?
Er: Ich will nicht, dass meine Tochter mit dem Ideal aufwächst, dass alles, was »brumm-brumm« macht, toll ist.
Wenn Sie sagen, keine Barbie, keine Modellautos, spricht das für ein festes Gerüst von Werten. Auch für eine eher autoritäre Erziehung?
Er: Nein, aber auch kein Laisser-faire, keine Gleichgültigkeit.
Können Sie sich vorstellen, Ihre Tochter auf eine Schule mit vielen Ausländerkindern zu schicken?
Er: Im Moment denken wir eher darüber nach, in welchen Kindergarten wir Annika mal schicken.

Das war nicht die Frage. Würden Sie Ihre Tochter auf solch eine Schule schicken und hinnehmen, dass das Bildungsniveau dort nicht so hoch ist?
Er: Bis Annika 2007 in die Schule kommt, darf diese Gleichung so nicht mehr aufgehen.
Noch mal: Was wäre, wenn Sie jetzt schon eine Schule für Ihr Kind wählen müssten?
Er: Für Annika werden wir die für sie optimale Schule suchen. Der Einzelne muss nicht ausgleichen, was der Staat an Integration versäumt hat.
Herr Müller, das Streben nach bestmöglicher Bildung für Ihr Kind ist – wie so vieles an Ihrer Existenz – normal. Ist das vielleicht das Problem der Grünen? So normal geworden zu sein?
Er: Nein. Wenn Sie uns privat hier sitzen sehen und sagen, so lebt auch eine SPD-Familie, dann hätte ich kein Problem damit. Wenn Sie das aber auch auf all das beziehen, was wir politisch gesagt und getan haben, dann wäre ich schon überrascht.
Mit der Überzeugung sollten Sie eigentlich Ihren Bart wieder wachsen lassen. Vielleicht bringt das auch ein paar Prozente.
Er: Ich fürchte eher, dass jeder Zentimeter mehr Bart einen Prozentpunkt weniger bedeuten würde.

Das Gespräch führten Sven Hillenkamp und Henning Sußebach

»SCHON IN DEN NÄCHSTEN JAHREN WERDEN IN DEUTSCHLAND GROSSFLÄCHIG WÄLDER ABSTERBEN«

ZEITmagazin 31.12.2003
Heike Faller

Das glaubten Anfang der achtziger Jahre viele Menschen. Auslöser war die Prognose eines Göttinger Bodenkundlers

---

Der junge Assistent im Fach Bodenkunde hatte keine politischen Hintergedanken, als er sich Mitte der fünfziger Jahre das Thema seiner Habilitation aussuchte: Stoffaustausch zwischen Böden und Pflanzen. Kreisläufe innerhalb eines Ökosystems. Wie chemische Elemente von der Pflanze in den Boden gelangen und dabei verwandelt werden und zurück in die Pflanze wandern, und wie sie das System dann irgendwann wieder verlassen, mit dem Grundwasser oder als Gas. Für Laien langweilig. Langwierige, kleinteilige, abstrakte Grundlagenforschung, für die sich eines Tages vielleicht die Landwirtschaft interessieren könnte. Bernhard Ulrich war auf die Idee gekommen, weil er auf dem Weg zur Arbeit täglich an der Tür zum Bodenuntersuchungslabor vorbeigelaufen war, und mit der Zeit waren bei ihm die Zweifel über den Sinn dieser Untersuchungen gewachsen. Man forschte über die Kreisläufe einzelner Nährstoffe. Aber, so fragte er sich, müsste man nicht auch die Wechselwirkungen zwischen Nährstoffen und chemischen Elementen bedenken? Was zum Beispiel passiert, wenn im Frühling ein positiv geladenes Kalzium-Kation aus dem Boden in eine Baumwurzel wandert, mit einem negativ geladenen Chlorid-Anion in seiner Nähe? Oder wenn im Herbst die Blätter fallen und Magnesium-Kationen vom Laub in den Boden gelangen – müssen dann nicht die Nitrat-Anionen folgen? Die Elemente im System zu betrachten, das sollte das Revolutionäre seiner Arbeit sein.

Dass sich die verborgenen Paarungstänze von Anionen und Kationen eines Tages zu einem gesellschaftlichen Riesenthema auswachsen würden, zu dem jeder eine Meinung haben würde, dies war zu dem Zeitpunkt nicht abzusehen. Bernhard Ulrich war Anfang 30, promovierter Bodenkundler, angehender Professor, verheiratet mit einer Kollegin, das dritte Kind war unterwegs.

Er hatte sich für seine Untersuchungen Waldböden ausgesucht, weil diese von menschlichen Eingriffen am wenigsten berührt schienen. Im Solling, einem bergigen Waldstück bei Göttingen, hatte Ulrich mit Zoologen, Botanikern, Meteorologen zehn Jahre lang alles gemessen, was man zwischen Himmel und Erde messen kann: Die Zusammensetzung des Regens oberhalb der Baumkrone. Die Zusammensetzung des Regens unterhalb der Baumkrone. Die Bestandteile des Nebels und der Wolken, die sich vom Westen her in die Blätter senkten. Stoffproben aus Wurzeln, Stamm, Blättern, Rinde. Bodenproben aus einem halben Meter Tiefe. Aus einem Meter Tiefe. Aus zwei Metern. Mit Saugkerzen kam das Sickerwasser ans Tageslicht, Laub fiel in Plastiktrichter, bevor es den Boden berühren konnte, Hunderttausende von Messdaten wurden durch Computerprogramme geschickt. 1979, er war erst Professor geworden und dann Direktor am Institut für Bodenkunde in Göttingen, nahm sich Bernhard Ulrich ein Forschungsfreisemester, um die Daten auszuwerten.

Er saß im Arbeitszimmer im ersten Stock seines Hauses, das er sich bis heute teilt mit seiner Frau, die für das Projekt die Computerprogramme geschrieben hatte. Er arbeitete an seiner modernen IBM-Schreibmaschine mit Kugelkopf und tippte Zahlen in Tabellen. Was er dann in den Händen hielt, erschreckte ihn tief: Die Messwerte für Schwermetalle – Blei, Cadmium, Zink – und jene für Säuren – vor allem Schwefelsäure – waren hundertfach bis tausendfach höher, als sie es ohne menschliche Beeinflussung der Natur hätten sein dürfen. Von seinem Schreibtisch aus sah er auf einen Laubwald, der eigentlich ganz gut aussah. Und in diesem Moment, so erinnert er sich, lief ein blitzartiger Gedankenprozess bei ihm ab. »Plötzlich geht einem die Dimension auf, das ist wie eine Schockreaktion. Und wenn das so ist, dann musst du.« Er fühlte sich verpflichtet, die Öffentlichkeit von seinen Ergebnissen zu unterrichten. »Es wird einem bewusst, dass man nichts Einfaches vor sich hat. Hältst du das durch?«, fragte er sich. Man würde ihn angreifen und seine Wirkungsketten auseinandernehmen: Waren die überhöhten Werte wirklich auf menschliche Einflüsse zurückzuführen? Immerhin galt der Solling als Reinluftgebiet. Und stimmte seine Vermutung, dass die sauren Böden die Wurzeln so schädigten, dass ein Baum daran zugrundegehen konnte? Er hatte keine Beweise, und die Wahrscheinlichkeit, dass seine Hypothese richtig war, schätzte er auf 80 bis 85 Prozent. »Für einen Wissenschaftler ist das verdammt wenig.« Aber die Gefahr schien riesig. »Menschenskind«, dachte er. »Wenn das stimmt, dann geht's für den Wald aufs Ganze.« Er war immer der Meinung, dass ein Wissenschaftler, der ein Risiko für die Gesellschaft erkennt, Stellung beziehen muss. An diesem Nachmittag musste er allerdings erst mal in seinem eigenen Haus Stellung beziehen. »Du bist ja verrückt«, sagte seine Frau. Erst nachdem er sie überzeugt hatte – ein paar Abendessen später –, wagte er sich mit seiner These in die Welt, die bereits darauf zu warten schien.

Dort trafen die Messwerte von Professor Ulrich mit einer Schwäche zusammen, welche die deutschen Wälder seit einigen Jahren befallen hatte: Im Harz wurden vor allem in den Höhenlagen die Fichten dürr. In den Wäldern des Hauses Thurn und Taxis, dem größten privaten Waldbesitzer in Deutschland, kränkelten die Tannen schon seit den Fünfzigern. Im Schwarzwald wurden die Nadelbäume und die Buchen gelb. Und aus dem Erzgebirge gab es jetzt Bilder von Baumskeletten. Was bisher an unterschiedlichen Orten unterschiedlich erklärt worden war (die heißen Sommer der Vorjahre; der Borkenkäfer; nährstoffarme Böden; eine Komplexkrankheit; nichts Neues), hatte nun einen Namen: das Waldsterben. Und einen Grund: den sauren Regen. Ohne Ulrichs Thesen wären die kranken Bäume der siebziger Jahre wahrscheinlich das Spezialproblem einiger Fachleute und Waldbesitzer geblieben. Aber gegen die Luftverschmutzung und die

Schwefeldioxid produzierenden Kohlekraftwerke fand sich eine breite Allianz: Ökos, Linke, CSU-Politiker, Waldadel. (Der heutige Leiter der Forstbetriebe von Thurn und Taxis erinnert sich, dass er damals gebeten wurde, einen Plan zu erstellen, wie man größere Mengen Holz konservieren könnte, falls plötzlich alle alten Bäume sterben.)

1979 beauftragte das Umweltbundesamt Bernhard Ulrich, einen Bericht zu schreiben. 1980 lud ihn das Niedersächsische Ministerium für Landwirtschaft und Forsten zu einer Tagung ein. »Die bisherigen Ergebnisse Ihrer Untersuchungen im Solling hinsichtlich einer zunehmenden Versauerung von Waldböden geben Anlass zu großer Sorge«, schrieb Ministerialdirigent Boehm. Sorgen machten sich auch die Vertreter der Steinkohleindustrie, die jetzt immer öfter in Ulrichs Büro auftauchten, um sich das Problem erklären zu lassen. (Wobei man da wenig machen könne. Leider. Zu teuer.) Als Letzte kamen die Journalisten. »*Über allen Wipfeln ist Gift*«, so eröffnete der *stern* im September 1981 die Waldschadensberichterstattung. Im November begann der *Spiegel* eine dreiteilige Serie mit einer Titelgeschichte: »*Saurer Regen über Deutschland. Der Wald stirbt.*« Unterzeile über dem Text: »Schwefelhaltige Niederschläge vergiften Wälder, Atemluft und Nahrung.« Und als die Reporter wissen wollten, wie schlimm es denn nun stünde, da verschärfte Professor Ulrich seine These zu einer Prognose, die sein Leben seither begleitet hat. Er sagte: »Die ersten großen Wälder werden schon in den nächsten fünf Jahren sterben. Sie sind nicht mehr zu retten.« Ein paar Seiten später gibt es dann noch ein Foto von ihm. Da steht er vor seiner Versuchsstation, die Baumstämme hinter ihm sind verkabelt wie Patienten auf einer Intensivstation. In der Bildunterschrift ist seine Prognose zu einem Satz zugespitzt: »Göttinger Forst-Forscher Ulrich: ›Die großen Wälder sind nicht mehr zu retten.‹«

Die Sache ist nur: Heute gibt es den Wald ja noch. Es geht ihm nicht sehr gut, etwa ein Fünftel der Bäume gelten seit zwanzig Jahren als schwer geschädigt, die Stickstoffabgase der Autos lassen ihn schneller und unausgewogener wachsen, die häufigeren Stürme seine Bäume umkippen. Aber noch immer ist ein Drittel des Landes mit Wald bedeckt, und es kommen sogar jedes Jahr etwa zehntausend Hektar dazu. Man sieht ihn, wenn man bei Bernhard Ulrich und seiner Frau Margarete im Wohnzimmer sitzt, in ihrem Haus außerhalb von Göttingen. Laubwald. Von hier aus sieht man auch eine kleine Baumschule, aus der um diese Jahreszeit die Weihnachtstännchen gefällt und verfrachtet werden. In den achtziger Jahren haben manche Leute sogar auf ihren Weihnachtsbaum verzichtet, weil sie den Wald schonen wollten. Professor Ulrich und sein wichtigster Mitstreiter, Peter Schütt, Professor für Forstbotanik in München, hatten mit ihren Prognosen die Bundesrepublik wachgerüttelt. Was das Problem war, wusste das ganze Land: Dass Schwefeldioxid, wenn es in den Boden »eingetragen« wird, durch eine chemische Reaktion zur »Auswaschung« von Nährstoffen führt und dabei Aluminium freisetzt, das die Wurzeln schädigt, und so weiter. Das war Unterrichtsstoff. Und wer mehr wissen wollte, konnte sich außerdem freiwillig in der AG Waldsterben mit dem Thema auseinandersetzen. Dort erfuhr man dann, dass das Waldsterben a) nicht bewiesen und b) eine sehr komplizierte Komplexkrankheit sei. Aber hängen blieb die These von der Luftverschmutzung. Bei Professor Ulrich hat in der Zeit auch mal eine »große deutsche Illustrierte« angefragt, ob er helfen könnte bei der Entwicklung eines »pH-Papiers«. Damit hätte jeder Deutsche den Säuregrad des Regens selbst ermitteln können. (Er hat abgelehnt.)

Man kann Bernhard und Margarete Ulrich im selben Satz beschreiben: zwei schmächtige Leut-

chen mit kurzen weißen Haaren und filigranen Brillen. Man sieht ihnen an, dass sie viel draußen sind, im Garten und im Wald. Im Flur stapeln sich die Geschenke für drei Kinder und sieben Enkel. Er ist 77, sie ist 80. Die 40 Jahre in Göttingen konnten ihrem leichten Schwäbisch nichts anhaben, es gibt ihren Sätzen etwas Weiches, Entspanntes. Es klingt weder stolz noch defensiv, wenn Bernhard Ulrich sich daran erinnert, wie es zu seiner Prognose kam, die das Land so erschreckt und dann verändert hat. »Wir sind viel gewandert. 1975 hatten wir eine Familienfeier hier, und danach sind wir mit den Kindern auf den Bruchberg, das ist der höchste Rücken im Harz, und dort haben wir dann eine Warzenfichte gesehen. Die hatte so lustige Verformungen, und deshalb haben wir die fotografiert. Ohne Hintergedanken. Fünf Jahre später haben wir gesagt: Von den Daten her müsste es dort oben ein Waldsterben geben. Und tatsächlich. Die Fichte stand noch. Aber um sie herum hatten die Bäume entweder wenig Nadeln, oder sie waren ganz weg. Und das waren dann schon so Momente, die einen dazu veranlasst haben zu sagen, dieser Wald ist bald tot.«

Und sie: »Der Wanderweg, den wir damals gegangen sind, der ist heute nicht mehr da, weil der Wald dort abgestorben ist. Das führt zu Versumpfen. Und das ist auch nicht mehr rückgängig zu machen.«

»Das waren halt die Bilder«, sagt Bernhard Ulrich, »unter deren Eindruck ich gesagt habe, es werden die Wälder flächig absterben, und hier und im Schwarzwald und im Erzgebirge ist das ja auch eingetreten.«

»Aber du wolltest schon auch einen Aha-Effekt auslösen.«

»Da hast du Recht. Ich wollte schon, dass politisch was passiert. Ich hatte da so einen emotionalen Unterton drin, und der war auch gewollt, um die Wirkung zu erzielen.«

Für andere Wissenschaftler, die dem Wald damals eine andere Diagnose stellten, entstand ein Konflikt: Waldwachstumskundler Heinrich Spiecker war damals wissenschaftlicher Mitarbeiter an der Forstlichen Versuchsanstalt in Freiburg. Die kränkelnden Schwarzwaldtannen konnte er nie mit Schwefeldioxid in Verbindung bringen. »Ich war hin- und hergerissen. Das Ziel, das Ulrich verfolgte, dass man die Schadstoffe reduzieren müsse, habe ich geteilt. Ich fragte mich, ob es sinnvoll ist, mich mit voller Macht gegen seine Aussage zu stellen, die ich von der politischen Auswirkung her teilte, aber die ich wissenschaftlich für nicht haltbar hielt. Als Mensch habe ich ihm zugestimmt, als Wissenschaftler habe ich gesagt: Der betrachtet die Dinge nicht ausgewogen genug.« Die Arbeiten, die Spiecker damals veröffentlichte, trugen mit Absicht harmlose Titel, wie *Zum Wachstum von Tannen und Fichten in den Plenterwäldern des Schwarzwald*. »Da kommt kein Journalist auf die Idee, das zu lesen. Aber so wollte ich zumindest Einfluss nehmen auf die Wissenschaft.«

Reinhard Hüttl, heute Professor für Bodenkunde, war Anfang der achtziger Jahre wissenschaftlicher Mitarbeiter am Institut für Bodenkunde und Waldernährungslehre in Freiburg. Er sagt, dass Ulrichs Prognose für den Schwarzwald nicht zutraf: »Dort konnten wir ein großflächiges Waldsterben nie beobachten.« Und die These vom sauren Regen? »Auch bei uns wurden damals die Nadelbäume gelb, aber das stellte sich rasch als Magnesiummangel heraus, als Folge von Trockenheit. Wir konnten das durch Düngung relativ schnell beheben. Die Bäume wurden wieder grün, sie wuchsen besser. Wir hatten im Schwarzwald nie ein Schwefeldioxid-Problem. Deswegen konnten wir nicht verstehen, weshalb sich alle auf diese These stürzten, die nur für bestimmte Orte galt. Im Harz und vor allem im Erzgebirge hat sich das Schwefeldioxid eindeutig ausgewirkt. Dort sind 40 000 bis 50 000 Hektar schwefeldioxidbedingt abgestorben. Das wissen wir heute.«

Bereits kurz nachdem sie in die Welt gekommen war, hatte Ulrichs These diese verändert: Im Juni 1983 trat die Großfeuerungsanlagenverordnung in Kraft, und danach nahm der Schwefeldioxid-Ausstoß in Kraftwerken um 90 Prozent ab. Ab Mitte der achtziger Jahre wurden die Waldböden im ganzen Land mit Kalk entsäuert. Und der Katalysator entgiftete die Autoabgase. Die Bäume im deutschen Teil des Erzgebirges haben sich regeneriert, seit nach der Wende die Braunkohlekraftwerke der DDR nachgerüstet oder stillgelegt wurden. Da hatte die Schadensstatistik ihren Tiefpunkt erreicht. In den neunziger Jahren sind die Zahlen fast gleich geblieben, und irgendwann war klar, dass der Wald (und der sonntägliche Waldspaziergang) nicht aus Deutschland verschwinden würden. »Dass man damit nicht mehr rechnen musste, hängt auch mit den Maßnahmen zusammen, die aufgrund unserer Prognosen getroffen wurden«, sagt Bernhard Ulrich.

Vielleicht kann man die Geschichte des Waldsterbens in Deutschland, so wie es in der Öffentlichkeit gesehen wurde, von den Schülern, den Ökos und den adligen Waldbesitzern, als die Geschichte der These von Professor Ulrich betrachten. Wie sie in die Welt kam, die bereits auf sie gewartet hatte, wie sie immer größer wurde und die Welt veränderte, die das Interesse verlor, als der Wald gerettet schien. Ende der Achtziger wurde es für Bernhard Ulrich ruhiger. Es gab jetzt Jahre, in denen er kein einziges Interview gab und viele Waldspaziergänge machte. 1991 ließ er sich in den Ruhestand versetzen. 1995 veröffentlichte er einen Aufsatz zu dem Thema, in dem er schreibt: »Die Hypothese von einem großflächigen Waldsterben für die nahe Zukunft ist nicht von Daten gedeckt und kann verworfen werden.« Dass sich seine These zum Ende seiner Laufbahn immer mehr verfeinert hat, davon nahm nur noch eine kleine Experten-Community Notiz. Ulrichs Verdienste sehen die Kollegen heute eher in dem, was der junge Bodenkundler am Anfang seiner Laufbahn vor Augen hatte. »Dass heute viel mehr über den Stoffhaushalt unserer Wälder bekannt ist, das ist vor allem ihm zu verdanken«, sagt Reinhard Hüttl. »Er hat durch seine Forschungen eine enorme Entwicklung initiiert. Er hat das Thema so nach vorne gebracht, dass wir viel mehr von unseren Wäldern wissen.« Und so glaubt man zu wissen, dass die Waldschäden der achtziger Jahre verschiedene Gründe haben, die häufig zusammenwirken, aber auch je nach Standort unterschiedlich sind. Schwefeldioxid hat die Wälder wohl vor allem in den Kammlagen lebensbedrohlich belastet. Im nächsten Jahr rechnet man zum ersten Mal seit vielen Jahren mit einer deutlichen Verschlechterung der Waldschäden, ausgelöst durch den trockenen Sommer des Vorjahres. Hitze und Trockenheit werden von vielen Wissenschaftlern heute als wichtigste Ursache kranker Bäume betrachtet – auch von Bernhard Ulrich. »Wir haben damals«, sagt Reinhard Hüttl, »alle ein bisschen im Nebel gestochert.«

BIONADE-BIEDERMEIER

ZEITmagazin 02.11.2007
Henning Sußebach
Fotos: Valeska Achenbach und Isabela Pacini

*Im Berliner Stadtteil Prenzlauer Berg hat das Land sich neu erfunden:
Menschen aus dem Westen besiedelten ein Stück Osten. Alle sagen,
hier gehe es tolerant, solidarisch und weltoffen zu – das schauen wir uns mal
genauer an!*

Die Straße, von der Yunus Uygur einmal annahm, sie sei sein Weg ins Glück, liegt im Dunkeln, als er einen neuerlichen Anlauf nimmt, um dieses Glück vielleicht doch noch zu fassen zu kriegen. Er hat die Nacht in den Großmarkthallen am Westhafen verbracht, jetzt liegen Bananen, Trauben und Tomaten in seinem alten VW-Bus, mit dem er die Schönhauser Allee hinabfährt, eine breite Stadtschneise im Norden Berlins. Im Süden ragt der Fernsehturm ins Nachtschwarz, einer riesigen Stecknadel gleich, wie die Wirklichkeit gewordene Orientierungsmarke eines Navigationssystems.

Für Yunus Uygur ist er genau das. Denn da, wo Berlins Straßen auf den Fernsehturm zulaufen, liegt der Prenzlauer Berg. Und dort, war ihm erzählt worden, lebe ein Volk, jung, freundlich und weltoffen. Seit fünf Monaten hat er seinen Laden direkt an der Haltestelle Milastraße. Ein kleines Schaufenster und große Hoffnungen nach fünf Jahren Arbeitslosigkeit, die sein Gesicht zerfurcht haben. Er sieht müde aus für seine 37 Jahre. Yunus Uygur ist kurdischer Türke aus Reinickendorf, er würde seinen drei Kindern gern mal wieder eine Klassenfahrt bezahlen können. Deshalb ist er hier. Deshalb stört er sich auch nicht an den beiden Sexshops für Schwule, die seinen Laden flankieren. »Leben hier ist so«, sagt er und zieht die Schultern hoch. Uygur spricht nicht viel, sein Deutsch ist schlecht. Er gehört zu einem stillen Treck von Arbeitsnomaden, die Morgen für Morgen in den Prenzlauer Berg ziehen, um den Deutschen Obst und Gemüse, Blumen und Wein zu bringen. Aus den Plattenbausiedlungen im Osten kommen die Vietnamesen, aus den Vierteln im Westen die Türken, weitgehend unbemerkt. »Leute hier schlafen lange«, sagt Uygur und lächelt schmal. Erst gegen neun Uhr stehen sie an der Haltestelle vor seinem Laden und halten sich an Kaffeebechern fest. Die Frauen, so schön! Die

Männer mit Dreitagebärten, die gepflegte Absicht sind und kein Zeichen von Zeitnot wie seiner. Uygur sagt, die Menschen seien vermutlich so alt wie er, und doch wirkten sie wie Kinder auf ihn. So sorglos. So pausbäckig. Und so kompromisslos. Dauernd wenden sie sein Obst in ihren Händen und fragen: »Woher kommen die Bananen? Sind die öko?« Wenn er dann »Frisch vom Großmarkt« sagt, legen sie das Obst zurück.

Es ist alles so anders im Prenzlauer Berg. In Yunus Uygurs Bauch wühlt die Enttäuschung, und in seinem Kopf ist eine Frage herangewachsen: Können auch gute Menschen böse sein?

Der Prenzlauer Berg. Aus der Luft betrachtet, ist das ein Dreieck von Altbauten, das sich in die Hauptstadt keilt, restauriert und baumbestanden. Ein nur elf Quadratkilometer umfassendes Häusergeschachtel, in dem 143 000 Menschen leben. Mehr als die Hälfte von ihnen ist zwischen 25 und 45 Jahre alt. Viele im alten deutschen Westen haben eine Tochter, einen Sohn, einen Neffen, eine Nichte, einen Freund, eine Freundin, die in dieses ehemalige Stück Osten gezogen ist. Der Stadtteil verändert sich so schnell, dass die Statistiker kaum noch mitkommen: Allein zwischen 1995 und 2000 hat sich die Hälfte der Bevölkerung ausgetauscht, Schätzungen für die gesamte Zeit seit dem Mauerfall gehen von über 80 Prozent aus. Der Anteil der Akademiker hat sich mehr als verdoppelt, in manchen Straßen verfünffacht. In keinem anderen Berliner Viertel sind so wenige Einwohner von staatlichen Leistungen abhängig. Und da junge Leute, kurz bevor sie alt werden, doch noch ein oder zwei Kinder kriegen, sind auch die Spielplätze sehr dicht besiedelt.

Die Menschen hier glauben deshalb gern, der Prenzlauer Berg sei die fruchtbarste Region des Landes. Sie verstehen sich als modern, multikulturell, politisch engagiert und aufgeklärt linksalternativ. Bei der letzten Bundestagswahl erhielten die Grünen 24,1 Prozent. Lichtblick, der mit Abstand größte Anbieter von Ökostrom in Deutschland, versorgt hier 6100 Haushalte mit »sauberer Energie«. (In Darmstadt, wo genauso viele Menschen leben wie im Prenzlauer Berg, sind es 286.) Man hat hier leicht das Gefühl, alles richtig zu machen. Deshalb ist der Prenzlauer Berg ein Sehnsuchtsort für viele junge Menschen im ganzen Land. Für jene, die bereits hier leben, ist er die Modellsiedlung der Berliner Republik. Hier hat sich Deutschland nach der Wende neu erfunden. Aber wenn Deutschland sich neu erfindet, wie ist es dann?

»Wuuuuunderbar!«, ruft Andreas Stahlmann, und sein Lob schallt als Echo zurück, weil er gerade durch eine leere Dachgeschosswohnung läuft, die er soeben verkauft hat. Alles an Stahlmann ist schmal, sein Gesicht, sein Körper, seine Krawatte, seine Finger, nur die schwere schwarze Brille liegt wie ein Querbalken über dem Mann, der seit zehn Jahren Wohnungen im Prenzlauer Berg verkauft. Auch Stahlmann ist ein Zugereister, er kam aus Bad Oeynhausen und blieb hier »kleben«, wie er sagt. Allein rund um den Kollwitzplatz, das Epizentrum der Entwicklung, hat er rund 700 Wohnungen verkauft, jetzt macht er nichts mehr unter Dachgeschoss. »Ich bin faul«, sagt Stahlmann, die Worte »Dachgeschoss« und »Prenzlauer Berg« seien Schlüsselreiz genug. Seine Kunden aus ganz Deutschland seien »überwältigt von der Ästhetik hier. Ich sag nur: das größte zusammenhängende Sanierungsgebiet Europas. Hier wachsen Ost und West in einer Geschwindigkeit zusammen, wie es das nicht noch einmal in Deutschland gibt. Und was hier tagsüber in den Cafés rumsitzt!«

Daran teilzuhaben, sich ein bisschen Lifestyle zu kaufen, ist Stahlmanns Kunden 3300 Euro wert, pro Quadratmeter. Jede vierte Wohnung wird bei ihm komplett bezahlt, im Schnitt liegt die Eigenkapitalquote seiner Käufer bei 60 Pro-

zent. »Je mehr Kohle die Leute in die Hand nehmen, desto unkomplizierter sind sie«, sagt er. Das sei noch mal bequem.

Man kann nun sagen, dass Stahlmanns Erzählungen nicht mehr liefern als einen Blick auf die Wohnträume einer Elite. Eher aber ist es so, dass niemand die Neuerfindung des Prenzlauer Berges von oben herab besser dokumentieren kann als er. In den Wohnungen, die er verkauft, rücken die Küchen in den Mittelpunkt, das gute Leben, umstellt von Bildungsbürgerbücherwänden. »Ich frag meine Käufer immer, ob sie mehr als 3000 Bücher mitbringen – dann muss ich nämlich noch mal an die Statik ran.« Stahlmann erkennt in seiner Kundendatei mittlerweile »eine neue intellektuelle Schicht, die den Wertewandel im Deutschland der letzten zwanzig Jahre geprägt hat«. Über den Dächern von Berlin setzt sich Rot-Grün zur Ruhe und legt hedonistisch Hand an. Sogar Stahlmann staunt, wenn er Monate nach der Übergabe noch mal seine Kunden besucht: Blumengestecke, so groß wie in Kirchen. Bodenvasen, die fast bis zur Decke reichen. Einer seiner Kunden habe sich nachträglich einen Kamin für 130 000 Euro einbauen lassen, um es behaglich zu haben über dem Trubel der Stadt. In seinen Objektbeschreibungen nennt Stahlmann den Abitur-Index und die Arbeitslosenquote des jeweiligen Viertels. Etwas Metropolenkitzel soll zwar sein, aber man will auch nicht auf zu viel Elend herabblicken.

So wie Andreas Stahlmann den Prenzlauer Berg von oben charakterisiert, lernt Yunus Uygur ihn gerade von unten kennen. Wer nur »Frisch vom Großmarkt« sagen kann, muss billig sein und lange geöffnet haben, als Nachtverkauf, als Notlösung, falls im Dachgeschoss mal die Bioeier ausgegangen sind. Uygur hat jetzt fast rund um die Uhr auf. Er fährt nicht mehr nach Hause, er schläft in seinem Laden. Man kann lange darin stöbern und sieht sie nicht, die Luke im Boden, versteckt zwischen Bierkästen, darunter eine Holzstiege, die in einen Kellerraum führt, dessen Wände nackt sind wie im Slum. In der Mitte eine Matratze. Hier schläft Uygur drei, vier Stunden, bevor er wieder zum Großmarkt aufbricht, oder er döst nur, weil die U-Bahn den Boden vibrieren lässt. »Gibt's keinen auf dieser Straße, keinen im Jahr 2007, der lebt wie ich«, sagt Uygur. Nach außen bewahrt er die Demut des Geschäftsmannes, im Innern aber ist er verletzt in seinem Händlerstolz. Er ist am richtigen Ort, aber mit der falschen Strategie. Er hat nicht geahnt, dass er hier ein Lebensgefühl bedienen muss: edles Essen für edle Menschen. Er dachte, es gehe um Möhren, Lauch und Zwiebeln. Um normale Lebensmittel.

Vielleicht schadet Normalsein an einem Ort, an dem viele Menschen leben, die vor der Normalität hierher geflohen sind. Die wenigen Alteingesessenen jedenfalls unterteilen die vielen Zugezogenen grob in »Ökoschwaben« und eher auf ihr Äußeres bedachte »Pornobrillenträger«, deren Erkennungsmerkmal neben extra verranztem Straßenchic raumgreifende Sechziger-Jahre-Brillen sind; fast schon Gesichtswindschutzscheiben. Dabei übersehen die Alteingesessenen allerdings ein Heer der unauffälligen Unentschiedenen, das zwischen diesen beiden Kulturen steht, mehr oder weniger assimiliert mit der einen oder anderen. Laufsteg der Pornobrillenträger ist die Kastanienallee, eigentlich nur noch »Castingallee« genannt. Es gab hier vor zwei Jahren einen Fall, der aufsehenerregend ist, weil er kaum Aufsehen erregte: In einem Park in der Nähe verkauften Farbige Drogen, woraufhin die Besitzerin eines Cafés, dem »An einem Sonntag im August«, ihre Kellnerinnen eine Dienstanweisung unterschreiben ließ, nach der Schwarze im Lokal nicht mehr willkommen seien. Es sei denn, sie seien Mütter oder hätten »kluge Augen«. Ein Häuflein Linksalternativer demonstrierte gegen diese Wortwahl, und die Gastronomen ringsum solidarisierten sich – mit dem »Sonntag im August«. Derzeit sind sie dabei, eine Sinti-Band loszuwerden, die seit Jahren durch die Straße zieht. »Die nerven«, sagt einer der Wirte, »das trifft dann halt 'ne Ethnie.«

So wird die Kastanienallee langsam besenrein, die Läden sind voll wie je, und das »Sonntag im August«, von wildem Wein berankt, wirkt weiterhin so linksromantisch wie eine Teestube der Antifa. Man kann im Prenzlauer Berg einfach im linken Habitus weiterleben. Das ist ja das Schöne. Man kann sich tolerant fühlen, weil Toleranz nicht auf die Probe gestellt wird. Keine Parabolantenne beleidigt das Auge, kein Kopftuch sorgt für Debatten, keine Moschee beunruhigt die Weltbürger. Es gibt hier kaum Telecafés, die Wohnungen sind zu teuer für Menschen wie Yunus Uygur. Es gibt keine Hip-Hop-Höhlen für türkische Jungs aus dem Wedding oder Kreuzberg, keine Infrastruktur für die lärmenden Kinder der Unterschicht – wenn sie sich nur rauchend auf einen der vielen Spielplätze setzen, stürzen schon die hysterischen Mütter herbei.

Der Schriftsteller Maxim Biller nennt den Prenzlauer Berg mittlerweile ironisch eine »national befreite Zone«. Zwar liegt der Anteil der Ausländer bei 11,1 Prozent und damit nur gut zwei Prozentpunkte unter dem Berliner Durchschnitt. Doch die Zusammensetzung ist eine völlig andere. Die größte Gruppe bilden Franzosen, gefolgt von Italienern, Amerikanern, Briten, Spaniern und Dänen. Eine G8-Bevölkerung, hochgebildet und in Arbeit. Es gibt hier zehnmal mehr Japaner als Ägypter. Der Anteil der Türken beläuft sich auf 0,3 Prozent.

Der Prenzlauer Berg ist offenbar nicht so, wie er zu sein glaubt, auch nicht beim immer wieder gefeierten Kinderreichtum. Pro 1000 Frauen im Alter zwischen 15 und 45 Jahren kommen hier je Jahr nur 35 Kinder zur Welt – das sind weniger als im vermeintlichen Witwenbezirk Wilmersdorf. In Cloppenburg liegt die Zahl bei 56. Dass der Anschein auf den Straßen und Spielplätzen ein anderer ist, liegt allein daran, dass hier fast ausschließlich junge Menschen leben, die zwar verhältnismäßig wenige Kinder kriegen, aber in ihrer Masse immer noch genug, um das Viertel zu verändern.

In den Bäumen auf dem Schulhof singen die Vögel, als Jürgen Zipperling in seinem kargen Büro beginnt, seine Sicht auf die Parallelwelt Prenzlauer Berg zu erklären, und die ist für einen Schulleiter in einem prosperierenden Bezirk überraschend kritisch. Zipperling war Schüler im Prenzlauer Berg, dann wurde er Lehrer im Prenzlauer Berg, kurz nach der Wende dann Schulleiter an der Bornholmer Grundschule im Prenzlauer Berg. Er ist von Statur eher klein, spricht aber mit raumgreifender Stimme, ausgeprägt in einem langen Lehrerleben. Diese Stimme sagt sehr oft das Wort »Gesellschaft«.

Zipperling erinnert sich noch gut, wie sich diese »Gesellschaft« Anfang der Neunziger zu verändern begann, als im Prenzlauer Berg »ganze Häuserlandschaften zum Verkauf standen. Dazu die einfallende hohe Arbeitslosigkeit. Die Armen und Arbeitslosen sind damals gegangen, dazu die wenigen Familien, die sich ein Haus im Grünen leisten konnten.« Nach manchen Sommerferien waren pro Klasse vier, fünf Arbeiterkinder weg – und vier, fünf Akademikerkinder da. Mit die Letzten, die heute an seiner Schule noch berlinern, sind Zipperling und seine Kollegen. Er schätzt den Anteil der Akademikerkinder auf »70 Prozent mindestens«, die Zahl der Ausländer sei hingegen »verschwindend gering«. Es gibt nur einige Kinder türkischer oder polnischer Familien aus dem Wedding, deren Eltern der Ausländeranteil auf den dortigen Schulen zu hoch ist. Die Zahl der Schulschwänzer ist nicht erwähnenswert, und die allermeisten Kinder haben gut gefrühstückt, wenn um 7.50 Uhr die Klingel schellt.

Das klingt nach paradiesischen Zuständen, allerdings sagt Zipperling: »Einige Eltern treten auf, als müsste sich die Sonne um sie drehen.« Er rät seinen Kollegen, bei jedem Elternabend als Erstes zu sagen, um wie viel Uhr Schluss ist – sonst wird es Nacht, »denn was ihre eigenen Kinder angeht, sind die Eltern sehr besorgt und sehr bestimmt«. Die Erwartungshaltung ist groß, das Vertrauen klein. Stets steht die Drohung im Raum, zu einer der neuen Privatschulen zu wechseln. Neulich stieß eine Lehrerin, als sie die Klasse verließ, mit einem Vater zusammen. Der hatte seit Beginn der Stunde an der Tür gelauscht – »um mal die Atmosphäre zu schnuppern«.

Doch das sind Petitessen, verglichen mit Zipperlings eigentlicher Sorge. Wenn Zipperling seine Schülerlisten durchschaut, findet er keine gesellschaftliche Mitte mehr. Die Handwerker sind weg, die Arbeiter. Nur die »Extremfälle« seien geblieben, Wendeverlierer, die sogar zu schwach waren, den Stadtteil zu verlassen. Und neben denen sind nun all die Neuen mit ihrer Siegermentalität, nicht sonderlich solidarisch. In seinen Schulklassen, sagt Zipperling, »spiegelt sich die sehr tiefe Spaltung der Gesellschaft wider«. Es gab hier nach 1989 ein kurzes, schweres Beben, ein beinahe freies Spiel der Kräfte, und jetzt gibt es nur noch ein Oben und ein Unten.

Ein paar Straßenzüge weiter südlich stapft am selben Tag Hartmut Häußermann durchs bunte Herbstlaub auf dem Pflaster. Links und rechts glühen die Heizpilze der Straßencafés, die bis in den Nachmittag hinein voll besetzt sind von Frühstücksmenschen, bei denen nie klar ist, ob ihre Muße von Erfolg oder Misserfolg kündet. Aus den Lautsprechern perlt Jazz, ab und zu seufzt eine Espressomaschine. Mädchen pulen im Lachs. Hin und wieder nimmt Häußermann, der in seinem dunklen Mantel und mit seinem grauen Haar beinahe wie ein Großvater zu Besuch wirkt, eine Kamera zur Hand, mit der er Fassaden fotografiert und Geschäfte, deren Namen viel verraten von den Menschen hier. Wie der Babymodenladen Wunschkind. Oder das Schaufenster von Sexy Mama mit der aufreizend eng geschnittenen Schwangerenmode, für die ein Wort wie Umstandskleidung viel zu bieder wäre. »Sexy Mama – ist das nicht Emanzipation?«, fragt er.

Häußermann hat von Berufs wegen ein Auge für Städte, er ist Professor für Stadt- und Regionalsoziologie an der Berliner Humboldt-Universität. Seit Jahren beobachtet er den Prenzlauer Berg wie unter einem Mikroskop, Straße für Straße, schließlich gilt es, die Gentrifizierung des Bezirkes zu dokumentieren, also seine Verwandlung, Verteuerung. Der Begriff entlehnt sich der britischen Vokabel Gentry; die steht für »niederer Adel«.

Nur hat Häußermanns Sicht auf die Dinge nichts Klassenkämpferisches. Er sagt: Anders als jedes Neubaugebiet habe der Prenzlauer Berg »Flair« gehabt, »das man nicht erst selber schaffen musste – und hier war das Einfallstor offen«. Die westdeutschen Wohlstandskinder waren fasziniert von Bürgerrechtlern und Bohemiens im Bezirk, vom Geruch der Revolution in gerade noch bewohnbaren Ruinen, vom Zwang zur Improvisation in Häusern, die kein Telefon hatten und nur Ofenheizung. Dann habe die Sache ihren üblichen Verlauf genommen: Die jungen Wilden wurden ruhiger, bekamen Jobs und Kinder und wollten Eigentum. Jetzt leben sie ähnlich wie ihre Eltern im Westen, allerdings in anderer Kulisse. Mit den Jahren sei etwas entstanden, was Häußermann »unkonventionelle Bürgerlichkeit« nennt – voller Ideale und gleichzeitig sehr rational. »Spätestens seit der Pisa-Studie wird hier keiner mehr eine Bürgerinitiative ‚Mehr Ausländer in die Klasse meiner Kinder' machen.«

Gefragt, ob den Kindern vor lauter Lebensglück nicht die Wirklichkeit entgehe, sagt Häußermann, dass Lebensglück nichts Schlechtes sei und jedermann das Recht habe, danach zu streben. Macht er übrigens auch. Denn Häußermann, 1943 in Waiblingen geboren, ist Bestandteil der Gentrifizierung. Er ist 1994 übergesiedelt, aus Charlottenburg – »das war eine BAT-IIa-Zone, da war ich unter meinesgleichen«, sagt er und lacht. »Was mich hierher gezogen hat, war die Jugendlichkeit.« Man kann sich im Prenzlauer Berg noch jung fühlen, obwohl man fast schon alt ist. Den tatsächlich Jungen, seinen Studenten, werde es mittlerweile allerdings zu teuer. »Und das ist natürlich keine gute Entwicklung«, sagt Häußermann, zumal – und das überrasche viele – erst die Hälfte des Viertels saniert sei. Es hat also gerade erst angefangen, und auch der Professor weiß nicht, wo das noch enden soll.

Dann verabschiedet er sich und geht zu seinem Lieblingsbäcker.

Auf den Straßen ringsum parken zig Citroëns aus den Sechzigern und Vespas aus den Siebzigern, gefahren von Männern mit Günter-Netzer-Frisuren. Im Spielzugladen Kinderstube wird gebrauchtes Spielzeug verkauft, Fisher-Price-Kipplaster aus den Achtzigern – für 69 Euro. Junge Eltern rekonstruieren ihre eigene Kindheit, als hätten Gegenwart und Zukunft nicht viel zu bieten. Manchmal wirkt das ein wenig ängstlich, oft wirkt es wie Westalgie im Osten. Die Läden, in denen diese Sehnsucht nach dem Gestern bedient wird, ob mit Nierentischen, Plattenspielern oder riesenrädrigen Kinderwagen, sind sehr teuer. Nur das »Du« kriegt man hier immer noch umsonst: »Da kaufst du dir aber echt was Gutes, du.«

Während die Musikschule draußen in Lichtenberg, tief im Berliner Osten, in den Kitas verzweifelt um Kinder wirbt, muss die Sekretärin der Zweigstelle Prenzlauer Berg dauernd ungeduldige Eltern vertrösten. Die Wartezeiten für Violine, Klavier und Cello: ein Jahr. Die Nachfrage nach der musikalischen Früherziehung, diesem Nadelöhr am Anfang jeder Intellektuellenbiografie, ist sogar so groß, dass einige Eltern ihre Babys schon mit der Geburt anmelden. Die Kinder auf den Wartelisten heißen in der Regel Paul und Paula, Conrad und Jacob, Marie und Mathilda. Alternativ zu sein heißt hier mittlerweile, in einer Zeit verwirrend vielfältiger Lebensentwürfe zu seiner Bürgerlichkeit zu stehen.

Die Beamten im Polizeirevier drucksen ein wenig rum, wenn man sie nach Veränderungen in den Straßen und den Häusern fragt, die sie seit Jahren kennen. Ihre Lippen werden schmal, sie wirken seltsam defensiv. Dann stellt sich heraus: Sie kommen alle nicht von hier, Dienstleistungen werden mittlerweile importiert. Der Prenzlauer Berg ist kein Viertel, das Putzfrauen, Bauarbeiter oder eben Polizisten hervorbringt. Das ist hier ähnlich wie in Dubai.

Lange Zeit hatte das Viertel wegen der Maikrawalle in den Neunzigern einen katastrophalen Ruf bei der Berliner Polizei, inzwischen hat sich der Stadtteil beruhigt. Dass ihr Revier von den Fallzahlen her trotzdem im oberen Viertel der Polizeistatistik geführt wird, liege an den vielen Fahrraddiebstählen, sagen die Beamten. Und dann sind da all die Anrufe wegen Ruhestörung. Wer vor fünf Jahren noch selber auf der Straße saß, besteht jetzt abends auf Stille. Je höher das Stockwerk, desto niedriger die Toleranzschwelle. Es werde auch schwieriger, da zu vermitteln, sagen die Polizisten, es gebe jetzt schon bei Knöllchen kräftig Kontra – denn der Prenzlauer Berg werde gerade zum »Wissen Sie eigentlich, wer ich bin?«-Bezirk.

Jene, die fremd sind, haben vielleicht den besten Blick: Auf dem Recyclinghof, der auf der Grenze zwischen den neu gemachten Altbauten im Prenzlauer Berg und den alt gewordenen Neubauten im Wedding liegt, berichten die irgendwie naturbelassenen Müllmänner kopfschüttelnd, dass die Weddinger »Schrott« bringen, die Prenzelberger hingegen »Gebrauchtes«. Und immer häufiger fragen die einen, ob sie die Hinterlassenschaften der anderen haben können.

Es ist, als verlaufe hier eine gesellschaftliche Wasserscheide, die nicht nur Teppich- von Dielenboden trennt, sondern auch neue Armut von neuem Wohlstand, Pragmatismus von Spiritualismus und Sorgen von Selbstfindung.

Selbstfindung jedenfalls scheint das eigentliche Geschäftsfeld des LPG-Biomarktes an der Schönhauser Allee zu sein, nicht weit von Yunus Uygurs Laden. LPG steht in den neuen Zeiten für »Lecker. Preiswert. Gesund«. Das Geschäft, im Frühjahr eröffnet und mittlerweile die Kathedrale der Ökoschwaben, misst nach Angaben seiner Besitzer »0,3 Hektar« und ist damit größter Ökosupermarkt Europas. Im Erdgeschoss stapeln sich die Bionade-Kästen meterhoch. Es gibt Dinkeltortenböden, Schafmilchseife mit Ringelblume, Johannisbeersaft für 10,24 Euro pro Liter, Schurwollbabystrampler für 99 Euro, ökologische Katzenkroketten mit Fisch und vegetarisches Hundefutter. Und es gibt Abnehmer für all das. Man ist sich hier einiges wert. Im Obergeschoss werden Spiegelsprüche verkauft, die sich die Kunden ins Bad kleben können: »Ich bin schön«, »Ich bin wundervoll«, »Ich könnte mich küssen«.

An einer Litfaßsäule hinter der Kasse hat der Stadtteil seine Seele ausgehängt: Da wird »Fasten auf Hiddensee« angeboten, »Rat und Hilfe bei Elektrosmog«, der »Pro und Contra-Impfen-Vortrag« einer Heilpraktikerin, die »ökologisch korrekte Riesterrente« und der »Workshop erholsamer Schlaf«. Die Stadtschamanin Seijin bietet »Traumreisen aller Art und Seelenrückholung« an. Man ahnt hier den Preis, den eine Gesellschaft für ihre Informiertheit und ihren Individualismus zahlt, und man ist an einem Punkt angelangt, wo man sich fragt, ob mancher hier zu beneiden oder zu bedauern ist. Eigentlich macht alles Sinn, wonach der Prenzlauer Berg strebt: nach gesundem Essen, gutem Leben und gebildeten Kindern. Doch wird hier bedingungslos an der Selbstveredlung gewerkelt.

Martina Buschhaus arbeitet seit zehn Jahren an dieser Grenze zwischen Vernunft und Ich-Kult. Sie ist Allgemeinärztin, vor zehn Jahren arbeitete sie im Wedding, seither ist sie im Prenzlauer Berg. Sie findet es eigentlich »wunderbar«: überwiegend gesundheitsbewusste Leute, die sich Gedanken machen über Ernährung und Sport. Es gibt hier selten das, was sie den Morbus Wedding nennt, »also alles, was sich aus Fressen, Saufen und Fernsehen ergibt, nämlich Stoffwechsel- und Herz-Kreislauf-Erkrankungen«. Allerdings ist nicht ganz klar, ob die Menschen im Prenzlauer Berg wirklich gesünder sind – oder eher anders krank. Dass sie den vielen Vegetariern zusätzlich Vitamin B12 verschreibe, sei normal, sagt Buschhaus. Aber auffallend viele Menschen leiden unter Allergien, Rückenschmerzen, Magen-Darm. Das sind die Gebrechen der gestressten Freiberufler, »und wenn ich denen sage, dass sie mal Pause machen sollten, sagen die: Geht nicht.« Zum Glück seien die Leute offen für alternative Methoden, die sie auch anbietet – wobei »offen für« bei Buschhaus auch »überinformiert« heißen kann. 15 Minuten pro Patient wie im Wedding? Das reicht kaum mehr aus. Buschhaus diagnostiziert großen Redebedarf und »einige Einsamkeit« im Stadtteil. In mehr als der Hälfte der Wohnungen im Viertel lebt nur ein Mensch. Die Psychotherapeuten sind ausgebucht. Die Menschen horchen in sich hinein, sie sind sehr gesund und ständig krank, körperbetont und zugleich verkopft, total lässig und furchtbar verspannt.

Daraus lässt sich wieder was machen. Die Erdgeschosse liegen schon im Schatten, als in einem eierschalenfarben renovierten Haus in der feinen Rykestraße das Kinderyoga beginnt. Das Kinderyoga macht »der Thomas«, der früher mal Pädagoge war, der auch mal eine Werbeagentur hatte und der nun eine Glatze trägt und Yogalehrer ist. Der Thomas sagt, die Kinder, die gleich kämen, gehörten Eltern, »die schon auf dem Yoga-Weg sind und wollen, dass ihre Kinder auch ein wenig ruhiger werden«. Warum schon Kinder ruhig sein sollen, wird nicht ganz klar, aber Kinderyoga macht auch eigentlich »die Simone«, seine Frau, doch die hat vor ein paar Tagen entbunden, natürlich nicht im Krankenhaus. Jedenfalls macht die Simone jetzt Rückbildungsyoga. Yoga läuft gut im Moment.

Der Thomas hat die Vorhänge zur Straße zugezogen und Klangschale und Kerze auf den Dielenboden gestellt. Im Fenster ist der Vortrag eines professionellen Besinnlichkeitsreisenden angekündigt, Thema: »Seelengevögelt by this life« – Ursachen, Auswege, Meditation. Die Kinder kommen auf Stoppersocken. Der Älteste ist sieben. Maxi, die Jüngste, ist drei. Und der Thomas ist sehr nett. Er schaut sich jeden Wackelzahn an, bevor er ein Mantra auf Sanskrit anstimmt, das in einem langen »Ommm« ausläuft. Maxi schaut ungläubig und knetet ihre Zehen. Die anderen machen den Sonnengruß. Der Thomas ruft: »... ich bin stark wie ein Berg ... fest wie eine Brücke ... die Erde trägt mich ...« Nach fünf Minuten meldet Frederic: »Mir ist langweilig.« Nach zehn Minuten tritt Sebastian die Kerze um. »Kommt, noch eine Runde, ich helfe euch auch«, sagt der Thomas. Er sagt das sehr sanft, aber es ist schon so, dass auch im Prenzlauer Berg Kinder dem Lebensstil ihrer Eltern angepasst werden. Da ist Yoga natürlich besser als RTL 2 gucken. Sie machen deshalb noch eine Traumreise. Und beißen ab und zu ein Gähnen weg. Am Ende fragt der Thomas: »Jetzt wollt ihr wahrscheinlich raufen, oder?« – »Jaaaaaa!« Dann fallen die Jungen übereinander her. Und gehen noch Fußball spielen. Fußball spielende Jungs sieht man recht selten im Prenzlauer Berg, diesem kleinen Altbaudreieck, in dem sich Deutschland neu erfunden hat. Aber wie ist es nun geworden? Wuuuunderbar! Aber weshalb? Der Prenzlauer Berg wirkt vielerorts, als habe es nie so etwas wie eine Unterschichtendebatte gegeben, ein Demografieproblem, Migration. Hier herrscht der Bionade-Biedermeier. Die 100 000 Zugezogenen haben eine neue Stadt geschaffen, doch wem kommt diese zivilisatorische Leistung zugute, außer ihnen selbst? Ihr Prenzlauer Berg ist ein Ghetto, das ohne Zaun auskommt – weil es auch ohne zunehmend hermetisch wirkt. Die Zuwanderung wird über den Preis pro Quadratmeter gesteuert und über den enormen Anpassungsaufwand, dem man sich hier leicht aussetzt. Wer nicht das Richtige isst, trinkt, trägt, hat schnell das Gefühl, der Falsche für diesen Ort zu sein. Man glaubt so offen zu sein und hat sich eingeschlossen. Zwar ist Milieubildung ein normales soziales Phänomen, weltweit sortieren sich die Menschen nach Lebensstil, Bildung, Vermögen – das Besondere am Prenzlauer Berg aber ist, dass er nicht wahrhaben will, dass er ganz anders ist, als er zu sein glaubt.

Die Sonne steht schon tief, und der Fassadenstuck wirft weite Schatten, als eine Prozession bunt bemützter Kinder die Schönhauser Allee hinabtollt, auf Fahrrädern, Laufrädern, zu Fuß. Klingelnd, lachend ziehen sie ins Kino Babylon, das schon in Berlin-Mitte liegt. Heike Makatsch wird dort *Pippi Langstrumpf* lesen. Heike Makatsch! Die perfekte Kreuzung aus Ökoschwabe und Pornobrillenträger: Girlie, Prenzlauer-Berg-Prominenz – und jetzt auch Mutter. Der Saal ist voll, Makatsch lässt markengetreu ihre Augen rollen und knarzt dann die Geschichte von Pippis Einzug in die Villa Kunterbunt ins Publikum, erzählt von den biederen Nachbarskindern Thomas und Annika und von Pippis erstem Schultag. Das Kino ist von Glück geflutet. Lächeln, Kuscheln, Sonntagsseufzer. Alle fühlen sich subversiv wie Pippi, sind aber so blond und brav wie Thomas und wie Annika. Die Kinder sitzen still und saugen an Strohhalmen, die in roter Holunder-Bionade stecken, ihre Eltern essen besinnlich schwedischen Mandelkuchen, anschließend wird das Hörbuch gekauft. Auch auswärts, am südlichen Auslauf der Schönhauser Allee, ist der Prenzlauer Berg mal wieder ganz bei sich. Zwei Kilometer weiter nördlich steht zur gleichen Zeit Yunus Uygurs Frau im Gemüseladen und wuchtet Obstkisten ins Lager. Seine Tochter sitzt an der Kasse und macht Hausaufgaben. Und unter der Klappe im Boden, in seinem Loch, schläft Yunus Uygur unruhig der nächsten Großmarktnacht entgegen, *seelengevögelt by his life*. Er sollte auf Öko umsteigen. Alles andere tut auf Dauer nicht gut.

»PFIAT DI, SEPP!«

DIE ZEIT 28.08.2010
Henning Sußebach

Wie Freunde und frühere Gegner um den Grünen-Politiker Sepp Daxenberger und seine Frau trauern

—

In den letzten Monaten sahen Nachbarn die Eltern noch einmal mit den Söhnen über die Felder ziehen. Vater und Mutter, die ihren Kindern den Hof erklärten: Wann mäht ihr die Wiesen? Wie repariert ihr einen Weidezaun? Wie mischt ihr das Futter für die Kühe an?

Was wie Leben aussah, wie ein Bild voller Zuversicht, war nichts anderes als ein Abschied. Und nun ist der Herrgott, dieser Fremdvertraute, ein viel gefragter Mann in Waging. Denn der »Herr über Leben und Tod«, so steht es jedenfalls angeschlagen an der Kirchenpforte, hat binnen drei Tagen zwei Menschen zu sich gerufen: die Eheleute Daxenberger. In rasender Geschwindigkeit hat der Tod eine Familie zertrümmert. Just am Mittwoch, da Sepp Daxenberger im Alter von 48 Jahren starb, haben sie hier seine Frau Gertraud zu Grabe getragen, mit 49 Jahren dem Krebs erlegen wie ihr Mann.

Das Paar hinterlässt drei Söhne, einen Hof von 15 Hektar und einen Berg von Fragen: Warum so jung? Warum gleich beide?

Mit beinahe biblischer Gewalt hat das Schicksal zugeschlagen im oberbayerischen Waging am See. In der Friedhofskapelle stehen zwei Bilder, nicht eines: Gertraud und Sepp, zwei rosigvolle, frohgemute Gesichter. Ringsum Blumen und Kränze, ganz vorn zwei herzförmige Bouquets aus roten Rosen, geflochten im Abstand von drei Tagen: »In Liebe – Felix, Kilian und Benedikt«. Der Abschied der Kinder, 20, 17 und 12 Jahre alt.

Der kleine Urlaubsort im Vorland der Berchtesgadener Alpen wäre mit der Familientragödie wohl allein geblieben, wenn mit ihr nicht auch ein politischer Verlust einherginge: Sepp Daxenberger war der erste grüne Bürgermeister in ganz Bayern und zuletzt Fraktionschef seiner Partei im Landtag. Mit 24 hatte er den elterlichen Hof übernommen und auf ökologischen Landbau umgestellt. Seitdem glich sein Leben einem landesweit beachteten Feldversuch, war alles Private politisch: Daxenberger benutzte keinen Kunstdünger, warnte vor Gentechnik und »Vollgaslandwirtschaft«. Wortgewaltig trug er seine Alltagserfahrungen von den Äckern ins Parlament. Und galt bald als einziger Oppositionspolitiker im Land, der sogar Tiefschwarze davon überzeugen konnte, dass sie eigentlich Grüne seien.

Jetzt hat der Tod ausgerechnet jenen Mann besiegt, der immer mit seinem Leben argumentiert hat. Das persönliche Schicksal und der politische

Verlust haben nichts miteinander zu tun und sind doch nicht zu trennen an diesem Samstagmorgen, an dem viel Prominenz in Waging eingetroffen ist, mit Polizeieskorte, Sprengstoffspürhund und Hubschrauberkrawall. Die Pfarrkirche St. Martin ist zu klein für den Andrang; auf dem Kirchhof, dem Rathausplatz: überall Menschen. Christen neben Atheisten, Landmenschen in Trachten neben Stadtmenschen in schwarzen Maßanzügen. Leise wispern die Waginger die Namen derer, die in den ersten Reihen ihrer Kirche Platz genommen haben und die sie sonst nur aus dem Fernsehen oder dem Wahlkampf kennen: Claudia Roth und Renate Künast von den Grünen. Franz Maget von der Bayern-SPD. Sabine Leutheusser-Schnarrenberger, die Bundesjustizministerin aus Bayern. Und Horst Seehofer, der Ministerpräsident, den Daxenberger jüngst noch ein »Windfahndl« genannt hat, eine Windfahne. Mit durchgedrücktem Rücken sitzt er in der Bank.

Es ist zehn Uhr an diesem Samstagmorgen, draußen am Badesee scheint die Sonne für die Touristen, und in der Kirche müssen die drei Söhne zum zweiten Mal durch das Spalier der Trauernden. Welche Last haben sie getragen in den letzten Wochen, in denen sich alles verkehrte, in denen die Kinder ihre Eltern versorgen, ermutigen, trösten mussten? Seit sieben Jahren haben sie von der Krankheit des Vaters gewusst, seit zwei Jahren von jener der Mutter. Es war ein Dasein unter Vorbehalt in genau jener Lebensphase, in der andere Familien harmloser Alltag umfängt, in der sich Eltern und Kinder bedenkenlos in die Zukunft treiben lassen. Auf dem Hof der Daxenbergers lebte eine Familie auf Abruf.

In der Kirche spielt die Orgel auf, der Chor stimmt ein. Nah am Mittelgang kniet ein sehniger, bärtiger Mann, den eine besondere Geschichte mit den Daxenbergers verbindet, wieder eine, in der sich Privates und Politik vermischen, von der die Prominenz ein paar Reihen weiter vorn

aber nichts ahnt: Heinrich Thaler, 55, war bei der Waginger Bürgermeisterwahl vor 14 Jahren der Kandidat der CSU, der gegen den Grünen Daxenberger verlor – und er ist der Mann, der seinen Freund Sepp bis zuletzt am Krankenbett besuchte. Am Tag vor der Trauerfeier hatte Thaler sein Herz geöffnet und erzählt, was für eine Tortur der Wahlkampf damals, 1996, für ihn war. »Der Sepp und ich, wir waren ja beide Biobauern, haben dasselbe Gedankengut gehabt – aber leider gab es in meiner Partei Personen, die glaubten, sie müssten hier Bundestagswahlkampf machen.«

Daxenberger war 1990 in den Landtag eingezogen. Manche Stenografen hatten Probleme, seinen Reden zu folgen, zu schnell, zu derb, zu rustikal war sein Oberbayerisch. Als die Abgeordneten der CSU einmal verlangten, Daxenberger solle wegen beleidigender Äußerungen gerügt werden, antwortete der Landtagspräsident: »Liebe Kollegen, ich kann ihn nicht rügen, weil ich ihn gar nicht verstehe.« Als der Präsident ihn dann doch einmal rügte – weil Daxenberger aussehe, als komme er gerade aus dem Kuhstall –, erwiderte der: »Mir san Leut lieber, die ausschauen, als kämen sie frisch aus dem Stall als frisch vom Versicherungsbetrug.« Es ist einer von vielen Sätzen Daxenbergers, den die Bayern seither zitieren, in Waging und darüber hinaus.

Anfangs als Sepp mit dem Jutebeutel verlacht, wurde Daxenberger von seinen Gegnern zunehmend gefürchtet. Er ließ sich nicht zum weltfremden Miesepeter machen. Seinen Parteifreunden empfahl er, »beim Feuerwehrfest vorn bei der Musik mitzutanzen und nicht im Hinterzimmer Ideologien auszubrüten«. Und dann, 1996, drohte Waging der CSU verloren zu gehen. Ein grüner Fleck auf der schwarzen Landkarte: undenkbar! Heinrich Thaler erinnert sich noch genau, wie die Partei ihm Peter Gauweiler nach Waging schickte. Wie gegen seinen Willen im Haus des örtlichen Busunternehmers Flugblätter geschrieben wur-

21.08.2010: Der Sarg des verstorbenen Grünen-Politikers Sepp Daxenberger vor der Trauerfeier in der Aussegnungshalle des Friedhofs in Waging am See.

den, auf denen stand, mit einem grünen Bürgermeister werde der Ort im Chaos versinken. Punker und Hausbesetzer überall.

Daxenberger gewann trotzdem – oder gerade deshalb. Als die große Politik abgezogen war aus Waging, arbeiteten Sieger und Verlierer im Kleinen aufs Engste zusammen. »Wir haben Abende beim Bier gesessen und so viel ausgeheckt«, erzählt Thaler: den regionalen Bauernmarkt, der die großen Handelsketten erzürnte, die Trinkwasserversorgung aus eigenem Brunnen, das Biomasseheizkraftwerk, das Feuerwehrhaus mit Solaranlage, den Montessori-Kindergarten, die Erweiterung des Gewerbegebietes, den Ausbau des städtischen Seniorenheims. »Wir haben immer gescherzt: Wenn wir alt sind, reservieren wir uns da zwei Zimmer nebeneinander.« Nach sechs Jahren Amtszeit wurde Daxenberger wiedergewählt, mit 75 Prozent. Als er die Gemeinde vor zwei Jahren seinem Nachfolger übergab, war Waging ökologisch erneuert, weitgehend autark und so schuldenfrei, wie Daxenberger den Ort übernommen hatte.

Heinrich Thaler, der bärtige Mann in der Kirchenbank, leitet heute die Waginger Gemeindewerke, sorgt sich um den Brunnen und das Heizkraftwerk wie ein Vermächtnisverwalter. Zuletzt hat er die Daxenbergers jede Woche besucht und mit ihnen gelitten: »Zu sehen, wie die Gertraud und der Sepp immer schlechter beieinand' waren,

18.08.2010: Trauergäste auf dem Friedhof in Waging am See nehmen Abschied von Gertraud Daxenberger. In der Nacht war auch ihr Mann, der Grünen-Politiker Sepp Daxenberger, gestorben.

was für Schmerzen sie hatten – das hat mich im Herzen getroffen.« Thaler weiß, wie es ist, wenn ein Unglück eine Familie zerreißt. Damals, im Wahlkampfjahr, starb sein Sohn. Mit 14 Jahren. Bei einem Unfall mit dem Gabelstapler auf dem elterlichen Hof.

Mit dem schweigsamen Ernst eines Tiefgetroffenen, eines Schicksalsgenossen, hat der Mann, der einmal Daxenbergers Gegner war, an diesem Tag die Gäste in die Kirchenbänke eingewiesen – auch Peter Gauweiler, der Thaler vermutlich nicht wiedererkannt hat und der die Trauerfeier mit dem verschlossenen Gesicht eines Büßers verfolgt.

In der Kirche ergreift der Pfarrer das Wort. »Was können wir anderes tun im Angesicht des Todes, als Gott anzuflehen?«, fragt er. »Für Sepp Daxenberger kam der Tod letztendlich als Freund und Erlöser. Gott, du bist alle Zeit barmherzig.« Das soll die Antwort sein auf all die Fragen, welche die Menschen seit Tagen bedrängen? Vor dem Pfarrer sitzen drei Söhne, die schlagartig zu Waisen geworden sind, aber der Mann der Kirche monologisiert. Anstatt Trost zu spenden, versteckt er sich hinter Glaubensfloskeln.

Doch wo der eine Lücken lässt, findet sich jemand anderes, der sie füllt. Die Frau, die nun spricht, stand bisher nicht bei allen Menschen in Waging im Ruf, den richtigen Ton zu treffen. Vorn am goldglänzenden Barockaltar, umringt von archaisch anmutenden Fahnenabordnungen der Freiwilligen Feuerwehr, der Wasserwacht, des Katholischen Frauenbundes, der örtlichen Krieger- und Soldatenkameradschaft, steht Claudia

Roth. Sie hält eine atemlose Rede, als versuche sie, vor ihren Tränen zu fliehen. »Lieber Sepp! Du hast sie uns gegeben: Heimat. Heimat, wie du sprichst, wie du dich kleidest, was du isst und trinkst – Heimat, Sepp, du hast uns geholfen, sie uns wieder anzueignen. Lieber Sepp, für die Schöpfung hast du gekämpft. Dafür, dass die Zukunft nicht für ein paar Silberlinge verhökert wird.«

Die Zuhörer folgen mit stillem Nicken. Oft ist Roth belächelt worden für ihre Gefühligkeit, aber es ist eine starke Rede, die sie hält, getrieben von Erschütterung. Die Partei der Grünen ist noch zu jung, als dass ihre Protagonisten schon sterben müssten.

Sepp Daxenberger spürte die Schmerzen zum ersten Mal beim Fußballspielen. Er ging von Arzt zu Arzt, 2003 bekam er dann die Diagnose: Morbus Kahler, Blut- und Knochenkrebs, unheilbar. Daxenberger wechselte zwischen Chemotherapien und Wahlkämpfen, er machte immer weiter mit der Begründung: »Ich will meinem Körper zeigen, dass ich keine Zeit habe für so was.« Er wollte die Krankheit mit der Politik betäuben.

2009 dann erkrankte auch seine Frau, an Brustkrebs. Im Juni dieses Jahres zog sich Daxenberger aus der Politik zurück. Im Juli schließlich gab er dem Magazin der *Süddeutschen Zeitung* ein letztes Interview, in dem er erzählte, welchen Raubbau der Krebs an seinem Körper trieb: »Im Kälberstall hat sich ein Wasserfass verschoben, dass müsste ich aufheben. Sechzig, achtzig Kilo. Früher war das kein Problem, da bist mit dem Fuß reingefahren und hast es hochgestemmt. Jetzt schaff ich es nicht mehr.« Der Krebs fresse ihm »Löcher in die Knochen«, erzählte Daxenberger, und doch spreche er mit seinen Kindern nicht darüber: »Ich will nicht, dass sie jetzt Rücksicht nehmen. Die sollen nicht das Gefühl haben, hier ist eine halbe Leichenhalle. Übers Sterben wird nicht geredet.«

Am Ende ließ sich der Vater von den Söhnen im Rollstuhl in die Sonne schieben. Und als die Mutter nicht mehr kochen konnte, gingen sie zum Mittagessen zur Großmutter.

Die Eheleute Daxenberger, Gertraud und Sepp, sie haben jeder für sich gelitten, »geschäftsmäßig« hat Daxenberger das genannt. Das ist vielleicht das Tragischste an der Tragödie. Längst ist in den Aufwallungen des Abschieds publik geworden, dass die Ehe der beiden lange Jahre nicht intakt war – wie das manchmal so ist, wenn einer von zweien ein Übermaß an Bewunderung erfährt. Das ist ein kleiner Widerhaken in der ansonsten als so gerade und erdig beschriebenen Biografie des Politikers Daxenberger. Gertraud, die sich strikt weigerte, »Frau Bürgermeisterin« genannt zu werden, kümmerte sich um den Hof und die Kinder, Sepp zog kraftstrotzend in die Welt der Politik. Kurz bevor er von seiner Krankheit erfuhr, hat er den Hof verlassen.

Erst der drohende Tod hat das Paar wieder zusammengebracht, mehr als Eltern denn als Ehepaar. Noch in diesem Jahr hatten beide damit begonnen, einen neuen Stall zu bauen. Aus Hoffnung? Trotz? Als Aufforderung an die Söhne, sich bald wieder der Zukunft zuzuwenden? Wie ein bleiches Gerippe aus frischem, hellem Holz ragt der Rohbau jetzt über die Dächer des alten, dunklen Hofes.

Nach zwei Stunden geht in der Pfarrkirche von Waging der Gottesdienst zu Ende, als letzter Redner ruft der Vorsitzende des Trachtenvereins: »Pfiat di, Sepp!« Von diesem Moment an ist der Tod des Politikers Daxenberger wieder privat. In einem langen Marsch zieht die Gemeinde davon, durch die Postkartenidylle der kleinen Stadt am See zum Friedhof. Vorneweg die Fahnenträger, der Pfarrer, die Messdiener. Dahinter die drei Söhne, neben ihnen zwei gebeugte Gestalten. Es sind die Großeltern. An sie ist jetzt der Hof zurückgefallen.

HARALD MARTENSTEIN

ZEITmagazin 25.11.2010

über Energiesparlampen und Heizkugeln:
»Die Wärme, welche früher von Glühbirnen ausging,
muss jetzt anderweitig beschafft werden«

Die dunkle Jahreszeit hat begonnen. In meiner Jugend pflegte man zu sagen: »Alles ist politisch.« Diesen Satz würde ich immer noch unterschreiben. Seit einiger Zeit werden von den Politikern zum Beispiel die Glühlampen aus dem Verkehr gezogen. Man soll Energiesparlampen nehmen. Der Glühlampe alten Typs wird unter anderem die folgende Eigenschaft zum Vorwurf gemacht: Sie gibt nicht nur Licht. Sie heizt auch. Die Glühlampenverordnung der Europäischen Union ist 17 Seiten lang, ihr wichtigster Satz lautet: »Das Wort ›Lampe‹ bezeichnet eine Einrichtung zur Erzeugung von Licht.«

Inzwischen liegen erste Erfahrungen mit den neuen Energiesparlampen vor. Es hat sich herausgestellt, dass die neuen Lampen tatsächlich, wie von der EU angeordnet, fast nur Licht abgeben, eine unerwünschte Heizwirkung geht nicht von ihnen aus. Diese Tatsache hat zur Folge, dass die Wohnungen stärker beheizt werden müssen als früher. Denn so schädlich eine Aufheizung des Weltklimas für unseren Planeten auch sein mag – die Aufheizung von bewohnten Innenräumen wird nach wie vor von den meisten Menschen befürwortet. Die Wärme, welche in früheren Jahrzehnten von den Glühbirnen ausging, muss jetzt anderweitig beschafft werden. Mit anderen Worten: Auf der einen Seite sinkt der Energieaufwand für Beleuchtung, auf der anderen Seite steigt der Energieaufwand für Heizung. Übrigens auch die Kosten. Ob der Glühbirnentausch sich klimapolitisch lohnt oder nur eine bürokratische Verirrung in einer an Verirrungen nur allzu reichen Epoche darstellt, ist eine Frage, über die man sorgfältig nachdenken müsste. Mir selber fehlt leider die Zeit dazu.

Nun betritt der Ingenieur und Aktionskünstler Siegfried Rotthäuser die Szene. Rotthäuser bietet im Internet ein sogenanntes »Kleinheizelement in Glühbirnenform« an. Das Produkt heißt »Heatball«, wird in China hergestellt und ist äußerlich von einer traditionellen Glühbirne nicht zu unterscheiden. Man kann es in eine normale Lampenfassung hineinschrauben, dann leuchtet das Produkt. Rotthäuser sagt, die Leuchtwirkung seines Kleinheizelementes sei »ein technisch bedingter Nebeneffekt« und stelle »keinen Reklamationsgrund« dar. Zwar sei zu beobachten, dass zahlreiche Kunden das Produkt als Lampe zweckentfremdeten, dies missbillige er, könne es allerdings nicht verhindern. Kinder benutzen Konservendosen als Fußbälle, Erwachsene benutzen

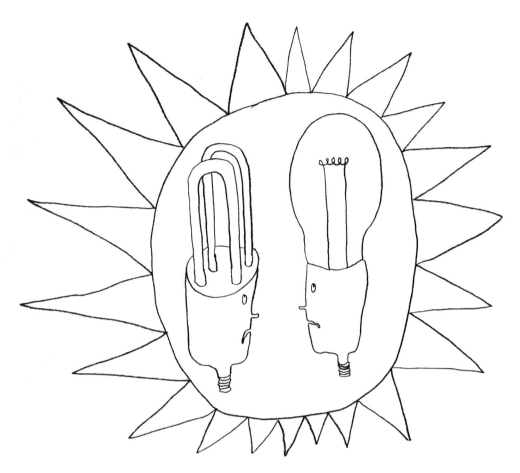

Illustration: FENGEL

Bücher als Bettpfosten, ein Produzent hat so etwas nicht in der Hand.

Juristisch scheint der Fall klar zu sein. Nach EU-Definition ist der Heatball keine Lampe. Eine Lampe ist ja, wie in der 17-seitigen Verordnung nach sorgfältiger Prüfung klar festgestellt wird, »eine Einrichtung zur Erzeugung von Licht«. Der Heatball dagegen ist eine Einrichtung zur Erzeugung von Wärme. Heizen mit Strom ist erlaubt, solange man es nicht mit einer Glühbirne tut.

Das Produkt ist ein großer Erfolg, es ist häufig vergriffen, die Chinesen können gar nicht schnell genug produzieren. Die alte Glühbirne hat eben immer noch viele Freunde, manche Menschen empfinden ihr Licht als »warm«, das ist ja auch der Fall.

In einem Interview denkt Rotthäuser darüber nach, ob sich der Heatball als birnenförmige Kochplatte nutzen ließe, zum Beispiel könnte man Salamischeiben darauf rösten. Falls der Heatball als Heatball von der EU-Kommission doch noch verboten wird, würde er ihn unter der Bezeichnung »Cookball« sofort wieder auf den Markt werfen. Das Wort »Kochplatte« bezeichnet eine Einrichtung zum Erhitzen von Speisen.

HARALD MARTENSTEIN

ZEITmagazin 13.01.2011

über den neuen Öko-Treibstoff:
»Ihr könnt meinetwegen acht Sorten Biodiesel einführen«

Zum Jahreswechsel wollte ich mich entspannen. Jeder will das. Ich habe Zeitung gelesen. Benzin wird teurer. Sie führen irgendein neues Ökobenzin ein, das aber, laut Zeitung, womöglich überhaupt keine positiven ökologischen Auswirkungen hat. Die Auswirkungen auf die Umwelt sind umstritten. Nur die Auswirkung auf die Benzinpreise steht fest. Das neue Benzin enthält Gras oder Heu, oder Kuhdung, es ist mir so was von egal. Ich will das nicht lesen, dachte ich.

In dem nächsten Artikel sagte der Geschäftsführer des Deutschen Städtetages, dass die Städte kein Geld hätten. Alles werde teurer – auch und vor allem Benzin. Deswegen wollten die Städte neue Steuern einführen. Wenn ein Schwimmbad saniert wird, würden sie in Zukunft eine projektbezogene Schwimmbadsteuer erheben. Da bin ich sauer geworden. Nein, ich habe kein Verständnis. Der Städtetag soll die Bundeskanzlerin von dem neuen Kuhdung-Benzin abhalten, statt zu mir zu kommen. Als Nächstes las ich, dass Strom und Gas teurer werden. Dieses wiederum liege an den Energiekonzernen. Sie sind gierig. Im nächsten Artikel ging es um die Krankenkassen. Der Beitrag steigt. Außerdem gibt es einen Zusatzbeitrag. Das kapiere ich nicht.

Der Beitrag steigt, okay, das kapiere ich noch, aber zusätzlich zu dem steigenden Beitrag erheben sie einen Zusatzbeitrag. Wieso eigentlich nicht noch einen Zusatzbeitrag zu dem Zusatzbeitrag des Zusatzbeitrages? Bin ich krank im Kopf, oder ist das System krank? Als Nächstes las ich, dass der Beitrag zur Arbeitslosenversicherung steigt und dass die Bahn teurer wird.

Als Erstes denkt man natürlich, okay, du verdienst ganz gut, das haut dich nicht um. Es ist mir allerdings nicht möglich, von meinem Arbeitgeber ununterbrochen mehr Geld zu verlangen. Das heißt, möglich ist es, okay, aber ich tue es nicht. Es wäre mir peinlich. Mir tut mein Arbeitgeber ein bisschen leid. Er hat es auch schwer. Wir sind doch alle Menschen. Ich kann doch auch nicht sagen, ich verlange, weil die Stadt das alte Schwimmbad saniert, einen projektbezogenen Zusatzbeitrag für die neuen Bremsen von meinem Auto. Mein Arbeitgeber würde mich für wahnsinnig halten.

Als Zweites fragt man sich, wieso man so ein typischer unsolidarischer Besitzstandswahrer aus dem Mittelstand ist, ein Wutbürger. Aber was, verdammt, ist denn eigentlich so unmoralisch daran, wenn man den Besitzstand wahren möchte? Alle tun es. Der Stromkonzern, der Staat, die

Illustration: FENGEL

Partei, der Tierschutzverein, die Mafia, die Bahn, alle erhöhen die Beiträge. Sogar der Löwe in der Steppe ist ein Besitzstandswahrer aus dem Mittelstand, er hat Angst vor dem Büffel, und wenn er pro Woche eine Gazelle frisst, dann will er, dass es so bleibt. Sonst wird er wild. Nur ich darf es nicht. Bei mir heißt es, dass ich, solange ich nicht arm bin und noch ein Eckchen Büffelmozzarella im Kühlschrank habe, gefälligst den Mund halten soll. Wenn es aber unmoralisch ist, wenn jemand statt, sagen wir, 2000 Euro eben 4000 Euro im Monat verdient, wenn das unmoralisch ist, wieso lässt der Staat es dann überhaupt zu? Wieso erlaubt der Staat es zuerst, um anschließend eine gigantische Umverteilungsmaschinerie in Gang zu setzen? Das ist doch Energieverschwendung und Justizirrtum. Wenn jeder, wirklich jeder, 2000 bekommt, bin ich der Letzte, der sich sträubt, ich gehe immer mit der Masse, ich bin kein Held oder so was. Und dann könnt ihr meinetwegen acht Sorten Biodiesel aus Runkelrüben einführen, mich interessiert das dann alles nicht mehr.

VERSCHONT UNS!

DIE ZEIT 26.05.2011
Jan Ross

Auto-Feindschaft, Frauenquote, Ökostrom – die Grünen wollen uns zwangsbeglücken. Doch wir brauchen keinen Tugendstaat, sondern echten Liberalismus

—

Dass die FDP aus der politischen Schmutzecke herauskommt (wozu durch die Wahl einer neuen Parteispitze der Anfang gemacht ist), wird wohltuende Folgen für die öffentliche Debatte in Deutschland haben, weit über das Schicksal des organisierten Liberalismus hinaus. Die Westerwelle-Blockade fällt jetzt weg – die Unlust, Zeiterscheinungen zu kritisieren, die auch Guido Westerwelle kritisieren würde, weil mit Westerwelle übereinzustimmen peinlich ist. So traut man sich nun eher, die Gefahr anzusprechen, dass die Bundesrepublik auf den Weg in einen bevormundenden, sanft tyrannischen Tugendstaat gerät.

Es ist eine Entwicklung, die eng mit dem Siegeszug der gegenwärtig erfolgreichsten deutschen Partei, der Grünen, zusammenhängt. Das Gegenmittel wäre tatsächlich jene politische Philosophie, die von der FDP für sich beansprucht wird, der Liberalismus. Der Gegensatz zwischen der antigrünen FDP und den antiliberalen Grünen, auf dem Westerwelle immer auf eine so krawallig-unsympathische Art herumgeritten war, ist wirklich ein Grundkonflikt der deutschen Gegenwart.

Das jüngste kuriose Beispiel für die gut gemeinte Betreuung der Bürger bietet die parteiübergreifend populäre Idee der »Restaurant-Ampel«, die den Besucher eines Speiselokals schon an der Tür mit einer grünen, gelben oder roten Plakette auf den amtlich ermittelten hygienischen Zustand der Gaststätte hinweisen soll. Solche Hilfs- und Kontrollaktionen breiten sich aus. Der Tugendstaat ist der Staat des Rauchverbots, der Frauenquote und des Antidiskriminierungsgesetzes, der Staat des beschleunigten Atomausstiegs und des verlangsamten Autofahrens, der Staat, der seine Männer durch Erziehungsmonate zu besseren Vätern und seine Stromkunden mit subventionierten Preisen zu Konsumenten erneuerbarer Energie erziehen will.

Der Tugendstaat erlässt nicht einfach Vorschriften (das tut jeder Staat), er will mit einem immer perfekteren Ensemble von steuernden Eingriffen seine Bürger moralischer, gesünder und umweltbewusster machen. Die Mittelschicht möchte er mit dem Elterngeld zur Gründung größerer Familien veranlassen, der Unterschicht gibt er Gutscheine für die Bildung und sportliche Ertüchtigung ihrer Kinder in die Hand, die sich garantiert nicht für die falsche Lebensführung der Eltern missbrauchen lassen.

Das alles ist im Einzelnen diskutabel, aber insgesamt in seiner besserwisserischen, gouvernantenhaften Tendenz beunruhigend. Diese Menta-

lität ist zwar kein exklusiver Besitz der Grünen. Die christdemokratische Ministerin Ursula von der Leyen, nicht zu Unrecht als Nanny der Nation charakterisiert, neigt sehr zu solchen Projekten. Die Sozialdemokratie, die dem freien Spiel der Marktkräfte misstraut, auf wirtschaftlichem Gebiet ebenso – siehe die Hoffnung auf die segensreichen Wirkungen eines flächendeckenden Mindestlohns.

Aber die Grünen, die Erfinder der Gleichstellungspolitik und der Mülltrennung, die Partei des guten Gewissens, sind doch die unerreichten Klassiker und die historisch treibende Kraft auf diesem Gebiet. Der neue baden-württembergische Ministerpräsident Winfried Kretschmann hat kürzlich in einem Interview erklärt, der herkömmliche Wachstumsbegriff sei überholt: »Wir brauchen also eine neue Größe, die Auskunft darüber gibt, ob das Wachstum auch die Wohlfahrt erhöht.«

Eine Bestimmung der Lebensqualität, des zufriedenen Bürgerbefindens, als Maßstab für die ökonomische und gesellschaftliche Entwicklung? Ein traditioneller Linker, ein SPD-Politiker wäre mit solchen Reformfantasien wahrscheinlich vorsichtig gewesen; er hätte den Einwand fürchten müssen, dass der Sozialismus mit seinen planwirtschaftlichen Volksbeglückungsexperimenten schon einmal gescheitert sei. Doch als Grüner, zumal als bürgerlich-konservativer wie Kretschmann, kann man offenbar unbedenklich so reden.

Und was ist nun so falsch an dieser Weltverbesserung durch den Staat? Kretschmanns Beispiel zeigt es recht genau. Es mag richtig sein, dass der hergebrachte Wachstumsbegriff politisch nicht mehr viel taugt, weil zu viel energieverbrauchendes, müllproduzierendes Wachstum schädlich ist. Dann kann der Staat diese Art Wachstum bremsen, entmutigen oder verbieten. Doch ein alternatives, besseres Wirtschafts- und Lebensmodell entwerfen, eine amtlich empfohlene Wertordnung schaffen, nach der ressourcenschonende Beschaulichkeit besser ist als hektisches Geldverdienen und wahrer Fortschritt gar nicht jener Zuwachs an technischem Komfort, den die blöden Durchschnittsbürger dafür halten – das kann und darf der Staat nicht. Für die Festlegung und Erfüllung von Daseinszwecken ist er nicht zuständig, das muss er schon den Einzelnen überlassen.

Zwar gibt Kretschmann selbst seine Ungewissheit über die richtige Maßeinheit für die menschliche Wohlfahrt zu: »Ich kenne noch keine.« Aber in Wahrheit ist das eben keine Frage des »noch«, keine Sache, bei der man auf künftige bessere Einsicht und eines Tages auf demokratischen Konsens über die Prinzipien des guten Lebens hoffen könnte. Sondern Staat und Politik stoßen hier überhaupt an ihre Grenze und haben sich zurückzuhalten.

Der Liberalismus ist genau jene politische Philosophie, die das weiß. Der preußische Reformer und Goethe-Freund Wilhelm von Humboldt, einer der wenigen authentischen Liberalen der deutschen Geistesgeschichte, hat das obrigkeitliche Bestreben, »auf die Sitten und den Charakter der Nation« einzuwirken, geradezu für den unverzeihlichen Sündenfall der Politik gehalten: Der Tugendstaat ist nicht der gute, sondern der schlechte Staat. Der Liberalismus weiß, dass das Gute in der Gesellschaft in der Regel nicht durch gute Absicht und zentrale Planung entsteht, sondern durch den Wettbewerb der Ideen und Akteure. Das, nicht irgendeine bizarre Vorliebe für reiche Leute und soziale Ungleichheit, ist der gute Grund für die Marktwirtschaft: Das anonyme Wechselspiel von Angebot und Nachfrage setzt Kapital, Arbeit und Kaufkraft effizienter ein, als die klügste staatliche Behörde es könnte.

Daher muss es so misstrauisch stimmen, wenn die Politik den Solarstrom oder das Elektroauto als »Zukunftsprodukte« identifiziert und fördert – welchem Produkt die Zukunft gehört, weiß die Gegenwart nicht, schon gar kein Beamter und auch kein Parlament. Man sollte es dem Experiment der Zeit überlassen. Wie auch ein gutes Bildungswesen nicht dadurch zustande kommt, dass man die Schulen endlos reformiert, perfektioniert und neu finanziert, sondern indem Konkurrenz ermöglicht wird – zwischen den Lehrern einer Schule, zwischen den Schulen, zwischen den Ländern, zwischen dem staatlichen Schulsystem und privaten Alternativen.

Natürlich kann man es mit der Freiheit übertreiben. Dann droht das Chaos – oder der Sozialdarwinismus, das Recht des Stärkeren. Aber das ist nicht die Gefahr, in der die rasant ergrünende Bundesrepublik des Frühsommers 2011 schwebt. Ihre Gefahr ist der Tugendstaat – ein Gemeinwesen von hochmoderner, umweltverträglicher und moralisch vorbildlicher Spießigkeit.

99 FRAGEN AN RENATE KÜNAST

ZEITmagazin 08.09.2011
Moritz von Uslar

Mehr braucht kein Mensch

—

Die Wahlkampfzentrale der Grünen in der Berliner Kommandantenstraße. Hier sieht Berlin noch wie wenige Jahre nach dem Fall der Mauer aus: Brachflächen. Vor vier Monaten waren die »99 Fragen an Klaus Wowereit« erschienen – daraufhin hatte sich ihr Wahlkampfmanager beim ZEITmagazin gemeldet: Wir sollten nun bitte Renate Künast, die Herausforderin des Regierenden Bürgermeisters, interviewen. In Ordnung. Am Sonntag nächster Woche wählt Berlin ein neues Abgeordnetenhaus. Mit 30 Prozent der Stimmen hatte Künast erst sensationell vorn gelegen – mittlerweile ist es unter Hauptstadtjournalisten schick, sie eine Verliererin zu nennen. Sie steht bei 22 Prozent, laut neuesten Umfragen wäre Wowereit im Amt bestätigt. Den Wahlkampf, sagt Künast, möchte sie mit Politik gewinnen, nicht mit Gefühlen. Ihre Verteidigungslinie lautet »Ich stehe für Inhalt, er ist Show« (ein fragwürdiges Politikverständnis hat sie da zwanzig Jahre nach Bill Clinton und zehn Jahre nach Gerhard Schröder). Sie ist in der dummen Lage, dass sie wirklich jede Frage, auch die hinterletzte, beantworten muss: Wahlkampfendspurt. In ihrem Büro, das enger und spartanischer nicht sein könnte (Ikea-Tischchen, Billig-Ledersessel, Raufasertapete), hängt ein Porträtfoto des Grünen-Mitbegründers Joseph Beuys. Sie, Grüne, die den Businessanzug der Frau von heute trägt (schwarze Hose, Absätze, hellblaues Hemd), nennt Beuys eine »starke Figur«. Mit Blick aus dem Fenster spricht die Herausforderin: »Wir sind eine Metropole.« Dann erklärt Renate Künast, dass das Gelb im Gestrüpp auf den wildwuchernden Brachen »Gelber Heinrich« heißt. Wir sitzen Knie an Knie, ziemlich eng aufeinander. Vor ihr zieht ein Tee. Es könnte ein brutal langweiliges Gespräch werden, da in Politikgesprächen, zumal im Wahlkampf, kaum Platz für große Sprünge, für Wahrheiten und Widersprüche ist.

1. Hat man Ihnen erklärt, dass Sie nicht so viel reden, sondern immer nur ganz kurz antworten sollen?
Ich bin instruiert. Ich kann auch Ein-Wort-Sätze sagen.
2. Gibt's jetzt Ihren berühmten grünen japanischen Halbschattentee?
Genau. Das ist der gute Beuteltee von Keiko.
3. Wie lautet die Losung für den Wahlkampfendspurt in den nächsten Tagen?
Mein persönliches Motto lautet: Durchziehen, ohne Alkohol.

4. Am heutigen Wahlkampftag, sind Sie eher sauer oder schon stinksauer?
Wahlkampf geht nicht, wenn man sauer ist. Man muss schon sagen: Das sind jetzt die Wochen, da gibt man alles. Und dann muss man sich da reinfallen lassen.

Die Grüne Renate Künast hat einen, mit Verlaub, guten Kopf: die hohe Stirn, ihre hellen Augen. Das bisschen Pampige, Angriffslustige in ihrem Gesicht macht sich auch gut. In der aus dem Fernsehen bekannten Künast-Kurzhaarfrisur fehlen, hoppla, die blonden Strähnchen (darüber wird noch zu reden sein). Wie sieht sie denn nun genau aus? Man könnte sagen: In einer Runde deutscher Männer, die Pilsbiere in der Hand halten, Fußball gucken oder über Politik diskutieren, würde diese Renate Künast nicht weiter auffallen. Sie hält den Tee. Sie soll sich nun zu den Daten ihrer Existenz äußern.

5. Wie viel Kilogramm wiegen Sie?
Knapp über sechzig.
6. Ihre Größe in Zentimetern?
164.
7. Wie fühlt sich Heimweh nach Recklinghausen an?
Habe ich nicht.
8. Wo waren Sie am 2. Juni 1967?
Auf der Realschule Recklinghausen. Ich habe gestaunt, was da auf dem Fernsehbildschirm passiert. Die Auseinandersetzung um den Schah hat man schon als Kind mitbekommen: den Aufbruch in der Gesellschaft, wo jeder plötzlich alles sagen kann.
9. Wo waren Sie am 9. November 1989?
Im Rathaus Schöneberg. Als Berliner Abgeordnete. Ich habe um 19 Uhr den Fernseher eingeschaltet, in der Senatskanzlei hieß es, man werde am Abend noch eine Sondersitzung haben. Um etwa 22 Uhr fand ich mich auf der Bornholmer Brücke ein, das war der Grenzübergang, der die Stadtteile Prenzlauer Berg und Wedding voneinander trennte. In der Nacht war die Brücke der erste Übergang, der für Ost-Berliner geöffnet wurde.
10. Wo waren Sie, als Martin Kippenberger in der Kreuzberger Punk-Kneipe SO 36 Bier ausschenkte?
Da war ich sicher auch mal. Aber ich war nicht das typische SO-36-Kind. Als Sozialarbeiterin, die im Knast in Tegel arbeitete, gehörte ich einer anderen Szene an. Wir waren die politisch Bewegten. Meine Frage war: Wie kriegt man hier, jetzt, in dieser harten Wirklichkeit, Visionen und Reformen zueinander?
11. Stimmt die schlimme Geschichte, dass Sie sich als junger Punk in Berlin Uhu in die kurzen, blonden Haare getan haben?
Nein. Nur Bier. Richtig ist: Ich war immer auf der Suche nach einem guten Haarfestiger.
12. Einverstanden, dass Sie ganz früher, um 1986, ganz süß aussahen?
Bestimmt. Obwohl? 86 sah ich schon nicht mehr süß aus, das muss ein paar Jahre früher gewesen sein.
13. Schönste Erinnerung an Ihre WG-Zeit mit Katrin Göring-Eckardt – Sie Ministerin für Verbraucherschutz, Göring-Eckardt grüne Fraktionsvorsitzende?
Es war ein Nest. Unser Ding war: in Ruhe abends reden können.
14. Wo in Ihrem Gesicht sitzt der harte Zug, den Renate-Künast-Kenner in Ihrem Gesicht immer erkennen?
Es gibt keinen harten Zug. Ich gucke halt hin und wieder ernst. Nicht alles lässt sich lächelnd lösen.
15. Welche politische Botschaft steckt hinter der Tatsache, dass Sie sich jetzt keine Strähnchen mehr färben?
Keine Botschaft. Zeitmangel.
16. Haben Sie da ganz doll aufgepasst, dass Sie, anders als viele Grünen-Politiker in den achtziger und neunziger Jahren, keinen Kupferohrring an einem Ohr tragen?

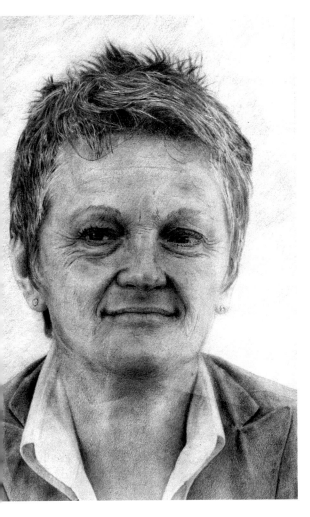

Illustration: Stuart Whitton

Ich trage lieber die hier. (Die Ohrringe der Renate Künast sind goldene Knöpfe mit Halbedelsteinen.) Mich haben die langen Ohrringe beim Telefonieren immer behindert.

Wir gehen nach vorn: Wahlkampffragen. Es ist nicht richtig, mit einer Politikerin nicht über Politik zu reden – zu viel Originalität in einem Gespräch mit einem Politiker ergibt nur eine andere, besonders zähe Art der Ödnis. Sie wirkt gespannt, nicht angespannt. Sie zieht nun ihren Fuß aus dem rechten Schuh, tastet mit ihrem Fuß in ihrem Schuh herum. Interessant. Was wird das mit ihrem Schuh?

17. Muss ein Politiker, der im Fernsehen Eindruck machen möchte, seine Brandthemen – in Ihrem Fall Schule, Arbeit, Klimaschutz – eigentlich immer an seinen Fingern durchzählen?
Das machen Männer. Ich mache das nicht.
18. Warum lassen Politiker auf Wahlveranstaltungen in Fußgängerzonen immer Bluesbands auftreten?
Echt? Bei uns laufen eher die südamerikanischen Rhythmen.
19. »Renate hilft«: Renate watt?
Renate sorgt, kämpft, arbeitet. Die Kampagne richtet sich gegen andere Wahlkämpfe. Wir wollen darstellen, dass es hier wirklich etwas zu arbeiten gibt.
20. Heißt Ramona Pop von den Grünen wirklich so?
Sie heißt so. Das ist ein rumänischer Name.
21. Haben Sie natürlich auch deshalb geheiratet, weil 2011 Wahlkampfjahr ist?
Die Geschichte geht anders: Wir wollten, dass unsere Freundin Anne, die sehr krank war, noch Trauzeugin sein kann.
22. Wie kommt man sich da vor, wenn man als intelligente Frau Erstklässlern bei der Einschulung in der Papageno-Schule in Berlin-Mitte Schultüten überreicht?
Das ist natürlich eine Riesenfreude, diese kleinen, stolzen Menschen mit ihren Schulranzen auf dem Rücken bei ihrem ersten Gang in die Schule zu begleiten. Kinder sind ja immer eine Prüfung für Politiker: Kinder merken sofort, ob du echt bist oder nicht.
23. Ehrlich, haben Sie schon mal ein sympathischeres Wahlplakat gesehen als das vom SPD-Kandidaten Wowi und dem knuddeligen Stoffkrokodil?

Das ist ein schönes Plakat. Aber Schnappi allein schafft die fehlenden Kita-Plätze nicht.

24. Peinliche Frage, aber wo exakt zeigt der Pfeil auf dem »Da müssen wir ran«-Wahlplakat hin, wenn nicht auf Ihren Busen?

Stand mal in der Bild-Zeitung, da fand ich diese Männerfrage auch schon doof.

25. Sind 22 Prozent für die Berliner Grünen nicht ein tolles Ergebnis?

Toll, aber noch nicht genug. Wir wollen mehr.

26. Wo ist denn Ihr schöner Vorsprung hin verschwunden?

Die Spitzenwerte hatten wir zur Atomdebatte. Jetzt geht es um die Zuspitzung der Themen, das werden Sie am Ergebnis sehen.

27. Hätte man Ihren besoffenen Wahlkampfmanager nicht auch stimmbringend als Mann mit allzu menschlichen Schwächen und deshalb sympathischen Typen verkaufen können und Sie als Chefin, die ein Auge zudrückt?

Alkoholisiert fahren gefährdet andere. Punkt.

Hintergrund: Ende Juni hatte Künasts Wahlkampfmanager, ulkigerweise nach einem Fest Klaus Wowereits, um vier Uhr früh in seinem Auto an einer grünen Ampel gestanden: betrunken am Steuer eingeschlafen. Laut Polizei habe er bei seiner Festnahme erheblich Widerstand geleistet. Künast entließ ihren Wahlkampfmanager daraufhin.

28. Kann man klipp und klar sagen, dass Sie sich mit zwei Forderungen – Tempo 30, Abschaffung der Gymnasien – um den Sieg gebracht haben?

Das glaube ich nicht. Am Wahltag wird nach anderen Kriterien entschieden. Ich habe ja auch weder Berlin zu einer Tempo-30-Zone machen wollen noch die Gymnasien abschaffen wollen, das wissen Sie.

29. Gegen alle Gerüchte, ist der Frank Henkel von der CDU ein Netter?

Netter, als ihn manche darstellen, ist er allemal. Das ist ein höflicher Typ.

30. Wie lautet noch mal Ihr Standardsatz, mit dem Sie eine Koalition mit der CDU nicht ausschließen, aber nur als zweitbeste Lösung bezeichnen?

Es kommt auf den Inhalt an. Die größte Schnittmenge haben wir mit der SPD. Klaus Wowereit hat in Ihren 99 Fragen gesagt, dass er sich für Rot-Rot einsetzt. Ich warte noch darauf, dass Wowereit sich klar zu einem Bündnis mit uns Grünen bekennt. Das wäre doch mal was.

31. Ist das natürlich Ihre größte Schwäche – praktisch die Tragik Ihres Wahlkampfes –, dass Sie im Falle der Niederlage nicht in der Berlin-Politik bleiben, sondern wieder in den Bundestag gehen?

Von »nicht bleiben« kann doch keine Rede sein. Ich bin von den Berlinerinnen und Berlinern zur Abgeordneten gewählt worden und bewerbe mich nun bei ihnen um den Einzug ins Rote Rathaus. Klaus Wowereit und Renate Künast werden beide nicht Stellvertreter des anderen sein. Das wird auch nicht funktionieren. Deshalb sind die Alternativen klar.

Der Schuh sitzt wieder. Die Sorte Fragen macht ihr, logischerweise, keine Probleme. Der auf Durchhalten, auf Wiederholung der immer gleichen Wortfiguren eingestellte Wahlkampfautomat spricht. Wir konjugieren nun die aktuellen Berlin-Themen durch.

32. Blödmann-Thema »Ausgebrannte Autos auf Berliner Straßen«?

Das Problem braucht kein Geschwätz, sondern sorgfältige Arbeit einer ordentlich ausgestatteten Polizei. Die Losung der Stunde lautet – hört sich hart an: Beweissicher festnehmen.

33. Sind ausgebrannte Autos nicht irgendwie auch was Geiles?

Nein. Eine Straftat. Ich denke da ganz sicher nicht: *Yeah*. Es gibt keine Rechtfertigung dafür, das Eigentum anderer Leute zu zerstören.

34. *Was sieht besser aus, ein ausgebrannter Porsche oder ein ausgebrannter Opel?*
Da nehme ich etwas Drittes: ein Stück Toast, das zu lange im Toaster steckte.

35. *Ihre Erklärung dafür, dass die Autos jetzt nicht nur in Friedrichshain, sondern auch in Charlottenburg brennen?*
Es zeigt: Es gibt sehr wahrscheinlich keinen politischen Hintergrund. Es sind, vermutlich, Einzeltäter, die auf sich aufmerksam machen wollen.

36. *Spontan, was fällt Ihnen zum tristen Berliner Bezirk Tempelhof ein?*
Alles andere als ein trister Bezirk! Der Park auf dem Flugfeld und auch die Ufa-Fabrik. Dieser Ort steht im wahrsten Sinne des Wortes für Kreativität.

37. *Welche Touristen gehen Ihnen mehr auf die Nerven, die easyJet-Raver oder die Kulturtouristen, die mit Lodenmantel vor dem Tacheles herumstehen?*
Die Clubgänger sind in Berlin genauso willkommen wie Hochkultur-Touristen, die Daniel Barenboim in der Staatsoper sehen wollen. Was mir auf die Nerven geht: Wenn man den Berlinern, die nachts wegen des Partylärms auf den Straßen nicht mehr schlafen können, vorwirft, sie seien touristenfeindlich. Das geht nicht.

38. *Warum ist es nicht wurscht, wen die Berliner am 18. September wählen?*
Es geht um Berlins Zukunft, von Bildung bis zu neuen, gut bezahlten Jobs.

39. *Ihre Antwort auf den harten Vorwurf, dass Ihnen Berlin letztlich wurscht ist?*
Ende des Monats September bin ich 35 Jahre hier. Ich liebe die Stadt. Ich habe sie mitgestaltet. Dass das Wahrzeichen Berlins, das Brandenburger Tor, nicht von Autos durchfahren wird, das hat Berlin nur einer Partei, den Grünen, zu verdanken.

40. *Ist das Ihr Problem, dass Sie Bürgermeisterin werden wollen und mir kein einziges interessantes Wahlkampfthema von Ihnen einfällt?*
Die Berliner kennen meine Themen: Bildung. Ordentliche Jobs. Und: Die ordentlichen Jobs machen wir mit Klimaschutz.

41. *Was, um Himmels willen, meinen Sie, wenn Sie sagen, »dass das in Berlin ein unheimliches freies Leben« sei?*
Hier werden die verschiedenen Lebensformen akzeptiert. Hier können auch zwei Männer und zwei Frauen händchenhaltend durch die Straße gehen. Hier können Sie mit dem Kopftuch rumlaufen, hier können Sie essen, was Sie wollen. Man läuft hier sehr relaxed herum.

42. *Kann man sagen, dass die Strandbars am Spreeufer schräg gegenüber dem Berliner Hauptbahnhof den hässlichsten, kulturlosesten, provinziellsten Ort in ganz Europa darstellen?*
Das macht man halt so in großen Städten: Da stehen Liegestühle am Wasser, und man findet es toll. Sicher, es ist ein bisschen ein Spot für Touristen. Die Berliner haben ihre eigenen Tipps, abseits der großen Plätze. Richtig ist, dass mich die einfallslosen Bauten rund um den Hauptbahnhof wurmen!

43. *Kann's eine verstaubtere, eine reaktionärere Politik geben als den Schutz der sogenannten alternativen Milieus in Kreuzberg, Prenzlauer Berg und Friedrichshain?*
Es kann nicht sein, dass diese Stadt, in der immerhin Menschen leben, nur, weil sie gerade hip ist, für Immobilienfonds geöffnet wird, die hier einmal durchhechten. Ich will die Mischung: Da, wo neue Wohnungen sind, müssen auch preiswerte Wohnungen sein.

44. *Gibt's eine totgenudeltere Formel als »Berlin, Stadt im Werden«?*
»Be Berlin«, das war das Lebensgefühl der neunziger Jahre. Jetzt müssen wir uns neue Ziele setzen und sie angehen. Wir haben zu wenig ordentlich bezahlte Jobs. Jetzt muss man die Kommunikations- und Internet-Freaks mit der Wirtschaft und der Gesundheitswirtschaft zu-

sammenbringen und sagen: Lass uns mal etwas Neues entwickeln. Das muss hier noch mal eine andere Stadt werden. Also: Berlin bewegen!

45. Seid Ihr Alt-79er nicht exakt die, die mit der vie beklagten Gentrifizierung in Berlin begonnen haben?
Mit der Gentrifizierung ist es so richtig erst nach dem Fall der Mauer losgegangen. Die Studis – Achtung Klischee – aus Schwaben sind damals in Prenzlauer Berg und Friedrichshain in ziemlich runtergekommene, aber billige Wohnungen gezogen. Die sind heute renoviert und viel teurer, das können sich viele gar nicht leisten und ziehen weg. Das ist Gentrifizierung. Wahr ist aber auch: Die Stadt wird nicht immer exakt so bleiben, wie sie gestern Abend noch war.

Komisch: Je konkret politischer die Fragen, desto lebloser ihre Antworten. Sie spricht natürlich auch: einen grauenhaften Spät-siebziger-Jahre-alles-easy-alles-dufte-Talk. Berlin bewegen! Ah. Der Interviewer vermisst den im zur Seite gekippten Schuh spielenden Fuß. Jetzt muss Klaus Wowereit helfen. Wird es langweilig, kommt Onkel Wowi und bringt die gute Laune mit.

46. Wenn Wowi die Wowibären hat, was haben dann Sie?
Den kleinen grünen Berlinbären am Revers.
47. Wenn Wowi als Lieblings-Schmusesong »Nights in White Satin« von Moody Blues hat, welchen Song haben Sie?
Here Comes the Sun von den Beatles.
48. Macht Sie der Spitzname »Wowi« eigentlich aggressiv?
Nein.
49. Ist der Wowi ein Süßer?
Scheint so, ja.
50. Haben Sie einen Wowi-Frust?
Nö.
51. Wer hat wem das Du angeboten, Sie dem Wowi oder der Wowi Ihnen?
Er hat einfach losgeduzt. Und losgeküsst. Das macht er immer so, bei allen.
52. Mit welchen Worten werden Sie Klaus Wowereit am 18. September zum Wahlsieg gratulieren?
Werde ich das? Das ist nicht so klar. Nicht dass ich unhöflich wäre, aber das Ergebnis steht noch aus.
53. Ist das nicht deprimierend, dass jetzt alle – wirklich alle – »Atomkraft nein danke« sagen?
Das ist zunächst ein Riesenerfolg, den es umzusetzen gilt. Bis zum Ende der Atomkraft sind es noch zwölf Jahre. Und wir haben noch kein Endlager. Also, wir sind mit »Atomkraft nein danke« als internationale Bewegung noch lange nicht durch.
54. Geht Ihnen das Du bei den Grünen auch so auf die Nerven?
Nö. Aber »Genosse« scheint mir etwas aus der Zeit gefallen.
55. Wer geht Ihnen mehr auf die Nerven, der neue Gewinner Winfried Kretschmann oder der alte Gewinner Joschka Fischer?
Die gehen mir doch nicht auf die Nerven. Ich glaube, Winfried Kretschmann nervt als Ministerpräsident die Sozialdemokraten gewaltig – und das ist auch gut so.
56. Ist Ihnen manchmal peinlich, dass Ihre Partei nach all den Jahren noch immer den Kindernamen Die Grünen trägt?
Frei nach unserem Urmitglied Joseph Beuys: Der Name ist das ganze Programm. Und damit sind wir noch lange nicht fertig.
57. Echt wahr, dass der Main-Taunus-Kreis mittlerweile der Landkreis mit den meisten Grün-Wählern in ganz Deutschland ist?
Sogar Bad Homburg hat einen grünen Bürgermeister. Donnerschlag.
58. Korrekt, dass Ihr Grünen in Wahrheit immer noch ein gestörtes Verhältnis zur deutschen Polizei habt?
Sehe ich nicht so. Grün und Grün passt wunderbar zusammen. Manchmal besser als Frauen und Männer.

59. Was sagen Ihre Neffen und Nichten, woran es den Grünen fehlt?
Mein Neffe, jetzt 22 Jahre alt, hat vor vielen Jahren gesagt: Renate, wenn ich mir ein Auto leisten kann, macht Ihr dann ein Tempolimit auf der Autobahn?

60. Ihre Antwort auf die begründete Panik der CDU, dass die große konservative Partei in Deutschland nicht mehr CDU, sondern Die Grünen heißt?
Bewahren und schützen: Das sind doch schöne Aufgaben. Ich bin da ganz gelassen. Wir wollen die Lebensgrundlagen erhalten. In Wahrheit sind wir: Mitte-links.

So weit die politischen Fragen. Wir brauchen jetzt, zur Abrundung ihres Porträts, die Psychologie. Die Füße der Wahlkämpferin stehen fest in den Schuhen: kein gutes Zeichen. Ein Problem ist sicher, dass der neue Wahlkampfmanager ihr gesagt hat, dass sie – bei diesem Stand der Umfragen – auf jede Frage, auch die unsäglichen, eine Antwort geben muss: Sie könnte ja auch mal nichts sagen! Weiche Fragen an die harte Kämpferin Künast.

61. Reden Sie immer bisschen zu viel?
Bei dieser Frage fange ich an, die Kürze zu schätzen. Vielleicht rede ich zu schnell.

62. Sind Sie zu frech?
Früher habe ich in Talkshows mehr unterbrochen. Warum dürfen eigentlich nur Männer immer hochpotent mit den Armen rudern und »erstens, zweitens, drittens« sagen? Was bei Männern kompetent ist, gilt bei Frauen meistens noch als frech.

63. Wurden Sie als Kind geschlagen?
Das war damals üblich.

64. Ist das eine Strafe, wenn man in der Schule die Renate ist?
Der Name ist immer gut angekommen.

65. Sind Sie's satt, zu erklären, dass Sie auf Männer, nicht auf Frauen stehen?
Ich habe gar nicht vor, etwas zu erklären.

66. Kämpfen, arbeiten, kümmern, schuften: Ist das Leben eine Karre Mist?
Nein. Das macht Spaß. Das Leben soll so sein, dass man am Ende sagt: Ich hatte nicht nur persönliche Freude, ich habe so etwas wie Glück gefunden. Meine These ist: Glück kann der Mensch nicht alleine. Da brauchst du mindestens einen zweiten Menschen dafür.

67. Sind alle immer zu gemein zu Ihnen?
Nein.

68. Sind Sie eine Wilde?
Einverstanden.

69. Eine Ihnen unvergessene Berliner Ausgehnacht?
Silvester 1989. Das erste Berliner Neujahr nach der gefallenen Mauer. Da sind wir mit Ost-West-Leuten nach Mitternacht vom Prenzlauer Berg bis tief nach Moabit gewandert, durch das Brandenburger Tor. Das habe ich nur gut überstanden, weil ich demoerfahren bin: unterhaken, dicht aneinanderziehen. Ganz am Ende sind wir bei einer Fete bei einem schwulen Pärchen in Tiergarten gelandet. Da lief dann »Er gehört zu mir / Wie mein Name an der Tür« von Marianne Rosenberg.

70. Ihre letzte Nacht hinter Gittern?
Ich habe nur ganze Tage hinter Gittern verbracht, in Berlin, in Budapest, in Rikers Island, der Gefängnisinsel von New York: zur Besichtigung von Vollzugsanstalten.

71. Wie lautet Ihr aktuelles Lieblings-Schimpfwort für Männer, die auf eine anstrengende, weil selbstzufriedene Art schwer von Kapee sind – Dödel, Dummkopf, Blödmann, ganz anders?
Stiesel.

72. Welchen Blödmann haben Sie zuletzt so richtig schön angeschissen?
Meine Methode ist es, dass ich die Blödmänner ja lieber geräuschlos stelle. Ganz elegant.

73. Wann zuletzt einem furchterregend großen und starken Mann einen Faustschlag mitten ins Gesicht versetzt?
Das muss man immer verbal erledigen.

Da! Sie zieht den Fuß aus dem Schuh heraus, wackelt da wieder im Schuh herum. Ein sympathischer Tick. Die Künastsche Unruhe ist wieder da. Vielleicht sagt sie jetzt doch noch was. Vielleicht gewinnt sie jetzt, in den nächsten zwei Minuten, den Wahlkampf.

74. Warum sagen Sie »Tach« und nicht »Guten Tag«?
Sag ich das?
75. Was genau meinen Sie eigentlich immer, wenn Sie »Ich sach mal« sagen?
Das sacht man halt mal. Wenn ich bisschen schnurriger reden möchte, nicht so wissenschaftlich unangreifbar.
76. Wenn Merkel das Dreieck aus Daumen und Zeigefingern hat, das sie sich bei öffentlichen Auftritten vor den Bauch hält, welche Geste haben dann Sie?
Den erhobenen Zeigefinger. Oje. Wenn ich in Reden den Zeigefinger erhebe, denke ich: Runter damit, aber manchmal ist es dann schon zu spät.
77. Was, bitte, ist eine Inhaltistin?
Das ist eine, die glaubt, dass die Menschen die politischen Inhalte letzten Endes mehr interessieren als die Show. Inhaltistin heißt: sich angucken, wo das Problem liegt. Dann, Schritt für Schritt, mit System, Ratio, Maß, natürlich auch mit Herzblut, sich an die Veränderung der Dinge machen. Ich bin eine treue Seele, die ordentlich arbeiten muss – ich kann gar nicht anders: Ich muss da ran, und ich muss die Dinge auch zu Ende bringen. Sonst hätte ich ein schlechtes Gewissen.
78. Harte Pille für die Politikerin Künast, dass die Wähler in Berlin vielleicht gar keine harte Politik wollen, sondern sich nur ein bisschen wohlfühlen?
Am Samstagmorgen in der Spandauer Fußgängerzone standen 300 Leute um mich herum. Die wollten sehr konkret mit mir reden: Was wird an den Schulen getan? Wie kriegt man etwas anderes als einen 400-Euro-Job? Diese Menschen haben Sorgen, die sich nicht wegkuscheln lassen, da geht es um ganz konkrete Fragen.

79. Fällt Ihnen ein gerader Satz zur internationalen Finanzkrise ein, die ja immerhin das Gerechtigkeitsempfinden der Menschen und das Fundament unserer Wertegesellschaft bedroht?
Mehr Kontrolle im Finanzsektor. Bei den Kindern wird nicht gespart, alles andere muss infrage gestellt werden.
80. Was machen Sie da eigentlich immer mit Ihren Schuhen?
Nichts Besonderes. Ein Tick.
81. Der berühmte Self-Rating-Test: Sie schätzen nun bitte Ihr Talent von null, keinerlei Begabung, bis zehn Punkte, höchste Begabung, ein. Knuddelbär.
Fünf.
82. Renate Granate.
9,8.
83. Tomboy.
Vier.
84. Pippi Langstrumpf.
Acht. Aber ich kriege das Pferd nicht gestemmt.
85. Spießerin.
0,5.
86. Joschka Fischer.
Ich als Joschka Fischer? Acht.
87. Trümmerfrau.
Neun.

Die Wahlkämpferin Renate Künast ist nun überrascht, dass es das schon gewesen sein soll. Habe sie sich schlimmer vorgestellt, sagt sie. Nö. Schlimmer muss es gar nicht werden, sagen wir. Vielleicht ist das das Problem mit den Grünen: dass sie so rundherum okay sind. Es gibt keinen Grund, sich mit einer von ihnen anzulegen. Wir wissen natürlich immer noch nicht, wen wir wählen sollen: normal.

88. Porsche-Fan Künast?
Nee.
89. Kakteen-Fan Künast?
Wenn ich sie zum Blühen kriege, ja.

90. Welchen Alkohol vermissen Sie jetzt, in der heißen Wahlkampfphase, besonders?
Nero d'Avola. Ein Sizilianer. So ein schöner, dunkler, beeriger.

91. Ihr Mittel gegen Depressionen?
Bewegung.

92. Im Wortlaut, was rät Joschka?
Wir plaudern derzeit nicht.

93. Wie lautet die politische Lektion von einem Ihrer ersten Mitstreiter, Dieter Kunzelmann von der Kommune 1?
Damals hieß es: an der Sache dranbleiben, sie zu Ende aufklären, zu Ende bewegen. Das heißt: nicht ein, zwei Mal etwas fordern, sondern an einem Thema dranbleiben, bis es entschieden ist. Die Lektion hieß auch: Tu es gemeinsam mit anderen, und leiste dir hin und wieder einen Spaß.

94. Kanzlerkandidat Jürgen Trittin?
Wir wollen jetzt ordentliche Ergebnisse in Berlin.

95. Können Sie, wenn nicht Bundeskanzlerin, dann vielleicht Bundespräsidentin?
Ich kann Regierende Bürgermeisterin und etwas bewegen.

96. Netteste Erinnerung an den Tee, den Sie mit dem Umweltaktivisten Prince Charles getrunken haben?
Highgrove, sein Schlösschen in Südwestengland. Nebenan liegt die Ökofarm. Früher Nachmittag. Wir saßen zum High Tea in Sesseln, die ganz andere Tage gesehen haben, und ein Butler brachte Tee und die traditionellen britischen Cucumber-Sandwiches. Er ist ein ganz Lockerer. Nach dem Tee streiften wir durch die Gärten und sprachen über Jugend, Ökologie, Lebensmittel.

97. Wie steht's um Ihre Feelings – an diesem Donnerstagnachmittag in der Wahlkampfzentrale der Grünen in Berlin?
Gut. Klar, ich würde gerne mal wieder eine Stunde länger schlafen.

98. Können Sie jetzt bitte noch mal etwas ganz doll Politisches sagen?
Es kann nicht so bleiben, wie es jetzt ist. Hat eine Hauptstadt nicht die Aufgabe, etwas Bedeutendes zu bewegen und Zukunft zu machen? Ich meine Ja!

99. Wie heißt die gute Freundin, die Sie eine Woche nach der Niederlage bei einem guten Gläschen Rotwein trösten muss?
Meine Freundin Babsi. Die werde ich treffen, um zu feiern.

DEUTSCHLANDKARTE: BIONADE
Wo wird sie am meisten getrunken?

ZEITmagazin 11.12.2008,
Matthias Stolz (Redaktion), Ole Haentzschel (Illustration)

Die Bionade, die ökologische Limo, gilt gemeinhin als Beweis dafür, dass sich der Umweltgedanke und die Marktwirtschaft inzwischen gut vertragen.

Die Karte zeigt, in welchen Postleitzahlbezirken sich die Bionade pro Einwohner wie gut verkauft.

Die Erfolgsgeschichte des Getränks begann Ende der Neunziger in Hamburg, dort entschloss sich ein Großhändler, die Bionade ins Sortiment zu nehmen, danach eroberte die Bionade Berlin, wurde Symbol des grün konsumierenden jungen Bürgertums.

Der Süden des Landes, das zeigt die Karte, ist bis heute weniger aufgeschlossen für das neue Getränk. Vor allem verkauft sich die Limonade deutschlandweit in ländlichen Gebieten schlecht.

Der Großstädter, dem die Natur fehlt, ist der eifrigste Ökokonsument.

Doch eine Großstadt widersetzt sich offenbar beharrlich der Bionade: Frankfurt am Main (dessen Postleitzahlen mit 60 beginnen). Entweder beziehen die Frankfurter ihre Bionade aus Fulda (PLZ 36...), oder aber Ökologie und Kapitalismus vertragen sich doch nicht so gut.

Kapitel 2

DIE GRÜNEN & DER PROTEST

EIN NATURRECHT AUF WIDERSTAND?

DIE ZEIT 06.05.1983
Klaus Pokatzky

Die Mehrheit mag sich von Gewalt nicht distanzieren

Die Berliner »Alternative Liste« (AL) diskutierte über ihr Verhältnis zur Gewalt und das lief genauso ab, wie es sich die Politiker der anderen Parteien in ihren grünlichen Alpträumen ausmalen: Draußen, auf dem Gang, wickelte eine Frau unentwegt ihre mitgebrachten Kleinkinder; drinnen, im Saale, wurde gezankt und gestritten und dann wieder herzlich gelacht. Zum Schluss gab es einen kleinen Tumult, als dem Ex-Kommunarden Dieter Kunzelmann, der nach dem Rotationsprinzip bald die »Alternative Liste« im Berliner Abgeordnetenhaus vertreten wird, von einem cholerischen Gesinnungsgenossen das Mikrofon aus der Hand gerissen wurde.

Da war es aber schon fast halb elf und die meisten der rund 400 Alternativler, die seit nachmittags um Viertel nach fünf die jüngste »Emm-Vau-Vau« (Mitglieder-Vollversammlung) der AL bevölkert und bestritten hatten, waren schon auf dem Weg nach Hause.

Die Frage, wie es denn die AL mit der Gewalt halten solle, scheint für die meisten Parteigänger im Moment ein akademisches und somit blutleeres Problem zu sein – es hat schon seit Monaten keine Straßenschlachten mehr zwischen der Polizei und militanten Demonstranten gegeben. Gleichwohl drängen starke Gruppen in der AL seit Langem auf eine Klärung des Verhältnisses der Alternativen zu Steinewerfern und anderen Gewaltaktivisten. Sie haben nicht nur den Protest gegen die Stationierung amerikanischer Mittelstreckenraketen in der Bundesrepublik im Auge, in die sich selbstverständlich auch die Berliner Alternativen »einzuklinken« gedenken. Im Hintergrund steht auch das komplizierte, ebenso belastete wie wenig belastbare Neben- und Miteinander von Grünen und Alternativen.

Die AL in Berlin hat etwa 2000 Mitglieder; das Spektrum reicht von liberalen und sozialistischen Bürgerlichen bis zu den Veteranen der ehemaligen K-Gruppen und hat Ausläufer in der militanten Szene. Daneben existiert noch ein eigener Landesverband der Grünen mit 150 Mitgliedern. Vor zwei Jahren, als die AL mit 7,2 Prozent den Sprung ins Abgeordnetenhaus schaffte, machten noch fast 90 Prozent der Grünen gleichzeitig bei der Alternativen Liste mit; heute ist nur noch jeder fünfte Berliner Grüne zugleich AL'er. Über ihr Verhältnis wird seit einigen Monaten heftig gestritten.

Ein strittiger Punkt ist die Gewaltfrage. Gewaltfreiheit gehört zum grünen Glaubensbekenntnis; die Berliner Alternativen aber scheuen die Absage an die Militanz im Kampf gegen die Staatsmacht wie der Teufel das Weihwasser. Der unterschwellige Konflikt wurde in der AL im vorigen Juni virulent, als die AL, trotz eines Gerichtsverbots, zur Demonstration gegen den amerikanischen Präsidenten Ronald Reagan aufrief. Prompt brachen die obligatorischen Straßenkrawalle aus, und die anderen Parteien, im Bund mit den Berliner Zeitungen, fielen mit erheblicher Genugtuung über die AL her.

Dass eine unverzüglich eingesetzte AL-Kommission selbstkritisch »die Inszenierung von Straßenschlachten anlässlich von Demonstrationen für sinnlos und schädlich« erklärte, fand wenig Nachhall in der Öffentlichkeit. Und als im November ein aus elf sehr unterschiedlichen AL-Köpfen zusammengesetztes Team eine achtseitige »Programmatische Erklärung zum demokratischen Grundrecht auf Widerstand gegen die Gewalt der herrschenden Verhältnisse« veröffentlichte, trat nur die Staatsanwaltschaft auf den Plan. Sie ermittelte wegen des Verdachts auf »Nötigung von Verfassungsorganen«. Zu den Autoren der umstrittenen Schrift gehörten die streng pazifistisch eingestellte AL-Abgeordnete Ursula Schaar, eine 60-jährige Grundschullehrerin, ihr Fraktionskollege Manfred Rabatsch, der frühere RAF-Verteidiger Rechtsanwalt Hans Christian Ströbele und Dieter Kunzelmann, der jahrelang wegen Brandstiftung, Verunglimpfung und Beleidigung der Bundesrepublik im Gefängnis gesessen hatte.

Die AL-Autoren lehnen Gewalt zwar ab und sie wären »froh, wenn Gewalt kein Bestandteil der politischen Auseinandersetzung wäre«. Da aber die Gewaltenteilung à la Montesquieu in unserem Land nicht mehr funktioniere, unsere Gesellschaft Gewalt erzeuge und auf Gewalt gegründet sei, nehmen sie für die »außerparlamentarischen Bewegungen« ein Widerstandsrecht dann in Anspruch, »wenn das staatliche Gewaltmonopol gerade nicht Recht, Frieden und Gleichheit aller Bürger gewährleistet«. Physische Gewalt wird in der Erklärung »nicht als angemessenes und wirksames Mittel« angesehen; stattdessen propagieren die Autoren »auch illegale, aber gleichwohl legitime Aktionen wie Haus-, Bauplatz- oder Betriebsbesetzungen und Demonstrationen, auch wenn sie verboten sind«. Und: »Wir werden uns auch dafür einsetzen, dass solche Widerstandsformen nicht kriminalisiert, sondern offiziell anerkannt werden.« Zugleich aber sind sie auch nicht bereit, Militante »auszugrenzen«. Fazit: »Das Naturrecht auf Widerstand gegen Unrechts- und Unterdrückungszustände richtet sich auch gegen gewaltsame Polizeieinsätze und umfasst das Recht auf Notwehr.«

Allerdings auch in der AL selber stieß die »programmatische Erklärung« auf wenig Gegenliebe. Eine »Emm-Vau-Vau« nach der anderen verschob die Aussprache über das Papier. Nachdem bei einem Mitgliedertreffen im Februar ein AL'er in den »geschäftsführenden Ausschuss«, der Vorstandsfunktionen hat, gewählt worden war, obwohl er sich zu »Steinwürfen auf Bullen und Schaufenster« bekannt hatte, legte Ursula Schaar enttäuscht ihr Parlamentsmandat nieder und verließ die AL. Sie will nun dabei helfen, den etwas eingeschlafenen grünen Landesverband zu »reaktivieren«.

Als die »programmatische Erklärung« in der vorigen Woche endlich zur Sprache kam – der »historische Abriss von Montesquieu bis Kunzelmann«, wie ein Diskutant bissig spöttelte –, da mochte sich Kunzelmann noch so sehr anstrengen, er mochte noch so klug, politisch und auch persönlich-zynisch argumentieren (»Wir haben doch kein Gewaltfreiheitspapier geschrieben, da steht doch immerhin mein Name drunter«) – am

12.04.1982: Tausende demonstrieren am Ostermontag in Berlin für Frieden, Abrüstung und gegen Atomwaffen.

Ende konnte er sich gegen jene nicht durchsetzen, die das Papier viel zu zahm fanden. Einer hielt ihm, mit böser Bitterkeit in der Stimme, vor, seine eigene Vergangenheit zu radikal bewältigt zu haben: »Du bist eben ausgestiegen, bist Parlamentarier geworden.« Kunzelmann: »Ich werde die Positionen dieses Papieres im Abgeordnetenhaus offensiv vertreten, damit wir endlich aus der Defensive in dieser Frage herauskommen.«

Am Ende setzte sich jene Mehrheit durch, die es ohnehin für abstrus hielt, sich eine Gewalt-Diskussion aufnötigen zu lassen. Begründung: »Während die Herrschenden ihre Armeen mit immer neuem Todespotential ausrüsten, während unsere Nato-Freunde Deutschland als nächsten Kriegsschauplatz ausgucken, während die Startbahn West betoniert und das AKW-Programm durchgezogen wird, während hunderte von guten alten Häusern der Abrisskugel zum Opfer fallen und bezahlte sowie ehrenamtliche Schlägertrupps Instandbesetzer aufmischen, wollen wir uns nicht von Gewalt distanzieren.«

Nach der endgültig allerletzten Abstimmung dieses Abends wurde die ganze Diskussion vorläufig abgebrochen. Die viel berufene Basis soll nun weiter über die »programmatische Erklärung« reden – als wenn sie sich nicht schon längst entschieden hätte, dagegen zu sein.

11.06.1982: Auf einer nicht genehmigten Demonstration gegen den Besuch des amerikanischen Präsidenten Ronald Reagan und die Nato-Rüstung kommt es in Berlin zu schweren Krawallen.

DER TOD UNTER DEM WASSERWERFER

DIE ZEIT 18.10.1985
Michael Sontheimer

Der Tod von Günter Sare wurde zum Fanal der Unruhen in vielen Großstädten. Woher kommt die Wut der »Chaoten« und die Maßlosigkeit der »Bullen«? Momentaufnahmen aus Frankfurt, Hamburg und Freiburg

---

»Ich kann seitdem nichts mehr essen«, sagt die junge Frau, sie hat ein müdes, trauriges Gesicht. »Mir geht das einfach nicht mehr aus dem Kopf.« Es dämmert, ein kalter Wind treibt die ersten Herbstblätter die Hufnagelstraße im Frankfurter Gallusviertel hinunter. Neun Tage sind vergangen, seit sie hier einen leblosen Körper auf dem Asphalt liegen sah. »Er lag in einem See von Blut«, sagt sie. Jetzt liegen dort Dutzende von Blumensträußen und Kränze. Zwischen zwei Fackeln ist ein Plakat mit dem großen Porträt eines Mannes mit dunklen, halblangen Haaren und Schnurrbart postiert. Günter Sare hat er geheißen. Tag und Nacht wird seit seinem grausamen Tod unter dem Wasserwerfer eine Mahnwache gehalten. Bis zur Beisetzung haben daran 200 Menschen teilgenommen. Alle wurden von Polizeibeamten in Zivil sorgfältig fotografiert.

Die Frau mit dem müden Gesicht ist 25 Jahre alt, studiert Sozialpädagogik und arbeitet als Kinderbetreuerin; sie ist in der Vereinigung der Verfolgten des Naziregimes/Bund der Antifaschisten aktiv. Günter Sare hat sie zwar nicht persönlich gekannt, doch an jenem verhängnisvollen Abend war sie, wie er, gekommen, um gegen die Auftaktveranstaltung der hessischen NPD für den Bundestagswahlkampf zu protestieren, die im Haus Gallus angesetzt war, keine hundert Meter weit von der Stelle entfernt, wo später Sare den Tod fand.

Es mutet – zumindest im Nachhinein – schon merkwürdig an, dass die Frankfurter Polizei nichts dagegen einzuwenden hatte, dass sich die »Nationaldemokraten« neben dem Schulhof der Günderode-Schule versammeln durften, wo am Nachmittag desselben Tages ein deutsch-ausländisches Freundschaftsfest begangen wurde. Nicht merkwürdig, sondern eher bezeichnend dafür, wie in der Bundesrepublik mit deutscher Geschichte umgegangen wird, ist es, dass die NPD unter dem Schutz der Polizei ausgerechnet in jenem Haus auftreten konnte, in dem vom Dezember 1963 bis zum August 1965 zwanzig SS-Chargen, Wächtern und Ärzten des Konzent-

09.10.1985: Das Grab von Günter Sare auf dem Friedhof in Frankfurt-Höchst

rationslagers Auschwitz der Prozess gemacht wurde.

»Verstehst du, und dann sagen mir junge Polizisten: ›Ich habe nur Befehle ausgeführt‹«, erzählt die Studentin, »wie die SS-Männer, der gleiche Spruch.« Verzweifelt klingt es. »Das hat etwas bei mir endgültig zerstört«, fügt sie noch hinzu, »nämlich, dass die Polizei eine Ordnungsfunktion hat. Die haben sich zum Teil benommen wie abgerichtete Bluthunde.« Sie selber ist gegen Gewalt, auch gegen Gewalt, die von Demonstranten ausgeht. »Ich finde es nicht richtig, Steine zu werfen, obwohl es ungeheuer schwerfällt, sich zurückzuhalten, wenn man das hier miterlebt hat.«

Was haben sie und andere Demonstranten wirklich miterlebt? Warum musste Günter Sare am Abend des 28. September 1985 unter den Rädern eines 26 Tonnen schweren Wasserwerfers sterben? Diese Frage zu untersuchen ist Aufgabe der Staatsanwaltschaft. Der Bereitschaftsstaatsanwalt allerdings und die Spurensicherungsgruppe des Landeskriminalamtes hatten sage und schreibe drei Stunden gebraucht, um sich am Tatort einzufinden. Es ist zu befürchten, dass im Chaos, das nach dem »Verkehrsunfall mit tödlichen Verletzungen«, so die polizeiliche Sprachregelung, ausbrach, Spuren verwischt wurden oder verloren gingen.

Doch Jörg Claude, Staatsanwalt der politischen Abteilung beim Landgericht, der die Ermittlungen wegen Verdachts auf fahrlässige Tötung führt, hat nicht nur dieses Problem. Obwohl er bereits über siebzig Zeugen vernommen hat, bietet sich ihm bislang ein einseitiges Bild, denn es waren dies vorwiegend Polizisten. Die meisten Demonstranten, welche die Todesfahrt des Wasserwerfers beobachtet haben, sind aus Angst, dass sie selbst mit Strafverfahren überzogen werden könnten, nicht zur Polizei gegangen. Um auch an ihre Aussagen zu kommen, hat sich Staatsanwalt Claude in der vergangenen Woche an die »Bunte Hilfe« gewandt, einen Zusammenschluss von Rechtsanwälten, die Demonstranten verteidigen. »Wir haben die Bunte Hilfe um bunte Hilfe gebeten«, sagt der junge Staatsanwalt lachend, der in seinen Cordjeans und Turnschuhen auch auf einer Demonstration nicht auffallen würde. Er hat Gutachten in Auftrag gegeben und sechzehn Beamte des Landeskriminalamtes Wiesbaden zur Verfügung, dennoch ist nicht abzusehen, wann die Ermittlungen abgeschlossen werden können.

So wuchern immer noch Gerüchte, deren Wahrheitsgehalt von persönlicher Betroffenheit oder politischem Kalkül gemindert wird. Aus den unterschiedlichen Versionen lässt sich folgender Hergang konstruieren: Günter Sare war bereits am Nachmittag zu dem Freundschaftsfest gekommen und hatte dort das eine oder andere Bier getrunken. Um 19 Uhr etwa begann die Kundgebung gegen die NPD – friedlich. Anschließend kam es zu Rangeleien mit Polizisten, die den Eingang zum Haus Gallus abschirmten. Dann versuchte die Polizei, die Frankenallee zu räumen – mit Knüppeln und Wasserwerfern. Ihre Begründung: Die Polizisten seien mit Steinen beworfen worden. Aber Demonstranten halten dagegen, erst nach dem Tod von Sare seien Steine geflogen. Aussage steht gegen Aussage.

Durch ein Foto belegt ist dann die folgende Szene: Einsam auf weiter Flur läuft Günter Sare auf der Kreuzung Hufnagelstraße/Frankenallee im Strahl eines Wasserwerfers. Es ist 20 Uhr 52. Der Strahl, der auf kürzere Distanz Knochen brechen kann, wirft ihn schließlich zu Boden. Ob er einmal oder zweimal stürzt, darüber gibt es widersprüchliche Aussagen, er läuft auf jeden Fall in die Hufnagelstraße hinein; ein zweiter 26 Tonnen schwerer Wasserwerfer mit dem Kennzeichen »WI-3026« kommt von der rechten Fahrbahn der Frankenallee und biegt an der Kreuzung zur Hufnagelstraße nach links.

Helmut Fricke, der an diesem Abend seiner Arbeit nachging – er ist Fotograf bei der Nachrichtenagentur Reuter – beschreibt die Szene so: »Für mein Gefühl ist er sehr schnell gefahren, viel zu schnell für die unübersichtliche Lage. Er hätte ja auch beinahe ein paar Polizisten überfahren, die auf der Kreuzung standen.« Dann sei der Wasserwerfer geradewegs auf Sare zugefahren; dem Fotografen war dadurch die Sicht für einen Moment versperrt. »Ich habe Günter Sare erst wieder gesehen, als er unter den Rädern herauskam.« Die *Bild*-Zeitung, die gewöhnlich keine besonderen Sympathien für Demonstranten aufbringt, meldete, dass fünf Augenzeugen unabhängig voneinander berichtet hätten, Sare sei von dem Wasserwerfer regelrecht gehetzt worden. Ein anderer Augenzeuge sagte: »Der Wasserwerfer hat beschleunigt, bis er ihn erwischt hatte.«

Heike Goy, eine Medizinstudentin und »leidenschaftliche Grüne«, wie sie sagt, hatte versucht, Erste Hilfe zu leisten. »Lassen Sie mich durch, ich bin Medizinerin«, rief sie den Polizeibeamten zu, die einen engen Ring um den tödlich Verletzten gezogen hatten. Nach mehreren Versuchen gelang es ihr, sich zwischen zwei Beamten durchzudrängen, nicht ohne noch ein paar Schläge abzubekommen. Der herbeieilende Michael Wilk, ebenfalls Medizinstudent, musste sich Sprüche

28.09.1985: Günter Sare läuft vor einem Wasserwerfer der Polizei (nicht im Bild) davon. Minuten später wird er von einem zweiten Wasserwerfer (rechts) überrollt und tödlich verletzt

anhören wie: »Was, du Schwein willst Arzt sein?« Als Heike Goy einen Polizisten mit Funkgerät bat, zwei bestimmte Medikamente herbeischaffen zu lassen, sagte der einfach nur: »Nein«. Die beiden Medizinstudenten und ein hinzugekommener Arzt haben inzwischen gegen den Frankfurter Polizeipräsidenten Dr. Gemmer, den Einsatzleiter und die am Tatort anwesenden Polizeibeamten Strafanzeige wegen unterlassener Hilfeleistung erstattet.

Noch bevor der Notarztwagen eingetroffen war, brannten auf der Frankenallee die ersten Barrikaden, eine Stunde später stand ein Mercedes-Benz-Ersatzteillager in der Parallelstraße der Hufnagelstraße in Flammen. Die Firma, die das Fahrgestell des Wasserwerfers gebaut hat, unter dessen Rädern Sare zu Tode kam, reklamierte einen Sachschaden von rund zwei Millionen Mark.

Der Krawall am Samstagabend war erst der Anfang; auch die nächsten drei Nächte wurde in der Frankfurter Innenstadt demonstriert. Am Sonntag gab es eine »Scherbennacht«, wie ein junger Demonstrant es formuliert. »Da ist der Hass so richtig rausgespritzt. Und die Bullen waren echt überfordert. Ein paar hunderttausend Mark Sachschaden.« Ein Supermarkt und ein Juwelierladen wurden geplündert, Schaufensterscheiben von Banken und großen Konzernen eingeworfen.

Wer die Unruhen in diesen Nächten aus beruflichen Gründen beobachten musste, lebte riskant. Am Dienstagabend wurden in der Nähe des Hauptbahnhofs drei Journalisten zusammengeknüppelt, obwohl – oder gerade weil – sie ihren Presseausweis hochgehalten hatten. Am selben Abend wurde ein Siebzehnjähriger aus Rüsselsheim, der nichts mit der Demonstration zu tun hatte, sondern zum Zug wollte, von einer größeren Gruppe von Polizisten so zusammengeschlagen, dass er mit Blutungen zwischen den Hirnhäuten und einer schweren Gehirnerschütterung im Krankenhaus eingeliefert wurde. Er liegt noch immer in einer neurologischen Spezialabteilung; seine Mutter hat inzwischen Strafanzeige wegen Körperverletzung im Amt gestellt.

Elmar Donie, von Beruf Richter, sah in der Nähe des Hauptbahnhofs zufällig, wie eine Gruppe von Bahnpolizisten, ohne dass Demonstranten zu sehen gewesen wären, auf einen Mann einknüppelten, auch als er schon am Boden lag. Als der Richter die Namen der Polizisten erfahren wollte, wurde er selber bedroht und als »Schwein« beschimpft. Er stellte Strafanzeige, woraufhin die Gewerkschaft Deutscher Bundesbahnbeamten, Arbeiter und Angestellten (GDBA) im Deutschen Beamtenbund ein Flugblatt drucken ließ, in dem es heißt, dass sich der Richter offensichtlich als »Freizeitsheriff« betätige und dabei die Bahnpolizei »in übelster Weise verunglimpft«. Donie scheine zu den Zeitgenossen zu gehören, »denen es darauf ankommt, die Polizisten zu denunzieren und an der Ausübung ihrer Aufgaben zu hindern.«

Bei der Ausübung polizeilicher Aufgaben wurden nach Angaben der »Bunten Hilfe« seit dem Tod von Günter Sare über hundert Menschen verletzt: Platzwunden, Prellungen, Knochenbrüche. Über 400 Menschen seien nach dem Hessischen Sicherheits- und Ordnungsgesetz (HSOG) vorübergehend in Gewahrsam oder vorläufig festgenommen worden. Ein Mitarbeiter der »Bunten Hilfe« urteilt, dass Frankfurt, nachdem Oberbürgermeister Walter Wallmann ein generelles Demonstrationsverbot ausgesprochen hatte, die brutalsten Polizeieinsätze seit dem November 1981 erlebt habe. Damals hatte die Polizei das Hüttendorf an der Baustelle der Startbahn-West geräumt und zerstört. »Die Schilderungen, die wir bekommen haben, sind teilweise richtig Ekel erregend. Besonders, dass so viele Unbeteiligte verletzt wurden.«

Diese Polizeiübergriffe wurden von der veröffentlichten Meinung allerdings kaum zur Kenntnis genommen. Nachdem der Funke auch auf andere Städte übergesprungen war – sogar in Kopenhagen wurde ein Mercedes-Benz der deutschen Botschaft demoliert –, war auch weitgehend vergessen, womit alles begonnen hatte: dass ein Toter unter einem Wasserwerfer lag. Stattdessen dominierte der uniforme Ruf nach hartem Durchgreifen gegen die »Chaoten«, die von den Leitartikelschreibern als Kriminelle und unpolitische Gewalttäter ausgemacht wurden. »Chaoten brauchen Märtyrer«, kommentierte *Bild*. Mit gleichem Tenor der *Bayernkurier:* »Fast scheint es, als hätte die Menge darauf gewartet.«

Medien und Politiker verstanden die Gewalt der Demonstrationen als ein ordnungspolitisches Problem und ignorierten den sozialen Hintergrund. Dabei gab es diesmal viel weniger Unruhen als noch vor vier Jahren. Im Frühjahr 1981, als in über dreißig Städten der Bundesrepublik Häuser besetzt wurden (in West-Berlin zeitweise über 150) und Straßenschlachten ganz anderen Ausmaßes tobten, setzte der Bundestag eine Enquetekommission ein, die den »Jugendprotest im demokratischen Staat« erforschen sollte. Jugendpsychologen erörterten damals mit sorgenvoller Miene vor Fernsehkameras die »No-Future-Haltung« der Rebellen auf den Straßen. Im Bonner Abschlussbericht hieß es unter anderem: »Die Anhörungen haben in der Kommission den Eindruck verstärkt, dass die eingetretene Entfremdung zwischen einem Teil der Jugend und dem politischen System und seinen Vertretern auf der anderen Seite nicht durch kurzfristige taktische Maßnahmen behoben werden kann.«

Die Jugendlichen, die in den letzten zwei Wochen auf den Straßen Randale gemacht haben, wurden selbst von der liberalen Presse als »unpolitische Chaoten« eingeordnet. Sie können keine populären politischen Forderungen stellen. Anders im Dezember 1980: Nachdem die Polizei versucht hatte, eine Hausbesetzung zu verhindern, der Berliner Kurfürstendamm in Scherben lag, mussten alle Parteien zumindest eingestehen, dass sie eine katastrophale Wohnungspolitik betrieben hatten. Als jetzt in Frankfurt und in 53 anderen Städten demonstriert wurde oder gleich Anschläge verübt wurden, herrschte ein Gefühl von Wut, Hass und Angst, aber es fehlte ein klares politisches Konzept. Einige forderten ein Verbot der NPD, andere wollten erst gar nicht an den Staat appellieren, den sie bekämpfen.

Als Kommentar zu jenen Kommentatoren, die im Grunde nur noch die Frage interessierte, ob man ein neues Demonstrationsrecht brauche, um die »Chaoten« hinter Schloss und Riegel zu bekommen, hat die Mahnwache ein großes Transparent in der Hufnagelstraße angebracht. »Menschen sterben und ihr schweigt, Steine fliegen und ihr schreit.«

Herr Dr. Gemmer kann es sich allerdings aus beruflichen Gründen nicht erlauben zu schweigen, er ist Frankfurts Polizeipräsident, dem 3500

Beamte und Angestellte unterstehen. Karl-Heinz Gemmer, Sozialdemokrat und ehemaliger Beamter des Bundeskriminalamtes, findet die Hintergründe der Unruhen »arg diffus«, da existierten keine einheitlichen Beweggründe. »Vielleicht vorgegebene Beweggründe, wie den Tenor von der Unzufriedenheit mit diesem Staat. Aber das Vorgehen ist uneinheitlich, man geht mal vor, mal zurück, dann berät man sich wieder. Es fehlt eine Lenkung und ein einheitliches Grundmotiv. Einig ist man sich oft nur darin, Schäden zu verursachen, um Aufmerksamkeit zu erregen.«

Man sei nicht völlig unvorbereitet gewesen auf Seiten der Polizei, erläutert der Polizeipräsident; bei den Schlachten an der Startbahn-West habe man »so etwas« schon befürchtet, und was danach geschehen könne, habe man ja 1981 bei dem Tod des Hausbesetzers Klaus-Jürgen Rattay in Berlin gesehen. »Man braucht einen Märtyrer, um mehr Aktivität und Linie reinzubringen.«

Und was ist mit den Berichten der Mediziner, sie seien behindert worden, Erste Hilfe zu leisten? »Es hat seitens der Polizei solche Behinderungen nicht gegeben.« Auch die Augenzeugenberichte, wonach Günter Sare von dem Wasserwerfer gejagt worden sei, kann Polizeipräsident Gemmer nur als »Ungeheuerlichkeit« zurückweisen. Es gehöre »viel Phantasie dazu, auf solche Ideen zu kommen.«

Warum die Polizei ihrerseits auf die Idee gekommen ist, in der Öffentlichkeit zu erklären, dass der Wasserwerfer 18 Stundenkilometer schnell gefahren sei, obwohl zu diesem Zeitpunkt der Fahrtenschreiber noch gar nicht ausgewertet war, begründet der Präsident so: »Wenn provokativ gegen die Polizei gehalten wird und wenn gesagt wird, der Wasserwerfer sei 40 oder sogar 80 gefahren, dann hat die Polizei sicher einigen Anlass, mit prima-facie-Ergebnissen dagegenzuhalten.« Die Debatte über die Geschwindigkeit des Wasserwerfers ist bezeichnend für das beiderseitige Desinteresse an der Wahrheit, für ihre Deformation durch Betroffenheit oder ihre Unterordnung unter politische Zwecke.

Die journalistische Kritik an der polizeilichen Öffentlichkeitsarbeit versteht Präsident Gemmer nicht: »Die Medien pflegen Nachrichten so zu steuern, dass sie schnell dazu geeignet sind, im Vorfeld einer Untersuchung den Namen einer Institution nicht nur zu schädigen, sondern auch kaputtzumachen. Da muss man der Polizei schon das Recht zugestehen, wenn sie Tatsachen oder Vermutungen hat, dagegenzuhalten.« Beim »Gegenhalten« ist der Polizei wohl entgangen, dass der Fahrer des Wasserwerfers um so eher hätte bremsen können und müssen, je langsamer sein Gefährt war. Trotz dieses Umstands versteht der Polizeipräsident nicht die Forderung der Grünen, die Wasserwerferbesatzung gehörte bis zur lückenlosen Aufklärung vom Dienst suspendiert. »Sollen wir in einer solchen Situation schon eine Vorverurteilung machen?« Der Frankfurter Magistratsbeamte Alexander Schubarth hatte im Jahre 1981 zwar nur eine Rede gehalten und war daraufhin vom Dienst suspendiert worden; doch er war Startbahngegner und nicht Wasserwerferfahrer.

Die Grünen, die in Hessen und speziell in Frankfurt besonders unversöhnlich in Realpolitiker und Fundamentalisten gespalten sind, hat der Tod Sares in eine neue Zerreißprobe geführt. Während Fundi-Führerin Jutta Ditfurth im Namen des Bundesvorstands der Grünen eine Dokumentation mit dem Titel »Günter Sare ermordet« herausgab, rief der Realo-Stadtverordnete Tom Koenigs bei einer Kundgebung zu friedlichem Protest auf. Er erntete dafür Sprechchöre wie: »Tom Koenigs und Winterstein, einer wie das andere Schwein.«

Die Realo-Grünen im Wiesbadener Landtag, für die Innenminister Horst Winterstein der wichtigste Ansprechpartner ist, hatten einen Tag

09.10.1985: Trauermarsch für Günter Sare in Frankfurt am Main.

29.09.1985: Einen Tag nach Günter Sares Tod kommt es auf einer Demonstration in Frankfurt am Main zu schweren Ausschreitungen und Festnahmen.

nach dem Tod Sares – am Sonntag – ihren sozialdemokratischen Koalitionspartner in spe um eine Verschiebung der für Montag anberaumten Verhandlungen über die Bildung einer gemeinsamen Regierung für den Rest der Legislaturperiode gebeten. Der hessischen CDU, die bei den Kommunalwahlen im Frühjahr Verluste von über sechs Prozent erlitten hatte, kam dies sehr zupass. Georg Dick, Pressesprecher der Grünen im Landtag, berichtet: »Der CDU-Geschäftsführer Manfred Kanther saß lachend in der Kantine und hat sich gefreut, dass das rot-grüne Bündnis erst mal nicht zustande kommt. Es ist richtig Ekel erregend, wie da versucht wird, aus einer Leiche politisches Kapital zu schlagen.«

Der hessische CDU-Vorsitzende und Frankfurter Oberbürgermeister Walter Wallmann hatte nach den Krawallen Innenminister Winterstein eine Mitschuld zugesprochen: »Ich habe schon lange gefordert, Gruppen der hessischen Bereitschaftspolizei nach Frankfurt zu verlegen. Aber die hessische SPD-Landesregierung hat das bisher abgelehnt.«

Die Union wirft Winterstein vor, mit der Bestellung eines »unabhängigen Beauftragten«, der – neben der Staatsanwaltschaft Frankfurt – die Umstände des Todes von Günter Sare untersuchen soll, einen Kniefall vor den Grünen getan zu haben; außerdem sei damit die Frankfurter Polizeiführung und die Staatsanwaltschaft desavouiert worden.

Zum »unabhängigen Beauftragten« hat Minister Winterstein den ehemaligen Staatssekretär im Bundesjustizministerium, Günther Erkel, ernannt, eine untypische Entscheidung zumindest für bundesdeutsche Verhältnisse. Der »Beauftragte«, der mit allen Kompetenzen ausgestattet ist, die auch der Innenminister besitzt, hat in der Wiesbadener Polizeischule seine Ermittlungsarbeit, an deren Ende ein detaillierter Bericht stehen soll, aufgenommen.

Minister Winterstein hat eine Gratwanderung vor sich, die eigentlich nur schief gehen kann. Seine Partei darf die Gewerkschaft der Polizei nicht verprellen; er muss sich mit der Frankfurter Polizeiführung arrangieren und soll gleichzeitig den Forderungen der designierten grünen Koalitionspartner nachkommen. Die rot-grüne Koalition scheint in weite Ferne gerückt.

Die Grünen im Landtag basteln jetzt an einem Antrag, in dem unter anderem die Nummernkennzeichnung der Polizeibeamten gefordert wird – ein Ansinnen, das die SPD in den Tolerierungsverhandlungen schon einmal zurückgewiesen hat. Die Basis und viele Wähler der Grünen wollen mindestens den Kopf des Polizeipräsidenten Gemmer rollen sehen.

Die Gratwanderung der »Realos« sieht nicht weniger hoffnungslos aus als jene von Innenminister Winterstein. Bei denen, die bei Demonstrationen Steine schmeißen, sind diese Grünen ohnehin »unten durch«. Im »Libertären Zentrum« beispielsweise, einem Treffpunkt verschiedener Gruppen – Anarchisten, Anarcho-Syndikalisten, Feministinnen – ist man auf die 68er und diejenigen, die unter dem Namen »Spontis« in den 70er Jahren in Frankfurt mit Argumenten und Randale auf den Straßen linksradikale Politik gemacht haben, überhaupt nicht gut zu sprechen. Fünf junge Männer, so um die 20 Jahre alt, sitzen in der Ladenwohnung, in der in den letzten Wochen Aktionen geplant und Beweismaterial gegen die Polizei gesammelt wurden, um einen Tisch. Einer von ihnen sagt: »Wir laufen denen doch nicht hinterher, auch wenn sie Cohn-Bendit oder Joschka Fischer heißen. Wir beurteilen sie nach dem, was sie machen. Wenn sie auf die Demo kommen, das finden wir gut, aber wenn sie in ihren Schnieko-Wohngemeinschaften auf dem Ikea-Sofa sitzen und schlaue Reden halten, dann können sie uns gestohlen bleiben. Mit den Fundis bei den Grünen kann man was machen, aber die Realos ... Die haben in Wiesbaden dem Haushalt zugestimmt, mit dem die neuen Wasserwerfer angeschafft worden sind. Die sind auch für den Tod von Günter Sare verantwortlich.«

Am sinnfälligsten wurde dieser Bruch auf einem Teach-in Ende vergangener Woche. Da bombardierten die Rebellen von heute die Rebellen von gestern mit Eiern.

Wie haben die jungen Rebellen im »Libertären Zentrum« den Abend, an dem Günter Sare starb, in Erinnerung? »Die Bullen waren übel drauf. Es war zu spüren, dass die irre aggressiv waren«, sagt einer. »Wir vermuten, das war die Rache für die Südafrikademo: Da sind ganz schön Scheiben zu Bruch gegangen, da haben sie völlig gepennt.« Sie berichten von den Ermittlungen gegen den »Schwarzen Block« wegen Paragraph 129a des Strafgesetzbuches (Bildung einer terroristischen Vereinigung), die inzwischen eingestellt worden sind. Schwarz war immer die Fahne der Anarchisten, und schwarz sind auch die Lederjacken der Demonstranten, die bei Kämpfen mit der Polizei in der ersten Reihe stehen.

Den Versuch, die Demonstranten in friedliche und gewalttätige zu spalten, halten die fünf für »Schwachsinn«. »Die am Sonntag Scheiben eingeschmissen haben, laufen absolut friedlich zum Friedhof, wenn Günter begraben wird.«

Im »Libertären Zentrum« liegen Flugblätter aus. Eines beginnt mit dem Satz: »Am 28.9.85 wurde unser Genosse Günter Sare von den Bullen ermordet« und endet mit den Parolen: »Tod dem Faschismus! Proletarische Gegenmacht organisieren! Grüße an unsere kämpfenden Genossen in Brixton und Transvaal!« Auf einem anderen Flugblatt ist eine »politische Einschätzung« formuliert: »Der Versuch, uns in militante und friedliche, in kriminelle und besonnene Demonstranten zu teilen, uns zu kriminalisieren, bei Bürgern und Polizei ein Feindbild aufzubauen und die bewusste Anwendung von Gewalt auch gegen Unbeteiligte, sollen in der Öffentlichkeit eine Stimmung schaffen, in der wir ohne Proteste aus der Bevölkerung eingeknastet werden können.« Ein Stück weiter heißt es: »Unsere Reaktionen auf den Tod Günter Sares waren Trauer, aber auch Wut. Wut, die sich in den letzten Tagen oftmals an den Scheiben derjenigen entlud, die letztendlich ein Interesse an einem solchen Polizeiterror haben. An den Scheiben von Banken und Geschäften des Kapitals, für deren Machterhaltung der Polizeiapparat eingesetzt wird.«

Ob sie den Staat für faschistisch halten, frage ich. »Nein«, sagt einer von ihnen. »Wir haben hier nicht Chile oder Polen. Die Repression funktioniert hier viel subtiler, über Vereinzelung und Konsum. Aber eines haben wir auch gesehen: Wenn die Bullen uns verdreschen, regt sich keiner drüber auf. Und was dem Günter passiert ist, kann in zwei Wochen einem anderen passieren.«

»Günter« kommt ihnen so vertraut über die Lippen, als sei er ein alter Bekannter, doch eigentlich war er einmal einer von den 68ern, über deren Wandlung von Straßenkämpfern zu Möchtegern-Ministern sie so verbittert sind.

Günter Sare war ein Arbeiterkind aus dem Gallusviertel – dem Kreuzberg Frankfurts –, sein Vater ist früh gestorben. Bei den Anti-Springer-Aktionen im Gallusviertel hat er 1969 Studenten aus der Apo getroffen. Er hat zwar Bauschlosser gelernt, aber so ein richtig ordentlicher Arbeiter ist er nie geworden. Zum Glück, sonst hätte er vielleicht auch solche Sprüche gemacht, wie jener Maler am Rande des Trauermarsches zu seinem Begräbnis: »Da müsst mer mal mit'm Maschinengewehr reinhalte.«

Ein Engel war Günter Sare, nach dem, was jene sagen, die ihn kannten, allerdings auch nicht. Als er in dem besetzten Haus in der Bockenheimer Landstraße lebte, gehörte er zur »Putzgruppe«, die den Widerstand gegen den Abriss schöner alter Häuser im Frankfurter Westend höher achtete als das staatliche Gewaltmonopol. Günter war viel mit Studenten zusammen, aber er ist kein Intellektueller geworden, er hat lieber im besetzten Haus Leitungen gelegt, als endlos über politische Einschätzungen zu debattieren. Sein Kollege aus der »Putzgruppe«, Joschka Fischer, hat es bis in den Bundestag gebracht, andere Genossen aus dem Häuserkampf sind mittlerweile Hauseigentümer und gehen gut bezahlten Berufen nach. Günter Sare hatte keine Karriere gemacht. Stattdessen kümmerte er sich um Jugendliche, wie er selber mal einer war, solche, die raus wollen aus den Verhältnissen, in denen sie stecken. Als zweiter Vorsitzender des Trägervereins des Jugendzentrums Bockenheim konnte er noch miterleben, wie die CDU-Bockenheim im Juli einen Antrag stellte, seinem Verein die staatlichen Zuschüsse zu streichen.

Dany Cohn-Bendit sagt über Günter Sare, mit dem er vor langem einen Urlaub in Italien verbracht hat: »Er war ungeheuer wissbegierig. Wenn man von heute zurückdenkt, muss man sagen, er hat die Kontinuität der Revolte ausgedrückt, aber er hatte damit irgendwann auch keine Perspektive mehr. Er hat sich zurückgezogen in den letzten Jahren und immer mehr getrunken. Auf der anderen Seite gehörte er auch nicht zu den Jugendlichen, die da Putz machen. Eigentlich ist er in einem sinnlosen Moment gestorben.«

Ähnlich wie die jungen Anarchisten sieht Cohn-Bendit einen tiefen Graben zwischen seiner Generation, die in den sechziger und siebziger Jahren auf den Straßen rebelliert hat, und den Linksradikalen von heute: »Wir sind abgeklärter. Die Jungen werden heute sozial viel stärker ausgegrenzt als wir damals. Die können oder wollen sich in Städten, die auf Konsum, Glamour und die Privatisierung des Lebens angelegt sind, nicht wiederfinden. Dieses Leben hat keine Perspektive für sie. Aber als wild um sich schlagende Großstädter erleben sie ein Abenteuer. Man kann gegen diese Form des Abenteuers sein, aber verlogen ist, wenn man jetzt sagt: Das sind Verbrecher, die gehören alle eingesperrt. Es haben doch ganze Generationen aus dieser Lust auf Abenteuer Kriege geführt und sind bis kurz vor Moskau marschiert.«

Der einstige Star des »Pariser Mai« von 1968 und Wahl-Frankfurter sieht zwei Unterschiede zwischen der heutigen Revolte und der Studentenbewegung: »Wir haben Straßenrevolte und intellektuelle Revolte gleichzeitig betrieben. Es ging um wichtige gesellschaftliche Widersprüche, die Universitäten etwa, später die Ökologie. Das war in den letzten Tagen in Frankfurt kaum der Fall. Die Startbahn-West hat eine Narbe hinterlassen, einen Hass, weil die Niederlage nicht verkraftet worden ist. Da müssten eigentlich die Liberalen sagen: Dieser Ausbruch von Hass ist der Preis dafür, wie politische Konflikte in diesem Land gelöst werden.«

Dany Cohn-Bendit ist skeptisch, ob die Umstände, die zum Tode von Günter Sare geführt haben, wirklich rückhaltlos aufgeklärt werden können: »Es müsste überhaupt erst einmal anerkannt werden, dass das Überfahren eines Menschen mit einem Wasserwerfer kein Kavaliersdelikt ist.« Er befürchtet allerdings, dass die Staatsräson siegen werde, so wie in Frankreich bei der Greenpeace-Affäre: »Und das lässt wieder Leute von diesem Staat wegdriften. Zu sehen, dass jemand mit einem Wasserwerfer gejagt wird und stirbt, wird einige dazu bringen, zurückzuschlagen und zur Guerilla zu gehen.«

Eine teuflische Eskalation, bei der sich Politiker, Polizisten und Journalisten, welche ein hartes Vorgehen gegen die »Chaoten« fordern, und jene Linksradikalen, die glauben, nur noch mit organisierter Gewalt gegen das »Schweinesystem« kämpfen zu können, unentwegt gegenseitig bestätigen und in die Hände arbeiten. Gemeinsam haben die unversöhnlichen Gegner, dass sie ihre Feindbilder immer greller malen: hier der »Bullenterror«, dort der Terror der »kriminellen Gewalttäter«.

»Beides stimmt nicht«, befindet Dany Cohn-Bendit. Das Magazin *Pflasterstrand,* für das er presserechtlich verantwortlich zeichnet, schließt in diesem Sinne seinen Kommentar zum Tode Günter Sares: »So wie nach der Ermordung Benno Ohnesorgs am 2. Juni 1967 eine Bewegung 2. Juni entstand, so wird bei Nichtaufklärung und staatlichem Schutz für die Verantwortlichen an der Tötung Günter Sares am Ende ein Kommando mit seinem Namen die Folge sein.« Endstation RAF?

Ein ebenso deprimierender wie wahrscheinlicher Ausgang. Eine hoffnungsvollere Variante war bei der Mahnwache zu finden. Zwischen den Hunderten von Blumen, die man dort auf den Asphalt gestreut hatte, lag auch ein Plakat. Auf dem stand: »Die Völker der Welt werden mit viel Glück die Welt des Geldes zu einer Welt der Menschen machen.«

Mitarbeit: Klaus-Peter Klingelschmitt.

IMMER WIEDER DEMO?

ZEITmagazin 22.03.2001

Demnächst wird wieder ein Castor nach Gorleben rollen. Ein Polizist und eine Demonstrantin sprechen über den Sinn der ritualisierten Proteste – und darüber, warum sie sich trotzdem gut verstehen

---

Frau Kamien, Herr Groß, ist dieses Treffen für Sie nicht etwas unangenehm? Sie kennen sich einerseits schon sehr lange …
Susanne Kamien: Seit ich 14, 15 war …
Eckhard Groß: Ich war zehn Jahre älter. Damals haben wir im Fußballverein gegeneinander gespielt.
Kamien: Nicht direkt. Frauen durften damals nur schreien und den Eintritt kassieren.
Nun treten Sie wieder gegeneinander an, nur ist es diesmal voller Ernst. Sie, Herr Groß, gehören als Polizist zu denen, die demnächst dafür sorgen müssen, dass der Castor mit den Brennelementen aus La Hague sicher im Zwischenlager Gorleben ankommt. Und Sie, Frau Kamien, wollen sich mit den Traktoren der Bäuerlichen Notgemeinschaft und mit anderen Protestgruppen dem Transport in den Weg stellen. Ist es für Sie nicht peinlich, jetzt an einem Tisch zu sitzen?
Groß: Warum? Wir kennen uns, und wir laufen uns ohnehin oft über den Weg. So etwas ist ganz normal auf dem Land.
Was sich im Landkreis Lüchow-Dannenberg momentan tut, ist alles andere als normal. Von überall her reisen Demonstranten an, bei der Polizei herrscht Ausnahmezustand, und man sagt, dem Wendland stehe wieder einmal ein Bürgerkrieg bevor. Bei den bisherigen Castor-Transporten kam es immer wieder zu hässlichen Prügelszenen. Fürchten Sie nicht, Sie könnten jetzt schmerzhaft aufeinandertreffen?
Groß: Ich bin hier geboren, genau wie Susanne Kamien, ich liebe den Landkreis wie sie, und ich habe keine Probleme mit dem hiesigen Gorleben-Widerstand. Und die meisten meiner Kollegen denken ähnlich wie ich.
Kamien: Aber es werden zu den Demonstrationen Polizisten hierher gebracht, die sich nicht auskennen mit der Mentalität der Menschen hier.
Groß: Ich muss meine jungen Kollegen ein bisschen in Schutz nehmen, die unter Dauerstress stehen und nicht die Erfahrung haben, die man sich in vielen Dienstjahren erwirbt: dass Reden unsere Stärke ist, nicht schlagen. Aber ich unterstelle keinem, dass er kommt, um auf friedliche Demonstranten einzuprügeln. Ich bin Polizist geworden, um Freund und Helfer zu sein, und gehe davon aus, dass fast alle das wollen.

Herr Groß, Sie sind seit 1977 Polizist im Landkreis Lüchow-Dannenberg, Sie haben immer wieder Demonstrationszüge gegen das Atomlager begleitet. Und Frau Kamien ist seit 1979 in der Antiatomkraftbewegung aktiv. Mussten Sie nie mit dem Knüppel auf sie losgehen?
Groß: Nein. Ich habe nur einmal einen Gummiknüppel mitgehabt, aber ich habe nie davon Gebrauch gemacht. Und es hätte auch niemand von mir geglaubt, dass ich das tue.
Kamien: Es trägt bei Demonstrationen zur Entspannung bei, wenn die einheimische Polizei eingesetzt wird. Da wird nicht geknüppelt. Man schlägt eben nicht auf seinen Nachbarn oder Vereinskollegen ein.
Die Einsatzleitung hat ein anderes Konzept: Die einheimische Polizei wird bei den Castor-Transporten nicht direkt an der Strecke eingesetzt.
Kamien: Wenn ich jetzt auf Eckhard treffen würde, wäre ich froh. Wir respektieren uns und wissen beide, dass wir auf der gleichen Seite stehen.
Herr Groß, Sie sind Atomkraftgegner?
Groß: Ja. Und die meisten Kollegen, die hier leben, denken ähnlich wie ich über Gorleben. Als ich 1977 hörte, dass das Zwischenlager, die Wiederaufbereitungsanlage gebaut werden sollten, war ich erschüttert; wir hatten gerade weniger als acht Kilometer Luftlinie von dem Standort geplant zu bauen. Ich habe mich mit beiden Seiten beschäftigt, und mich haben die Argumente der Atomkraftgegner mehr überzeugt. Atomenergie ist ein Geschäft. Was bringt die Leute dazu, so etwas hierher zu bauen? Nur der Profit.
Sind Sie in Ihrer Eigenschaft als Atomkraftgegner etwa auch auf Demonstrationen gegangen?
Groß: Ja, in Zivil, das erste Mal im März 1977. Und man kannte mich als Polizist. Aber wir haben ja eine Demokratie.
Wie kommt es, dass Sie gegen Atomkraft sein und gleichzeitig als Polizist den Kopf dafür hinhalten können, dass die Atomtransporte stattfinden?
Groß: Das ist schon eine schizophrene Situation, das gebe ich zu.
Sie hätten sagen können: Ich mache das nicht mehr mit.
Groß: Das hat man mich schon oft gefragt. Aber ich habe nichts anderes gelernt. Ich bin irgendwie auch gerne Polizist, und Gott sei Dank besteht das Polizistsein nicht nur daraus, Castor-Transporte zu begleiten.
Sie hätten bei Antiatomdemonstrationen den Einsatz verweigern können.
Groß: Diese Frage hat sich mir eigentlich nie gestellt. Dazu bin ich zu lange Polizist. Ich hoffe, dass ich überall, wo ich dabei bin, helfen kann, Eskalationen zu verhindern. Auch jetzt wieder. Was da auf uns zukommt, weiß ja kein Mensch.
Wir wissen es. Dasselbe wie 1997, 1996 und 1995: Tausende Polizisten, zuletzt waren es 30 000, versuchen ein paar Brennstäbe auf einer Strecke X in eine Lagerhalle zu schaffen. Und die Bewohner des Wendlands und ein paar tausend angereiste Demonstranten lassen sich allerlei einfallen, um das möglichst lange hinauszuzögern – wirklich verhindern können sie es nicht. Das Ganze kostet mächtig Geld; auf über 100 Millionen Mark belief sich 1997 allein der Polizeieinsatz. Ein ziemlich teures Geländespiel, finden Sie nicht?
Kamien: Nicht teuer genug. Wir wissen doch, wie die Wirtschaft funktioniert oder die Politik: Erst wenn es im Geldbeutel nicht mehr stimmt, fangen die an, darüber nachzudenken, ob man etwas ändern sollte.
Die Kosten für den Einsatz der Polizei zahlt nicht die Atomwirtschaft, sondern der Steuerzahler. Und der Landkreis Lüchow-Dannenberg hat auch so schon reichlich Steuergelder eingesackt. 640 Millionen Mark sind seit dem Entscheid 1977, in Gorleben ein Nukleares Entsorgungszentrum zu bauen, für die politische Landschaftspflege im Kreis ausgegeben worden. Für schöne rote Bürgersteige ...
Kamien: ... die wir nicht brauchen in den Dörfern.

Beide lieben ihre Heimat: Eckhard Groß, 53, Oberkommissar in Lüchow, und
Susanne Kamien, 43, Aktivistin der Bäuerlichen Notgemeinschaft

... für schöne neue Feuerwehrautos, ein Solebad, ein Gemeindezentrum in Gorleben ...
Kamien: Gorleben braucht kein Gemeindezentrum, jedenfalls nicht in dieser Größenordnung. Und wir Demonstranten sind auch Steuerzahler. Wir zahlen selber dafür, dass man uns mit dem Wasserwerfer wegspritzt.
Groß: Das Geld könnte man sinnvoller ausgeben. Ich fühle mich als Polizist relativ schlecht ausgerüstet. Wenn ich von solchen Summen höre und mir meine schusssichere Weste selber kaufen muss, frage ich mich: Muss das sein?
Kamien: Wir würden das Geld auch gerne für anderes ausgeben. Aber wir fühlen uns vom Staat genötigt, etwas zu tun, damit es nicht weitergeht mit der Atomenergie.
Das müssen Sie nicht. Der Ausstieg aus der Atomenergie ist längst beschlossen. 2030 soll das letzte deutsche Atomkraftwerk abgeschaltet werden. Gorleben wird vermutlich kein Endlager werden, und im Jahr 2005 ist es vorbei mit den Atommülltransporten aus La Hague.
Kamien: Die Regierung hat sich Optionen ohne Ende offen gelassen. Und wenn eine andere Regierung drankommt, woher weiß man, ob die nicht alles wieder umschmeißen werden? Zudem ist man nicht aus der Atomaufarbeitung ausgestiegen und kümmert sich nach wie vor

nicht um die Entsorgung. Das wird doch alles nur ausgesessen.

Das klingt bitter. Fühlen Sie sich alleine gelassen von denen, die von Ihnen jahrelang politisch profitiert haben – die Grünen sind immerhin aus der Antiatomkraftbewegung hervorgegangen?

Kamien: Natürlich.

Groß: Bist du eigentlich Grüne?

Kamien: Nein, ich bin nie in die Partei eingetreten.

Groß: Entschuldige, das war nicht provozierend gemeint.

Frau Kamien, was hat Sie zur Antiatomkraftaktivistin gemacht?

Kamien: Der Hannovertreck 1979, als die Leute von hier nach Hannover gezogen sind und gesagt haben, wir wollen den Schiet nicht. Da war alles voller Menschen. Und ich dachte: Okay. Jetzt bist du dabei. Das war dieses Gefühl, davon zehre ich noch heute.

Groß: Das war Kult, eine Demonstration, wie sie sein sollte. Beeindruckend und absolut gewaltfrei.

Kamien: Für das, was heute hier passiert, mag die Formulierung Bürgerkrieg etwas überzogen sein. Aber da brummen Hubschrauber durchs Gelände. Dialysepatienten müssen vorsorglich ins Krankenhaus evakuiert werden ...

Groß: Aber das wird auch nötig durch gewalttätige Demonstranten, die einfach nur Anarchie spielen wollen.

Kamien: Ich denke, es gibt auf beiden Seiten Rambos.

Groß: Wir gehören beide zu den Fußtruppen der Politik und müssen die Suppe auslöffeln. Beim vorletzten Castor-Transport gab es einen toten Polizisten, weil der Landkreis den Kollegen nach ihrem Einsatz nicht gestattete, in den Turnhallen der Schulen zu übernachten. Die mussten nach Walsrode oder Münster fahren. Einer ist dabei einfach eingeschlafen. Verkehrsunfall. Er war der einzige Tote bislang, aber schon ein Toter ist zu viel.

Es gab immer wieder schwer Verletzte.

Groß: Ich war mal nahe dran. Das war nach der so genannten Schlacht um Gorleben, 1982. Wir waren 10, 12 Polizisten, trugen unsere grünen Mützen, hatten keine Schlagstöcke, keine Helme; um drohend zu wirken, hatten wir uns Holzstöcke aus dem Wald genommen. Wir hatten den Zug begleitet und wollten zu unseren Autos zurück. Und dann kamen die Autonomen mit 50, 60 Leuten. Zurück konnten wir nicht, die Leute vom Endlager hatten Angst und haben uns die Tür nicht aufgemacht. Dann flogen Steine, richtig große; einer hat einem Kollegen neben mir die Hand durchschlagen. Wenn es der Kopf gewesen wäre, lebte er wahrscheinlich nicht mehr.

Gewalttätig sind nicht nur die Autonomen.

Kamien: Manche Leute kommen mit dem Stress nicht zurecht und rasten aus. Wir versuchen, solche Kandidaten rechtzeitig aus dem Verkehr zu ziehen.

Auch Polizisten rasten aus. 1995 wurde ein älterer Bauer vom Traktor geprügelt, der sich einem Tieflader in den Weg gestellt hatte. Die Bilder von seinem blutigen Gesicht liefen überall im Fernsehen.

Groß: Der hatte eine Forke dabei.

Kamien: Die benutzte er, um die Tür seines Treckers zu versperren. Kräftig ist er auch nicht mehr, er war ja schon 68. Ein Griff oder zwei, und das Ding wäre weg gewesen. Aber da haben sie schon die Scheibe eingeschlagen und ihn in den Würgegriff genommen ...

Groß: Es gibt immer wieder Leute, die den Märtyrer spielen. Vor allem, wenn Kameras dabei sind.

Kamien: Die Sache war zu spontan. Er konnte sich gar nicht überlegen, den Märtyrer zu spielen.

Groß: Ich glaub das so nicht ganz.

Kamien: So weit geht man nun doch nicht. Ich bin zu vielem bereit, aber mich bewusst in eine

Situation zu bringen, wo ich weiß: Du wirst sicher verprügelt, habe ich bislang vermieden.

Es scheint so, als seien nur im Landkreis Lüchow-Dannenberg die Menschen bereit, sich noch so heftig in den Kampf gegen Atomkraft zu stürzen. Castoren pendeln ständig irgendwo durch Deutschland, und kaum jemand demonstriert, geschweige denn, dass sich jemand auf die Schienen setzt.

Kamien: In Gorleben gibt es ein Zwischenlager und ein geplantes Endlager. Andere haben ja nur ein Atomkraftwerk. Und irgendwie atmen wir hier eine Luft ein, die anders ist als irgendwo in Deutschland. Das steckt an, hier ist ein Virus unterwegs.

Hat dieser Widerstandsgeist wirklich etwas gebracht?

Kamien: Wir haben 15 Anläufe genommen, den Castor zu verhindern. 1995 ist dann der erste gekommen, obwohl seit 1987 die Einlagerungsgenehmigung vorlag. Und wir haben noch nicht das komplette Nukleare Entsorgungszentrum, das 1977 geplant wurde, mit allem Drum und Dran. Ja, das sind Erfolge. Und wir wollen weiter erfolgreich sein. Obwohl beim Organisieren der Demonstrationen immer weniger immer mehr Arbeit machen. Wir haben hier 20 Prozent Arbeitslosigkeit. Die Jugend geht weg zum Studieren oder zur Berufsausbildung. Aber wir machen weiter.

Groß: Was ich bei mir feststelle, und das mit Erschrecken: Mit dem Älterwerden steigt die Akzeptanz, dass das Zwischenlager da ist. Und ich sage mir dann: Ich ziehe sowieso woanders hin, wenn ich pensioniert bin. Aber ich habe zwei Kinder, die das anders sehen.

Kamien: Ich glaube schon, dass wir es diesmal wieder schaffen werden, so viele wie beim letzten Mal zu sein. 10 000, 15 000 Menschen.

Groß: Ich meine, der Widerstand hier hat ein bisschen an Qualität verloren. Manchmal denke ich, wie es wohl wäre, wenn ihr euch etwas Neues überlegen würdet: Was würde wohl passieren, wenn die 10 000 Leute, wenn der Castor kommt, einfach ihre Schilder hochhalten und sagen würden: Wir sind dagegen. Und beiseite gingen, ohne Blockaden und Straßensperren. Und am nächsten Tag wären sie in Berlin.

Kamien: Da würde Berlin ganz schön ins Rotieren kommen.

Groß (lacht): Ihr seid immer für Überraschungen gut. Macht doch mal so was.

Kamien: Hm.

Das Gespräch führte Mark Spörrle

GORLEBEN IST NIRGENDWO

DIE ZEIT 01.03.2001
Frank Drieschner

*Von der Bewegungs- zur Regierungspartei:
Im Wendland lässt sich das Ende einer Ära besichtigen*

—

Erinnert sich noch jemand an die alte Parole? Gorleben ist überall! Mit diesem Schlachtruf zogen Atomkraftgegner aus ganz Deutschland in den achtziger Jahren vor die Bauzäune. Gut möglich, dass er in der kommenden Woche wieder zu hören sein wird – vor der Bundesdelegiertenkonferenz der Grünen in Stuttgart. Dort will die Partei »Grün zur Farbe des 21. Jahrhunderts machen«, so steht es in der Präambel des neuen Grundsatzprogramms. Ein hübscher Slogan. Dagegen muss der alte Kampfruf heute in den Ohren grüner Politiker klingen wie eine furchtbare Drohung. Wenn Gorleben überall ist, steht die Partei der Grünen vor dem Ende.

Denn ehe Grün zur Farbe des 21. Jahrhunderts wird, kommt erst mal der nächste Castor-Transport, wahrscheinlich schon Ende März. Da wird es Fragen geben. »Ökologisch, basisdemokratisch und gewaltfrei« wollten die Grünen einmal Politik machen – doch was das heute bedeuten soll angesichts von sechs Behältern mit deutschem Atommüll, die Frankreich nicht länger aufbewahren will, darüber gibt es Streit.

Ökologisch? Im Disput um den Castor akzeptieren Deutschlands große Naturschutzverbände den Umweltminister der deutschen Ökopartei zurzeit nicht einmal als Gesprächspartner.

Gewaltfrei? Ohne Wasserwerfer und Knüppeleinsatz dürften die Castor-Behälter ihr Ziel kaum erreichen – was Umweltminister Trittin, der den Transport für »notwendig« hält, ja sogar für ein Parteiziel der Grünen, öffentlich schwerlich wird kritisieren können.

Und basisdemokratisch? O weh!

Lüchow-Dannenberg im Februar, noch gut ein Monat bis zum Castor, Mitgliederversammlung der Grünen. Mitten im atomkritischen Gorleben-Landkreis könnte man da ein volles Haus erwarten. Doch es ist ein verlorenes Häufchen, das zusammenkommt. Anfangs werden Gäste noch gebeten, am Rand des Raumes Platz zu nehmen, auf dass man sich in großer Runde besser verständigen könne. Aber schnell zeigt sich: Was von den Grünen im Wendland übrig ist, passt an einen einzigen Tisch. »Eine politische Großmacht«, sagt die Vorsitzende Marianne Tritz

traurig, »das waren wir einmal.« Da sitzen die verbliebenen Parteigrünen nun bei Bier und Weißweinschorle und lassen sich erzählen, wie es zuging beim letzten Versuch der Basis, sich an der Parteispitze Gehör zu verschaffen: Krisengespräch in Hannover, mit Fritz Kuhn und Reinhard Bütikofer auf der einen, der niedersächsischen Landtagsabgeordneten Rebecca Harms und Grünen aus dem Landkreis auf der anderen Seite, eilig einberufen, als sich abzeichnete, dass die Grünen im Wendland zur Blockade eines Castor-Transportes aufrufen würden. Kuhn muss die Situation im Wendland irgendwie missverstanden haben. Wie sonst hätte er vorschlagen können, die Lüchow-Dannenberger Grünen sollten, wenn sie schon demonstrieren müssten, am besten »für sichere Castor-Transporte« auf die Straße gehen.

»Dann können wir unseren Kreisverband dichtmachen«, sagt einer aus der Runde. Das ist nicht übertrieben. Wenn der Castor kommt, wird unter den Demonstranten der SPD-Landrat sein, die FDP-Kreistagsfraktion, der laut Satzung nur Atomkraftgegner angehören dürfen, und Bauern

GORLEBEN IST NIRGENDWO

Jeder Castor-Transport ist den Atomkraftgegnern Anlass für Demonstrationen und Blockaden, und jedes Mal müssen tausende Polizisten aufgeboten werden, um den Transport gegen die Proteste zu sichern. So auch 2001 in Dannenberg (Seite 118), 2005 in Harlingen (linke Seite), 1997 in Ahaus (oben) oder 1996 in Dannenberg (unten)

des Kreises, auch solche mit CDU-Parteibuch. Und dann eine grüne Demonstration »für sichere Castor-Transporte«?

Man kann die Verzweiflung der Lüchow-Dannenberger Grünen verstehen. Der »Ausstieg auf Basis des Atomkonsenses«, ließ Jürgen Trittin seine Parteifreunde wissen, gehöre zu den Parteizielen der Grünen, weshalb sich, bitte schön, kein Grüner an den Protestaktionen gegen den Castor-Transport beteiligen möge: »Nur weil jemand seinen Hintern auf die Straße setzt, finden wir das noch nicht richtig.« So ist Trittin. Aber es geht nicht nur um den Tonfall. »Basisdemokratisch«, das sollte einst bedeuten, dass politische Konzepte unten entwickelt und oben durchgesetzt werden. Nun müssen die Grünen erkennen, dass Regierungspolitik in der Regierung gemacht wird, von einer Handvoll Leuten und bisweilen von einem Moment zum nächsten. BSE, ein, zwei Ministerrücktritte – und schon steht ein neues grünes Thema, Verbraucherschutz, ganz oben auf der Tagesordnung.

Vielleicht ahnen sie an der Basis, dass ihre grüne Bewegungspartei mit der Wirklichkeit des Regierens in Berlin nichts zu tun hat. Was davon übrig ist, die »Basisdemokratie«, ist der Parteispitze nur noch ein Klotz am Bein. Der Parteienforscher Joachim Raschke, dessen Buch *Die Zukunft der Grünen – So kann man nicht regieren* gerade erschienen ist, nennt das Fehlen eines handlungsfähigen strategischen Zentrums die größte Schwäche der Grünen. Es darf angenommen werden, dass »die Berliner«, wie man sie hier im Wendland nennt, das schon länger ahnen.

Das Wendland lehrt zugleich, wie weit weg Basisgrüne von den Berliner Inhalten sein können. Offenbar erst im Frühjahr 1998, nach fast zwei Jahrzehnten des Konflikts, hat sich die Partei hier zum ersten Mal ernsthaft mit der Frage beschäftigt, auf welche Weise der lang ersehnte Ausstieg aus der Atomenergie überhaupt zu bewerkstelligen wäre. Aus dem hessischen Umweltministerium reiste der Mann an, der später als Staatssekretär an der Seite Jürgen Trittins die Ausstiegsverhandlungen führte: Rainer Baake.

Was Baake den wendländischen Atomkraftgegnern zu sagen hatte, erscheint im Rückblick geprägt von bemerkenswertem Optimismus: Einmal an der Macht, könne man die Betriebsgenehmigungen sämtlicher Atomkraftwerke nachträglich auf 25 Jahre befristen, sodass die ersten drei Kraftwerke sofort, die letzten drei binnen 14 Jahren abgeschaltet wären. Weil in diesem Szenario »die Restlaufzeiten der jüngeren Reaktoren aber indiskutabel lang wären«, fügte der Staatssekretär hinzu, müsse zusätzlich zu der Frist ein fester Termin für das Abschalten des letzten Kraftwerks vereinbart werden.

Mag Baakes Vision, von heute aus gesehen, utopisch erscheinen – im Wendland führte schon sie zu einem Realitätsschock. Hier hielt man es eisern mit einem Parteitagsbeschluss von anno 1986, dem Tschernobyl-Jahr: Die Partei müsse »sich kategorisch jeder Politik verweigern, die – aus welchen Gründen auch immer – die sofortige Stilllegung aller Atomanlagen ausschließt«.

Nach Baakes Vortrag, erzählt die Kreisverbandsvorsitzende Marianne Tritz, habe es einen »Eklat« gegeben. Viele seien »megasauer gewesen, weil sie immer noch am Sofortausstieg festhalten wollten«. Damals, schon vor dem rotgrünen Wahlerfolg, traten die Ersten aus der Partei aus. Wie es scheint, gelang es den Grünen nicht einmal, eine offene Diskussion zu führen. Wo jede Nachdenklichkeit, erst recht jede Konzession an den Gegner als Verrat gilt, ist Realismus unpopulär.

Der Befund lässt sich verallgemeinern. In vielen Kreisverbänden, nicht nur im Wendland, gab es Streit um Baakes Thesen – und längst nicht überall setzte sich die Einsicht durch, dass man mit der Atomkraft noch eine Weile werde leben müssen. Die übersteigerten Erwartungen ihrer Wähler wie auch ihrer Mitglieder zählten zu den größten Problemen der Grünen, schreibt Grünen-Kritiker Raschke. Und die Schuld daran könnten sie niemandem zuschieben: »Nicht für die Ergebnisse der Regierungspolitik, aber für die Steuerung der Erwartungen sind die Grünen uneingeschränkt selbst verantwortlich.«

Eigentlich gab es nur wenige Monate, in denen die Anti-AKW-Bewegung mit dem grünen Umweltminister Trittin zufrieden war: Die Anfangszeit, als er sich im Streit um die Wiederaufarbeitung mit allen zugleich anlegte: mit dem Kanzler, dem Wirtschaftsminister, der deutschen Energiewirtschaft und den Betreibern der Anlagen in Sellafield und La Hague, denen die britische und die französische Regierung alsbald zur Seite sprangen. Natürlich war dieser Konflikt nicht zu gewinnen – und damit der baldige Atomausstieg gescheitert.

Noch einmal Raschke: »Hinterher ist leicht zu sehen, dass man drei Akten beigewohnt hat. 1. Akt: Der Minister greift an und wird auf null gebracht. Seine Parteifreunde schauen zu oder helfen dabei. 2. Akt: Die Obergrünen schließen Frieden mit dem Kanzler und unterwerfen ihre Landesfürsten. 3. Akt: Die Grünen geben Schröder und der Atomindustrie kampflos nach und feiern das als Sieg. Epilog: Beim ersten Atomtransport nach neuem Recht stehen ehemalige Grüne vor, der grüne Umweltminister hinter der Polizei.«

Ein solcher Exgrüner ist Kurt Herzog, stellvertretender Landrat des Kreises Lüchow-Dannenberg, heute Mitglied der Grünen Liste Wendland. Er ist ein Freund von Symbolen, was sich an der Fassade seines Hauses zeigt. Auf dem Balkon hat er ein riesiges gelbes Latten-X angebracht, das Symbol der Castor-Gegner, die am »Tag X« die Straße blockieren. Daneben steht in großen Buchstaben: »Ausstieg? Alles Lüge!« Sein ehemaliger Parteifreund Jürgen Trittin, sagt Herzog, stehe inzwischen »auf der anderen Seite«. Herzog sagt noch mehr: Wie es früher war, als die Grünen sich noch »radikal und atomkritisch positioniert« hätten, stets darauf aus, die Atommafia mit scharf formulierten Parteitagsbeschlüssen in die Knie zu zwingen. Und wie wenig übrig sei von einer Partei, die einmal »neue Inhalte gegen das alleinige Diktat von Profitinteressen« durchsetzen wollte. Fasste man diese Ansichten in einer Forderung zusammen, sie müsste wohl lauten: Zurück in die achtziger Jahre!

Im Wendland kann man der grünen Partei mit solcher Standfestigkeit durchaus noch Probleme bereiten. Andernorts, namentlich im Großstadtmilieu, ist der Streit um das Urgrüne ausgebrannt. Dafür gibt es neue Unbill. Der Landesvorstand in Bremen organisierte kürzlich eine »Aktion Beitragsehrlichkeit«: Man war es leid, von gut verdienenden Akademikern Mitgliedsbeiträge zu bekommen, die noch nicht einmal die Portokosten deckten. Bei dieser Aktion soll die Partei mehr Mitglieder verloren haben als durch Kosovo-Krieg und Atomkonsens zusammen.

Vielleicht ist Gorleben ja doch nicht überall, sondern nur ein winziges Nest in einem kleinen Landkreis, in dem dieses Land in Zukunft seinen Atommüll abladen wird – während »die Berliner« genug damit zu tun haben, Grün zur Farbe des 21. Jahrhunderts zu machen. Was immer das dann heißen mag.

HINTERN AUF DIE STRASSE

DIE ZEIT 06.11.2008
Brigitte Fehrle

Jahrelang hielten die Grünen Distanz zum Castor-Protest im Wendland. Nun rufen sie wieder zu Sitzblockaden auf

---

Wer derzeit die Homepage der Grünen aufruft, wird von einem großen Banner begrüßt. »Auf nach Gorleben«, heißt es da in bestem Aktivistendeutsch. Und weiter oben: »Wir treffen uns in Gorleben!« Gorleben meint den Atomendlager-Standort im niedersächsischen Landkreis Lüchow-Dannenberg. Dort werden am kommenden Wochenende wieder Castor-Transporte aus dem französischen La Hague erwartet. Deutscher Atommüll, der dort aufbereitet wurde und jetzt im Forst des Grafen Bernstorff in einer oberirdischen Halle zwischenlagert, im wendländischen Volksmund »Kartoffelscheune« genannt. Und wie jedes Mal werden Atomgegner aus dem Landkreis demonstrieren, Bauern ihre Trecker auf die Straße stellen, Aktivisten von Greenpeace und Robin Wood ihr Spektakel veranstalten und Autonome versuchen, die Gleise zu blockieren. Aber dass die Grünen ganz hochoffiziell wieder dabei sind, dass der Bundesvorstand gar alle aufruft hinzufahren, mit dem ausdrücklichen Auftrag »Den Castor stoppen«, dass die Spitze der Grünen, die Parteivorsitzenden Reinhard Bütikofer und Claudia Roth, dazu Renate Künast und Fritz Kuhn, die Vorsitzenden der Bundestagsfraktion sowie Bundestagsvizepräsidentin Katrin Göring-Eckardt dort wieder Gesicht zeigen, das ist neu.

Es gab eine Zeit, da lautete die Botschaft ganz anders. Im Frühjahr 2001 verhängte der Bundesvorstand der Grünen über seine Mitglieder quasi ein Demonstrationsverbot für Gorleben. Jürgen Trittin hatte als Umweltminister der rot-grünen Regierung seinerzeit gerade den Kernkraftwerksbetreibern den Atomausstieg abgetrotzt. Teil des Kompromisses war, dass der Müll aus Frankreich wieder zurück nach Deutschland gebracht werden sollte. Demonstrationen von Atomkraftgegnern konnten die Grünen damals nicht gebrauchen. Also wurde in Berlin kurzerhand entschieden, dass Grüne nicht nach Gorleben fahren sollten, um an den Protestaktionen teilzunehmen. Gegen den Willen der Grünen vor Ort. Jürgen Trittin schrieb im Januar 2001 einen Brief an die Kreisverbände, der eigenwillige Berühmtheit erlangte. »Bloß weil jemand seinen Hintern auf die Straße setzt«, heißt es darin, müssten Grüne das nicht richtig finden. Und weiter, man habe nichts gegen »Sitzblockaden, Latschdemos

08.11.2008: Die Bundesvorsitzende von Bündnis 90/Die Grünen, Claudia Roth, bei einer Sitzblockade vor dem Eingang zum Zwischenlager in Gorleben

oder Singen«, allerdings sei das Anliegen falsch. Die Grünen saßen in der Regierung und hatten einen Abwehrreflex gegen jegliche außerparlamentarische Opposition. Das traf in diesen Regierungsjahren nicht nur AKW-Gegner. Außenminister Joschka Fischer warf im Herbst desselben Jahres den Demonstranten gegen den Weltwirtschaftsgipfel in Genua »abgestandenen linksradikalen Antikapitalismus« vor. Demonstriert wurde damals übrigens gegen wild wuchernde internationale Finanzmärkte. Was aber hat den Wandel in der grünen Seele erzeugt? Woher kommen sieben Jahre nach dem »Demonstrationsverbot« für Gorleben die neue Lust am Widerstand, die Leidenschaft, in nasser Novemberkälte mit Tausenden von Atomkraftgegnern und einer Vielzahl von Polizisten an der Transportstrecke zu frieren?

Fragt man Grüne, so heißt es, die Lage sei heute »anders«. Der Atomkonsens sei in Gefahr, von der CDU aufgekündigt zu werden. Man müsse gegen den »Ausstieg aus dem Ausstieg« demonstrieren. Es stimmt, die Lage ist »anders«. Aber anders scheint vor allem die Lage der Grünen. Seit die Partei sich fragt, wie im kommenden Jahr gegen eine Große Koalition Wahlkampf zu machen ist, haben die Grünen die Regierungsreflexe abgelegt und entwickeln wieder Lust an der Opposition.

Nun weiß man ja nie, was passiert, wenn Politik auf Wirklichkeit trifft. Vielleicht wird sich der eine oder andere Grüne beim Zusammentreffen auf den »Latschdemos« oder beim »Singen« darüber klar, was ihm auf dem Weg durch die unterschiedlichsten Sphären der Politik verloren gegangen ist. Im besten Falle wird also in Gorleben gelernt. Und so sollten es auch die Lüchow-Dannenberger sehen, die von der Invasion der grünen Bundesprominenz nicht begeistert sind: als Modellversuch für lebenslanges Lernen.

DER GRAUE BLOCK

ZEITmagazin 31.01.2011
Matthias Stolz und Philipp Wurm

*Wer sind die älteren Menschen, die zum ersten Mal
in ihrem Leben zur Demo gehen?*

▬

Als 1968 die Studenten, 1980 die Pazifisten und 1986 die Atomkraftgegner demonstrierten, sah man viel langes Haar, das von der Jugend kündete. 2010 fielen in Stuttgart, Gorleben und auf der Berliner Anti-Atomkraft-Demo die grauen Haare der älteren Menschen auf. Der Block der Grauhaarigen ist eine Neuheit in der bundesrepublikanischen Geschichte. Und er scheint größer zu werden.

Oder täuscht der Eindruck? Zu Besuch bei Dieter Rucht, Protestforscher in Berlin. Er beugt sich über die Zahlen, die sein Mitarbeiter gerade für ihn ausgerechnet hat. Es ist ein ganzer Stapel von Ausdrucken. Rucht hat an die wichtigen Zahlen mit dem Bleistift ein Kreuz gemacht: Auf der Demo gegen den Irakkrieg 2003, hat er ermittelt, waren 8 Prozent der Teilnehmer älter als 65. Gegen Hartz IV ein Jahr später 10 Prozent. Und in Stuttgart sind es 15 Prozent.

Dieter Rucht ließ seine Mitarbeiter in Stuttgart an eine repräsentative Auswahl von Demonstranten Umfragebögen verteilen, zehn Seiten lang, 30 Fragen. Es ist eine recht neue Form, den Protest zu erkunden. »In den Achtzigern hätte man solche Bögen wahrscheinlich zerknüllt«, sagt er und lacht ein wenig, weil er damals selbst unter den Demonstranten war. Heute werden die Bögen nicht zerknüllt, sondern ausgefüllt und zurückgeschickt, in weit mehr als der Hälfte der Fälle. Manchen Bögen sind zusätzliche DIN-A4-Blätter angeheftet, so groß ist das Bedürfnis, sich mitzuteilen.

Und so weiß Rucht heute auch, woher der Zuwachs der Demonstranten kommt: aus den traditionell demonstrationsfernen Schichten. Die allermeisten Älteren haben in den vergangenen Jahren keine Demo besucht, noch nie im Leben an Blockaden oder Sitzstreiks teilgenommen. Sie entstammen einem Milieu, in dem man Demonstranten früher argwöhnisch beobachtet hat, statt sich unter sie zu mengen.

Wer sind die älteren Menschen, die heute in ganz Deutschland auf die Straßen gehen? Wie kommt es, dass sie im Alter zum ersten Mal protestieren?

Einen Anteil daran hat vielleicht das Fernsehen. ARD und ZDF vor allem machen politisches Programm für ihr treuestes Publikum: die Rentner. Und die finden, wenn sie sich die neuerdings allabendlichen Diskussionsrunden ansehen, eine reiche Auswahl von gleichaltrigen Vorbildern, meist sind es Männer, die sich wenig altersmilde geben. Diese Männer müssen schließlich keine Karriere mehr machen; aber das galt auch schon

Klaus-Peter Feuerhahn, 60: »Eigentlich müsste es einen noch größeren Aufstand geben«.

Annegret Bruhn, 65: »Heute habe ich mehr Zeit, die Dinge zu hinterfragen«.

Erika Rosenwinkel, 68: »Ich erlebe gerade die intensivste und ehrlichste Zeit meines Lebens«.

Fotos: Max von Gumppenberg und Patrick Bienert

für die Alten früher. Es muss noch andere Antworten geben.

Anders als über die Jugend, deren Ansichten seit 1953 regelmäßig im Auftrag von Shell erforscht werden, gibt es keine Studie, in der sich nachlesen ließe, wie die Alten wann dachten. Auch das Heiner-Geißler-Phänomen ist bislang wenig erforscht: Wie kommt es, dass ein ehemals streng konservativer Mensch zum ebenso strengen Kritiker des Kapitalismus wird – in einer Art Umkehrung des Joschka-Fischer-Phänomens? Heiner Geißler selbst ist auf Anfrage wenig gewillt, über seinen Reifungsprozess nachzudenken: Er sagt dazu nur, er sei »immer der Gleiche geblieben« und halte nichts vom »Psychologisieren des Alters«.

Wer also etwas über den grauen Block erfahren will, der muss seine Mitglieder besuchen.

Erika Rosenwinkel zum Beispiel. Sie ist 68 Jahre alt. Früher war sie Buchhalterin bei der Caritas. Sie hat ihr Haar akkurat frisiert, trägt einen Rollkragenpulli, darüber eine Perlenkette, sodass man sie kaum für die Dauerdemonstrantin in Stuttgart halten würde, die sie ist. Im Sommer hat sie sich einen Platzverweis eingehandelt, weil sie am Nordflügel des Bahnhofs auf ihrem Klappstuhl einfach sitzen geblieben ist, als die Polizei kam. Wenn sie davon erzählt, schaut sie einen herausfordernd an, als wolle sie sagen: Das hätte man mir nicht zugetraut, oder?

»Es gibt Ähnlichkeiten zwischen Heiner Geißler und mir«, sagt sie. Sie hat ihm sogar einen Brief geschrieben, nur abgeschickt hat sie ihn nicht.

Über den Bahnhof sagt Erika Rosenwinkel: »Meine Kinder und Kindeskinder müssen für das aufkommen, was da verschleudert wird.« Sie kämpft vielleicht auch aus Großmutterinstinkt für ihre Enkelkinder, die weit weg von ihr wohnen.

Wer heute mit Anfang 60 in Rente geht, hat oft noch recht gesunde 20 Jahre vor sich – und er hat oft keine Enkel. Er muss sich eine neue Rolle suchen, die von der alten Oma-und-Opa-Rolle abweicht. Für ihn bietet sich das politische Engagement geradezu an, wurde er doch von 1968 geprägt, auch dann, wenn er, wie Erika Rosenwinkel, damals nicht mit auf die Straße gegangen ist.

Vielleicht hätte sie damals schon mitdemonstrieren wollen, als es um den Vietnamkrieg ging, sagt sie. Aber sie hatte ja ihre Kinder. Ihren Mann. Ihren Beruf.

Und heute bindet sie auch der Mann nicht mehr, den hat sie vor zwanzig Jahren verlassen. Stuttgart 21 ist für sie nicht nur ein Bahnhofsprojekt, es ist auch ein verspätetes Emanzipationsprojekt. Sie sagt: »Ich erlebe gerade die intensivste und ehrlichste Zeit meines Lebens.«

Auch Eckhard Groß hat lange gebraucht, bis er zu dem wurde, der er gerne sein wollte. Er demonstriert in Gorleben gegen das atomare Zwischenlager, wie so viele, die im Wendland wohnen. Früher war er Polizist. Einmal musste er Otto Schily, der damals als Rechtsanwalt Mitglieder der RAF verteidigte, durchsuchen. Er hat den späteren Innenminister in sehr unerfreulicher Erinnerung. Später, in den Achtzigern, hat Eckhard Groß als Polizist dafür gesorgt, dass der Atommüll in den gelben Containern zum Ziel gelangte, vorbei an den Demonstranten. Innerlich, sagt er, habe er sich schon damals gegen die Transporte gesträubt, die seine Heimat bedrohten. Es dauerte ein paar Jahre, bis er sich getraut hat, in seiner Freizeit dagegen zu demonstrieren. Von den Kollegen gab es Sprüche: »Sag mal, bist du überhaupt noch im Dienst?«

Dann, vor vier Jahren, kam die Rente. Im Sommer machte sich Eckhard Groß auf den Weg. Er überquerte die Alpen zu Fuß, von München bis nach Südtirol. Als er die Ahornspitze erreicht hatte, den höchsten Gipfel seiner Route, 2973 Meter über dem Meeresspiegel, sagte er sich: »Jetzt bin

Ute Schmid, 68: »Ich hätte mir nie erträumt, je politisch so engagiert zu sein«.

ich ich.« Als er wieder im Tal war, schrieb er eine Postkarte an eine Bekannte: »Es geht mir jetzt gut.«

Im November vorigen Jahres, als wieder Demo war, stand er neben den Gleisen, ohne Uniform und ohne inneren Konflikt.

Aus seiner Polizistenzeit weiß er, dass die alten Demonstranten immer auch einen Schutz für die jungen bilden, wenn es zum Gerangel zwischen Volk und Polizei kommt. Er habe jedenfalls die Alten immer etwas »zuvorkommender behandelt«.

Dieter Rucht, der Professor, war auch in Gorleben, als Beobachter und Forscher. In seinem Büro malt er zwei Kurven mit dem Füllfederhalter aufs Papier. Er malt eine Glockenkurve, das waren die Achtziger: wenige ganz junge Demonstranten, viele mittelalte, fast keine alten. Und er malt eine Wannenkurve, das ist heute: Das mittlere Alter fehlt.

Es liegt nicht nur an der Persönlichkeit des Einzelnen, ob man sich so stark politisiert, dass man für seine Meinung auf die Straße geht. Entscheidender ist, zu welcher Zeit man geboren wurde. Besonders empfänglich für Politik ist man ungefähr zwischen 17 und 25, sagt die Politikwissenschaft. Wenn in diesem Alter in der Politik Dramatisches passiert, wenn es um Frieden oder Krieg geht, um die Rettung des Planeten oder sein Verderben, dann ist es recht wahrscheinlich, dass man auf die Straße geht – sein ganzes Leben lang, solange man eben kann. Kohorteneffekt nennen das die Soziologen.

Ein Beispiel für diesen Effekt ist Dietrich Wagner, der Rentner, dessen Augen von den Wasserwerfern in Stuttgart so schwer verletzt wurden, dass er dadurch fast erblindet ist, und den *Bild* »Protest-Opa« nannte, was hämisch gemeint war.

Dietrich Wagner sitzt auf seinem neuen »Stammplatz«, dem Sofa in der Wohnung seiner Freundin, zu der er ziehen musste, weil er allein nicht mehr leben kann. Er erzählt, wie er mit Mitte 20 die Tübinger Studentenproteste miterlebte. »Tagsüber haben wir demonstriert und abends über Mao diskutiert.« Später wurde er ein Lebenskünstler, bezog ein drei mal drei Meter großes Stromhäuschen am Stuttgarter Stadtrand, das er umgebaut hatte, mit einem Luftentfeuchter als Trinkwasserquelle. Zu Stuttgart 21 stieß er aus Neugier. Und sein Wille zu protestieren lebte wieder auf, so sehr, dass er sich dem Wasserwerfer entgegenstellte.

Für Sophie Bäumer aus Hamburg, 75 Jahre alt, war die Anti-Atomkraft-Demo in Berlin im vorigen September ebenfalls nicht die erste große Demonstration. Aber es war die erste, die sie für sich allein bestritten hat. Damals, als sie Anfang

Eckhard Groß, 63: »Seit ich nicht mehr Polizist bin, kann ich endlich machen, was ich will«.

der Achtziger mit ihrer Familie zu den Ostermärschen ging, war es ihr Mann, der den Anstoß gab.

Ihr politisches Bewusstsein, sagt Sophie Bäumer, sei erst in den letzten sieben, acht Jahren erwacht, nachdem sie nach ihrer Scheidung vom Land in die Stadt gezogen war. »Ich habe mich jetzt erst so richtig entwickelt.« Sie hat seither die taz abonniert und verfolgt die Nachrichten auf Deutschlandradio Kultur. An ihren Küchenschrank hat sie sich Landkarten aus der Zeitung geklebt, eine Karte des Nahen Ostens und des ehemaligen Jugoslawiens sollen ihr helfen, die Länder zu finden, um die es in den Nachrichten geht. »Ich habe da Nachholbedarf«, sagt sie, fast ein wenig schuldbewusst, so als würden alle 35-Jährigen auf Anhieb den Jemen auf dem Globus finden.

Vor anderthalb Jahren, zu Zeiten des Aufstandes in Iran, ist sie in Hamburg auf die Straße gegangen, aus Solidarität mit den Studenten, die in Teheran starben. Sie ging zur Binnenalster und hielt eine brennende Kerze in ihrer Hand. »Es war eine große Freude, weil wir so viele waren. Und ich habe mich gut nach allen Seiten unterhalten.«

Die jungen Demonstranten sind froh über die alten, weil sie ihnen die Gewissheit geben: Die Weisheit ist auf unserer Seite. Und auch die Alten schätzen die Demo, weil sie einer der wenigen öffentlichen Anlässe ist, zu denen sich die beiden Generationen treffen und ein gemeinsames Thema haben. Nach Berlin zur Anti-Atomkraft-Demo fuhr Sophie Bäumer allein mit dem Zug. Sie hatte das beschlossen, als sie in den 5-Uhr-Nachrichten davon hörte, dass die Kraftwerke länger laufen sollten. »Ich wusste sofort: Ich fahre nach Berlin, da kann an dem Tag kommen, was will.«

Weil sie nicht ins »Wuhling« geraten wollte, hielt sie immer ein bisschen Abstand zur Menge und kam nur wenige Schritte voran. »Es hat mich in keiner Sekunde gelangweilt. Ich war so voll beschäftigt, mich umzuschauen.« Nach drei Stunden nahm sie den Zug zurück nach Hamburg.

Nicht nur 1968 hat diese Generation geprägt, sondern auch die Nachkriegsjahre haben es, in denen es wichtig war, einander zu helfen, wenn man über die Runden kommen wollte. Sophie Bäumer war zehn, als der Krieg zu Ende war. Sie hat als Mädchen den Mörtel von den Steinen der Trümmer geklopft, damit das Schulhaus wieder aufgebaut werden konnte. Einen Stuhl fürs Klassenzimmer musste sie selbst mitbringen. Später hat sie zwei Kinder bekommen. Sie hat einen reformtheologischen Verein mit gegründet, Aktion Pro, und hat einen Kinderladen eröffnet mit ihrem Mann.

Vielleicht liegt die Antwort auf die Frage, warum plötzlich ältere Menschen auf die Straße gehen, die das früher nie taten, nicht nur in ihrer politischen Überzeugung begründet, sondern auch in dieser Grundhaltung: Soll man anderen helfen? Soll man seine freie Zeit für sich nutzen oder auch für andere? Sophie Bäumer spricht von »drei, vier Stunden pro Woche«, die sie anderen helfen wollte als junge Frau, neben Familie und Beruf, ganz so, als sei das damals eine übliche Größe gewesen.

Es gibt keine verlässlichen Zahlen darüber, wie viele der heute alten sich früher freiwillig engagierten. Erika Rosenwinkel jedenfalls war in der Elternvertretung, Eckhard Groß im Fußballverein und Sophie Bäumer hatte die Aktion Pro und den Kinderladen.

Im aktuellen »Freiwilligen-Survey« des Familienministeriums steht, dass die Alten sich in den letzten Jahren immer mehr engagieren, politisch, kirchlich, sozial – auch deshalb, weil die Nachkriegsjahrgänge ins Rentenalter kommen. Noch eine Kohorte.

Die Altersforscherin Julia Steinfort hat im vorigen Jahr über »Identität und Engagement im Alter« promoviert. Sie hat mehrere alte Menschen fünf Jahre lang begleitet und kam zu dem Schluss: Nur wer in jungen Jahren engagiert war, ist es auch im Alter. Die Denkweise »Gutes tun kann ich ja im Alter« sei fast immer Selbstbetrug. Die nächste Kohorte, die in ein paar Jahren alt wird, könnte also schon viel weniger selbstlos sein. Es könnte da etwas verloren gehen.

Vielleicht haben die Alten, die jetzt auf die Straße gehen, gar keinen so großen Schritt getan. Sie haben nur die Art, wie sie sich engagieren, verändert. Sie hatten sich schon lange daran gewöhnt, sich nicht nur für sich selbst zu interessieren.

DEUTSCHLANDKARTE: BÜRGERBEGEHREN

ZEITmagazin 11.12.2008,
Matthias Stolz (Redaktion), Jörg Block (Illustration)

Der Volksaufstand gegen Stuttgart 21 hat sich angekündigt: Nirgendwo gab es so viele Bürgerbegehren wie im Süden. Dort existiert diese Form der Demokratie am längsten, dort sind die Hürden niedrig: In manchen bayerischen Städten genügen drei Prozent der Stimmen, und schon wird ein Bürgerbegehren zugelassen. So was gibt es sonst nur in Hamburg.

Es ist kein Zufall, dass gerade Bürger in reichen Gegenden aufbegehren, wo viele Akademiker leben, sie wissen, wie es geht – und haben mehr als andere das, was Politologen »immaterielle Wünsche« nennen:

Sie wollen weniger Lärm, keine Strahlung von Mobilfunkmasten (der Hit der Neunziger), keine Verunstaltung durch Windräder (der größte Hit seit drei Jahren).

Der Osten hat eher materielle Sorgen. Aber darüber kann man kaum abstimmen in der Kommunalpolitik. Es sei denn, ein westdeutscher Bauunternehmer kam nach der Wende und versuchte, der Gemeinde eine zu große Kläranlage aufzuschwatzen.

Das wäre für die Bewohner teuer geworden. Sie stimmten für mehr Geld – und gegen Bevormundung.

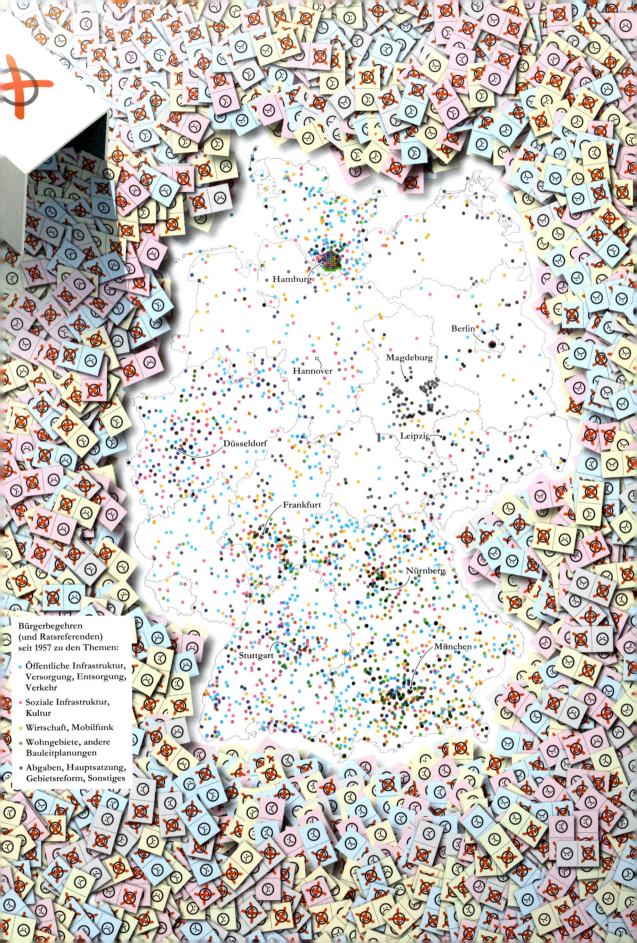

Kapitel 3

DIE GRÜNEN & IHR AUFSTIEG

DIE GRÜNEN RÄTE VON BREMEN

ZEITmagazin 16.11.1979
Peter Sager und Gerd Ludwig (Fotos)

Sie sammeln sich von Links bis Rechts, von Gruhl bis Dutschke, von Joseph Beuys bis Rudolf Bahro: Deutschlands Grüne. Im Stadt-Staat Bremen wurden sie erstmals Überraschungssieger bei einer Landtagswahl. Seit letzter Woche nun sitzen vier Grüne in der Bürgerschaft, vier von hundert Abgeordneten. Wer sind die Neuen, was wollen sie?

—

Der »rote Olaf« ist ein Bremer Grüner und wohnt über der »Lila Eule«. Bekannt wie ein bunter Hund: »Olaf ist doof«, hat jemand ans Haus des SPD-Ortsvereins Altstadt gespritzt, und jedermann weiß, wer gemeint ist: Olaf Dinné, ausgetreten aus der SPD, eingezogen in die Bremer Bürgerschaft – einer der vier Grünen Räte, die den Parteien zeigen wollen, »was eine Harke ist«.

Olaf Dinné wohnt in einer »Hochburg«, im Stadtteil Ostertor, wo 13,4 Prozent »Grün« wählten (in ganz Bremen 5,1 Prozent). Beamte und Arbeiter leben hier, Handwerker, Einzelhändler, ein gemischt bürgerliches Viertel, mit Spontis und Anarchos durchsetzt. An vielen Fenstern klebt die Anti-Atomkraft-Sonne.

»Freistaat Ostertor« lese ich an einer Wand, an anderen »Nulltarif«, »Weniger ist mehr«, »Wir wählen uns selbst«. Der Staat, das sind wir: Mitten auf einer Kreuzung haben Anwohner eine Eiche gepflanzt; andere Straßen sind – teils in nächtlichen Aktionen – von Nachbarn und Freunden hochgepflastert und zu Fußgängerbereichen erklärt worden.

Olaf Dinné wohnt in der Bernhardstraße, und die wird jeden Abend mit vier Blumenkübeln für Autos gesperrt. »Als wir die aufstellten, gab's eine Krisenstabssitzung der Bremer Polizei, ob sie die Blumentöpfe stürmen sollten oder nicht.«

Und als das ganze Ostertorviertel »saniert« werden sollte, organisierte der Genosse Olaf in bester Juso-Doppelstrategie Bürgerversammlungen: »Rentner drohten dem Bausenator mit dem Krückstock, und wir haben die Mozart-Trasse gekippt« – ein Stück Stadtautobahn, das quer durchs Viertel gehen sollte. Das war die »Volksfront der Omas und der Linken«, das sind die Grünen vom Ostertor.

Olaf Dinné, Kommunalpolitiker aus Passion, Architekt von Beruf, wohnt in einem Mietshaus nach eigenem Entwurf. Im Keller – auch dies

Axel Adamietz, 32, Jurist und
»unabhängiger Sozialist«: Er
vertritt einen der Musterkläger
im Prozess gegen das Kernkraftwerk Unterweser. In der
Bremer Bürgerschaft will er
sich unter anderem um Daten-
schutzfragen kümmern.

Olaf Dinné, 44, Architekt, Enfant terrible der Bremer Politik:
15 Jahre war er in der SPD, ihr unbequemster Mitarbeiter
und schärfster Kritiker, dann trat er aus und wurde Abgeordneter
der Grünen.

DIE GRÜNEN RÄTE VON BREMEN

Delphine Brox, 44, der »Grüne Engel« der Bewegung:
Als Abgeordnete will sie sich um Umweltschutz und
Frauenfragen kümmern. Ihr Mann, Franz Brox,
ist Studienrat und sorgt als »Hausmann« auch für
ihre Kinder.

ein Stück »Basisdemokratie« – betreibt er eine Kneipe, die »Lila Eule«, deren Jazz- und Polit-Programm sogar den Bremer CDU-Abgeordneten Ernst Müller-Herrmann bewegte, allerdings nur zu einer Anfrage an den Bundesinnenminister.

Das war in den Roaring Sixties, als Teufel & Langhans, Horst Mahler, Degenhardt und Dutschke hier auftraten. Heute ist die »Lila Eule« eine Disco – »viel zu laut für die Grünen und die Luft viel zu schlecht«, sagt Olaf Dinné, Malzbiertrinker und Vegetarier.

Der grüne Olaf sitzt an seinem Couchtisch, vor sich festmontiert eine Handmühle (»wenn ich Müsli esse, immer aus frisch gemahlenen Körnern«), hinter ihm an die Wand gepinnt eine Vietkong-Fahne, adrett gebügelt, aus der APO Kampfzeit.

Olaf ist nun Mitte vierzig, lebt bei einer Zimmertemperatur von 17 Grad und nach der Devise Che Guevaras: »Verwandelt euren Hass in Energie!« Auf einem Bücherstapel liegt handgebackenes Vollkornbrot, nebenan reift selbstgemachter Butjadinger Käse. Jeden Samstag, früh um fünf, fährt Olaf mit seinem R4 hinaus nach Butjadingen, Milch holen beim Bauern Richard Lübben. Diese Milch, auf dem Bio-Markt im Cinema Ostertor zu kaufen, hat für Bremens Grüne einen hohen Solidaritätsgehalt. Denn Lübbens Milch kommt nicht mehr von glücklichen Kühen. Zwar haben sie keine Antibiotika im Futter und keinen Kunstdünger auf der Weide, aber ein Kernkraftwerk in der Nachbarschaft. Der Bauer Lübben ist einer der Musterkläger der Umweltschützer gegen das Atomkraftwerk Unterweser.

Für Olaf Dinné, der gerade den Hof des prozessierenden Bauern mit Sonnenkollektoren energiesparend umgebaut hat, für den Bremer Abgeordneten der Grünen ist dies eine Kernfrage: »Wenn die SPD auf ihrem Bundesparteitag im Dezember beschließt, dass über kurz oder lang die Kernenergie bei uns gestoppt wird, dann würden wir uns sehr wohl überlegen, ob wir auf Bundesebene überhaupt noch antreten. Wenn aber, wie zu erwarten, ein deutlicher Beschluss für die Kernenergie fällt, dann zwingt uns die SPD zu kandidieren. Insofern haben die und nicht die Grünen die Verantwortung dafür in der Hand, wer Strauß an die Macht bringt.«

Unterdes hat Olaf Dinné im Klartext-Verlag eine brisante Bremensie über Ämterfilz und Bauskandale veröffentlicht: »15 Jahre SPD in Bremen, dann GRÜN«. Nach seiner Abrechnung mit den alten Genossen häufen sich nun die Rechnungen für die neue Partei. Immerhin haben die grünen Kritiker des Wirtschaftswachstums für ihren Bremer Wahlkampf rund 100 000 Mark ausgegeben (die SPD über eine Million).

Wer finanziert die Grünen? Nicht Spenden von der Industrie, sondern von Freunden und wildfremden Bürgern. »Ein Malermeister«, erzählt Olaf Dinné, »sprach mich auf der Straße an: ›Also, was Sie machen, ist richtig. Geben Sie mir Ihre Kontonummer!‹ Eine Woche später hatten wir tausend Mark drauf. So lief das hier.«

So gut wäre es freilich nicht gelaufen ohne die rund 70 000 Mark an Stimmgeldern aus der Europa-Wahl, ohne Dutschkes Wählerinitiative »Links für Grün«, ohne den pensionierten Kapitän, der Plakate für sie klebte, ohne die vielen Freiwilligen. Denn Bremens Grüne haben weniger Mitglieder als der Kleingärtnerverein »Kornblume e.V.« – »etwa 35«, schätzt Olaf Dinné, der nicht einmal selber Parteimitglied ist. Schon beim Wort »Partei« zuckt er zusammen: »Wir sind eine Bewegung.«

»Wir werden dauernd angerufen: ›Schicken Sie uns Ihre Formulare, wir möchten Ihrer Partei beitreten!‹ Dann sagen wir nur: ›Sie können gerne bei uns mitarbeiten‹.« Das zählt mehr als Mitgliedsbeiträge. Als ehemaliger Hauptkassierer des SPD-Ortsvereins, dem Bürgermeister Hans Koschnick angehört, hat Olaf Dinné lange genug mit Karteileichen und Parteihierarchien zu tun gehabt.

Davon hat auch Peter Willers die Nase voll: acht Jahre SPD, dann GRÜN.

Jetzt ist er Abgeordneter. Wir trafen Peter Willers noch als Verwaltungsangestellten an seinem alten Arbeitsplatz, der Bremer Universität: Anti-Atom-Aufkleber an der Tür, am Pullover den »Grünschnabel«-Button.

»Ich bin ein politischer Spätentwickler«: Peter Willers hat 22 Jahre lang im Tabak-Import gearbeitet, zuletzt als Prokurist. Nach den Ostermärschen und Notstandsgesetzen, »irgendwann hab' ich gemerkt, dass ich mein Leben nicht mit dem Verkauf von Tabak beschließen möchte«. 1971 trat Peter Willers in die SPD ein, 1973 ging er an die Uni.

Nach jahrelanger Arbeit in der Partei und in der Gewerkschaft, »irgendwann kam wieder der Punkt, da fragte ich mich: Was hast du eigentlich die ganze Zeit gemacht, was hast du verändert? Diese Bilanz fiel negativ für die SPD aus.«

In einem Alter, in dem andere sich immer mehr anpassen, ist Peter Willers ausgestiegen. Nicht nur aus der Partei. »Ich war früher«, sagt der 44jährige, »ein gutsituierter Durchschnittsbürger mit allem, was dazugehört: Auto, Haus, Familie, Garten und ein Rasen, den ich jeden Sonnabend gemäht habe.« Von all dem hat er sich getrennt. Grün für ein anderes Leben? Peter Willers fährt nun Fahrrad, trägt nicht mehr Schlips und Anzug und pfeift aufs Bruttosozialprodukt als Maßstab aller Dinge.

»Auch der Staat muss nicht so viel Mittel haben, wie er jetzt hat, wenn er bereit ist, gewisse Dinge wieder in die Entscheidungsfreiheit der Bürger zu stellen. Der Staat soll nur Hilfe zur Selbsthilfe geben. Dann würden die öffentlichen Aufwendungen viel geringer.«

Der Mann, der im letzten Urlaub wieder zelten ging und dabei »mit wenig Geld viel Vergnügen« hatte, Peter Willers lobt das alternative Leben: »Wieder selbst mehr zu machen und sich nicht vereinnahmen zu lassen von den großen Apparaten: Dieses Gefühl wächst und dafür gibt es noch keinen politischen Ausdruck.«

»Wie organisiert man das »Gefühl«? Peter Willers, ehemals einer der Vorsitzenden des Bundesverbandes Bürgerinitiativen Umweltschutz, sieht in der Arbeit selbstständiger Stadtteilgruppen Ansätze einer »Basisdemokratie aus dem Prinzip der Betroffenheit«. Wo Olaf Dinné aus dem Bremer Beispiel euphorisch einen »Bundeskamineffekt« entstehen sieht, ist Peter Willers eher skeptisch: »Für 1980 sind wir etwas spät dran.« Die Gründung einer bundesweiten Grünen Partei ist indes beschlossene Sache.

Wie rot muss ein Grüner sein, wenn er mehr retten will als den Baum vor der eigenen Haustür? »Ich bin Sozialist«, erklärt Peter Willers. »Ich sehe keine Möglichkeit, grundlegende gesellschaftliche Fortschritte zu erreichen, auch im Sinne einer vernünftigeren Umwelt, wenn wir nicht die Eigentumsverhältnisse an den Produktionsmitteln ändern.«

Vorerst haben die vier Grünen Räte von Bremen andere Probleme. Kleine Lage in Olafs Wohnung. »Wenn die SPD uns weiterhin den Fraktionsstatus verweigert, werden wir im Landtag einen unheimlichen Budenzauber abziehen«, verspricht der Abgeordnete Dinné. Auch die bisherige Sitzordnung schmeckt ihnen nicht: »In die letzte Reihe hinter die FDP! Da sehen wir nicht, was läuft, und keiner sieht, wenn wir uns melden.«

Delphine macht einen Vorschlag: »Wenn wir keine ordentlichen Plätze bekommen, bringen wir eben unsere Gartenstühle mit!« Delphine Brox hat, gleich nach ihrem Wahlsieg, für außerparlamentarische Heiterkeit gesorgt: »Ich will die französische Sitte einführen, sich bei jeder Bürgerschaftssitzung zuerst zu küssen!« Darauf

Peter Willers: »Aber Hans Koschnick küsse ich nicht!«

Delphine ist der Grüne Engel der Bewegung. Ihre Lust, ihre Energie, ihre praktische Vernunft haben sogar schon viele Bremer »Pfeffersackfrauen«, wie Olaf sagt, für die Grüne Sache gewonnen, während die Kaufmannschaft noch beim CDU-Kreuz blieb.

Delphine Brox, 44 Jahre alt, hat zwei Kinder, vier Katzen und einen Mann. Der hat während ihres Wahlkampfs den Haushalt geführt. Franz Brox ist 52 Jahre alt, Studienrat, Brokdorf-Demonstrant, Blue-Jeans- und Button-Träger (auch in der Schule). Studienrat Brox erzählt vom letzten Wochenendausflug: »Da waren wir mit der ganzen Familie bei der großen Demo der Kernkraftgegner in Bonn.«

Delphine wuchs in einem Dorf bei Autun auf, als ältestes von zwölf Geschwistern. Grün von Geburt: Als Kind beobachtete sie, wie Bauern mit Jagdgewehren auf Hubschrauber schossen, die Entlaubungsmittel spritzten: »Unser Mischwald sollte durch Tannenwald ersetzt werden, der schneller wuchs und schneller Geld brachte. Man hat uns unsere Landschaft gestohlen.«

Delphine schloss sich der grünen Resistance an, den »Amis de la Terre«. 1960 kam sie als Französischlehrerin ins Ruhrgebiet. »Ich liebe Schrebergärten«, sagt sie. »Aber warum geben Industriearbeiter ihr sauer verdientes Geld wieder an die Industrie zurück, für Chemikalien, um wurmfreie Äpfel zu bekommen und dieses Rot an den Möhren, das die Werbung preist?«

»In einer Gesellschaft, wo Unkraut keinen Platz mehr hat, ist es schwierig, unseren Umweltgedanken zu verwirklichen. Wir sind doch die Unkräuter dieser Welt! Ich fühle mich als Unkraut und kämpfe um die nackte Existenz, weil ich gegen Vertilgungsmittel bin!« Vor ihrem Bremer Wohnungsfenster hängt ein Ewiges Licht aus einer Kirche in Burgund, und von

Das ist die »Viererbande« von Bremen: Die Abgeordneten der Grünen in der Bürgerschaft. Die »Mini-Fraktion« bestand (von links) aus dem Rechtsanwalt Axel Adamietz, dem Architekten Olaf Dinné, der Hausfrau Delphine Brox und dem Angestellten Peter Willers.

der bronzenen Schale baumeln Anti-Atom-Plaketten.

»Die Grünen«, sagt Delphine, »müssten eigentlich für die Kirchen eine historische Stunde bedeuten: Wenn sie feststellen, dass die Schöpfung in Gefahr ist und dass wir ein Lob der Schöpfung singen – wir wollen doch in unseren Flüssen baden, wir wollen die Äpfel von den Bäumen essen, ohne sie dreimal waschen zu müssen – das müsste die Kirchen doch interessieren! Oder sie verstehen die Bergpredigt nicht mehr!«

Bisher war Delphine Brox vor allem in Arbeitskreisen wie »Kein Atommüll nach La Hague« und »Lohn für Hausarbeit« aktiv. Um solche Themen wird sie sich nun auch als Abgeordnete kümmern. Aber aufreiben lassen will sie sich nicht in der deutschen Parlamentsmühle: »Wir müssen jetzt eine neue Bewegung gründen, eine Anti-Stress-Bewegung innerhalb der Grünen!«

Axel Adamietz, Jahrgang 1947, hat eine Rechtsanwaltspraxis, ein Bürgerschaftsmandat, ein Baby, einen BMW und gelegentlich eine Kreislaufschwäche. Ehrgeiz? Engagement? Axel Adamietz vertritt vor Gericht Leute aus der linken Szene; keine lukrativen, keine spektakulären Fälle. Für das Frauenhaus in Bremen hat er die Anerkennung der Gemeinnützigkeit erreicht, im Prozess gegen das Kernkraftwerk Unterweser einen Teilerfolg in erster Instanz: »eine Reduzierung der Abgabewerte, das heißt der schädlichen Umweltbelastung um bisher 80 Prozent«.

Im Bremer Wahlkampf trat Axel Adamietz zunächst nur als Vermittler auf, »um doch noch eine gemeinsame Liste zwischen Grünen und Alternativen zustande zu bringen«. Als dies am »sektenhaften Verhalten der kommunistischen Gruppen« scheiterte, kandidierte er für die Grünen. Er versteht sich auch weiterhin als »unabhängiger Sozialist, im Unterschied zu den Moosgrünen, die nur die ökologischen Probleme sehen ohne die gesellschaftlichen Zusammenhänge«. Im Flur hängt ein Wahlplakat: »Wir haben die Erde nur von unseren Kindern geborgt.« Seine Frau Renate ist Ernährungswissenschaftlerin, und als sie ein Baby bekam, hat sie ihre Muttermilch auch nach DDT-Anteilen untersuchen lassen. Da ist es dem glücklichen Vater erst richtig grün vor Augen geworden.

Nun will Axel Adamietz »vernünftige Arbeit im Bremer Parlament leisten – die beste Empfehlung auch für eine bundesweite grüne Politik«. Der Gedanke, einmal als Berufsparlamentarier Karriere in Bonn zu machen, lockt ihn wenig: »Wir sind keine Profi-Politiker. Dann sieht man die Familie allenfalls noch am Wochenende. Das ist schon ein Zeichen dafür, dass die Bonner Politiker im Grunde nicht mehr so leben wie die Menschen, um die es geht. Sie reden wie Übermenschen, und sie handeln über die Köpfe der Menschen hinweg.«

»HURRA, DIE GRÜNEN SIND DA!«

DIE ZEIT 18.01.1980
Horst Bieber

*Aber die Geburtsstunde der neuen Partei birgt bereits
den Keim der Spaltung in sich*

Karlsruhe, so kalauerte ein Delegierter, sei als Gründungsort für die Bundespartei »Die Grünen« gewählt worden, »damit Karl Marx Ruhe gibt«. Doch die 1004 Delegierten, die sich am vergangenen Wochenende in die hoffnungslos überfüllte Stadthalle drängten, taten zwei turbulente, streckenweise chaotische Tage nichts anderes, als sich mit dem Erbe des Trierer Rauschebarts herumzuschlagen. »Niemand kann unseren Erfolg verhindern, es sei denn, wir selber«, hatte Herbert Gruhl in seiner Begrüßungsrede getönt, und genau das geschah. Statt sich zu einigen oder harte Schritte zu wagen, verabschiedeten sie einen faulen Kompromiss, der bereits den Keim zur künftigen Spaltung in sich birgt. Dabei wollten sie sich verständigen, zwischen Grünen hüben und Bunten, Alternativen und Roten drüben einen haltbaren Konsens aushandeln. »Von Gruhl bis Dutschke« – an der Legende des Frühvollendeten der grünen Bewegung wird längst eifrig gezimmert – sollte er reichen; Dutschkes noch nicht geborenes Kind, so hieß es in der Gedenkrede, »soll auch für uns ein Kind der Hoffnung sein.«

Aber die gutwilligen Grünen hatten sich in der Entschlossenheit der Linken, überaus erfolgreich dirigiert von Mitgliedern des Hamburger »Kommunistischen Bundes« (KB), getäuscht. Diese verlangten die »Doppelmitgliedschaft« unter dem Schlagwort: »Nicht das linke Bein abhacken. Wisst ihr, wie die Krücken aussehen?« Natürlich regte sich Widerspruch. Wolf-Dieter Hasenclever, baden-württembergischer Landesvorsitzender der Grünen, ein politisches Naturtalent, erklärte unter Beifall und Pfiffen: »Zentralisten, gleich welcher Abkunft, haben bei uns keinen politischen Ort.« Unter vier Augen wurde er noch deutlicher: »Wir wollen keine Melonenpartei – außen grün, innen rot.«

Schon zwei Stunden nach der Eröffnung des Kongresses, nach endlosen Geschäftsordnungsdebatten, fiel die erste Entscheidung: 254 Delegierte der Bunten und Alternativen, die nicht den Grünen beigetreten waren, mussten vor der Tür bleiben und das Geschehen im Kinosaal auf einem Fernsehmonitor verfolgen. Dann begann die andere endlose Auseinandersetzung – um die Präambel der Satzung. Zäh und unermüdlich wurde um jeden Satz gekämpft: Die Linken, die den Grünen formell beigetreten sind, wollten »Revolution« nicht verwerfen, die Bereitschaft zur »Evolution« streichen. Die Versammlung zerflatterte, das Präsidium war überfordert, Chaos machte sich breit. Von Ökologie wurde wenig geredet, viel dagegen von Widerstandsrecht. Ein Wunder, dass um 18.25 Uhr am Samstag – Stunden hinter dem Fahrplan – immerhin Präambel und Paragraph 1 der Satzung verabschiedet werden konnten.

Plötzlich kehrte halbwegs wieder Ruhe ein. Paragraph 2 stand an, das Verbot der Doppelmitgliedschaft. Jedermann wusste: Jetzt muss die Entscheidung fallen. Die einen plädierten für eine säuberliche Trennung: »Man kann nicht auf zwei Hochzeiten tanzen.« Beinahe rührend war der Appell einer Lüneburger Delegierten: »Wir sind doch die Alternative zu allen Parteien. Warum dann überhaupt eine Doppelmitgliedschaft?« Rudolf Bahro meldete sich zu Wort, entgegen früheren Absprachen: Grün ist »der historische Kompromiss«, sie sollten keine sozialistische Aushilfspartei werden: »Links und rechts, das wird noch andauern, grün ist das Bindeglied zwischen beiden Richtungen«. Darauf tosender Beifall. Daraufhin: »Hiermit erkläre ich meinen Beitritt zu den Grünen. Ich will kein Chefideologe sein, sondern ein einfaches engagiertes Mitglied.«

Olaf Dinné, erfolgreicher Grüner aus Bremen, brachte es auf die Kurzformel: »Die Stunde der Wahrheit ist gekommen.« Und sie schlug gegen die Linken: Nach endlosen Abstimmungen wurde mit 548 gegen 414 Stimmen eine Doppelmitgliedschaft bei den Grünen und anderen Parteien (gemeint sind nur K-Verbände) abgelehnt. Erleichtert verließen die Grünen am späten Samstagabend die Halle. Knapper als erwartet hatten sie gesiegt, aber es reichte aus.

Doch die Hoffnung trog. Die Alternativen und Bunten begannen zu rechnen. Nach der Satzung brauchte die »Sonstige Politische Vereinigung Die Grünen« zwei Drittel, um sich in die neue Bundespartei »Die Grünen« umzugründen (und die Wahlkampferstattung aus der Europawahl mitzunehmen); zehn Prozent fehlten ihr, wie die Abstimmung gezeigt hatte. Am Sonntag hielten sie einen Gegenkongress im Kleinen Festsaal ab. Bahro redete mit Engelszungen: »Denkt doch an den antikapitalistischen Grundgedanken der Grünen ... Ihr lasst euch selber an dem Beschluss (Paragraph 2) scheitern ... Ihr müsst jetzt etwas opfern.« Es war vergebliche Liebesmüh', der KB setzte sich durch: Entweder Doppelmitgliedschaft oder Verhinderung der Gründung.

Die neue Taktik war sichtbar, die linken Delegierten spielten auf Zeit. Der Kongress musste um 17.00 Uhr, spätestens 17.30 Uhr, schließen: »Der letzte Zug nach Norddeutschland geht um 17.56 Uhr. Unsere Körperbehinderten brauchen wenigstens zwanzig Minuten zum Bahnhof.« Und sie schafften es tatsächlich. In der Hektik des Aufbruchs, im Toben und Durcheinander der letzten Minuten (»Wir müssen unbedingt gründen«) stimmte eine Mehrheit dafür, dass die Landesverbände »autonom« die Übergangsregelungen für Doppelmitgliedschaften regeln; eine zeitliche Begrenzung existiert nicht, und der schon gefasste Beschluss, dass die Landesregelungen sich der Bundessatzung »anzunähern« haben (also Doppelmitgliedschaften verbieten), rutschte – wie so vieles auf diesem Bundestreffen – durch Mauscheln, Manipulation oder Kopflosigkeit unter den Tisch. Die Linken waren drin. Und Punkt 17.25 Uhr erschien auf dem Bildwerfer: »Hurra, die Grünen sind da!« Man fiel sich in die Arme, brüllte vor Erleichterung und raste los zur Bahn. Programm, Wahlen, Vorstand waren verschoben. Hauptsache, die Bundespartei existiert.

»Damit kann man leben«, sagte Herbert Gruhl in diesem Moment, ein Musterbeispiel für die Macht der Selbsttäuschung. Damit können die

»Grünen« oder wie die Linken höhnen: die »Alt-Grünen« oder »Europagrünlinge« oder »grünen Typen« – die Doppeldeutigkeit ist gewollt – nicht leben. In Karlsruhe ist eine sozialistische Partei mit ökologischem Anstrich entstanden, deren Fürsprecherin das Argument, man müsse doch an die Wähler denken, unter heulendem Beifall abqualifizieren kann: »Was sagen denn die Wähler? Das Argument ist doch ein Skandal für eine alternative Partei.« Mindestens drei Landesverbände – Nordrhein-Westfalen, Berlin und Hamburg – werden die Doppelmitgliedschaft, die »unbegrenzte Übergangsfrist«, beschließen und damit die Bewegung spalten.

Sie hat ohnehin wenig Aussichten. Karlsruhe als Visitenkarte hat die Untauglichkeit und Unverantwortlichkeit der grünen Bewegung bewiesen. Von den vier Grundsäulen »ökologisch, sozial, basisdemokratisch und gewaltfrei« finden sich die beiden ersten auch in anderen Parteiprogrammen; »basisdemokratisch« kann sich, wie Karlsruhe demonstriert, nur vor Ort bewähren, und »gewaltfrei« wird von zu vielen angezweifelt, um noch glaubwürdig zu bleiben. Die unpolitischen Protestler träumen zwar davon, die FDP aus dem Bundestag zu kippen, aber verschwenden keinen Gedanken daran, dass sie damit dem gefürchteten und verhassten Franz Josef Strauß an die Macht verhelfen können.

»Die Grünen sind nicht nur grün, weil sie zu oft rot sehen«, seufzte eine ältere Delegierte aus Baden-Württemberg. Das ist eine richtige, doch unzulängliche Erklärung. Die Energie und Taktik der Linken hätte nicht ausgereicht, sie zu überfahren, wären sie sich vorher darüber einig gewesen, was sie wollen. »Wir haben uns durch die Bundestagswahl unter Zeitdruck setzen lassen«, klagte ein niedersächsischer Vertreter. Die einhellige Abneigung der Basisdemokraten, sich von »Prominenten etwas vordenken zu lassen«, hat sie denen ausgeliefert, die schon lange ein festes Programm haben. Deren Zielrichtung erscheint den grünen Gegnern der Kapitalismus- und Industriefolgen nicht verwerflich, doch »grün« ist es nicht. Die lobenswerte Bereitschaft, die demokratisch-gutwilligen Linken zu integrieren, bezahlen sie mit dem totalen Verlust einer grünen Identität. Die Entwicklung ist über einen Mann wie Gruhl hinweggegangen; über seinen Spruch: »Wir stehen nicht links und nicht rechts, wir stehen vorne«, wurde gelacht.

Nur einmal macht sich gemeinsames Entsetzen über die geforderte totale Freiheit breit. Das war, als sich eine jugendliche Kommune mit lärmender Gewalt des Mikrofons bemächtigt hatte und hineinschrie: »Wir verlangen das Recht, mit zwölf Jahren von daheim auszuziehen und mit unseren Freunden zu leben. Unsere Rechte werden missachtet. Schafft endlich die Schulpflicht ab!«

DIE UREINWOHNER ÜBEN GELASSENHEIT

DIE ZEIT 18.03.1983
Gunter Hofmann

*Die Grünen halten Einzug in Bonn. Aber die Neulinge bereiten
den etablierten Parteien Sorge*

―

Wie auf eine Invasion der kleinen grünen Männchen von einem fremden Planeten starrt gegenwärtig ganz Bonn, soweit nicht von Franz Josef Strauß in Atem gehalten, auf 27 neue Abgeordnete im Bundestag. Die Grünen, die Strauß eine »trojanische Sowjet-Kavallerie« nennt, haben den Sprung geschafft. Aber was machen sie nun mit ihren 5,6 Prozent an Wählerstimmen? Reichlich nervös beteuern die Bonner, ganz gelassen zu sein.

Richard Stücklen (CSU) betont besonders aufgeregt, wie ruhig er sei. Er hat seine Gründe. Unter den Frackschößen der Bonner Würdenträger hat sich immerhin Staub von 34 Jahren angesammelt. Wer den aufwirbelt, bringt aus der Sicht des Bundestagspräsidenten die »Würde des Parlaments« in Gefahr.

Oder die Parlamentarischen Geschäftsführer der Fraktionen wie Wolfgang Schäuble (CDU) und Jürgen Linde (SPD): In einem Gespräch mit den Neulingen hat man sich rasch mal beschnuppert. Das seien »Kollegen« und »frei gewählte Abgeordnete wie wir«, heißt es. Ganz gelassen haben die Repräsentanten der 34 Parlamentsjahre den Neulingen klargemacht, sie würden »nicht deshalb schlechter behandelt, weil sie die letzten sind«.

Aber zwischen den Zeilen konnten die Grünen auch einige Hinweise herauslesen. Es gebe Rechte der Minderheiten – darauf hat die Opposition, sagt Schäuble, stets besonders gedrängt –, doch sie hätten auch Pflichten. Und ein Recht der Mehrheiten gebe es auch.

Auch die Grünen, noch ein bisschen hin- und hergerissen, ob sie nun mit Turnschuhen und Fahrrädern das Bild beleben oder auch ernsthaft Einfluss gewinnen wollen, haben sich beim ersten tastenden Schritt in die Bundespolitik von ihrer staatstragenden Seite gezeigt. So wie Otto Schily tritt keiner auf, der Regelverletzungen zur Regel machen möchte.

Schalmeienklänge kommen auch aus der Bundeshausverwaltung. Die neuen Abgeordneten brauchen Räume wie alle, sie brauchen auch einen Fraktionssaal; es muss schließlich alles ordnungsgemäß funktionieren. Vielleicht räumt sogar der Ältestenrat für die Neulinge den Saal.

Natürlich gibt es ein paar Sehenswürdigkeiten. Manche Fahrer des Bereitschaftsdienstes wissen nicht so recht, wie freundlich oder höflich sie mit den bunten Vögeln umgehen sollen, die nicht im grauen Bonner Flanell oder mit dem Attachékofferchen herumspazieren. Manche Pförtner bekreuzigen sich, wenn sie Peter Glotz' »Zwei-Kulturen-Theorie« leibhaftig vor sich sehen.

Selbstverständlich macht Richard Stücklen sich heute noch mehr Sorgen um die Kleiderordnung, die er auch schon gefährdet sah, wenn früher einmal tollkühne Sozialdemokraten das Hemd offen trugen. In der Geschäftsordnung des Hauses allerdings wird die Würde des Parlaments nicht mit Hilfe von Krawattenregeln definiert.

Wie viel Kompromissbereitschaft allerdings sich hinter der demonstrativen Gelassenheit wirklich verbirgt, wird sich erst zeigen, wenn es um die Details geht. Dann müssen die Alteingesessenen offenlegen, ob es ihnen ernst ist mit der gelassenen Zusammenarbeit. Aber auch die Grünen müssen sich entscheiden zwischen dem, was ihnen als wichtig und was ihnen unerheblich erscheint. Zum Beispiel möchten sie einen Vizepräsidenten des Parlaments stellen. Einen Rechtsanspruch, in das bisher fünfköpfige Gremium zu kommen, haben sie nicht. Auch der FDP ist nur ein Sessel »freiwillig« abgetreten worden. Aber ist das Amt wichtig? In diesem Bereich des Parlaments gelten die kleinen Bonner Eitelkeiten ganz besonders viel. Hier wird zum Beispiel darum gerangelt, wer die Präsidentenglocke läuten darf, wenn François Mitterand oder Ronald Reagan im Parlament sprechen. Und hier wird entschieden, welche Schimpfwörter »unparlamentarisch« sind.

Auf den ersten Blick ganz gelassen, bei näherem Hinsehen aber recht nervös reagieren die Bonner Ureinwohner auf die Frage, wer denn wo im Plenarsaal sitzen soll. Die SPD fände es unangemessen, wenn die Grünen linksaußen

29.03.1983: Der Abgeordnete der Grünen, Studienrat Walter Schwenninger aus Tübingen, während der konstituierenden Sitzung des Bundestages in Bonn. Links hinter ihm Bundeskanzler Helmut Kohl (CDU), der an diesem Tag vom Bundestag für vier Jahre im Amt bestätigt wurde.

Platz nähmen. Aber den »prominenten Platz« zwischen Union und Sozialdemokraten, direkt vor dem Rednerpult, will sie ihnen auch nicht gern überlassen. Die CDU wiederum findet, die Grünen gehörten sowieso an den Rand. Denn, nicht wahr, »sie sind doch alles andere als die politische Mitte«? Auf die hinteren Bänke dürfe man sie nicht verbannen, rechtsaußen sitzt schon die FDP – nach Lage der Dinge zu Recht –, wohin sonst also mit ihnen als links von den Sozialdemokraten?

Nicht auf diese, aber doch auf die meisten anderen Fragen weiß die Geschäftsordnung eine Antwort. Danach entsenden die Grünen in jeden Ausschuss ebenso wie in den Ältestenrat Mitglieder. Auch in den kleineren Unterausschüssen muss jede Fraktion vertreten sein. Anders verhält sich das mit dem Präsidium, einem Leitungsgremium, das funktionsgerecht (und nicht zu teuer) sein soll. Hier kommt es auf Kompromissbereitschaft der Parteien an. Dogmen gibt es nicht.

Mehr Aufregung als alles andere haben ein paar kesse Bemerkungen von Petra Kelly und Gerd Bastian darüber entfacht, wie sie es künftig mit der Vertraulichkeit von Ausschüssen halten wollen. Schon sorgen sich bereits einige Politiker um die Republik, weil die Grünen beispielsweise aus dem Verteidigungsausschuss zu freimütig berichten könnten. Aber schon bisher hat die Bürokratie vorsichtig zu reagieren gewusst, wenn dort einige Kritiker saßen, die ihr unbotmäßig erschienen. Das ging dann allerdings auf Kosten der parlamentarischen Kontrolle.

In der achtköpfigen Parlamentarischen Kontrollkommission, die die Nachrichtendienste überwacht, und in dem fünfköpfigen G-10-Ausschuss, der Telefon- und Briefüberwachungen genehmigen muss, sind die kleinen Fraktionen nicht automatisch, sondern nur bei Übereinkunft vertreten. Wer ankündigt, sich an die Vertraulichkeit nicht zu halten, muss damit rechnen, dass ihm der Zugang verwehrt wird. Aber was, wenn er im Ausschuss sitzt und dann gegen die Regeln verstößt?

In diesem Fall könnte der Geschäftsordnungsausschuss einschreiten, schließlich der Ältestenrat und zuletzt das Parlament. Die Sanktionen des Parlaments könnten allerdings nur darin bestehen, bestimmte Abgeordnete (nicht Fraktionen) von Gremien und Sitzungen auszuschließen, die der Geheimhaltung unterliegen.

Die frühe Aufregung verrät eine gewisse Bonner Schizophrenie. In Wahrheit ist schon bisher nicht immer alles vertraulich geblieben, was einer hohen Geheimhaltungsstufe unterlag. Alte Hasen im Parlament wissen zudem, dass die Bürokratie nichts so gern benutzt wie den Geheimhaltungsstempel. Hier kann ein bisschen frischer Wind nicht schaden, argumentieren sie. Und schließlich ist die Geschichte der Kontrollkommission wie des G-10-Ausschusses, also eines der ganz besonders vertraulichen Gremien, eine Geschichte der Lecks. Der Unterschied ist nur der, behauptet einer, der sich auskennt, dass »die Grünen ankündigen, was andere heimlich machen«.

Die interessanteste Frage bleibt, wie die Fraktionen auf die politischen Themen der Neulinge reagieren und ob sie wirklich bereit sind, sie zu integrieren. Faire Arbeitsbedingungen nach innen, aber ein Freund-Feind-Verhältnis nach außen? Was haben die Parteien, Franz Josef Strauß an der Spitze, vom Wald über die Robben bis zur Volkszählung nicht in wenigen Wochen alles an grünen Themen entdeckt? Wie ernst es ihnen damit ist, muss sich zeigen. Offen ist auch noch, ob die Etablierten die Grünen weiter so wie in den vergangenen Monaten behandeln: als die Kinder, mit denen man deren eigene Eltern erschreckt oder gar als Unterwanderer mit Marschbefehl aus Moskau.

Union und FDP hätten hier viel wieder gutzumachen. Aber sie haben eine so breite Mehrheit, dass sie sich vielleicht die Mühe ersparen. Was die Reaktion auf die Grünen betrifft, hat sich Jochen Vogels SPD am wenigsten vorzuwerfen. Doch sie hat mit der kleinen Konkurrenzpartei an der Seite auch das schwierigste Los. Drei gute Grundregeln bringt Vogel aus Berlin allerdings mit: »Erstens: Keine Aufregung. Zweitens: Mit der Regierung auseinandersetzen, nicht mit der Opposition. Drittens: Dinge, die richtig sind, werden nicht dadurch falsch, dass sie auch andere für richtig halten.« Im Übrigen, prophezeit Vogel, der zu den wenigen wirklich Gelassenen zählt, werden nicht nur die alteingesessenen Bonner eine neue, vielleicht heilsame Erfahrung machen. Auch den Grünen stünde mit dem »Prozess der Parlamentarisierung« noch einiges bevor.

»HIER KANN MAN NICHT DENKEN«

DIE ZEIT 13.05.1983
Gunter Hofmann

Die Bonner Welt aus der Sicht der Neulinge – Tagebuch einer Parlaments-Woche mit den Grünen

28. APRIL

Es wird ernst für die Grünen auf dem Weg zur Parlamentarisierung. Im Fraktionssaal im Erdgeschoss des Hochhauses am Tulpenfeld bereiten sie sich auf ihre »erste große Redeschlacht« vor, wie Antje Vollmer die Debatte zur Regierungserklärung nennt. Ein schwieriges Unterfangen; für die 28 grünen Abgeordneten ist das Parlament noch etwas Unvertrautes. Sie haben das Gefühl, sich die Bonner Politikwelt ganz neu erschließen, wenn nicht schaffen zu müssen. Aber sie sind sich auch sicher, für dieses erstarrte Bonn etwas ganz Neues zu sein.

Wer spricht? Was soll man sagen? Wo liegen die Schwerpunkte? Alles, was in 34 Jahren in Bonn gewachsen ist, wird noch einmal grundsätzlich in Frage gestellt. Jede Alltagsfrage wird zur Prinzipienfrage: Das Dilemma zwischen Basisdemokratie und Repräsentativsystem, zwischen imperativem Mandat hier und der festen Absicht da, Individualität und Spontaneität zu entfalten.

Eine gewisse Rangordnung hat sich, wie rasch zu spüren ist, schon eingependelt. Petra Kelly, Otto Schily und Marieluise Beck-Oberdorf bilden das Trio an der Spitze, in dieser Mischung ziemlich repräsentativ: Petra Kelly hält Fundamentalopposition für das eigentliche Lebenselexier der Grünen, Otto Schily möchte das Parlament ernster nehmen als die alteingesessenen Parlamentarier. Und Marieluise Beck-Oberdorf, mit ausgleichendem Temperament gewappnet, hat von beidem etwas. Daneben schließlich der Fraktionsgeschäftsführer Joschka Fischer, der auf nervös-intelligente Weise Ordnung in das Gewimmel zu bringen versucht, das er kürzlich noch einen »Psychokrieg aller gegen alle« genannt hat.

Nach den herkömmlichen Parlamentsbräuchen wäre Otto Schily prädestiniert, in der Stunde Null der Grünen in Bonn die alternative Wende, die neue Botschaft auf den Begriff zu bringen. Schily erweist sich als souveräner Kopf; er weiß, wovon er spricht, lässt das allerdings die anderen auch spüren. Nachdem ihn die *Süddeutsche Zeitung* am Vortag noch einmal als den Geeignetsten für die Debatte beschrieben hat, sitzt er jetzt zwischen den Feuern. Wo jeder nur »ich« sein soll, wo die Prominenten nicht mehr gelten sollen als die Unbekannten, wo der Stellvertreter-Politik abgeschworen wird, gerät Profil leicht zum Manko.

Er habe, verteidigt sich Schily, doch auch immer Petra Kelly in Schutz genommen, »wenn die Presse sie besonders herausgestellt hat«. Sie sei doch »ein Wert für uns«. Und er nehme auch für sich in Anspruch, »ein eigenes Profil zu haben«. »Otto Schily bleibt Otto Schily«, plädiert der Anwalt erregt in eigener Sache. Die Arbeit für die Grünen habe ihn viel Nerven gekostet.

Schily will nicht mehr reden. Petra Kelly und Marieluise Beck-Oberdorf wollen auch nicht. Wenn wir euch wählen, ruft einer dazwischen, ist das eure Pflicht. Joschka Fischer empfindet das alles als »recht bedrückend hier«.

Gespräch in der Kaffee-Pause mit Walter Schwenninger, Jahrgang 1942, Studienrat aus Tübingen: Ein bisschen, so fasst er seine Erfahrungen mit den ersten Gehversuchen der grünen Fraktion zusammen, habe er sich in Bonn daran erinnert gefühlt, wie sich seine Kinder verhalten, wenn sie ins Schullandheim kommen. Da sucht eben jeder für sich das beste Zimmer. So ist das auch bei der Raumvergabe für die Grünen gewesen.

Wie soll die Botschaft der Grünen im Parlament bloß lauten? Auch dabei holt sie ihr Grundproblem ein. Soll jeder Redner, voran Marieluise Beck-Oberdorf, nur Grundpositionen verkünden oder sind individuelle Meinungen erlaubt, wenn nicht erwünscht? Bloß keine »rigide Sache«, warnt ein Grüner. Grundsatz müsse sein: individuelles Sprechen, wenn auch auf Grund einer »von uns grob vorgezeichneten Linie«. Darauf verständigen sich die 28; die Hauptrednerin bittet, möglichst bald »nach Hause entlassen zu werden«, denn da oben im Hochhaus könne man keinen Gedanken fassen. Das leuchtet allen ein.

Das Spektrum der Meinungen ist breit gefächert: neben zwei Grundschulen, Ökonomen linker Herkunft und neuen Ökologen, bleibt Raum für Verschiedenes. Wer will, reitet sein Steckenpferd und nichts weiter. Neben politischen Köpfen finden sich andere voller Naivität.

Das alles spiegelt sich wider, als es um die Schwerpunkte für die Beiträge geht. Vorrang für die Friedenspolitik, drängt der Erste; Umweltpolitik, erwidert der Nächste; Frauenpolitik, wendet Waltraud Schoppe ein, »auch auf die Gefahr hin, dass ich enervierend wirke«; die Antisozialstaatspolitik Kohls aufspießen, regt der Vierte an; vergesst mir die Kleinbauern nicht, warnt der Fünfte; und wo bleibt die Dritte Welt, fragt Schwenninger. »Das geht hier ja zu wie im Kabinett«, seufzt Joschka Fischer. »Also noch einmal der Reihe nach, bitte.«

29. APRIL

In den Büros der grünen Abgeordneten im 5. Stock kursieren unzählige Witze über »Nachrücker«. Der Fundus ist unerschöpflich. Bisher ist noch niemandem so recht klar, wer vier Jahre in Bonn bleiben soll und will oder wer – entsprechend dem Rotationsprinzip – nach zwei Jahren ausgetauscht wird, um dann seinem Nachfolger als Mitarbeiter zur Seite zu stehen. Manche würden, wenn sie nicht mehr Abgeordnete sind, den Anspruch auf den Arbeitsplatz verlieren. Außerdem gibt es da in Zukunft so etwas wie zwei Klassen: Abgeordnete, die ihr Mandat vier Jahre ausüben dürfen und andere, die es nach zwei Jahren abtreten müssen?

2. MAI

Bei den Grünen rumort es. Offenkundig fürchten einige Mitglieder aus dem Vorstand, die Abgeordneten – von TV-Kameras umschwärmt – könnten ihnen die Schau stehlen. So rufen sie gegen die Parlamentarier die Basis an, wer immer das ist. Was die Inhalte der Politik betrifft, wünsche die Basis mehr Kontrolle, behauptet die Spitze. Und vor allem fände die Basis, die Abgeordneten bedächten sich zu großzügig mit Diäten, obwohl doch festgesetzt worden sei, dass sie nicht mehr Geld als ein Facharbeiter, 1950 Mark netto im Monat, erhalten. Das Misstrauen gegen »die da oben« in Bonn, kaum dass sie eingetroffen sind, ist schrecklich groß.

3. MAI

Waltraud Schoppe, Jahrgang 1942, Referendarin aus Niedersachsen, erläutert ihrer Fraktion, was sie im Parlament sagen will. Sie knüpft an den Streit darüber an, ob die Abtreibung in sozialer Notlage künftig noch von den Kassen bezahlt werden soll. Aber sie weitet das Thema noch aus. Penetration, erklärt Waltraud Schoppe nämlich, sei die Wurzel der Unterdrückung von Frauen und der Ursprung der patriarchalischen Kleinfamilie. Schließlich fänden die meisten Vergewaltigungen in der Ehe statt.

Da regt sich zumal bei den Frauen starker Widerstand. Alle elf, die der Fraktion angehören, sind ohnehin sehr engagiert. Sexualität, argumentiert eine von ihnen, sei zwar ein Ausdruck von Machtverhältnissen, aber nicht der Ursprung politischer Herrschaft. Frauen, die in der Fabrik arbeiten oder zu Hause am Kochtopf die Debatte verfolgten, »würden dich auslachen und sich verarscht fühlen«. Bei so radikalen Minderheitspositionen fielen die Frauen, »die unter der Situation am meisten zu leiden haben, durch das Raster«. Er halte es nicht für schlecht, wenn »so was« mal im Plenum gesagt werde, mischt Joschka Fischer sich ein. Politisch wäre er mit einem solchen Beitrag solidarisch, »aber inhaltlich nicht«.

Sind die Grünen denn eine Partei der Minderheiten? Auch diese Frage wird ganz unterschiedlich beantwortet. Die einen plädieren leidenschaftlich dafür, sie fühlen sich selber als Minderheit. Die anderen möchten Mehrheiten suchen, übrigens auch in den Reihen der Wählerschaft von CDU und SPD.

Oder wollen sich die Grünen »konservativ« nennen? Das Pro und Contra wiederholt sich. Diese Debatte hat – von Erhard Eppler angestoßen – auch die SPD durchgemacht, sie ist bei den Grünen noch lange nicht beendet. Einige hätten auch gegen ein solches Etikett nichts einzuwenden; andere, Linke wie Jürgen Reents, Jahrgang 1949, Journalist aus Hamburg, wenden sich strikt dagegen – wenn sie nicht ohnehin eine linke Fraktion in der Fraktion bilden möchten, was man auch anderswo schon erlebt hat.

Wollen sie zum Beispiel eine grundsätzlich andere Umweltpolitik oder sollen sie die etablierten Parteien nur anklagen, weil sie nicht halten, was sie versprechen? Wolfgang Ehmke, Jahrgang 1946, Landesbeamter aus Ettlingen, plädiert für moderate Töne. Gert Jannsen, Jahrgang 1939, Geographie-Professor aus Oldenburg, widerspricht: Nicht die Gesetze seien falsch, vielmehr handele es sich um eine »Sache des Systems«.

Wie soll man sich schließlich im Parlament verhalten? Willi Hoss – Jahrgang 1929, Schweißer aus Stuttgart, ein souveräner ruhiger Kopf, um den manche Sozialdemokraten heute die Grünen beneiden – erinnert an Herbert Wehner: Der habe immer im Bundestag gesessen und auch immer zugehört. In Bonn hätten die Grünen nun mal eine bestimmte Funktion – »dazu gehört, dass wir das Spiel mitmachen, sozusagen«.

Präsenz und gut zuhören – das soll eine Grundregel werden. Dabei geht die Warnung von Eckhard Stratmann, Jahrgang 1948, Studienrat aus Bochum, leider ein bisschen unter: Den »Radikalismus des Aussitzens« halte man »drei Stunden aus, aber nicht zwei Jahre«.

4. MAI

Ruhig und moderat, aber auch zielstrebig und pointiert spricht Marieluise Beck-Oberdorf, Jahrgang 1952, Lehrerin aus Pforzheim, im Bundestag. Die Grünen haben sie mit knapper Mehrheit als Hauptrednerin gewählt, Otto Schily ist unterlegen. Tragende Elemente der Politik der Grünen seien Gewaltfreiheit, Toleranz und Sanftheit, erläutert sie. In groben Zügen beschreibt Frau Beck-Oberdorf die Wende, wie sie von Grünen gewünscht würde. In »praktisch jeder politischen Frage« befänden sie sich im inhaltlichen Gegensatz zur Regierung Kohl.

Die CDU lacht und spottet, vor allem, als sie Helmut Kohl einen »Kanzler des Misstrauens« nennt. Die SPD hört zu, einige Abgeordnete spenden gelegentlich zaghaft Applaus. Horst Ehmke nennt den Beitrag »nachdenkens- und diskussionswert«, ein vorsichtiges Urteil, das der Union aber viel zu weit geht.

Überraschend schnell pendeln sich neue Konstellationen im Bundestag ein. Im Parlament sitzen zwei recht muntere Oppositionsparteien. Die einen argumentieren ein bisschen radikaler als die anderen und sprechen öfter von Moral, was allerdings auch nicht frei von Selbstgefälligkeit bleibt. Die anderen stellen sich gelegentlich schützend vor die 28, grenzen sich hier und da ab, blicken aber, zu ihrer eigenen Überraschung, weniger fixiert auf die grüne Konkurrenz als gedacht.

Jochen Vogels Rede finden die Grünen bemerkenswert. Da müsse sich »Marie-Luise aber anstrengen«. Selbst Hans Apels Auftritt finden sie gut. Manches von dem, was Sozialdemokraten vortragen, würden sie glatt unterschreiben, wenn man die SPD »an ihren Worten messen könnte«.

Ein bisschen verdutzt nehmen Grüne zur Kenntnis, dass es die Welt, die sie neu schaffen wollten, auch in den Köpfen anderer gelegentlich schon gibt. Sie sind ehrlich genug, das einzuräumen. Schon sorgt sich ein grüner Newcomer in der Lobby, was denn da auf Dauer von den Neuen noch übrig bleibe. Werden die Leute nach vier Jahren noch wissen, wer das Erstgeburtsrecht auf so manche politische Position hat?

5. MAI

Hubert Kleinert, Jahrgang 1954, wissenschaftlicher Mitarbeiter aus Marburg, attackiert die Wirtschaftspolitik der Union scharf genug, um Gerhard Stoltenberg zu ungewöhnlich rüden Reaktionen zu verleiten. Gelächter in der Union löst Waltraud Schoppe aus. Unerbittlich prangert sie den alltäglichen Sexismus auch in der Politik und die Einheitsmoral in der Gesellschaft an, »was dazu geführt hat, dass sich Menschen abends hinlegen und eine Einheitsübung vollführen«. Das ist für das Parlament nun wirklich neu.

Joschka Fischer, Jahrgang 1948, Buchhändler aus Frankfurt, hat es geradezu darauf angelegt, die Union zu provozieren. Mit Erfolg. Als Waldläufer, spottet er, verstehe man vom Wald, der kaputt geht, zumindest mehr als der Innenminister. Was die Union Ausländerintegration nennt, nennt Fischer »Vertreibungspolitik«.

Einerseits, bilanziert hinterher einer der Grünen, wäre es ihm lieber gewesen, Joschka Fischer hätte weniger polemisiert und mehr zur Sache geredet. Das Bonner Schimpfritual hätten sie doch nicht mitmachen wollen. Andererseits habe der Joschka eben die Tatsache genutzt, dass es »hier in Bonn auf Medienwirksamkeit ankommt«. Und eigentlich komme das Showelement den Interessen der Grünen entgegen.

6. MAI

Wie empfinden sie nun Bonn nach der ersten großen Redeschlacht? Bei manchen Neulingen hat die Hauptstadt offensichtlich eine Art Kulturschock ausgelöst. Das Bonner Regierungsviertel finden alle schrecklich störend. Und das Parlament? Manchmal, meint Sabine Bard, Jahrgang 1946, Tierärztin aus Aichach, die sich in Bonn ganz besonders der Praxis der Tierversuche widmen will, erscheine es ihr, als seien ihre Freunde die einzigen im Parlament, die »wirklich leben«. »Spricht der live?« hat ein Grüner seinen Nachbarn während Kohls Regierungserklärung gefragt.

Sie habe immer gedacht, resümiert eine Grüne, die Journalisten pflückten sich in ihren Bonner Berichten einfach ein paar Früchte vom üppigen Baum – eben das, was sie gerade für wichtig halten. Aber falsch, sie picken sich nur das Bemerkenswerteste heraus. »Der Rest ist noch platter.«

Willi Hoss urteilt differenziert. Er stöhnt über manches Kleinkarierte in den eigenen Reihen. Auch da gäbe es noch alte Gewohnheiten. Schon verschanzten sich manche Abgeordnete hinter Mitarbeitern und Vorzimmerdamen. In Bonn »gewinnt man aber auch«, urteilt er; ein Bonner möchte er allerdings keinesfalls werden. Mit seiner Werksleitung hat Hoss ausgehandelt, dass er drei bis vier Tage im Monat dort nebenher weiter als Schlosser arbeiten kann.

Hier könne man »unmöglich 12 Stunden denken«, seufzt Marieluise Beck-Oberdorf vor der Tür des Plenarsaals. Mit der ersten Parlamentswoche der Grünen ist sie zufrieden. Das Parlament sei noch ein bisschen niveauloser als sie gedacht hatte. Was die Heterogenität der 28 Grünen beträfe, so würden die Erfahrungen im Bundestag »gewiss zusammenschweißen«. Und was aus dem Rotationsprinzip wird? Zuerst war sie skeptisch, aber heute vermutet sie, »Rotation, das ist ein Segen«.

NICHTS WIE WEG MIT DEN PLATZHIRSCHEN

DIE ZEIT 13.04.1984
Margrit Gerste

Neue Führungsmannschaft der Grünen – Der Coup der listigen Frauen erregt Wut, Neid und heimliche Bewunderung

—

Wäre in Bonn eine richtige Regierungskrise ausgebrochen – es hätte am Tag danach auch nicht heftiger gerauscht im Blätterwald. Nur Köpcke, der »Tagesschau«-Sprecher, hätte nicht schmunzeln dürfen, öffentlich-rechtlicher Ernst wäre vonnöten gewesen. Doch die Nachricht lautet: In Bonn haben die Grünen eine neue Führungsmannschaft gewählt, lauter Frauen! Weggefegt wurden die »Platzhirsche« und Politprofis, die grünen Identifikationsfiguren, die ihrer Partei im ersten Jahr auf Bonner Bühne Profil und Anerkennung verschafft haben: Otto Schily, Staatsmann und scharfsinniger Frager im Flick-Ausschuss, Joschka Fischer, Vollblutpolitiker und flinker Formulierer, und Petra Kelly, die heilige Johanna der Grünen.

Typisch grüner Kinderkram oder eine kleine Kulturrevolution, gar der Anfang vom Ende des Patriarchats? Grünes Elend oder grüner Elan? Eine lupenreine Basisentscheidung jedenfalls war es nicht gerade, wie sie die sechs Frauen in den Funktionärsstand hoben. Das Wort vom »Coup der listigen Frauen« (Süddeutsche Zeitung) trifft die Ereignisse der vergangenen Woche besser.

Sechs Stunden hatte die Fraktion samt Nachrückern und Mitarbeitern über die Arbeit der alten Sprecherriege gestritten. »Basokraten und Politprofis gingen aufeinander los«, berichtete Joschka Fischer. »Es gab da keinen Kompromiss in der Sache, der sich auch personell hätte ausdrücken können. In diesem Moment kam die unpolitische Lösung. Kontroversen spielten plötzlich keine Rolle mehr. Es ging nicht mehr um Basisdemokratie versus Realpolitik. Es ging nur noch darum, dass Frauen unterdrückt sind und Männer Scheiße.«

Joschka Fischer, der interessanteste Kopf der Bonner Grünen, ist sauer auf seine Geschlechtsgenossen, die lammfromm die Frauenliste abgesegnet haben: »Da rauschten die Bärte, nickten die Häupter«, höhnt er, »dabei sind das dieselben Säcke wie unsereins.« Herren der Lage waren die

Männer gewiss nicht, sie handelten nach dem Motto: Wir wählen die jetzt, sonst haben wir überhaupt keine Sprecher. So kamen die sechs Frauen zu nächtlicher Stunde in Amt und Würden. Der Coup war gelungen, weil die Frauen vorausgedacht hatten und eine Alternative präsentieren konnten – sich selber.

Die sanft-freundliche Theologin Antje Vollmer, eine der sechs Siegerinnen, als Agrarexpertin nicht nur von den Grünen hochgeschätzt, interpretiert die siegreiche Strategie des »Weiberrats« versöhnlich: »Ich sehe uns mehr wie den Rat der Indianerinnen, die in kritischer Situation praktische Vernunft in der Kunst des Überlebens beweisen.« Kurz und bündig befindet sie: »Wir sind so aktivistisch wie nachdenklich.«

Das trifft auch auf ihre Kollegin Waltraud Schoppe zu, der Joschka Fischer immerhin Ebenbürtigkeit bescheinigt: »Sie hat ihren Emanzipationsprozess abgeschlossen.« Sie stört im Ausschuss für Familie, Jugend und Gesundheit Heiner Geißlers heile Frauenwelt; in ihrer ersten Bundestagsrede forderte sie, »den alltäglichen Sexismus hier im Parlament einzustellen«. Das Gelächter war groß und ignorant.

Feministische Politik – das ist für sie mehr als bloß »Frauenfragen«: »Es gibt keine Trennung von Frauen- und anderen Themen. Eine Feministin muss heute auch ökologische Standpunkte vertreten.« Rentnerinnen und Hausfrauen mit Kindern, sogar katholische Familienverbände will sie nicht kampflos den Konservativen überlassen, die Bedenken zum Paragraphen 218 ernst nehmen: »Weg mit dem 218, das sagen ja die Männer auch, das ist für sie auch eine sehr einfache Lösung, wenn eine Frau schwanger wird und sie hat kein Problem damit abzutreiben. Ich mag diese einfachen Lösungen nicht. Man muss doch fragen, warum werden Frauen so oft gegen ihren Willen schwanger?«

Politik muss zusammen mit den Männern gemacht werden, das weiß sie, auch wenn sie ihre Fehler haben. »Der Otto (Schily) ist ein Patriarch, aber ein kluger Mann, den ich sehr schätze.«

Antje Vollmer und Waltraud Schoppe, der Studienreferendarin aus dem Niedersächsischen, ist öffentliche Anerkennung am ehesten zuzutrauen. Gelingt es ihnen, dann freilich ernten sie, was auch schon die alte »Prominenz« erfahren hat: Prügel von der Basis. Waltraud Schoppe lässt denn schon vorsorglich durchblicken, dass auch Frauen in der grünen Politik keine Prinzipienreiter sind: »Ich bin zwar auch gegen Hierarchie, aber nicht gegen herausgehobene Repräsentanten. Schon die Art, wie die Presse arbeitet, macht das unmöglich. Wenn wir's verhindern, werden wir unauffällig.«

Durchaus nicht alle sind einer Meinung. Heidemarie Dann, 34-jährige Diplom-Pädagogin, hat gerade das Gegenteil gesagt. Wo Waltraud Schoppe fordert, künftig die heiß umstrittenen politischen Fragen auszukämpfen und bis zum Herbst eine »homogene und durchdachte Position zum Verhältnis Grüne-SPD zu formulieren«, da möchte Annemarie Borgman, Lehrerin aus Wuppertal und Nachrückerin, doch »mehr diplomatisch integrierend wirken und das Konstruktive nach außen sichtbar machen«. Antje Vollmer will vor allem Gerechtigkeit walten lassen und keine Gruppierung in der Fraktion bevorzugen. Ihr Lernsatz für die Zukunft heißt: »Wir müssen auf ein Stück Macht verzichten, wo wir sie haben könnten.«

Sie findet Rotation »lästig«, ja »Unsinn«, während Erika Hickel, redselige Professorin für die Geschichte der Naturwissenschaft an der TH

12.02.1984: Die Fraktionssprecherinnen der Grünen im Bundestag: Heidemarie Dann, Annemarie Borgmann, Antje Vollmer, Erika Hickel, Waltraud Schoppe und Christa Nickels (von links) posieren vor dem Bundesadler im Parlament.

Braunschweig, als einzige in der Runde noch ganz entschieden dafür eintritt: »Das kann man hier in Bonn doch nur zwei Jahre aushalten.«

Die prominenteste Frau fühlt sich ausgebootet. Petra Kelly wusste nichts von dem geplanten »kleinen Putsch« und ist betroffen: Sie, die selber so sehr unter dem »Männerdruck« gelitten hat, fühlt sich »wie ein Mann behandelt«. Die Idee, dass nur Frauen die Fraktion führen, gefällt ihr, die grüne Partei versteht sie auch als feministische Partei. »Aber wie das gelaufen ist, das war Männerstil und die Blockwahl ein Männertrick.«

Ergebnis politischer Aufklärung war es jedenfalls nicht, das räumen alle ein: »Auch die Grünen sind eine patriarchalische Partei, aber sie wissen es wenigstens und sind bereit, es zu ändern.« Die unzähligen Glückwunschtelegramme, Briefe, Anrufe geben Rückenwind. Listig fügt Waltraud Schoppe hinzu: »Wir vertrauen auch auf die Männer. Sie werden doch hoffentlich weiterhin ihre brillanten Reden halten, sobald sie aus ihrer Schmollecke heraus sind.«

Die Grünen als Vortrupp nun auch in der »Frauenfrage«, nachdem ihnen schon in der Ökologie und der Friedensdiskussion die SPD mit hängender Zunge nachlaufen musste? Tun sie wieder mal als erste, wovon andere nur reden? Peter Glotz, der Überflieger der Sozialdemokraten, schrieb in seinem neuen Buch – den Genossinnen müssen die Augen übergehen, seine Frau fragte ihn ungläubig: Meinst du das wirklich? –, die Frauenfrage sei eine der Schlüsselfragen des nächsten Jahrzehnts. Er prophezeit sogar den »endgültigen Zusammenbruch des Patriarchalismus« – und das sei ein peinlicher Prozess für die Rechte wie für die Linke, weil beide keine Antwort hätten.

In Wirklichkeit hinkt die Bonner Republik noch hinter Weimar zurück. Im Jahre 1919 gab es mehr weibliche Abgeordnete als heute. Und die Frauen in den etablierten Parteien haben, so sehr sie das ärgert, nichts dagegen ausrichten können. Entsprechend gemischt ist das Echo der leidgeprüften Schwestern. Ingrid Matthäus-Maier: »Es ist frustrierend und faszinierend zugleich, wie die Grünen mit solchen Mätzchen auf sich aufmerksam machen. Aber so geht es nicht.« Heide Simonis beneidet immerhin die Chuzpe: »Das würden wir nie hinkriegen. Aber wenn nun irgendetwas schief geht, sind die Frauen schuld.« Die Politologie-Professorin Ursula Männle von der CSU: »Prima, spannend, interessant.« Sie fürchtet ein bisschen die »gesteigerte Abwehrhaltung unserer Männer«. Ganz ohne Einschränkungen freut sich Hildegard Hamm-Brücher: »Ein ausgezeichnetes Signal, ich will gerne helfen.« Sie erinnert sich an ihre Zeit als Fraktionsvorsitzende in München: »Diese wahnsinnigen Machtrivalitäten und Hahnenkämpfe, es war verdammt schwer.«

Und darüber hinaus? Nehmen wir – nein, nicht Alice Schwarzer, sondern Max Weber zur Hilfe, um es zu würdigen. Den Beruf zur Politik verstand er nicht nur als »starkes langsames Bohren von harten Brettern«, sondern auch so: »Es ist ja durchaus richtig, und alle geschichtliche Erfahrung bestätigt es, dass man das Mögliche nicht erreichte, wenn nicht immer wieder in der Welt nach dem Unmöglichen gegriffen worden wäre.« Und er spricht von jenen, die »sich wappnen müssen mit jener Festigkeit des Herzens, die auch dem Scheitern aller Hoffnungen gewachsen ist …«

ZWISCHEN BONN UND NEW YORK

ZEITmagazin 24.05.1985
Petra K. Kelly

Wenn ich Tagebuch schriebe...

Bonn. Sie kamen heute zu uns in den Auswärtigen Ausschuss mit weichen, sanften Stimmen. General Abrahamson, Direktor des SDI-Projekts, und der Diplomat Bob Dean. Sie trugen schwarze Aktenköfferchen voller Dias und Grafiken zum »Star Wars«-Programm und waren gekommen, um uns zu überzeugen, dass Schutz vor Atomangriffen technisch möglich sei. Ich hörte ihnen zu und hielt meinen Atem an, als die weichen Stimmen von den glücklichen Mitarbeitern erzählten, die dieses wahnwitzige Rüstungsvorhaben im Weltraum »so freudig unterstützen, weil sie sich um die Zukunft ihrer Kinder sorgen«. Welche Vergötzung der Technik. Ich tauschte traurige Blicke mit Frau Hamm-Brücher, die mir gegenübersaß. Wir verstanden uns auch ohne Worte. Diese abscheuliche Verherrlichung des technisch Möglichen! Sie verstellt den Blick auf das schon vorhandene Massenvernichtungspotenzial und soll, wie die weichen Stimmen, die Kontrollierbarkeit der Atomwaffen suggerieren.

Hat nicht Albert Einstein einmal angemerkt, der Umgang mit Atomwaffen erfordere einen radikalen Bruch mit dem herkömmlichen Denken? Hier jedenfalls ist davon nichts zu spüren.

Meine Gedanken wandern zu Liz McAlister, Ann Montgomery, Carl Rabat und vielen anderen aus der amerikanischen »Schwerter zu Pflugscharen«-Bewegung, die zu langjähriger Haft verurteilt sind, weil sie in Atomwaffenlager und Rüstungsfabriken eingedrungen waren und Atomwaffen symbolisch beschädigt hatten. Eine von ihnen, Helen Woodson, Mutter von sieben Kindern, schrieb uns unlängst, »wenn die wahren Kriminellen frei herumlaufen, dann ist der einzig ehrenhafte Platz für einen anständigen Menschen das Gefängnis!« Die weichen Stimmen waren längst beim Geld angekommen, das der Schild im Weltraum erfordern wird. Von 26 Milliarden US-Dollar bis 1989 war die Rede, und von Kürzungen ziviler Programme um zunächst 40 Milliarden Dollar. Glatter Wahnsinn das alles. Wie gut, dass in meinem Büro andere sinnvolle Arbeit auf mich wartete. Arbeit für und nicht gegen Menschen.

New York, vormittags: Ich bin mit Gert Bastian auf dem Weg zur UNO, der Morgen ist sonnig und der Himmel sogar über dieser Riesenstadt blau. Wir machen schnell noch einen Abstecher zum »Schwerter zu Pflugscharen«-Denkmal, Geschenk der Sowjets an die UNO und zugleich verbotenes Symbol der Friedensfreunde in der DDR. Eine Postkarte davon hatte ich Erich Honecker bei unserem Besuch im November '83 geschenkt. Wir müssen uns beeilen, um zwölf Uhr soll ich vor den Schülerinnen und Schülern der internationalen UNO-Schule über Pflichten und Rechte der Jugend sprechen. In meiner Tasche habe ich auch die Übersetzung eines Briefes, den DDR-Jugendliche anlässlich des internationalen Jahres der Jugend an Erich Honecker geschrieben hatten. Ich will mit ihm beginnen, bevor ich über das Recht auf totale Kriegsdienstverweigerung als selbstverständliches Menschenrecht spreche.

Als ich in den Saal komme, habe ich Lampenfieber. Dann stehe ich hinter dem Rednerpult der »General Assembly« und sehe die erwartungsvollen Gesichter so vieler Jugendlicher aus aller Welt vor mir. Das Pult ist viel zu hoch, viel zu massiv, männergerecht. Wie oft sprechen dort eigentlich Frauen, denke ich noch, dann habe ich das Wort und lese den Brief der DDR-Jugend vor. Viele verstehen seine Botschaft und applaudieren; meine Nervosität ist wie weggeblasen, und ich spreche immer freier. Danach eine Stunde harter Fragen. Ich bin erstaunt, wie gut die Frager informiert sind, auch über Erfolge/Misserfolge, Programme und Krisen der Grünen.

New York, nachmittags: Gert Bastian und ich sind von Freundinnen und Freunden der »War Resisters League« gebeten worden, um 15 Uhr an einer Protestkundgebung vor dem südafrikanischen Konsulat in der Park Avenue teilzunehmen. Als wir hinkommen, sind schon viele Apartheid-Gegner, darunter liebe Freunde aus vergangenen Studienjahren und von früheren Amerika-Reisen, versammelt. Wir werden begrüßt, umarmt; es tut gut, mitten in New York unter Verbündeten zu sein. Gesang kommt auf, Alan Ginsberg, der alternative Dichter, liest Gedichte vor, die von unterdrückten Brüdern und Schwestern in Südafrika handeln. Einige formieren eine »Picket line«. Die Polizisten, darunter mehrere Frauen, schauen gelangweilt zu. Dann wird die Entscheidung getroffen, den Eingang des Konsulats zu blockieren und sich widerstandslos festnehmen zu lassen. Uns beeindruckt die Sorgfalt, mit der diese gewaltfreie Aktion vorbereitet wird, und die ruhige Gelassenheit der Menschen um uns. Dann setzen wir uns, ungefähr 60 Frauen und Männer, vor den Eingang des Konsulats, und ich denke an Mutlangen, Bitburg und Bonn. Die Bilder gleichen sich. Shall we overcome? Wir singen »Stop Apartheid, free South Africa« zum Takt einer Trommel, und mir kommt die unbeugsame Winnie Mandela in den Sinn. Einige tragen Bilder von ihr; sie personifiziert den schwarzen Befreiungskampf; ihre Leidensgeschichte steht stellvertretend für so viel Leid, Unrecht und Gewalt. »Die Zukunft Südafrikas wird multirassisch sein, für diese Vision gebe ich mein Leben«, hat Winnie Mandela gesagt.

Nach einer knappen Stunde werden wir dann von der Polizei, die ohne Hektik agiert, festgenommen und zum 14. Polizeirevier gebracht. Steckbriefe, ein Kaffeeautomat, ein paar Stühle. Die Welt ist auch in der »neuen Welt« klein. Entdecken wir doch plötzlich unter den Festgenommen Grace Paley, Pazifistin und Feministin, die seit vielen Jahren für ihre Ideen kämpft, und Emile de Antonio, Regisseur des Films *King of Prussia* (über die Brüder Berrigan) und andere Freunde. Es war fast wie ein Familientreffen. Alles Menschen, die sich leidenschaftlich für den inneren und äußeren Frieden einsetzen. Ich war sehr glücklich, in einem New Yorker Polizeirevier unter ihnen sein zu dürfen.

DER FUNDAMENTALIST

DIE ZEIT 05.12.1986
Margrit Gerste

Flink und verletzend: Thomas Ebermann, Hamburgs grüner Rebell

———

Thomas Ebermann hält nichts von »Hessen«. Klassische Juso-Politik sei das – die Grünen: verblasst zum nörgelnden Juniorpartner der Sozialdemokraten; ein grüner Minister: deplatziert wie »der Papst am Schlagzeug oder Karajan an der Rock-Gitarre«.

Einen aufgeklärten Fundamentalisten mit Leninmütze nennt seinerseits Joschka Fischer den Hamburger Thomas Ebermann, denn auch er beherrscht die Kunst, flink und verletzend zu formulieren, eine Kunst, die unsereins durch häufiges Zitieren lustvoll würdigt. Eine Kunst, die Thomas Ebermann glänzend beherrscht, gezielt einsetzt – und »absolut unemanzipatorisch« findet.

Mütze oder Mitra – um im Bild zu bleiben: Im Moment ist klar, unter welchem Hut ein Grüner angezogener wirkt. Fischer steckt tief im Dreck, die Wirklichkeit entsorgt das Prinzip Realpolitik von grünen Positionen, während Ebermann behaupten kann: »Halsstarrige, rebellische Politik lohnt sich«, auch eine Frauenliste, der Hamburger Erfolg der GAL beweist es.

Ebermann/Hamburg und Fischer/Hessen bilden zwei Pole, die kraftvoll am grünen Bündnis zerren – und es zusammenhalten, beide auf intellektuell und politisch hohem Niveau, das den Alltag, wie er zum Beispiel gerade mit dem Bösewicht Kronzeuge zelebriert wurde, immer wieder schön blamiert. Der »Fundamentalist« und der »Realpolitiker« (Träumer und Phantast sind sie sich selber gern wechselseitig) – man kann sie so nennen, misst aber damit nicht unbedingt ihren Realitätssinn für gesellschaftliche Kräfteverhältnisse und die SPD.

Thomas Ebermann, 35 Jahre alt, war der erste Fraktionsvorsitzende der GAL. Angesichts der »Hamburger Verhältnisse«, erster Teil, verhandelte er mit Klaus von Dohnanyi über eine Tolerierung. Es war eine »Annäherung im Tiefkühlfach«, wie der GALier sagte, sie endete mit Neuwahlen, absoluter Mehrheit der SPD, die GAL in der Opposition. Die Bürgerschaft war plötzlich attraktiv, die GAL gut, fleißig und erfolgreich, und neben der allseits bewunderten Thea Bock, die die Giftküche Böhringer schloss, ein »Star« entdeckt.

19.12.1982: Der Sprecher der Grün-Alternativen Liste, Thomas Ebermann, dessen Partei acht Sitze errang, bahnt sich am Abend der Bürgerschaftswahl in Hamburg seinen Weg zu den Mikrofonen.

Thomas Ebermann – »eines der auffälligsten jungen Talente«, schrieb die FAZ widerwillig, und der Chefreporter der Süddeutschen Zeitung geriet mächtig ins Schwärmen über die »politische Naturbegabung: Sprühende Intelligenz geht von ihm aus, Zähigkeit, Sachkompetenz, Lässigkeit, Humor, kraftvolle Wärme. Er und die Seinen haben im Verlauf von einem halben Jahr durch Protest mehr in Bewegung gebracht als der linke Flügel der Hamburger SPD in Jahrzehnten.« Das können wir so stehen lassen.

Ein Linker aber, der sich Marxist nennt und obendrein eine kommunistische Vergangenheit hat, der gezielt, kenntnisreich und rhetorisch glänzend provozieren kann, hat auch seine Hasser. Hausbesetzer! Denkmalschänder! Nach seiner ätzenden Rede auf den Hamburger Ehrenbürger Helmut Schmidt erfuhr er, »wie viele Leute dran Freude haben, einem zu schildern, wie man umgebracht wird. Die legen dann ziemlichen Wert darauf, dass der Pfahl, den sie einem in die Därme rammen, unangespitzt sein wird.«

Was ihm mühelos gelingt: die Langeweile, das Verhärmte aus der Politik zu vertreiben und den mediengerechten Akteur darzustellen. Doch diese Mischung aus Enfant terrible und freundlich-gemütlich mit schönster Hamburger Sprachfärbung – er findet sie auch »schal«. »Viel schöner ist natürlich richtige Politik. Zum Beispiel auf der Werft reden zu dürfen. Denn jeder weiß: Wenn man mehr Politik gestalten will als ich hier im Parlament, dann muss man, um das klassisch auszudrücken, eine mächtige Strömung unter den Werktätigen und in den Gewerkschaften vertreten. Mit Milieu und so was wird man nur einzelne Vorstöße machen können.«

Für Ebermann ist »zentral wichtig, ob es der SPD gelingt, ihre Hegemonie über Gewerkschaften und das, was man Arbeiterbewegung nennt, zu behalten; oder ob wir in einem Jahrzehnt vielleicht auf jedem Gewerkschaftstag, in ganz vielen Betrieben mit unserer Auffassung von Umweltpolitik, von Wirtschaftspolitik auch vertreten sind«. Durchaus möglich, dass bei näherem Hinsehen ein Typ wie Thomas Ebermann der realen Arbeits- und Arbeitslosenwelt vertrauter ist als mancher Nadelstreifen mit sozialdemokratischer Definitionsmacht. Er stammt aus einer Arbeiterfamilie und war selber, nach der mittleren Reife, Arbeiter. Die Dohnanyis, die Glotz' sind ihm fremd. Auch ihre Probleme, wie er sie sieht: Der Hamburger Bürgermeister »denkt, dass er von Nieten umzingelt ist, und dass das 'n schweres Los für die Handvoll real existierender Elite ist, mit soviel Deppen Politik machen zu müssen«. Und wenn er Peter Glotz' Ambition etwas eigenwillig auf die Frage verkürzt, »wer macht den modernen Kapitalfraktionen die besten Akkumulationsbedingungen zurecht?«, dann verlässt ihn schon fast jede Freundlichkeit beim Gedanken an die SPD; an eine Partei, die den »Sozialismus nur bei florierendem Kapitalismus für finanzierbar hält«, wie er einmal spottete.

Nein, der Öko-Spezialist sieht »im Moment keinen gesellschaftlichen Block, der mehrheitsfähig ist und relevante Teile grüner Politik vertritt. Ich kann nur in der Gesellschaft dafür werben«, und »unter diesen Bedingungen Opposition sein, nicht aus Selbstzweck, nicht wegen der Reinheit der Lehre – also damit habe ich nichts zu tun. Wenn sich Kompromisse lohnen, muss man sie eingehen, sonst muss man nicht Politik machen.«

Das will er und noch mehr: »Ich würde mir wünschen«, sagt der Prolet, der auch ein Intellektueller geworden ist (»Frankfurter Schule zu lesen, wenn man so was wie Abitur und Uni nicht gehabt hat, ist was Qualvolles, was total Ärgerliches, wie schwer und kompliziert die schreiben«), »ich würde mir wünschen, dass auch bei den Grünen die Lust an Theorie wächst, weil zu viele Fragen zu populistisch abgehakt werden. Zum Beispiel die Frage nach dem staatlichen Gewaltmonopol.«

Mit dem Ebermannschen Antityp Otto Schily hat Ebermann in *Konkret* darüber gestritten. »Darauf lastet ja wirklich hochinteressantes Gedankengut, das sowohl abzulehnen als auch zu befürworten ... Und so eine Frage muss befreit werden aus der wahlpolitischen Opportunität: Bringt uns das was, wenn wir da unseren Diener machen? Und auch aus der rebellischen Geste: ich, diesen Staat anerkennen? Ich doch nicht.« Solche Ambition macht aber leider nur Ärger, sie schlägt als Skandal auf ihn zurück: »Ebermann ist nicht eindeutig gegen Gewalt – damit ist das Thema tot.« Und Grüne machen ängstlich »eine Formel draus: Wir sind für das staatliche Gewaltmonopol, aber es darf nicht missbraucht werden, und ziviler Ungehorsam ist kein Verstoß dagegen. Und denn ist alles verunklart«, sagt Thomas Ebermann mit einem kleinen Anflug von Verzweiflung, »denn is' es nur noch dumm. Ich brauch nicht mehr zu denken, mach Politik aus dem Handgelenk und muss kein Buch mehr lesen.«

Sollten die Grünen wieder in den Bundestag gewählt werden, dann wird auch Thomas Ebermann dabei sein. Er muss sich bestimmt nicht sorgen, in einer überwiegend »realpolitischen« Fraktion überhört zu werden. Und wenn er mal die Politik für einen Moment vergisst, dann beschäftigt ihn mit Blick auf Bonn sorgenvoll die Frage: Wo ist die nächste Trabrennbahn, und wie krieg ich ein Pferd mit runter? Mit vielen grünen Freunden zusammen ist Thomas Ebermann liebevoller Rennpferdbesitzer. Wer nun überhaupt nicht mehr versteht, wie das alles zusammenpasst, dem sei aus tiefster Kenntnis der Traberszene versichert: Es ist ein ziemlich proletarischer Sport.

EIN GREENHORN IM PARLAMENT

ZEITmagazin 21.04.1989
Christiane Grefe und Eckard Jonalik (Fotos)

Die grüne Abgeordnete Marie-Luise Schmidt ist vor kurzem in den Bundestag eingezogen. Ihre erste Arbeitswoche im ungewohnten Milieu

MONTAG

Wir wollen es nicht verschweigen: Beinahe hätte es der Hamburger Landeswahlleiter – ein bisschen peinlicherweise – gar nicht rechtzeitig erfahren, dass Marie-Luise Schmidt ihr Bundestagsmandat heute tatsächlich annehmen will. Mit dieser Erklärung, abzuliefern am Tage des Amtsantritts, hat sie nämlich einen Freund in Hamburg betraut. Doch während Marie in Bonn bereits ihren zahlreichen Terminverpflichtungen nachkommt, dreht sich vierhundert Kilometer entfernt in der gemeinsamen Wohngemeinschaft ihre bevollmächtigte Vertrauensperson noch mal gemütlich auf die andere Seite und schläft, statt offiziell tätig zu werden, ausgiebig den Wochenendrausch aus. Wir erkennen daran die unverkrampfte Haltung von Maries Basis zum Parlamentarismus.

Auch wenn die Volksvertreterin diese Haltung im Grunde teilt: Aufgeregt ist sie eben doch, und so hat sie irgendwann ihren Kurier ziemlich unsanft aus dem Bett telefoniert. Am Nachmittag ist es amtlich: Marie ist Mitglied des Deutschen Bundestags – als Nachrückerin im Rotationsverfahren. Vielleicht die letzte – denn außer Hamburg und Berlin haben alle anderen Landesverbände den Schichtwechsel im Zweijahresrhythmus aus Effizienzgründen abgeschafft. Marie hat sich nicht darum gerissen, die 43-köpfige Bonner Fraktion zu bereichern. Ehrlich gesagt – und die langbeinige schlaksige Person mit dem kastanienbraunen frechen Lockenkopf gibt sich offensiv offen: Eigentlich hatte sie 1987 nur kandidiert, weil der GAL-Frauenliste in Hamburg schlicht die Frauen ausgegangen waren. Und außerdem: »Wer hätte denn damals mit diesem guten Wahlergebnis gerechnet?« Die Grünen kriegten 10,4 Prozent – Marie war drin.

Dabei hätte die studierte Pädagogin und Ex-Geschäftsführerin der Hamburger GAL-Bürgerschaftsfraktion jetzt, zwei Jahre später, mindestens genauso gern diese tolle Aufnahmeleitung in der Sowjetunion übernommen, die ihr kürzlich ein Filmemacher angeboten hat. Zudem bremst der Zustand der Partei ihre Euphorie über den neuen Job: Eine Fundi-Frau, die jede Regie-

rungsbeteiligung – auch in Berlin, auch in Frankfurt – als »Mitverwaltung der ausbeuterischen Herrschaftsverhältnisse« ablehnt, hat es bekanntlich schwer in diesen Zeiten. Den »Fundi«-Stempel lehnt Marie übrigens heftig ab: »Ich bin doch kein Ajatollah!«, protestiert sie mit der ihr eigenen leicht rauchigen und ziemlich unüberhörbaren Stimme.

Schon der erste Tag in der Hauptstadt ist prallvoll von körper- und seelenfeindlichem Sitzterror in schlecht gelüfteten Räumen. Um zehn Uhr bekommt Marie als Mitglied des Innenausschusses einen Vorgeschmack auf den Gegensatz zwischen Bonner Politikritual und dem wahren Leben: Bei der Anhörung zur Ausländer- und Asylpolitik fassen Juristen und Beamte Schicksale zynisch zu Statements zusammen, sprechen von Menschen als »regelungsbedürftigen Altfällen«, jonglieren mit widersprüchlichen Zahlen. Die Vertreter der Kirchen und Menschenrechtsorganisationen stellen richtig: Sie schildern Szenen der Trauer, der Furcht und Entwürdigung unter Ausländern – beispielsweise wenn einer seinen zerschossenen Kiefer behandeln lassen will und ihm das hierzulande als »Schönheitsoperation« niemand bezahlt.

Marie ist empört. Doch schon wartet der nächste Termin. Vorzeitig verlässt sie den Raum – unter fast ausschließlich männlichen Blicken. Dem Klischee von den Grünen nämlich entspricht allenfalls ihr trotzig-hochmütiger Gesichtsausdruck, jedoch keineswegs der elegant fließende Nadelstreifen-Hosenanzug, der Ton in Ton abgestimmte Modeschmuck und der aufregende Schwung ihres flaschengrünen Mantels. Demonstratives weibliches Selbstbewusstsein trägt sie als Schild vor der eigenen Anfänger-Unsicherheit, aber auch als Programm: »Ich genieße den Überraschungseffekt: außen konform – im Kopf radikal!«, lacht Marie.

Als Mittagessen dient, auf dem Weg vom »Langen Eugen« zur Fraktion am Tulpenfeld, ein Pfefferminzbonbon. Umschalten: Um 13 Uhr tagt eine Arbeitsgruppe zur pränatalen Diagnostik. Als Mitglied des Ausschusses für Forschung und Technologie nämlich hat Marie von sofort an Expertin in Sachen Gentechnologie zu sein. Eintauchen in das komplexe Themenfeld: Sollen Eltern zukünftig anhand einer Erbgutdiagnose entscheiden können, ob sie ein Kind austragen wollen? Eine klare Absage haben zwei behinderte Wissenschaftlerinnen formuliert. Betroffene machen Politik: So ist der Diskussionsgegenstand beklemmend präsent.

Das Gespräch ist nachdenklich, konzentriert, engagiert. Marie lernt. »Mutterpass – was ist denn das?« Sie notiert: »Die Frau als fetale Umgebung ...« Schließlich ein tiefer Seufzer: »Das wird mir alles zuviel! Allein mit diesem Thema sollte ich mich beschäftigen!« Stattdessen hat sie auch noch den Bereich Kommunikationstechnologien und Datenschutz übernommen und soll sich darüber hinaus in das Problem Aids einarbeiten. Darüber dürften ihre beiden Bundestagsjahre vergehen – die Tücken der Rotation.

Denn Maries Vorgängerin Regula Bott nimmt ihr erworbenes Wissen mit zurück nach Hamburg. Heute ist ihr letzter Tag in Bonn. Ermutigend klingt sie nicht gerade in der Zigarettenpause: »Dass man hier auch nur minimal Einfluss ausüben kann, ist reine Illusion!« Sie will sich erst mal ein paar Monate lang ausruhen und »noch mal die ganzen Schinken zum Parlamentarismus reinziehen«, um »zu kapieren, warum dieser Anpassungsprozess bei den Grünen derartig schnell gegangen ist«. Mit ihrem radikalem Nein zur Gentechnologie beispielsweise musste

vorige Seite: Der erste Blick in den Plenarsaal: So selbstbewusst sich die frisch gebackene Abgeordnete gibt – aufgeregt ist sie bei der Premiere doch. Eines hat die Feministin mit Hang zu eleganten Klamotten schnell gelernt: »Hier arbeitest du, bis du tot umfällst.«

sie sich schließlich im Parlament sagen lassen: »Das haben Ihre Fraktionskollegen aber schon differenzierter gesehen ...«

Schon wieder umschalten: Um 16 Uhr muss Marie die Innenausschusssitzung mit ihren Fraktionskollegen Antje Vollmer und German Meneses vorbereiten. Beide sind nicht da; also geht sie die Tagesordnung allein mit Vollmers Mitarbeiter Günter Saathoff durch. Für Punkt fünf, Neuordnung des Post- und Fernmeldewesens, ist Marie zuständig: »Hoffentlich kommt das noch nicht dran, da lese ich mich gerade erst ein.«

Auf dem Weg ins Büro ein rascher Blick in den Spiegel: »Ich sehe ja jetzt schon aus, als hätte ich die Nacht durchgesumpft!« Die Mitarbeiterin Karin Heuer empfängt sie mit einer bedrohlich dicken grünen Mappe: »Die musst du wohl auch mal leeren!« Pressespiegel, Ausschuss- und Fraktionsunterlagen, die Post, Lesen bis 20 Uhr.

Und dann ist auch noch »Linkentreffen« in einem Kneipenhinterzimmer, zur Strömungsabstimmung in Sach- und Personalangelegenheiten. Eine ziemlich müde Versammlung, die dennoch bis elf dauert. Wenigstens gibt es einen Hering. »Ich bin fääärtig«, stöhnt Marie nach einem 14-Stunden-Tag – und mit der Aussicht auf ein karges Matratzenlager in der viel zu kleinen Wohnung einer Freundin. Erst in ein paar Wochen kann sie das Zimmer des rotierenden Thomas Ebermann übernehmen, von dem sie weiß, dass er seine Einkäufe immer bei der benachbarten Tankstelle bestritt. »So weit wird es bei mir nicht kommen!«, versichert Marie. Zweifel sind angesichts ihres Terminkalenders durchaus angebracht.

DIENSTAG

»Ja dann zunächst mal herzlich willkommen!« Herr Bracht, der Leiter des Tagungsbüros, ist der Mann für die eigentliche Initiation. Er überreicht den Abgeordnetenausweis – ein Sesam-öffne-dich für so herrliche Dinge wie den stets abrufbaren Fahrdienst und Taxi-Freifahrten. Statussymbole, die die Abgeordnete Schmidt undogmatisch-pragmatisch begeistern: »Jetzt kann ich immer eine Stunde länger schlafen!« Sie kriegt eine Bundesbahn-Freikarte, ihre Abstimmungskarten, einen Terminkalender in Leder und zwei aus Plastik für ihre Mitarbeiterinnen sowie den *Wegweiser für Abgeordnete,* der wie in einem Großkonzern die Betriebsinterna offenlegt – von der »Amtsausstattung« über »Grippeimpfschutz« und »Geheimhaltungsstelle« bis zur »Zwischenfragen-Regelung in Parlamentsdebatten«.

»Und wenn Sie dann den Bekanntheitsgrad Ihres Vorgängers Schmidt Hamburg haben ...« sagt der launige Rheinländer Bracht zum Abschied. Marie prompt: »Das will ich gar nicht!« Was wir ihr, die heute in einem Traum aus Lind- und Krokodilgrün glänzt, so ohne weiteres nicht glauben. Denn Eitelkeit gehört zu den Qualifikationsvoraussetzungen ihres Berufs. »Ich bin schon gern wer«, gibt sie denn auch zu. »Ein Steinbock klettert eben hoch hinauf. Ich beziehe Kraft und Genugtuung daraus, wenn der Saal tobt ...« Sie grinst: »Und sei es, er tobt aus Empörung.«

Dienstag ist Fraktionstag. Um elf Uhr wieder ein Arbeitskreis, »AK 3«, Recht und Gesellschaft. Draußen im Lande – eine Formel, die in Bonner Büros plötzlich plausibel klingt – toben die ausländerfeindlichen Kampagnen. Doch die grüne Fraktion diskutiert. Dabei stellt sich heraus: Alle sind zuständig – also niemand. Erika Trenz plant ein Ausländer-Hearing. Jürgen Roth sitzt am Gesetzentwurf zum Ausländerwahlrecht. Christa Nickels kennt sich mit dem Niederlassungsrecht aus. Eigenständige Aufenthaltsrechte für Frauen will auch Maries Büro durchsetzen. Neofaschismus hat ebenfalls mit Ausländerpolitik zu tun – um diesen derzeit öffentlichkeitsträchtigen Bereich hacken sich folglich viele. »Die Aussiedler haben wir überhaupt noch nicht drin«, gibt einer

Angst vor der sozialen Isolation: Nach 14 Stunden Dienst fürs Volk bleibt oft nur der Rückzug ins karge Schlafgemach, ein Notquartier für die ersten Wochen in Bonn. Schon nach ein paar Tagen spürt die 31-jährige Abgeordnete aus Hamburg einen Verlust an Realität.

Sie hatte mit ihrer Wahl gar nicht gerechnet, und jetzt steckt sie mittendrin im Parlamentarismus. Marie-Luise Schmidt berät sich mit ihren Fraktionskollegen Roland Appel und Verena Krieger.

zu bedenken, ein anderer, man müsse »den inhaltlichen Zusammenhang im Auge behalten«. Die Koordination übernimmt das Büro Zufall. Zähflüssige Desorganisation? Marie macht ihr spöttischstes Gesicht: Sie zieht die dunklen Augenbrauen zu zwei gleichschenkligen Dreiecken hoch und die Mundwinkel in Gegenrichtung – Verachtung, die Realo-Strukturen gilt. »Da muss man eben«, sagt sie, »die Abgeordneten-Parzellen abschaffen.« Dann, meint Marie, würde alles wieder gemeinsam diskutiert und vertreten. Tatsächlich ist die Fraktion im Gegenteil eher auf dem Weg zu mehr Hierarchie – ein »Reifungsprozess«, wie väterlich das Fraktionsvorstandsmitglied Helmut Lippelt sagt.

Mittags bleibt etwas Zeit für die Kantine. Wenn der Satz stimmt, dass der Mensch ist, was er isst, so muss man sich über manche Bonner Entscheidungen nicht wundern. Die Abgeordneten, die da hastig Papptabletts mit Chemieknackern und staubigen Apfelkuchen in ihre Büros schleppen, wirken irgendwie rührend ausgeliefert. Marie plaudert in sattem Westfälisch, erzählt von den Anfängen ihrer Karriere in Bielefeld. Dort ist sie aufgewachsen – genauer gesagt, in der kirchlichen Behinderten-Kleinstadt Bethel, in der ihre Eltern arbeiteten: »Zwischen den Epileptikern, zwischen ausländischen Praktikanten, den Brüdern und ab und zu Obdachlosen, in einem ständig unaufgeräumten Chaos – da musste man sich schon durchsetzen können«, erzählt Marie lachend über das ideale Biotop zur Ausdifferenzierung politischer Fähigkeiten.

Zudem hat ihr die Mutter, eine Anti-Apartheid-Kämpferin, engagiert für die Dritte Welt und in der Frauenarbeit, »ein starkes Frauenbild vorgelebt«. Mit 18 trat Marie, politisiert von den »Zivis« in Bethel, in den »Kommunistischen Bund« ein. Später gründete sie die »Bunte Liste« mit und zog als deren Abgeordnete von 1982 bis '84 in den Bielefelder Stadtrat.

15 Uhr: Es beginnt die wöchentliche Fraktionssitzung – wegen ihrer Groß- und Kleinkriege gern und oft geschildert und bei Journalisten vor allem deshalb so beliebt, weil sie bei den anderen Parteien nicht dabei sein dürfen.

Waltraud Schoppe lässt dem Fraktionsvorstand zunächst eine staatstheoretische Einführung angedeihen. Der hat am Abend vorher den Bundestag aufgefordert, die Übersetzung von Rushdies *Satanischen Versen* mit herauszugeben. »Positive Zensur«, findet nicht nur Schoppe, und sie erklärt, dass die Trennung von Staat und Gesellschaft durchaus eine Errungenschaft sei.

Redenverteilung: Wer darf ins Scheinwerferlicht bei der Debatte um das Thema der Woche? Natürlich meldet Otto Schily Interesse an, der natürlich Iran-Experte ist. Nach diesem Lobbyismus in eigener Sache ist er bald verschwunden – zum Wahlkampf in Frankfurt. Die Fraktion ist sauer auf den Medien-Star, sprechen darf Karitas Hensel. Beleidigt wird daraufhin Schily am folgenden Tag auch seine Rede zu den Abhöraktionen des amerikanischen Geheimdienstes zurückziehen.

Petra Kelly blicket stumm auf dem ganzen Tisch herum. Marie, daneben, beschränkt sich aufs Zuhören, verschwindet hin und wieder auf eine Zigarette im immer stickigeren Vorraum. Ja, sie ist für eine Solidaritätserklärung mit dem RAF-Gefangenen im Hungerstreik – die »Realos« hingegen wollen, was für ein Wortungetüm, »deeskalierende Maßnahmen«. Wir verlassen gelangweilt eine endlose Personalkostendebatte. Marie muss durchhalten.

MITTWOCH

Um 9 Uhr 15 tagt, verdammt früh, der Innenausschuss, nichtöffentlich. Marie ist hinterher sauer auf sich, weil sie sich doch nicht getraut hat, eine provozierende Frage zu stellen. Nachmittags will sie in Ruhe am Schreibtisch arbeiten; sie muss zum Entwurf für ein Gen-Gesetz Stellung nehmen, der ihr vor der Veröffentlichung zugespielt worden ist.

Karin Heuer will eine »Einführung der Abgeordneten Schmidt in die Hängeregistratur« veranstalten. Denn auch sie geht in ein paar Wochen zurück nach Hamburg, will wieder als landwirtschaftlich-technische Assistentin arbeiten – eher gefrustet von Bonn. »Gelegentlich kommt es zwar vor, dass man in den Gesetzentwürfen der Regierung Pferdefüße findet, auf die sonst keiner gekommen ist«, sagt Karin. »Wenn so was publik wird – das macht schon Spaß.« Doch »die strikte Trennung von Fundis und Realos bis zur Mitarbeiterebene« und die »zunehmende Geschäftigkeit nebeneinanderher, die ins Leere schießt«, haben ihr Engagement gedämpft.

Während Marie arbeitet, drücken wir uns bei ihren Kollegen herum. Pressesprecher Franz Stänner hat seinen Alltagsfrust in Ironie umgemünzt und drückt uns fiktive Pressetexte in die Hand – etwa die über das »aktuelle Strömungskataster«. Die Geschäftigkeit der Abgeordneten landet bei ihm in Form zahlloser Pressemitteilungen, bis zu zwanzig am Tag, »vor allem als Arbeitsnachweis«, und keineswegs immer dringlich. Als einzelner, meint Stänner, habe man sich in der Fraktion schnell zurechtgefunden: »aber das Mannschaftsspiel! Wir verzeichnen hier tägliche Massenstarts – kein Wunder, dass dann alle übereinander stolpern«. Eine laut und öffentlich streitende Fraktion sei ihm dennoch lieber »als die SPD, bei der Abgeordnete nur mit Angstschweiß Widerworte geben und dann nie wieder eine Rede halten dürfen«.

In der Kantine sitzt Otto Schilys Mitarbeiter Udo Knapp – einer, der »Politik als Kunst« empfindet, »wie Gedichte schreiben«. Wir tratschen über Marie und die Fundis: »Die haben doch gar nicht das Gefühl, Teil eines Verfassungsorgans zu sein!«, mosert Knapp. Marie würde ihm nicht widersprechen: Sie sieht im Parlament schlicht einen Zugang zu Geld, Öffentlichkeit, einem Apparat und Informationen, »um bestimmte Themen ins Bewusstsein bringen zu können«. Sie selbst sei »Trägerin eines imperativen Mandats«.

»Die hält die grüne Fraktion für eine Verwaltungsbehörde sozialer Bewegungen, die es längst nicht mehr gibt«, kommentiert Knapp lakonisch, »ganz wie ein grandioser Asta!« Ansonsten stellen wir fest, dass Maries weiblicher Überraschungseffekt vor allem in der eigenen Szene funktioniert. Die vermeintlich Emanzipierten haben das »attraktiv oder clever« zutiefst verinnerlicht. Nicht nur dass *Tempo* ihr schlüpfrig unterstellte, sie habe sich ihr Bundestagsmandat erschlafen (fragt sich, wie?) – auch grüne Fraktionsmitglieder zerreißen sich in stammtischartigen Kantinengesprächen das Maul über angebliche, sogar strömungsübergreifende Affären. »Dieser Typ Frau«, sagt Udo Knapp, »große Klappe und erotisch, ist ein Formfehler – eine Provokation für die spießige grüne Männerwelt!«

»Die Klamotten kann sie jedenfalls mit dem Einheitslohn nicht finanzieren«, höhnt es also in Anspielung auf ihre Forderung für die gleiche Bezahlung von Abgeordneten und Fraktionsmitarbeitern. Ein Widerspruch, der zumindest nicht wegzuleugnen ist: »Ich habe ja keinen Einheitslohn von tausend Mark gefordert«, schmunzelt Marie. Sozialismus – das heißt eben: Kaviar für alle.

DONNERSTAG

Der erste Plenumstag. Marie ist auf den Gongschlag pünktlich, denn um 9 Uhr soll die Begrüßung der Neuen durch die Bundestagspräsidentin erfolgen. Das Ganze ist ziemlich profan: »Ich teile zunächst mit …« – Rita Süssmuth leiert die Namen aller grünen Aus- und Einsteiger herunter. Obwohl Marie in grau/beige-gestreifter Hose und schwarzer Leinenjacke wirklich gut aussieht, wirkt sie in ihrer gespannten Aufmerksamkeit noch ein bisschen wie am falschen Ort, wie ein

Zuschauer, der einen Abend bei Wim Thoelke gewonnen hat. Doch gewiss wird sie sich, wie andere, auch noch abgewöhnen, hierzusein, wenn es nicht um ihre ureigensten Themen geht.

Heute allerdings ist Anwesenheitspflicht für die Feministin: Frauendebatte. »Jetzt kämpfe wer wiedä für eusch …«, grinst Norbert Blüm auf dem Weg zur Regierungsbank, die in der nächsten Stunde für ihn und seine Arbeitszeit-Gesetzgebung zur Schlachtbank wird. Ansonsten halten Frauen einander vor, Frauen ein Frauenbild aufoktroyieren zu wollen – wobei es allerdings grotesk anmutet, wenn die kinderlose ledige Professorin Männle (CSU) fordert, Frauen dürften ihr Selbstvertrauen nicht allein aus der Berufstätigkeit beziehen. Verena Krieger kommt gerade noch rechtzeitig mit ihrem Manuskript in die Arena gerannt, um die grünen Forderungen nach Quotierung, Arbeitszeitverkürzung und Kinderbetreuung vorzutragen. Die Reaktion auf ihr öffentliches Bekenntnis »Ich habe abgetrieben« zeigt allerdings, dass sich grüne Provokationen mittlerweile abgenutzt haben – die Empörung bleibt im Rahmen des Pflichtgemäßen.

Marie applaudiert – diese Rede hätte sie gerne selbst gehalten. Zwei Wochen später erfüllt sich ihr größter Wunsch für Bonn: Marie kann die Frauenpolitik übernehmen und den Innenausschuss abgeben, denn Verena Krieger wurde in den Grünen-Bundesvorstand gewählt.

FREITAG

Heute schläft die Abgeordnete einfach mal aus, erscheint erst spät zur Iran-Debatte im Plenum. Ab Mittag beginnt sich die Bundeshauptstadt zu leeren, Exodus auch aus der so quirligen grünen Fraktion. Plötzlich Ruhe. Marie wird das Wochenende mit Fleißarbeit in Bonn verbringen, sich über Aktenberge hermachen.

Wovor sie Angst hat? Breitbeinig hockt sie auf ihrem Bürostuhl, zieht den Rücken lang, der vom vielen Sitzen schmerzt. Davor, zu versagen: »Ich möchte gut machen, was ich hier mache.« Davor, in »immanentes Denken zu geraten. Das merke ich jetzt schon, nach einer Woche, dass ich nur noch Vorlagen. Ausschüsse, Parteistrategien und Tagesordnungen im Kopf habe – viel weniger die Sachen, um die es geht«. Vor allem aber: »Angst um meine soziale Situation. Hier arbeitest du, bis du tot umfällst – und wenn du mal Volleyball oder Doppelkopf spielst, dann auch wieder mit Leuten aus der Fraktion. Am Wochenende, die kurze Zeit in Hamburg, triffst du nur noch eine Auswahl unter den Freunden – ich habe Verlustangst; dass sich andere zurückgesetzt fühlen.«

Freitag, zwei Wochen später: Premiere! Wenn auch unter Ausschluss der Öffentlichkeit. Gestern hat Marie ihre erste Rede gehalten, zum Thema »Prostitutions-Tourismus« – eher genervt als aufgeregt, nachdem sie warten musste bis spätabends um zehn. Außerdem: »Ich habe einen Skandal aufgedeckt.« Ihre Entdeckung, dass die Privatisierung der Bundespost auch Überwachungsmöglichkeiten und Sicherheitsüberprüfungen zur Folge haben wird, hat sie der *taz* gesteckt, und die hat sie als Aufmacher gedruckt. »Aber so gemein! Die haben unsere ganze Argumentation übernommen, aber mich nur einmal zitiert!« schimpft Marie, schon ganz ein Politikerprofi. Bei der *ZEIT* jedenfalls kann sie sich über mangelnde Aufmerksamkeit nicht mehr beklagen.

PROFITEURE DER FLAUTE

DIE ZEIT 27.10.1989
Jutta Ditfurth

Die grüne Politikerin und Journalistin mit entschieden eigenen Ansichten ist zornig: über den eigenen Weggefährten, über die Grünen »am Tropf der Harmoniesucht«, über Anpasser, Absahner und rosa-grünes Kungeln. In diesem Beitrag macht sie sich Luft.

Ich war siebzehn und wurde mitgerissen: Heimzöglinge und Lehrlinge rebellierten für Selbstbestimmung, Arbeiter diskutierten sich über Befreiung von Ausbeutung die Köpfe heiß, Solidarität war international und verband, wie am Beispiel Vietnam, Intellekt und Moral. Verknöcherte Strukturen, unter denen wir litten, zerbröselten. Links sein war nicht leicht, hatte aber eine große intellektuell, moralische und aktionistische Anziehungskraft.

In unserem politischen Alltag knallten die Ansprüche auf die Praxis. Den Kopf voll mit Simone de Beauvoirs »Das andere Geschlecht«, beobachtete ich irritiert, wie Männer in studentischen Teach-ins Reden schwangen und sich, zurück in den Bänken, von Freundinnen den Nacken kraulen ließen. Bei den seltenen Reden der Frauen stieg der Geräuschpegel demonstrativ. Aus vielen offensichtlichen Widersprüchen dieser Kulturrevolte wuchsen die Wurzeln für die erfolgreichen Bewegungen der siebziger Jahre. Wir lernten.

Unterhalb von Marx, Dutschke, Marcuse, Luxemburg, Meinhof und vielen Unbekannten gab es auch miserable LehrerInnen. In unser Anfängerseminar Politik kamen gleich zu Beginn zwei SDS-Leute, die später beim KBW landeten, und verlangten von uns, den Professor zu bestreiken, der sei ein Reaktionär. Wir hatten ihn noch nicht einmal gesehen und hätten das gern selbst festgestellt. Naiv wie wir waren, hatten wir immerhin doch verstanden, dass für unsere Emanzipation selbst verdaute Erkenntnisse notwendig waren. Wir boykottierten die wenig klugen Anstifter.

In den siebziger Jahren erlagen viele müde gewordene Apo-Rebellen den Integrationsangeboten des Marsches durch die Institutionen, und sie versackgassten in den Apparaten. Sie frischten diese ein bisschen auf und wurden ansonsten selbst aufgemischt. Manchem sozialdemokratischen Gesicht sieht mensch die enorme Verdrängungsleistung noch heute an, der Preis für viele Karrieren.

Mir wird schwindelig von der Geschwindigkeit, mit der Leute, ihre eigene Geschichte fanatisch leugnend, in all den Jahren von links nach rechts an mir vorbeirasen – in die Arme der herrschenden Verhältnisse, in die Duldung von Nato, Nationalismus und Profitwirtschaft. Bei den Grünen treffe ich gerade die wieder, deren Elan nicht über die Studienzeit hinausreicht und, konfrontiert mit dem Berufsleben, in sich zusammenbrach. Da kungeln sie nun rosa-grün, müde, zynische Männer zwischen vierzig und fünfzig, im Bierkeller oder im Schloss. Ihnen gegenüber SPD-Appartschiks wie Karsten Voigt, Wolfgang Roth oder Gerhard Schröder aus der ersten Anpassergeneration der APO.

Als wir in den siebziger Jahren in der Frauenbewegung, der Anti-AKW- und später der Ökologiebewegung reale Gegenmacht zur herrschenden Politik aufbauten, stießen wir auf merkwürdige Fronten: Wir prallten nicht nur auf Kapitalinteressen und etablierte Parteien. Auch manche linke Organisationen geißelten uns als »kleinbürgerlich« und stempelten in unnachahmlicher Arroganz »Nebenwiderspruch« auf die Themen der neuen RebellInnen. Zur Zeit, als Ralf Fücks, heute grüner Vorstandssprecher, leitender Kader des KBW in Bremen war, denunzierte dessen Zeitung Menschen aus Bürgerinitiativen als »bourgeoise Verbrecher«.

Die neuen Bewegungen der siebziger Jahre hatten aus den Fehlern der 68er gelernt. Wir hatten kein Elite-Konzept, setzten statt auf Dogmatismus auf Vermittlung von Anschauungen, auf offene Diskussionen ohne elitäre Arroganz und wussten unseren Erfolg unbedingt abhängig von basisdemokratischen Strukturen und breiten gesellschaftlichen Bündnissen. Eine Alternativkultur entwickelte sich und bestimmte für Jahre das politische Klima. Die Anti-AKW-Bewegung wurde die erfolgreichste Massenbewegung der Nachkriegszeit. Im Deutschen Herbst 1977 zeigte uns der sozialliberale Staat dann seine bewaffneten Zähne: Ermächtigungsgesetze, Staatssicherheitshysterie, polizeiliche Verfolgung.

Jetzt begann der große Selbstverrat. Manche hatten Furcht, heiß ersehnte Karrieren zu riskieren, die Hosen voll und distanzierten sich ungefragt: von Texten, die sich von links von der RAF distanzierten, von linken Flugblättern, von was auch immer, am meisten von den eigenen Ansprüchen. Oft beugten gerade die tief das Rückgrat, von deren Harmlosigkeit staatliche Verfolgungsbehörden sowieso wussten. Und in manchen linken Gruppen (KPD/AO, KBW) waren Dogmatismus, politische Fehleinschätzungen, Kadavergehorsam, Hierarchie, Unterdrückung von Individualität und Verzicht von vielen nur so lange auszuhalten, wie an die baldige Revolution geglaubt werden konnte. Als sich diese Hoffnung erst einmal zerschlug, zerbrachen die Kollektive, Vereinzelung und Anpassung kehrten ein.

Heute gehören zu den Akteuren des gegenwärtigen Anpassungsschubes auch ehemalige Spontis. Die entwickelten zwar eine Politik, die lustbetonter war, aber ihre verschleiert autoritären Strukturen, Theorie- und Perspektivlosigkeit ließen sie scheitern. Joschka Fischer ist ein Prototyp des Scheiterns dieser Szene, die vom Betriebskampf zum Häuserkampf, von der Wohngemeinschaftskultur in die Landkommune hüpfte. Marxismus war für ihn eingestandenermaßen Religionsersatz und der islamische Fundamentalismus im Iran Ende der Siebziger von sonderbarer Faszination. In misslungener Aufarbeitung machte er »Fundamentalismus« ab Oktober 1982 zum realpolitischen Kampfbegriff, um innerparteiliche grüne GegnerInnen als »islamische Sektierer und Dogmatiker« zu stigmatisieren. Macht, unabhängig von Inhalten, schien immer einen starken Reiz auf ihn auszuüben.

Erst nach Willy Brandts Wort von der möglichen Mehrheit links von der CDU wurde Fischer

03.12.1988: Jutta Ditfurth (links) und Regina Michalik müssen in Karlsruhe eine Niederlage einstecken. Der mehrheitlich aus den »Fundis« gebildete Bundesvorstand der Grünen wurde nach einer Vertrauensabstimmung innerhalb der Partei zum Rücktritt gezwungen, unter ihnen Ditfurth und Michalik.

bei den Frankfurter Grünen aktiv. An einem Abend im Oktober 1982 saß ein Club von Spontis zappelnd wie Reservefußballer auf den Bänken. Ihr plötzliches Aufnahmebegehren begründeten sie grinsend: Wir sind Joschkas Freunde. Sechs Monate später saß Fischer im Bundestag.

Um den Anpassungsprozess zu bremsen, war politischer Streit nötig. Seit die Grünen am Tropf der Harmoniesucht hängen, trudeln sie in den Sumpf der Mittelmäßigkeit, dessen Ufer alle rechts liegen. Wer gegen Erniedrigung von Menschen und die Vernichtung der Natur kämpfen will, braucht den politischen Fight um Utopien, Strategien und politische Praxis. Und unser lustvoll anstrengendes Leben braucht die Solidarität in einer stabilen politischen Widerstandskultur. Widerstandskraft und soziale Milieus zu erhalten, kostet sehr viel Kraft. In Unis und Schulen wird meist brav gelernt. In Betrieben und Büros herrscht selten Kampfgeist und öfter Opportunismus. Beste Zeiten für die bundesdeutsche Industrie, einen Batzen mehr von der Welt zu erobern. Es gibt gegenwärtig kein breites Bewusstsein, dass all der Reichtum hier mit Armut und Millionen von Hungertoten in der sogenannten Dritten Welt bezahlt wird. Die Erkenntnis wurde abgelöst von Spenden-Kontonummern für mitleidige Seelen.

Der »konsumfreudige Citoyen« (Realo-Selbstbild) entwickelt den Internationalismus nicht weiter, sondern – eine Prise Paris, eine Prise London – einen neuen Euro-Nationalismus, dessen Grenzen von der Dritten Welt hierher fest geschlossen sind. Enzensberger setzt sich, fraglos berechtigt, für Rushdie ein, missbraucht den Anlass jedoch sogleich, die westlichen Werte, was immer das sein mag, gegen das Böse aus dem Osten zu verteidigen. Er kam nie auf den Gedanken, Linke hier gegen den Terror der Welt von Unterdrückungsparagraphen wie dem 129a in Schutz zu nehmen. Das verspricht kein Renommee.

Walser deutschtümelt in Talk-Shows von Wiedervereinigung, und Kroetz sabbert in der *Bild*-Zeitung unter jedem Niveau. Mich nerven saturierte Linksliberale, deren Unterschriften unter Aufrufe, deren Wert sie ja auch ihrer bürgerlichen Anpassung verdanken, nur um den Preis politischer Gegengeschäfte zu haben sind. Und ich meide Kneipen, in denen Leute nachts bei viel Alkohol über Verhältnisse lamentieren, um am nächsten Morgen mit dickem Kopf in eine von ihnen nicht veränderte Praxis zu ziehen.

Absahnen, bloß nicht zu den Armen gehören. Das totale Individuum stopft Sinnleere mit Konsumgütern wie eine Mastgans und fühlt sich dabei auch noch frei. Lebensstil ist Ersatz für Lebenssinn. Der eigene Geisteszustand – »Es-lohnt-sich-nicht-mehr-für-etwas-zu-kämpfen« – wird zur Epidemie erklärt und gerät zur Seuche für jede Hoffnung.

Ich bin jetzt 37 Jahre und sehe voller Zorn, wie alte Dogmen lediglich gegen neue ausgetauscht werden. Gerade die, die gestern Marx und Lenin auswendig aufsagten, anstatt sie zu verstehen und weiterzuentwickeln, werfen denen, die noch Linke sind und selten Dogmatiker waren, die eigene Vergangenheit vor. Wie sie Marx vergötzten, den ich schätze, so beten sie heute, mit zunehmender Entschlossenheit, zum goldenen Kalb kapitalistischer Marktwirtschaft. Sie grenzen wie Antje Vollmer am liebsten nach links aus und öffnen sich nach rechts. Was ist auch schon die Utopie sich befreiender Menschen gegen einen warmen Platz im Kreis bürgerlicher Honoratioren? Die Grünen werden zur persönlichen Beute. Eine Idee, die wahrhaftig nicht zur persönlichen Bereicherung gedacht war, stirbt.

In Frankfurt, der Stadt, in der ich lebe, steht rosa-grün für verschärftes Wachstum. Die Stadt soll Europäisches Finanzzentrum werden. Hochhäuser, die Klima- und Gesundheitsschädlinge, werden auch unter rosa-grün gebaut. Verdichtung und Spekulation ziehen mehr Verkehr in die Stadt und verursachen die Vertreibung armer MieterInnen durch Vernichtung preiswerten Wohnraums. Rosa-grün wird vom Hoffnungsträger zum Illusionsträger, die Grünen werden zu schlichten Innovationstrotteln für das Kapital.

Cohn-Bendit findet Hochhäuser »geil« und zielt neoliberal auf Ampelkoalition. Wie sein Spezi Fischer fightet er nicht mehr gegen Unterdrückung, sondern gegen Ladenschlusszeiten. Der »Metropolenbewohner« muss schließlich seine spontan aufbrechende Konsumsucht immer sofort befriedigen können. »Multikulturell« bedeutet, um 22 Uhr bei müden spanischen Verkäuferinnen einzukaufen. Mediterranes Feeling.

Die neuen Absahner sind haben-süchtig: sechs Jahre Bundestag wg. Pensionsanspruch, Diäten raffen, nicht an die Bewegung zahlen, Häuser kaufen, Dienstwagen mit Chauffeur, Luxuswünsche erfüllen, die andere von ihrem Gehalt oder Lohn befriedigen müssen. Der Rausch des Raffens hilft, so manche alte und immer noch richtige Erkenntnis wegzudrücken. Antikapitalismus? »Alles im Fluss«, ist der Lieblingsspruch des Grünen-Vorständlers Fücks. Jaja, Beliebigkeit ist der neue Wert, der Zeitgeist dümpelt vor sich hin, die Integration treibt mainstream, und die gegen den Strom schwimmen, sind weniger geworden. In Aufregung geraten die Profiteure dieser politischen Flaute nur noch, wenn ihre Posten bedroht sind oder ihnen Erinnerungen an ihre eigenen alten Ansprüche begegnen.

Das hassen sie wirklich.

WIE DIE ZUKUNFT AUS DEM PARLAMENT VERSCHWAND

DIE ZEIT 14.12.1990
*Frank Drieschner, Wolfgang Gehrmann, Thomas Kleine-Brockhoff, Norbert Kostede,
Klaus Pokatzky, Ulrich Stock, Christian Wernicke*

*Angetreten als Antipartei. Viele gute Ideen gehabt. Dann nur noch zerstritten.
Schließlich erstarrt. Am 2. Dezember aufgewacht. Zu spät?*

Tränen. Fassungslosigkeit. Lähmung. Entsetzen. Für die Grünen war der Wahlabend ein Schock. Mit allem hatte man gerechnet. Damit nicht.

Nur 4,8 Prozent, keine westdeutschen Grünen mehr im Bundestag – es wird noch ein paar Tage oder Wochen dauern, bis alle im Land begriffen haben, was da am 2. Dezember 1990 eigentlich geschehen ist: Ein Stück Bundesrepublik der achtziger Jahre ist verschwunden.

Die Grünen wollten die Zukunft sein. Nun sind sie Vergangenheit. Sie wollten die Welt vor Katastrophen jeder Art behüten. Nun sind sie selbst in den Abgrund gefallen.

Donnerstag, 6. Dezember. Nikolaustag. Betriebsversammlung der Bundestags-Grünen. Vorn am Konferenztisch sitzt ein Mann mit einem A auf der Brust. Bernd Kümhof ist kein Anarchist. Er ist vom Arbeitsamt.

»Kommen Sie am 19. Dezember zu uns«, bittet er die 266 Mitarbeiter der Fraktion, die zum Ende der Legislaturperiode völlig unerwartet ihre Stellung verlieren. »Alles wird vorbereitet sein, die Flure sind dann für Sie vom restlichen Publikum gesäubert. Suchen Sie das Hinweisschild ›Aktion 90‹. Wir halten das ganz neutral, damit man nicht gleich erkennt, um wen es geht. Vergessen Sie bitte nicht, Ihr Arbeitszeugnis, Ihre Rentenversicherungsnummer und einen Kugelschreiber mitzubringen. Falls Sie später kommen, müssen Sie sich in unser ganz normales Organisationsgefüge einreihen.«

Wartemarken im Arbeitsamt – das Ende des grünen Jahrzehnts. Eine ganze Fraktion abgewählt – so etwas ist in 41 Jahren Bonner Parlamentsgeschichte nicht vorgekommen. Die Bundestagsverwaltung ist überfordert: Gehören die Schreibmaschinen und Computer dem Bundestag oder den Grünen? Müssen die Fraktionsangestellten fristlos oder zum 31. März gekündigt werden? War die Bundestagswahl, rein arbeitsrechtlich, eine »unbillige Härte«? Hilft der Bundestag beim Sozialplan?

Nichts ist geklärt, aber der Auszug hat schon begonnen. Die ostdeutsche »Initiative Frieden und Menschenrechte« bekommt das Archiv. Endzeitstimmung in den Fluren: überall Müllsäcke und Umzugskartons. Umziehen, aber wohin?

Zurück bleiben Leere und das Gefühl der Niederlage. Wo Tränen der Rührung sind, darf die Presse nicht fehlen. »Wie die Hyänen stürzen die sich auf uns«, schimpft Anne Waldschmidt, Mitarbeiterin für Gen- und Fortpflanzungstechnik, über den Voyeurismus bei der grünen Beerdigung. Ständig gefühlige Fragen: Wie verkraften Sie das? Werden Sie jetzt aufgeben? »Dieses Mitleid kommt mir vor, als trete man noch mal drauf.«

Die Spalten der Blätter, die so lange gut von den Grünen hatten, füllt Mokantes und nüchtern Analytisches: Das *Deutsche Allgemeine Sonntagsblatt* druckt die Einladung »zur ersten gemeinsamen Sitzung der neuen Fraktion von Grünen und Bündnis 90«, geschrieben am 29. November: »Wir weisen darauf hin, dass wegen der zu erwartenden Anzahl der neuen Abgeordneten und Gäste aus Ost und West diese erste Sitzung nicht in unserem eigenen Fraktionsraum stattfindet.« Kommentar des Sonntagsblattes: »Wer zu früh einlädt, den bestraft der Wähler.«

Die *Frankfurter Rundschau* höhnt über die »Schrebergärten« der Grünen, ihre »Schnitzeljagden« und geißelt »eine Unmenschlichkeit ... wie es sie in keiner anderen Partei gibt.«

Die FAZ kolportiert genüsslich den Vorschlag der Jungen Union Nordwürttemberg an die CDU, »Landtagswahlkreise für grüne Realpolitiker« zu reservieren: »Etliche Realpolitiker würden das ›Kasperletheater bei den Grünen‹ sicher nicht mehr lange mitmachen. Es wäre aber schade, wenn sie von der politischen Bühne verschwinden.«

Der *stern* attestiert den Grünen auf knappen 33 Zeilen »Farblosigkeit«, Theo Sommer nennt sie in dieser Zeitung »löslichen Dünger auf den Feldern der klassischen Parteien«.

Den klassischen Parteien könnte solcher Dünger bald fehlen. Denn ohne die westdeutsche Bundestagsfraktion muss auch die grüne Denkfabrik geschlossen werden: Hochhaus Tulpenfeld – unter dieser Firmenanschrift haben kreative Parlamentarier, wissenschaftliche Mitarbeiter und Ratgeber aus dem intellektuellen Umfeld der Grünen in den vergangenen zwei Legislaturperioden Reformkonzepte ausgebrütet. Von ihrem Ideenreichtum zehrt die politische Elite in der Bundesrepublik schon lange.

Mehr als hundert junge Wissenschaftler waren von 1983 bis 1990 hier beschäftigt. Auch Michaele Schreyer, bis vor kurzem Umweltsenatorin in Berlin und zuweilen als »Erfinderin der Öko-Steuern« bezeichnet, kommt aus diesem Stab. Zusammen mit einigen Kollegen veröffentlichte sie 1985 das Buch *Grüne Wirtschaftspolitik – Machbare Utopien*. Darin wurden die Grundgedanken einer umweltfreundlichen Steuerpolitik formuliert; mit gehöriger Verspätung (»Fortschritt 90«) machen diese Gedanken nun in anderen Parteien Karriere.

Zwei weitere Beispiele dafür, wie grünes Gedankengut – langsam, aber unaufhaltsam – vom politischen System aufgenommen wurde:

Im September 1987 präsentierten die Grünen ein Klimaschutz-Programm, das in Systematik und Zielsetzung dem im Oktober 1990 vorgelegten Endbericht der Enquete-Kommission »Vorsorge zum Schutz der Erdatmosphäre« gleicht.

Wenn das Statistische Bundesamt in Zukunft jährlich – parallel zur Volkswirtschaftlichen Gesamtrechnung – eine ökologische Gesamtrechnung vorlegen wird, dann folgt es damit der Bundestags-Drucksache 11/1920, in der die Grünen fordern, die ökologischen und sozialen Folgekosten des Wirtschaftens zu ermitteln.

Der Wirtschaftswissenschaftler Reinhard Loske, langjähriger Mitarbeiter der Grünen und heute am Berliner Institut für ökologische Wirtschaftsforschung beschäftigt, weiß allerdings: »Die Übernahme grüner Inhalte durch die Altparteien findet ihre Grenze dort, wo die Interessen der jeweiligen Klientel massiv mit ökologischen Zielen in Konflikt geraten.«

Umweltminister Töpfer scheiterte an der Agrar-Lobby in seiner eigenen Partei, als er sich – alten Forderungen der Grünen folgend – an einer Novellierung des Bundesnaturschutz-Gesetzes versuchte. Die CDU-Politik zum »Schutz der Erdatmosphäre« nimmt die Atomenergie aus, während die SPD die deutsche Steinkohle nicht besteuern möchte.

Sonderinteressen nicht zu berücksichtigen, dies war das intellektuelle Kennzeichen der Grünen im Bundestag. Im Laufe von zwei Legislaturperioden lernten die Grünen, das gesamte Themenspektrum der Bundesrepublik abzudecken. Hinter der oft anonym erscheinenden Politik stehen lebendige Menschen: Elisabeth Weber und Milan Horacek, die – im Unterschied zur SPD – den frühen Dialog mit der demokratischen Opposition Osteuropas organisiert haben; Jürgen Schnapperts und Wolfgang Bruckmann, deren außen- und abrüstungspolitische Konzepte (Westbindung, Nato-Reform, strukturelle Nichtangriffsfähigkeit) nicht zuletzt die grünen Parteitagsmehrheiten provozierte.

Wohin wird es sie verschlagen? Einige Mitarbeiter wollen ihre wissenschaftliche Ausbildung fortsetzen, andere werden ihre seltene Misch-Qualifikation in Wissenschaft, Politik und Medien zu vermarkten wissen – nicht wenige befällt die Angst vor Arbeitslosigkeit.

Die Bundesgrünen unterhielten nicht nur eine teure Denkfabrik. Sie steckten reichlich Mittel auch in Ausbau und Unterhaltung des grünen Netzwerkes überall in der Republik.

– Die linksalternative Szene wird den Bonner Knockout spüren. Der Stiftungsverband Regenbogen, darunter die 1989 erstmals mit 8,1 Millionen Mark geförderte Heinrich-Böll-Stiftung, wird künftig wahrscheinlich weniger Geld vom Bund erhalten.

– Die »Ökofonds« sind am Ende. Die Partei hatte ihre Bonner Abgeordneten verpflichtet, einen Teil ihrer Diäten an die Ökofonds zu spenden. 3500 Projekte sind bisher mit zehn Millionen Mark gefördert worden, etwa die Freie Schule Bochum, die Sozialistische Selbsthilfe Köln, aber auch die Sporthochschule Köln, als sie in der Mensa Biomenü einführte.

Der grünen Baisse zum Trotz wird die »Internationale Solidarität« weiter hochleben. Aus den »Solifonds« sind beispielsweise »Nationale Protesttage in Chile« oder die »Medizinische Notversorgung in den ländlichen Gebieten Guatemalas« mitfinanziert worden. Das Geld stammt aus den Zinsen der Wahlkampfkosten-Rückerstattung für die Europawahl 1984. Und die Zinsen fließen weiter.

»Spare in der Zeit, dann hast du in der Not«, lautete, einer Bauernregel folgend, das Finanzkonzept der Grünen. Rund 55 Millionen Mark hat die Partei aufgetürmt. Das Vermögen wird nun gebraucht, da nach dem Wahldesaster in den kommenden vier Jahren 12,78 Millionen Mark staatlicher Zuschüsse wegfallen. Das trifft vor allem die Bundespartei, die auf vierzig Prozent ihrer Einnahmen verzichten muss. In den Ländern dagegen betragen die Zuschüsse des Bundes, besonders die Wahlkampfkosten-Rückerstattung, nur zehn Prozent des Etats.

Die 42 000 Parteimitglieder, darunter rund 7000 Kommunal-, 170 Landtags- und 8 Europaparlamentsabgeordnete, könnten künftig stärker zur Kasse gebeten werden. »Beitragserhöhungen!«, fordert schon Bundesschatzmeister Axel Vogel.

Große Anstrengungen also sind nötig. Doch wie soll man sich ins Zeug legen, wenn frau nicht weiß wofür?

Die achtjährige Geschichte der Grünen im Bundestag ist die Geschichte eines großen politischen Aufbruchs, der nach zwei Jahren in parlamentarische Routine überging, begleitet von quälenden Personaldebatten und parteiinternen Flügelkämpfen.

Als am 6. März 1983 genau 2.167.431 Wähler den Grünen ihre Stimme gaben, da waren im Parlament zum ersten Mal jene sozialen Bewegungen repräsentiert, die sich Ende der siebziger Jahre überall auf lokaler und regionaler Ebene zu regen begonnen hatten: Atomkraftgegner und Radlerinitiativen, Schwule und Umweltschützer, Feministinnen und Friedensmarschierer, Dritte-Welt-Bewegung und kommunistische Basisgruppen.

Nach kleinen Erfolgen von bunten und alternativen Listen bei den nordrhein-westfälischen Kommunalwahlen und der Bremer Bürgerschaftswahl hatten 1004 Delegierte am 12. und 13. Januar 1980 in der Karlsruher Stadthalle die grüne Bundespartei gegründet. Ihr Programm: ökologisch, sozial, basisdemokratisch, gewaltfrei.

Etwas pathetisch hatte der 1978 aus der CDU ausgetretene Bundestagsabgeordnete Herbert Gruhl den »lieben Freundinnen und Freunden unserer grünen Bewegung« zugerufen, »dass der Geist der Geschichte in unsere Richtung weht« – der Historiker und Bundeskanzler Helmut Kohl allerdings erklärte den Einzug der neuen Partei in den Bundestag drei Jahre später kühl zum »vorübergehenden parlamentarischen Zustand«.

Dafür begegneten die Altparteien der neuen Fraktion im Parlament merkwürdig nervös. Bundestagsvizepräsident Richard Stücklen zum Beispiel machte sich Sorgen, »dass Wildwuchs die Tradition überwuchert« – die 28 neuen Abgeordneten waren am 29. März 1983 mit üppigen Flieder- und Forsythiensträußen zur Eröffnungssitzung in den Plenarsaal gekommen. Die Bochumer Grünen-Abgeordnete Gaby Potthast trug demonstrativ dunklen Anzug und Krawatte, der weitaus größere Teil der Fraktion war in Schlabberpullover und Jeans angetreten – ein Anschlag auf die strenge Kleiderordnung des Hohen Hauses.

Stärker noch provozierten die Neuen mit ungewohnten politischen Usancen. Ihre Fraktionssitzungen hielten sie öffentlich ab. Vertrauliche Papiere aus den Bundestagsausschüssen drohten sie, nach draußen zu geben – weshalb sie mit Billigung des Bundesverfassungsgerichts von der parlamentarischen Kontrolle der Geheimdienste ausgeschlossen wurden. Sie verprassten ihre Diäten nicht, sondern spendeten einen Teil davon dem guten grünen Zweck. Zur Mitte der Legislaturperiode sollten die grünen Abgeordneten »wegrotieren« und Nachrückern Platz machen – niemand sollte Karriere als Berufspolitiker machen können. Der Vereidigung von Kanzler und Kabinett blieben die Grünen fern, weil sie es für einen Hohn hielten, dass die Regierung sich verpflichtete, »Schaden vom Volk abzuwenden«.

An eine neue Wortwahl und an neue Themen mussten die Altparlamentarier sich gewöhnen. Reden vor mäßig besetztem Plenum eröffneten grüne Sprecher gern mit der Formel: »Frau Präsidentin, liebe Stenographen, leeres Haus!« Den Verteidigungshaushalt nannten sie hartnäckig »Rüstungs- oder »Kriegshaushalt«, Volkszählung »Volksverhör« oder »Totalerfassung«.

Den ersten großen Entrüstungserfolg unter den Koalitionsabgeordneten erzielte Waltraud Schoppe, als sie am 5. Mai 1983 vor dem Hohen Haus ausführte: »Wir bewegen uns in einer Gesellschaft, die Lebensverhältnisse normiert ... was dazu geführt hat, dass sich viele Menschen abends hinlegen und vor dem Einschlafen eine Einheitsübung vollführen, wobei der Mann meist eine fahrlässige Penetration durchführt.« Fraktionskollege Joschka Fischer qualifizierte den Bundestag vom Rednerpult herab als »steife Krähenversammlung«. Der Grüne Jürgen Reents wurde am 8. Oktober 1984 vom Präsidenten aus dem Plenarsaal verbannt, weil er Helmut Kohl

einen Bundeskanzler geheißen hatte, »dessen Weg an die Spitze seiner Fraktion und seiner Partei ... von Flick freigekauft wurde«. Und Joschka Fischer wieder musste sich nach der Debatte um die Barzel-Affäre bei Richard Stücklen entschuldigen, weil er gesagt hatte: »Mit Verlaub, Herr Präsident, Sie sind ein Arschloch.«

Nicht nur mit Provokationen, auch mit großen Reden und solider Arbeit profilierten sich etliche grüne Abgeordnete – und legten damit zugleich den Keim für die sechsjährige Dauerkrise ihrer Partei. Der Anwalt Otto Schily agierte im Flick-Untersuchungsausschuss als hartnäckiger Inquisitor und half die Parteispenden-Amnestie der Altparteien verhindern. In der Nachrüstungsdebatte zeigten sich der zwangspensionierte General Gert Bastian und seine Freundin Petra Kelly als profunde Kritiker des Regierungskurses. Scharfzüngig legte Joschka Fischer die ganze Peinlichkeit der Kießling-Affäre bloß.

Je mehr diese »Promis« der Fraktion zu Politstars wurden, desto mehr provozierten sie an der Basis und im an die Seite gedrückten Vorstand der Partei den Verdacht, sie wollten auf Kosten grüner Ideale Karriere machen. Schon im Februar 1984 hielt Gert Bastian den Konflikt zwischen politischem Professionalismus und basisdemokratischer Dilettanz nicht mehr aus und verließ die Partei.

Als zur Mitte der Legislaturperiode Petra Kelly sich weigerte, ihren Parlamentssitz einem Nachrücker freizumachen, kam es zum Disput über die Rotation. Deren Verfechter siegten zunächst, die Fraktion rotierte – am Ende der Legislaturperiode wussten alle, dass die Nachrücker, gemessen an den Promis, nur zweite Wahl gewesen waren.

Die Grünen im Bundestag – zwei Jahre nach ihrem Einzug nur noch graue Mäuse in buntem Gewand.

Später haben die Grünen im Bundestag die Rotation abgeschafft, vom Streit darum aber haben sie sich nie mehr erholt – auch nicht, als mit dem Wahlerfolg im Januar 1987 die Fraktion von 28 auf 44 Abgeordnete wuchs und etliche wegrotierte Promis wiederkamen: Otto Schily, Antje Vollmer, Christa Nickels, Hubert Kleinert, Waltraud Schoppe, Eckhard Stratmann, Willi Hoss, Marieluise Beck-Oberdorf. Als bei der Wahl der drei Fraktionssprecher Otto Schily dem Hamburger Ökosozialisten Thomas Ebermann unterlag, war klar, was fortan die Grünen beschäftigen würde: der Richtungsstreit zwischen »Realpolitikern« und »Fundamentalisten«.

Schon Monate nach ihrem zweiten Wahlerfolg interessierte die Grünen die Parlamentsarbeit nur noch so wenig, dass Fraktionssprecherin Waltraud Schoppe die Kollegen schriftlich ermahnen musste: »So geht es nicht! Ich möchte noch einmal mit Nachdruck in Erinnerung rufen, dass die Teilnahme an Fraktionssitzungen, Klausuren, Ausschussberatungen und Plenardebatten Pflicht ist.«

Dessen ungeachtet nahmen die Zentrifugalkräfte in der Fraktion zu. Und während sich der Ostblock in seine Bestandteile zerlegte, die DDR zerfiel, halb Europa sich umkrempelte und ein neues Deutschland entstand, trugen die Grünen ihre Flügelkämpfe aus.

In die »Deutschlandwahl« dieses Jahres ging die Partei dann mit einer Kampagne zur drohenden Klimakatastrophe. Vier Wochen vor der Stimmabgabe dämmerte es zumindest den Realos, dass die Sache schief laufen könnte. Eilends baten Joschka Fischer und Hubert Kleinert in Bonn zur Pressekonferenz. »Wenn es uns nicht

---

vorige Seiten: 19.12.1990: Zum Abschied hängen die Mitglieder von Bündnis 90/Die Grünen ein Transparent aus den Fenstern ihrer Büros in Bonn. Die Partei scheiterte bei der Bundestagswahl an der Fünf-Prozent-Hürde und scheidet somit für die kommende Regierungsperiode aus dem Bundestag aus.

gelingt, klarzumachen«, so Kleinert, dass am 2. Dezember auch darüber entschieden wird, ob die Grünen weiter Politik machen können, dann wird es noch einmal ganz eng.«

Wenige mochten solche Befürchtungen ernst nehmen. Doch Auflösungserscheinungen gab es reichlich. Allein drei spektakuläre Parteiaustritte:

– Otto Schily, 58, einst prominentester Grüner, ging im November 1989, weil er zwischen Realos, Leuten des Grünen Aufbruchs, gemäßigten Linken, Linken, ganz Linken und Radikalökologen nicht mehr wusste, wo grün ist. »Das war weder personell noch programmatisch zu identifizieren. Innerparteiliche Reibung und politischer Ertrag waren völlig aus der Balance.« Als Schily jetzt, der SPD beigetreten und über die bayerische Landesliste in den neuen Bundestag gewählt, wieder nach Bonn kam, »war das schon ein bisschen seltsam«, den früheren Mitarbeitern beim Kofferpacken zuzusehen. »Aber sie haben es sich ja selber zuzuschreiben.«

– Thomas Ebermann, 39, Schilys linker Gegenspieler, der noch im September 1987 die völkerrechtliche Anerkennung der DDR und das Ende der Wiedervereinigungspolitik forderte, im März 1989 in der taz die Koalitionsvereinbarung zwischen Berliner SPD und AL als »reaktionären Dreck« bezeichnete, verschaffte sich im April dieses Jahres, längst aus dem Bundestag rotiert, einen letzten großen Auftritt: Mit 42 anderen verließ er die Grünen, weil »die Sozialdemokratisierung und Etablierung« der Partei unumkehrbar seien. Vom linken Rand her agitiert der Journalist, meist in konkret, seither gegen Grüne wie PDS.

– Ulrich Briefs, 51, MdB, Informatik-Dozent in Bremen, trat am Tag vor der Wiedervereinigung »wegen der Rechtsentwicklung der Grünen« aus der Fraktion aus und wird, inzwischen parteilos, auf Platz vier der Sächsischen Landesliste für die PDS in den neuen Bundestag einziehen. Im Herbst hatte er sich in Nordrhein-Westfalen noch vergebens um einen Platz auf der grünen Landesliste beworben. »Basisdemokratie führt zu Oligarchie«, sagt er nun über die Machtstrukturen seiner alten Partei und preist den »ganz anderen Stil« der PDS-Fraktion, in der ja auch »ganz andere Leute« säßen, »zum Beispiel ein ehemaliger Ministerpräsident«, und meint Hans Modrow.

Aus dessen böser alter DDR stammen die beiden neuen Grünen, die jetzt zusammen mit sechs Bürgerrechtlern als »Bündnis 90/Grüne« im Bundestag sitzen. Kommt aus dem Osten, in dem das Bündnis 5,9 Prozent der Stimmen erhielt, nun die Rettung für die Grünen-West?

Erst im Februar 1990 in Halle gegründet, erreichte die ostgrüne Partei bei der Volkskammerwahl am 18. März nur 1,97 Prozent der Stimmen – trotz der, verglichen mit dem Westen – aberwitzigen Umweltprobleme der DDR.

Die grünen Abgeordneten bildeten zusammen mit ihren Kollegen vom Bündnis 90 eine gemeinsame Fraktion. Diese Zelle eines grünen Bürgerbündnisses bewährte sich. Wo Bürgerbewegung und Grüne getrennt gegen die Fünf-Prozent-Hürde antreten, gewinnen sie kaum Einfluss, verlieren sie nur mögliche Mandate.

Nach Wählerstimmen und Mitgliederzahlen sind die Grünen nach wie vor erheblich schwächer als die Bürgerbewegungen. Ganze 3000 bis 5000 Namen von Umweltschützern – genau weiß es niemand – stecken in den Karteikästen von immerhin über 200 Kreisverbänden.

Bundestags-Neuling Klaus Feige, Öko-Experte aus Mecklenburg, versteht sich bereits »als Grüner, nicht als Ostgrüner«. Er wolle mit seiner Arbeit auch den geschlagenen Vorbildern »wieder Mut machen«. Vera Wollenberger hingegen, als DDR-Oppositionelle einst des SED-Staates verwiesen, nun aus Thüringen nach Bonn geschickt, verkörpert eher jene Einheit von Friedens-, Demokratie- und Ökologiebewegung, die sich im

Anblick der westlichen Selbstzerfleischung mehr im ostdeutschen Bürgerbündnis zu Hause fühlt als in der grünen Fremde.

Am 3. Dezember, zu spät, traten vier der fünf Landesverbände Ostdeutschlands den Westgrünen bei, Sachsen überlegt noch. Fast alle Ostgrünen verlangen eine scharfe Abgrenzung nach links, Öko-Sozialisten wünschen sie fort zur PDS. Und Wolfgang Templin, Mitbegründer der Initiative für Frieden und Menschenrechte, formuliert ein einheiliges Ost-Credo, wenn er die westdeutschen Freunde zurück an die Wurzeln schickt, zurück zur Basis.

Anders als im Westen ist Basis-Bezug im Osten weder Fetisch noch parteiinterne Taktik. Der Weg nach unten führt vor allem zur Mitte, zur Realpolitik. Welcher Westgrüne könnte, wie vor Wochen Vera Wollenberger, mit einem CDU-Innenminister namens Diestel schon gemeinsam eine Amnestie für politische Häftlinge fordern? Welcher West-Fundi möchte, wie nun Werner Schulz vom Neuen Forum, unisono mit der FDP, eine »Steueroase Ex-DDR« verfechten?

Die Forderung nach einer Rückkehr zu eigenen Anfängen, der politische Pragmatismus ohne rotgrüne Arroganz zeigen, wie sich die Westgrünen ändern müssen, wenn sie nach den Ostgrünen auch die Bürgerbewegungen für ein langfristiges Bündnis gewinnen wollen. Das wären dann nicht mehr »Die Grünen«, das wäre dann eher ein »grünes Bürgerforum«, wie es derzeit in Sachsen diskutiert wird.

Die Basis im Westen versucht derweil, den 2. Dezember zu deuten und zu verarbeiten. In der Universitätsstadt Bielefeld riefen die Grünen jetzt zum »Sonderplenum«; »die (künftig drastisch verkleinerte) Bürocrew« unterzeichnete mit »immer noch fassungslosen Grüßen« die Einladungspostkarte.

Es war Bielefeld, wo 1979 zum ersten Mal Grüne in ein deutsches Kommunalparlament gewählt wurden. Zehn Jahre lang, bis 1989, wurde die Stadt rot-grün regiert. Hier zuerst fuhr auf Kosten der Stadt ein Nachttaxi für Frauen. Hier wurde die erste betreute Altenwohngemeinschaft gegründet. Hier residiert – noch – der parteilose Umweltdezernent Uwe Lahl, Herr über sieben Behörden, vom Wasserschutz- bis zum Gesundheitsamt. Seine Stimme wird, weil er in seiner Stadt etwas zu sagen hat, auch anderswo gehört, wenn es um Giftmüll geht, um Chlorchemie oder Verkehrspolitik.

Mit Kommunalpolitik hatte die neue Stadtratsfraktion anfangs nicht viel im Sinn. Helga Bolt, Fraktionssprecherin und damals wie viele in ihrer Partei Sympathisantin des Kommunistischen Bundes, sah sich als »politische Vorhut derer, die ›nur‹ von Ökologie reden«. Den Stadtrat wollte sie für revolutionäre Propaganda »als Tribüne« nutzen. Nun sollte sie »plötzlich entscheiden, wo ein Kindergarten hinkommen soll« – eine neue Erfahrung.

Vor allem erreichten die Grünen die Einrichtung des Umweltdezernats. In den folgenden Jahren lernten die örtlichen Unternehmen, so klagte ein Textilbetrieb, die »besondere Intensität der Durchsetzung« von Umweltschutzvorschriften fürchten. »Aus Sorge um Bielefeld« gründeten hundert Unternehmer zunächst eine Bürgerinitiative gegen Rot-Grün, dann eine Partei, die »Bürgergemeinschaft für Bielefeld«. Bei der Kommunalwahl im vergangenen Jahr wurden die Umweltschützer abgewählt: 34 Stimmen fehlten SPD und Grünen.

Die neue Mehrheit aus CDU, FDP und Bürgergemeinschaft schaffte das Frauen-Nachttaxi ab, reduzierte im öffentlichen Nahverkehr die Fahrpreisermäßigung für Sozialhilfeempfänger und Arbeitslose, strich die Etats der Gesamtschulen zusammen. Der Bielefelder Bahnhofsplatz heißt nun statt Platz des Widerstands wieder Bahnhofsplatz.

Bei der Bundestagswahl bekamen die Grünen in Bielefeld noch ganze 6,2 Prozent der Stimmen. Auf ihrem Sonderplenum am Freitag vergangener Woche wollten sie diskutieren, »wie es zu dem Debakel kam und wie es jetzt weitergehen soll«.

In den vergangenen Jahren waren von über 500 Parteimitgliedern zu den Versammlungen in der Regel nicht mehr als 30 gekommen. Diesmal drängten sich 120 Menschen im Bielefelder Umweltzentrum. »Die elf Jahre Kommunalpolitik waren Reformpolitik«, sagt die Ex-Revolutionärin Helga Bolt. »Was fehlte, war die Akzeptanz, dass man einfach einmal gesagt hätte, wir stehen dazu.«

Haben die Wähler die grüne Politik nicht verstanden? Oder haben sie solche nicht gewollt? Viele Fragen, viele Antworten. Man sei an diesem Abend »außerordentlich behutsam« miteinander umgegangen, wird die Fraktionssprecherin später sagen. Beispielsweise habe niemand über Antje Vollmer geschimpft, die hier, in ihrem Wahlkreis, »eine nicht sehr gelittene Person« sei. Warum kommen die Grünen nicht mehr zu ihren eigenen Versammlungen? Sie hätten auch hier »unheimlich gut gelernt, aufeinander rumzuhacken«, sagt eine Frau, »und damit unheimlich viele Leute vertrieben«. Fast ist es unheimlich, wie viel Beifall sie für diesen Satz bekommt.

Auch in Hannover, wo die jüngste und nun einzige rot-grüne Koalition auf Länderebene regiert, ist man nach dem Wahldesaster zusammengerückt. »Wenn man gemeinschaftlich einen auf die Birne kriegt«, sagt der Europaminister Jürgen Trittin, »kommt man da auch nur gemeinsam wieder raus.« Trittin ärgert sich über den »dummen Satz von Momper«; der Berliner SPD-Chef hatte gesagt, Rot-Grün sei ein auslaufendes Modell. Über diesen Satz ist auch SPD-Ministerpräsident Gerhard Schröder böse.

Die Parole in Hannover lautet: Durchhalten! Und man hat gute Gründe dafür. Rund zwei Dutzend rot-grüne Bündnisse gibt es heute in niedersächsischen Städten, Gemeinden und Kreistagen. In Northeim und Verden wurden »gestandene Sozialdemokraten« mit grünen Stimmen zu Landräten gewählt, und das, sagt Schröder, »vergessen die denen nie«.

Trittin glaubt, dass »selbst der rechteste Sozialdemokrat ein Interesse an der grünen Option haben muss – sonst bleibt denen ja nur wieder die FDP«. Eine FDP, der seit dem Verrat von 1976, als einige Liberale Ernst Albrecht aus der Opposition zum Ministerpräsidenten wählten, kein Sozialdemokrat mehr über den Weg traut.

Die Grünen hatten schon im März 1982 den Sprung in das Landesparlament geschafft – acht Jahre gemeinsamer Opposition mit den Sozialdemokraten verbinden, Freundschaften sind entstanden. Schröder: »Die haben parlamentarische Erfahrung, und mit denen wir da zu tun haben, würden wir auch privat umgehen – ich jedenfalls.«

Gute Stimmung in Niedersachsen. Man ist sie schon den Hessen schuldig – die in fünf Wochen eine rot-grüne Regierung wählen sollen.

Daniel Cohn-Bendit, grüner Dezernent für Multikulturelles unter dem Frankfurter SPD-Oberbürgermeister Volker Hauff, sagt: »Wenn wir am 20. Januar unter sechs Prozent bleiben, dann ist es das Ende der Grünen – es geht jetzt um alles oder nichts.« Dem SPD-Kandidaten, Kassels Oberbürgermeister Hans Eichel, sind die Grünen im Land »ein wirklich stabiler Faktor – von den Zahlen und ihrer Politikfähigkeit her«. Bei der letzten Landtagswahl lagen zwischen »den beiden Lagern« (CDU/FDP – SPD/Grüne) 1500 Stimmen Differenz.

Eichel ist schon 1981 mit grünen Stimmen zum Kasseler Oberbürgermeister gewählt worden, bei der Kommunalwahl 1985 wurde das Bündnis vom Wähler belohnt: Die SPD steigerte sich von 45,8 auf 51 Prozent, die Grünen von 6,7 auf 8,4 Prozent. 1989 schafften die Grünen in Eichels Heimatstadt 12,3, die Sozialdemokraten 49,8 Prozent und können so immer noch mit einer hauchdünnen Mehrheit allein regieren. Bei solchen Erfahrungen hat auch er wenig Verständnis für Mompers Äußerung vom »auslaufenden Modell«.

Die südhessische Bezirksvorsitzende Heidemarie Wieczorek-Zeul sieht die Voraussetzungen für Rot-Grün heute »realistischer und ehrlicher« als beim ersten Versuch unter Holger Börner. »In beiden Parteien hat man gelernt in der Opposition. Die Grünen müssen keine Angst haben, dass wir Vorwände suchen würden, wieder auszusteigen.«

Nirgendwo wurde der Häutungsprozess von einer fundamental-oppositionellen zur regierungsverantwortungsbewussten Partei so entschieden und so schmerzhaft betrieben wie bei den hessischen Grünen. In Frankfurt leben die populärsten Repräsentanten der verfeindeten Flügel: Jutta Ditfurth und Joschka Fischer. Die Fundamentalistin, deren grüner Lebensgefährte und Kampfgenosse Manfred Zieran vor der Bundestagswahl Reklame für die PDS machte, musste gar ins bayerische Exil gehen, um, in München-Nord, eine Direktkandidatur fürs Bonner Parlament zu bekommen. Hessen gehört den Realos.

Joschka Fischer sagt, das Wahldesaster habe seine Grünen beflügelt: »Die Basis ist wild entschlossen, sich reinzuhängen.« Es gebe seit dem Montag danach »Parteieintritte auf dem platten Land wie in der Stadt«. Überall in Frankfurt hängen schon Plakate; Künstler und Journalisten würden anrufen und helfen wollen. »Das hat es auch schon lange nicht mehr gegeben.«

Joschka Fischer meldete sich gleich nach der Wahl zu Wort, um auch auf Bundesebene die Sache der Grünen ein für allemal im richtigen, seinem Sinne zu entscheiden.

Prompt konterte Jutta Ditfurth, die »Kommandeuse des Öko-Stalinismus« *(tageszeitung)*, sie wolle »das grüne Projekt« gegen Fischers Machtübernahme verteidigen.

Erst eine Woche nach dem Sturz ins Bodenlose findet Vorstandssprecherin Heide Rühle zu der Formulierung, sie habe »die Faxen der Strömungshengste und -stuten endgültigen satt«. Im parteieigenen »Haus Wittgenstein« bei Bonn begann der Bundeshauptausschuss vergangenes Wochenende mit der Analyse des eigenen Versagens.

Durch das Wahlvolk gezwungen, muten sich die Grünen, gerade zehn Jahre alt, erstmals einen Blick in den Spiegel zu. Sie sehen statt eines frischen Gesichts eine versteinerte Fratze, das Zerrbild jener Generation, die einst ewige Jugend und letzte Weisheiten zu versprechen schien. Plötzlich wird offenbart, dass nicht mehr 68, sondern die 68er zu bewältigen sind. »Wir sind im Grunde eine konservative Partei geworden«, bekennt Vorstandssprecherin Renate Damus, »weil wir Struktur und Programm nicht fortentwickelt haben.«

Die Strukturen. Gremien, die sich gegenseitig lähmen sollten, was Hubert Kleinert »Endlos-Laberclubs« nennt; »Fundis«, »Realos« und »Aufbruch«-Leute, die sich nur noch gegenseitig in Schach halten und Funktionen paritätisch besetzen, was der Delegierte Friedrich-Wilhelm Graefe zu Baringdorf als »Fundamentalopportunismus« bezeichnet; überall grüne Tabus und Dogmen, weshalb der Delegierte Udo Knapp »Gedankenfreiheit« fordert; lauter »Linienpolizisten, die pfeifen, wenn jemand den Spielfeldrand übertritt«, Menschen, die der Delegierte Gernot Folkerts für die »Vertreibung der Gründerintelligenz« verantwortlich macht.

Das Programm. Klimakatastrophe statt deutsche Einheit – für den Delegierten Erhard Müller ist das »Ökologie als Verdrängungsthema«, um sich nicht vom linken Mythos des zweiten, des sozialistischen deutschen Staates verabschieden zu müssen; Schweigen zur Implosion des Staatssozialismus – für die Fraktionsmitarbeiterin Elisabeth Weber ist das die Kapitulation der Grünen im Westen vor dem Umbruch im Osten.

Nach zwei quälenden Sitzungstagen wird schließlich beschlossen, die Partei radikal zu reformieren. »Runde Tische«, im Osten erfunden, um vierzigjährige Versteinerungen aufzubrechen, sollen nun im Westen wieder anlocken, wen die Grünen verprellt oder vertrieben haben. Antje Vollmer lädt »die Gesellschaft ein, die Grünen instand zu besetzen«.

Plötzlich wanken die Dogmen, und vieles scheint möglich auf dem nächsten Parteitag Anfang April: Abschaffung des Rotationsprinzips, ein oder zwei Parteivorsitzende, Einführung der Urabstimmung, ein neues Programm, das nicht im Vokabular der siebziger über die neunziger Jahre redet. Sogar Jutta Ditfurth gibt sich lammfromm, um nicht – wie es ihr hessischer Landesverband schon fordert – aus der Partei geworfen zu werden, und die Parteilinken rufen brav für den 20. Januar zur Wahl der Hessen-Realos auf.

Es brauchte die Versenkung, um die Grünen zur Besinnung zu bringen. Wenn sie daraus wieder auftauchen sollten, so viel scheint sicher, wird ihre Partei nicht mehr die alte sein.

Und wenn sie nicht wieder auftauchen sollten, gilt, was Andrée Buchmann, Sprecherin der französischen Grünen, in der *taz* schrieb: »Die Ökologie ist mit der Nicht-Wahl der Westgrünen in den Bundestag nicht gestorben.«

»STERBEN IM KAMPF, ABER NICHT SO!«

DIE ZEIT 30.10.1992
Norbert Kostede

Die Beweggründe bleiben im Dunkeln: Die Grünen rätseln über den Tod von Petra Kelly und Gert Bastian

---

Der Pfarrer hat gut predigen: »Selig sind, die nach Gerechtigkeit dürstet.« Aber ist es gerecht, das Opfer und den Täter gemeinsam zu ehren? »Selig sind, die da Frieden stiften.« Wer kann mit dieser Bluttat seinen Frieden machen? Zweifel hinter Tränen und Trauer.

Hoch über der Stadt, auf dem Waldfriedhof von Würzburg, vor dem Eichensarg versammelt: Familie, Freunde, politische Weggefährten. Vierhundert Menschen nehmen Abschied von Petra Kelly. »Amazing grace«, ihr Lieblingslied von der unbegreiflichen Gnade, kann die Gedanken nicht abstellen. So ist der Mensch, er will begreifen. Was hat sich in den frühen Morgenstunden des 1. Oktober abgespielt? Was soll die gemeinsame Gedankenveranstaltung für Petra Kelly und Gert Bastian an diesem Samstag?

»Mit dem Herzen denken« – dieses Motto Petra Kellys soll die Veranstaltung in der Bonner Beethovenhalle tragen. Nicht das Herz, der Kopf sagt den Trauernden auf dem Würzburger Waldfriedhof: Petra Kelly ist nicht freiwillig aus dem Leben gegangen, Gert Bastian hat sie erschossen. »Ohne Gruß an die Oma? Nie wäre Petra so gegangen!« – »Ohne politisches Testament? Ausgeschlossen!« – »Eine Pazifistin, die sich mit einer Pistole erschießen lässt? Unsinn.« – »Wer so viel Pläne schmiedete, denkt nicht an Selbstmord.«

Und so spricht Lew Kopelew, der russische Schriftsteller, den Versammelten aus der Seele: »Sie konnte sterben wie Martin Luther King oder wie Gandhi. Im Kampf, aber nicht so!« Als er fortfährt, blicken jedoch viele betreten auf den Boden: »Ich glaube nicht, dass sie oder Gert gehen konnten, ohne es ihren Freunden zu erklären.« Also Mord durch eine fremde Macht? Durch Stasi-Killer oder Rechtsradikale, wie in den ersten Stunden nach dem Auffinden der Leichen spekuliert wurde? In diesem politischen Kreis, der gegen Stammheim-Legenden resistent ist, glaubt Kopelew das keiner.

Viele Trauergäste haben die Schlagzeilen vom Tag zuvor noch vor Augen: »Petra Kellys Oma: Ich verfluche Bastian.« Endlich hatte *Bild am Sonntag* den Deutschen gesagt, wie es wirklich war: Bastian war total abhängig von Kelly; der Panzergeneral wurde zum Kofferträger degradiert; der alte Mann war eifersüchtig auf die Affären und

Pläne – Europaparlament, Dozentur in Santa Cruz – einer 25 Jahre jüngeren Frau. Ergo: »Gert Bastian sah seine Lebensperspektive: Ich werde allein, vergessen und hilflos sein. Er hat dafür eine Schuldige gesucht. Er hat sie gefunden. Er hat sie ermordet.«

Endlich Licht im Dunkel der Motive, niederer Beweggrund, Mord! Schaudernd fragt sich mancher an Petra Kellys Sarg, mit welchen Schlagzeilen die Boulevardpresse erst am Samstag aufmachen wird: »Requiem für einen Mörder« – »Grüne schweigen über das Verbrechen an Petra«?

Die engsten Freunde des Paares wussten es besser. Über Jahre hatten sie Petra Kellys Neurosen erlebt: »Sie war unfähig, allein das Haus zu verlassen oder auf Reisen zu gehen.« – »Ein Workaholic, immer am Rande des Nervenzusammenbruchs.« – »Panische Angst und Schwächeanfälle sagten uns schon lange: Da liegt eine Katastrophe in der Luft.« Lukas Beckmann spricht es vor der Familie am Sarg aus, beschwörend, mit erstickender Stimme: »Ich habe sie sagen hören: Wenn Gert nicht mehr ist, will ich auch nicht mehr sein.« Wer darf einen Gert Bastian verfluchen, der Petra Kelly wie eine Kranke durch die letzten Jahre führte? Als Bastian sich einmal ausweinte, bekam er den Rat: »Du musst endlich lernen, sie einmal umfallen zu lassen. Niemand verlangt von dir, dein Leben zu ruinieren, weil sie ihr eigenes ruiniert.« Er ließ sie nicht fallen.

Und so sind die Eingeweihten, die aus der ganzen Republik zur Beerdigung anreisen, beruhigt und dankbar, dass sie diese Version auch im *Spiegel* lesen können: »Bei ihm (Bastian) mag der Gedanke gewachsen sein: Wenn ich sie verlasse – durch Tod oder eigenen Entschluss –, bring ich sie um.« Bastian habe sich in ein »absolutes Verantwortungsgefühl für Petra Kelly hineingesteigert«.

vorige Seite: 10.10.1981: Petra Kelly und Gert Bastian auf einer Kundgebung gegen Atomwaffen in Bonn

Selbst wenn er sie ohne Verabredung zum gemeinsamen Selbstmord erschossen haben sollte: An Heimtücke und niedere Beweggründe will keiner glauben, der Bastian kannte. Auch die kurze Affäre mit einem tibetanischen Arzt nimmt sich aus der Sicht eines Freundes anders aus als in der *Bild*-Zeitung: »Ich weiß, Gert war froh über diesen Kontakt. Er hoffte auf jemanden, mit dem er die Verantwortung teilen konnte.«

Was ist richtig: Die Mordthese oder die These einer Tötung aus absolutem Verantwortungsgefühl? »Wo kommen wir hin, wenn für Neurotiker und Workaholics der Gnadenschuss freigegeben wird«, murmelt einer, der den »Kasernenhof-Pazifismus« des Generals noch nie sonderlich sympathisch fand. »Selbst wenn es kein Mord war: An Bastians Verhalten gibt es nichts zu rechtfertigen.« Zur Veranstaltung am Samstag will er nicht kommen: »Da wird doch nur gelogen.«

Wer kann lügen oder Lügen entlarven, wenn niemand die Wahrheit kennt? Falls keine neuen Hinweise auftauchen, wird Gert Bastians Tatmotiv – falls er nicht überhaupt im Affekt gehandelt hat – nie aufgeklärt werden. Kein Profireporter, kein Graphologe, kein Ferndiagnostiker aus dem Frankfurter Sigmund-Freud-Institut kann da weiterhelfen. Und die ungeheure Energie, mit der landauf, landab in Wohngemeinschaften und Szenekneipen über diesen politischen Kriminalfall diskutiert wird, taugt ohnehin nicht zur Aufklärung, höchstens zur Geburt eines neuen Mythos. Je dunkler die Motive, umso interessierter die Drehbuchautoren. Wahrscheinlich dauert es keine zwei Jahre, und die Sache ist verfilmt.

Wie schwer die seelischen Nöte Petra Kellys auch gewesen sein mögen: Eine ausweglose Situation zu konstruieren, in der Bastians Schuss als Ausdruck »absoluten Verantwortungsgefühls« erscheinen kann, ist nicht weniger absurd als die Mordthese der *Bild*-Zeitung. Warum sollten sich niedrige und höhere Beweggründe nicht mischen können? Warum sollten sich in einer Verzweiflungstat nicht Stränge von Eifersucht, Depression und Verantwortungsgefühl unentwirrbar verknoten können? Und warum kann es kein Geheimnis zwischen diesen beiden Menschen gegeben haben, das nie nach außen drang und nun ihren Tod für immer zum Rätsel macht?

So äußern sich auf dem Waldfriedhof Menschen, die nicht in der Intimsphäre des Paares herumdeuten und -wühlen wollen. »Viele von uns haben sich an Petra versündigt«, gesteht Gerald Häfner, Sprecher der bayerischen Grünen, und blickt auf ihren Sarg. »Ich möchte mich dafür entschuldigen.« Auch Pfarrer Zink erinnert im Zorn an die erbitterten Strömungskämpfe der achtziger Jahre – »so viel Häme, so viel Arroganz, so wenig Freundschaft« – in denen sensible Naturen wie Petra Kelly leicht zermürbt werden konnten.

Man darf auf den Samstag gespannt sein: Wird die Gedenkfeier neben der vergeblichen Suche nach eindeutigen Tatmotiven vom Gestus der Selbstbezichtigung geprägt werden?

Krokodilstränen sind es gewiss nicht, die auf dem Waldfriedhof fließen. Zwar könnten sich viele der Trauergäste von Gerald Häfners Geständnis angesprochen fühlen: Da steht einer mit tiefen Furchen im Gesicht, der Petra Kelly 1990 die Unterstützung für die Bundestagskandidatur verweigert hat. Da sitzt eine und wendet das Taschentuch, die Petra Kellys Kandidatur für die Europawahlen verhindert hat. Wohl keiner unter den versammelten Weggefährten, der nicht irgendwann um ein Mandat, um einen Posten oder um einen Fernseh-Auftritt mit ihr konkurrieren musste. Keine Frage: Davon, wie man sich medienträchtig in Szene setzt, verstand Petra Kelly selber einiges.

So ist das nun einmal in der Politik, hinter jedem Cäsar ein Brutus, hinter jedem Löwen ein Fuchs. Um den politischen Wettstreit zu zivilisieren, gibt es demokratische Regeln und humane Umgangsformen, Verletzungen, Verbitterungen, Ressentiments bleiben trotzdem nicht aus.

Ist es denn ein Wunder, wenn die Grünen das Gewissen gleichsam doppelt beißt? »Menschlicher Umgang in der Politik!« riefen sie bei ihrem Einzug in den Bundestag den etablierten Parteien zu. Sie hatten sich den Heiligenschein zu früh aufgesetzt: Weil es die Grünen über Jahre zu keiner stabilen Führung und zu keiner programmatischen Grundrichtung brachten, tobte der Streit in ihren Reihen um vieles heftiger als in den Altparteien.

Auf Selbstbezichtigungen und neue Mordhypothesen wird die Öffentlichkeit am Samstag gut verzichten können. Petra Kellys und Gert Bastians zu gedenken, das könnte ja auch heißen: Abschied nehmen von dem idealisierten Selbstbildnis der heroischen Anfangsjahre.

Eins bleibt nachzutragen. Die letzte Nachricht über die Beerdigung in *Bild* lautet: »Um 15.02 Uhr wird der Sarg in Reihe 20 ins Grab Nr. 7 gesenkt. Durch den wolkenverhangenen Himmel bricht die Sonne.« Das ist wahr.

DEUTSCHLANDKARTE: DIE BIOLADENDICHTE

ZEITmagazin 29.10.2010,
Matthias Stolz (Redaktion), Jörg Block (Illustration)

Wer Müsli und Biomilch frühstückt, der möchte der Natur und sich selbst Gutes tun. Dieses Verlangen ist unter Akademikern offenbar weitverbreitet. Jedenfalls gibt es in Studentenstädten mehr Bioläden: vor allem in Freiburg, Regensburg und Heidelberg. Offenbar neigt der süddeutsche Akademiker noch etwas stärker als der norddeutsche zum Bioprodukt, was daran liegen könnte, dass die Menschen im Süden wohlhabender sind, oder auch daran, dass im Norden die Landwirtschaft seltener ökologisch ist, und gerade unter Akademikern ist der Leitsatz verbreitet, man solle lokale Produkte kaufen.

Das Ost-West-Gefälle ist übrigens weniger groß als das zwischen dem Ruhrpott (und den Städten drum herum) und dem restlichen Deutschland. In Gelsenkirchen muss man von einer wahren Müslifeindlichkeit sprechen. Auch wenn dort längst nicht mehr jeder unter Tage arbeitet, so hat sich die Annahme gehalten, dass ein Müsli vielleicht gesund sei, richtig satt mache jedoch eher eine ganz normale mit Fleischwurst belegte Doppelstulle.

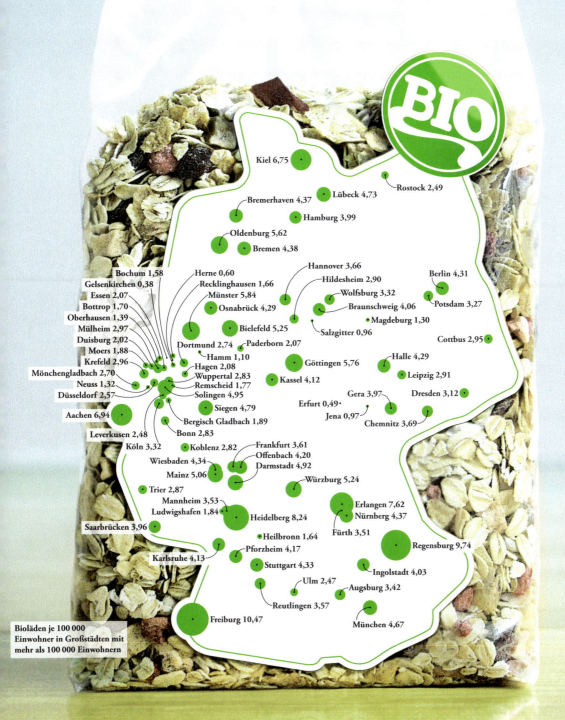

Kapitel 4

DIE GRÜNEN & DER KRIEG

IST DIE WELT VERRÜCKT GEWORDEN?

DIE ZEIT 25.01.1991
Petra Kelly und Gert Bastian

Die Friedensbewegung macht es sich zu leicht

―

Viele hatten ihn geträumt am Beginn des neuen Jahres: den Traum von der besseren, friedlicheren Welt, von einer Welt ohne Krieg und Unterdrückung, ohne Block-Konfrontation und Wettrüsten. Das alles schien nicht länger idealistische Utopie, sondern reale Chance zu sein nach den positiven Entwicklungen im letzten Jahr.

Zwar gab es immer noch genug Bedrückendes, wie Krieg in Kambodscha und Sri Lanka, Pekings Unterdrückungspolitik in Tibet und in China selbst, Unruhen und Terror in vielen Teilen der Welt, das ungelöste, seit Jahrzehnten schwelende Palästina-Problem und seit dem 2. August 1990 den Einmarsch irakischer Truppen in Kuwait. Doch all das, so schien es vielen, waren eher Überreste einer überholten, auf Konfrontation angelegten Weltordnung als Vorboten kommenden Unheils.

Und dann, nach der Jahreswende, plötzlich ein blutiger Militäreinsatz in Litauen gegen gewaltfreie Demonstrationen für Unabhängigkeit, die Androhung gleicher Gewalt in Lettland und Estland und gleichsam über Nacht der Schrecken des Krieges im Nahen Osten. Ist die Welt verrückt geworden? Sind die Menschen der Friedensschalmeien schon überdrüssig, nachdem sie erst seit ein paar Monaten den Ton anzugeben schienen? Bleiben Glasnost und Perestrojka in der Sowjetunion unerfüllte Träume, die wieder von den alten Kategorien des Denkens und Handelns im Kreml abgelöst werden? Ist der Krieg wieder zulässig als Fortsetzung einer gescheiterten Politik mit anderen Mitteln?

Es sieht leider ganz so aus, wenn man das einvernehmliche Handeln der Supermächte und ihre wechselseitige Duldung dessen, was die jeweils andere im Baltikum oder am Golf tut, betrachtet. Wo blieb denn der amerikanische Protest gegen die brutale sowjetische Militärgewalt in Litauen? Wo der mäßigende Einfluss Gorbatschows auf den zum Krieg entschlossenen amerikanischen Präsidenten?

Natürlich hat der Irak zuerst den Frieden gebrochen, als er sich Kuwait einverleibte. Natürlich hat er alle UN-Resolutionen missachtet, die ihn zum Rückzug aufforderten. Und natürlich

Golfkrieg 1991: In der kuwaitischen Wüste brennen Ölquellen (linke Seite), in Berlin protestieren tausende Menschen gegen den Krieg.

gibt es einen UN-Beschluss, der die Befreiung Kuwaits auch mit Waffengewalt zulässt. Doch UN-Resolutionen in anderen Fällen, beispielsweise in der Palästina-Frage, sind kaum mit ähnlicher Entschiedenheit befolgt worden.

Das Übergewicht der westlichen Streitkräfte in der Militärallianz gegen den Irak macht es schon schwierig, den Eindruck eines Krieges der Christenheit gegen ein arabisches Land nicht aufkommen zu lassen. Je mehr sich nun aber auch bisher unbeteiligte christliche Länder dazu drängen, an diesem Krieg mit eigenen Militäraufgeboten teilzunehmen, wie soeben Dänemark, die Niederlande und Argentinien, desto unvermeidlicher wird es, dass in der arabischen Welt, die noch immer an unvergessenen Demütigungen durch westliche Länder leidet, die Erinnerung an die mörderischen Kreuzzüge vergangener Jahrhunderte wach wird.

Leider macht es die verbrecherische Beteiligung einer Vielzahl deutscher Firmen an der Aufrüstung des Irak gerade uns Deutschen schwer, jetzt mit guten Ratschlägen aufzuwarten. Waren es doch deutsche Firmen, die es dem Irak ermöglichten, über Chemiewaffen zu verfügen (und damit schon 1988 Tausende von Kurden umzubringen), in der Entwicklung einiger Atomwaffen vielleicht das Ziel schon erreicht zu haben, die Reichweiten seiner sowjetischen Scud-Raketen so zu steigern, dass mit ihnen Israel erreicht werden kann, und die Mobilität der irakischen Landstreitkräfte zu verbessern. Doch schweigen dürfen wir Deutschen trotz solcher Schande nicht. Wir sind im Gegenteil schon wegen dieser Mitschuld an den für die Nachbarn des Irak und besonders für Israel heraufbeschworenen Gefahren verpflichtet, uns gegen Entwicklungen zu wenden, die noch größere Risiken und konkretere Gefahren für den Nahen Osten zur Folge haben können.

Prinzipientreue bei der Verteidigung von Menschenrechten kann es ja wohl nicht sein, was die Bomber der internationalen Koalition auf Angriffskurs gebracht hat. Siegen wollen um jeden Preis, auch um den vieler Toter, dürfte schon eher die Erklärung dafür sein, dass überhaupt nicht daran gedacht wurde, nach den ersten verheerenden Schlägen aus der Luft eine Feuerpause zu erklären, um der Diplomatie eine erneute Chance zu geben. Obwohl das nicht nur menschlich, sondern auch vernünftig gewesen wäre und den Israelis die Raketenangriffe auf Tel Aviv wahrscheinlich erspart hätte.

Doch auch die Parolen der Friedensbewegung hier greifen zu kurz. Mit der zulässigen Reduzierung des Konflikts auf die Formel »Kein Blut für Öl« wird man den tieferen Zusammenhängen nicht gerecht. Das unverständliche Schweigen zu früheren Verbrechen, wie zum Völkermord in Kambodscha oder zum Krieg der Sowjets in Afghanistan, zum irakischen Einmarsch in Kuwait und vor allem auch zur Bedrohung Israels durch einen von deutschen Firmen mit zu verantwortenden erneuten Holocaust hat die bundesdeutsche Friedensbewegung ohnehin einen guten Teil ihrer Glaubwürdigkeit gekostet.

Zu einseitig und vordergründig sind leider viele ihrer Parolen. Das steht im Gegensatz zu den Vereinigten Staaten, wo die Friedensdemonstranten, die dort zur Ehre des Landes in steigender Zahl auf die Straße gehen, den globalen Zusammenhang von Krieg und Frieden und die Unteilbarkeit von Menschenrechten in den Mittelpunkt ihrer Bekundungen stellen.

Krieg kann und darf nicht mehr erlaubt sein. Das gilt auch für den Krieg am Golf, der mit jedem Tag mehr Unheil stiftet und die überfällige Konfliktlösung in dieser Region mit jeder Bombe erschwert. Eine Konfliktlösung kann auf Dauer nur Erfolg haben, wenn sie dem arabischen Verlangen nach Gleichberechtigung ebenso gerecht wird wie dem Existenzrecht Israels und dem Recht der Palästinenser auf einen eigenen Staat.

LETZTE WORTE

DIE ZEIT 18.06.1993
Klaus Hartung

Grüne Politiker erlebten das Grauen in Bosnien

———

Eine Parlamentarierdelegation von Bündnis 90/Grüne ist aus Zentralbosnien zurückgekehrt. Sie berichtete, und ihre Berichte wirkten. Am Wochenende hat der Länderrat, das höchste Beschlussorgan der Partei zwischen den Parteitagen, eine Abkehr von der reinen Lehre des Pazifismus beschlossen. Eine Zweidrittelmehrheit legte fest, dass gegenüber der Gewaltfreiheit der Schutz der Menschenrechte als »ein gleichrangiges Prinzip« angesehen werden müsse. Wenn es darum geht, »das nackte Überleben der Menschen zu sichern«, kann »nicht jeder Einsatz von Gewalt von vornherein ausgeschlossen werden.« Nicht mehr prinzipiell, sondern im Einzelfall soll das Parlament entscheiden.

Ein politischer Erfolg der Delegation also. Aber Vera Wollenberger, Gerd Poppe, Bundestagsabgeordnete von Bündnis 90, und Marieluise Beck, grüne Parlamentarierin aus Bremen, scheinen ihn gar nicht zu sehen. Es sind die Schocks der Rückkehr: der Gegensatz zwischen der Zeit, die in Bosnien verrinnt, und der Zeit der ideologischen Prozesse in Deutschland. Petra Morawe aus Berlin, eine Reiseteilnehmerin: »Als die Granaten in Vitez niedergingen, brauchte ich kein Valium: aber bei der Grünen-Diskussion in Bonn musste ich es nehmen.«

Mitgebracht hat die Delegation nicht nur ein Bild der Lage, sondern auch letzte Worte. Ein Stadtverordneter von Zenica, Exkommunist und Professor der Metallurgie, überreichte Frau Wollenberger drei seiner wissenschaftlichen Werke mit der Bitte, sie an westdeutsche Kollegen weiterzuleiten: »Da uns die Welt verlassen hat, grüßen wir sie. Wir waren Teil der europäischen Zivilisation.« Die Leiterin des Zentralen Waisenheims, Agsa Klico, berichtete, dass ihre 200 Kinder hungern. Die deutschen Parlamentarier wollten sich persönlich verpflichten, die Versorgung zu sichern. Die Leiterin antwortete ruhig: »Das wird nicht nötig sein. In sechs Monaten gibt es uns nicht mehr.«

Das Bild der Lage? Die grünen Politiker sprachen mit Opfern, Tätern, Beobachtern, mit UN-Profor-Offizieren, EG-Monitoren, Führern der bosnisch-kroatischen Miliz, mit Vertretern der Stadtverwaltung und des Parlaments von Zenica, mit serbischen, kroatischen, muslimischen Parteipolitikern und auch mit Mate Boban, dem Präsidenten der selbst ernannten Republik »Herceg-Bosna«.

Die Darstellungen stimmten überein. Mittelbosnien, durch eine dünne Nabelschnur noch mit Split verbunden, im Osten von der serbischen

Bosnienkrieg 1992 bis 1995: Französische Blauhelm-Soldaten befestigen ihr Lager in Sarajevo (linke Seite, oben); schwedische und dänische UN-Soldaten der UNPROFOR fahren an einer Gruppe bosnischer Soldaten vorbei (links unten); eine Frau trauert auf dem islamischen Friedhof in Sarajevo am Grab ihrer 17-jährigen Tochter, die von Heckenschützen tödlich getroffen wurde (rechts unten); ein französischer UN-Soldat führt ein kleines Mädchen durch das Skenderi Viertel in Sarajevo (rechte Seite).

Front bedroht, wird von Westen her endgültig abgeschnitten und durch die kroatischen Verbände ethnisch gesäubert. »Gewaltsame Umsetzung des Vance-Owen-Plan« nennt Mate Boban seine Strategie. Die bosnischen Kroaten praktizieren die ethnische Säuberung – verglichen mit den Serben – »elastischer«: durch Abschnüren der Versorgung und täglichen Terror.

So schießt ein Geschütz in Vitez, das 500 Meter entfernt von einem UN-Stützpunkt postiert ist, täglich ein paar Granaten nach Zenica. Auf dem Weg in die mittelbosnische Stadt passierte die Delegation die leeren Hausmauern des Straßendorfs Ahmici. Im April wurde es von kroatischen Milizen überfallen. 127 Bewohner wurden regelrecht geschlachtet. Der Imam wurde an die Moschee genagelt und, zusammen mit seiner Frau, verbrannt.

Dass es trotz allem noch eine multikulturelle bosnische Gesellschaft gibt, war der eigentliche Schock für die Reisegruppe. Berichtet wird vom Abglanz der Gastfreundlichkeit, der intellektuellen Offenheit und der Anziehungskraft eines laizistischen Islam. Einige Teilnehmer, die sechs Wochen vorher Bosnien zur Vorbereitung besucht hatten, erschraken nun über die vielen traumatisierten Menschen. »Alle verbergen eine Art Grundzittern.«

Die gemischten Stadtverwaltungen von Kroaten, Muslimen, Serben funktionieren noch. Betont wird, dass Waisenkinder von Tschetniks genauso selbstverständlich wie alle anderen Kinder versorgt werden. Ein Überlebender des Massakers von Ahmici, der Tage später einige Täter umbrachte, wurde, wie es sich gehört, in Zenica angeklagt. Aber diese Zivilisation steht vor dem Zerfall.

Eine Woche dauerte die Reise. Gerd Poppe kam es vor, »als ob Jahre vergangen sind«. Es war (abgesehen vom Besuch Freimut Duves in Tuzla) die erste Bundestagsdelegation, die Mittelbosnien bereiste – und wohl auch die letzte. Inzwischen ist das Gebiet vollends eingekesselt. In den letzten Tagen berichten Faxsendungen aus Zenica von der Zunahme des Artilleriebeschusses.

Die Forderungen der Delegation bündeln sich in einem einfachen Resümee: Mittelbosnien muss zur Schutzzone erklärt werden. Versorgungskonvois müssen geschützt, die Wege geöffnet werden. Das UN-Mandat muss erweitert werden. »Unzumutbar« sei es für die UN-Soldaten, dass sie, wie in Ahmici, die Schreie der Opfer anhören mussten, ohne eingreifen zu können, meint Gerd Poppe.

Die Zeit verrinnt. Die Rückkehrer antichambrieren im Kanzleramt, im Außenministerium, sie planen Reisen nach Washington, nach New York zu den Vereinten Nationen. Wenn jetzt nichts geschehe, dann ist für Marieluise Beck die humanitäre Hilfe nichts anderes als die »Päckchen für das Warschauer Ghetto«, die ankamen, als es von den Deutschen niedergebrannt wurde.

ZURÜCK ZUR REINEN MORAL

DIE ZEIT 15.10.1993
Klaus Hartung

Somalia hat die Blauhelm-Debatte wieder entfacht. Die Grünen entsagen der Gewalt als Mittel der Außenpolitik

---

Das Bild war beklemmend. Der Sonderparteitag der Grünen/Bündnis 90 am vergangenen Wochenende in der Bonner Beethovenhalle: Über dem Rednerpult schwebte eine ziemlich fette Friedenstaube in Regenbogenfarben. Darunter standen zwanzig schweigende bosnische Frauen mit ihren Schildern: »Bosnien: Grüne Mehrheitsfraktion gleichgültig wie alle anderen.« Neben ihnen standen Kriegsdienstverweigerer, auch sie mit einem Schild: Auf den großen Buchstaben LEBEN lag bequem ein junger Mann mit einer Sonnenblume im Mund. Er versetzte einem Panzer einen Tritt.

Die Debatte über den Krieg in Bosnien zeigte, wie schwer sich die Grünen tun, das angenehme Gehäuse der achtziger Jahre zu verlassen, in dem die Alternativen Leben oder Krieg noch so einfach waren. Zudem: Mindestens um ein Jahr kam sie zu spät, diese Auseinandersetzung, um noch glaubhaft die Idee einer praktisch-politischen Einmischung zu vertreten. Und sie war wiederum ein paar Monate verfrüht als ideologische Aufarbeitung dessen, was im kommenden Winter droht: der Tod und die Vertreibung des bosnischen Volkes. Natürlich wurde auch unter dem Eindruck der blutigen Ereignisse in Somalia debattiert. Hubert Kleinert befand: »Hier zeigt sich in bedrückender Weise, wie eine humanitäre Aktion sich zu einer militärischen Auseinandersetzung entwickelt.« Aber der Kongress befasste sich nicht mit außenpolitischer Analyse, sondern mit der Introspektion grüner Befindlichkeit.

Es galt, »den politischen Flurschaden aus der Welt zu schaffen« (Jürgen Trittin): den Beschluss des Länderrates vom 12. Juni 1993. Dort hieß es, dem Prinzip der Gewaltfreiheit sollte als »gleichrangiges Prinzip« der Schutz der Menschenrechte an die Seite gestellt werden. »Jeder Einsatz von Zwang und Gewalt« könne deshalb nicht »von vornherein völlig ausgeschlossen werden.« Diese Sätze hatten einen Proteststurm ausgelöst, haben die stumme Friedensbewegung laut werden lassen. Sie denunzierte Trittin als einen »offenbar wohl kalkulierten Türöffner zu einer grundsätzlichen Legitimierung von Krieg als Mittel grüner Politik.« Parteistrategen sahen ein neues Schisma zwischen »Gesinnungspazifisten« und »Menschenrechtsbellizisten« heraufdämmern. Seit vorigem Jahr haben Dissidenten gegen die reine Lehre grüner Außenpolitik rebelliert, grüne Frauen hatten angesichts der Vergewaltigungslager die gewaltfreie Prinzipienreiterei aufgekündigt. Auch die Bürgerrechtler aus der ehemaligen DDR zeigten eine freiere Beziehung zu den Menschenrechten. Im Grußwort brachte die Ostberlinerin Marianne Birthler ihre Erfahrungen auf den Begriff: »Das Festhalten an einer Utopie darf nicht Abertausende Menschenleben kosten.«

Die Angst vor einer Parteispaltung war aber kaum berechtigt. Selbst die »Interventionisten« gingen davon aus, dass eine große Mehrheit jenen Länderratsbeschluss wegwischen würde. Ihnen ging es nur noch um ein einigermaßen ehrendes Minderheitsvotum. Die Paradoxien dieser Partei: Stellvertretend für die anderen Parteien hat sie den Mut, die Bedrohung Europas durch den Krieg im ehemaligen Jugoslawien zur Grundsatzfrage zu machen – um sie dann zwischen Geschäftsordnungsanträgen und Abstimmungsserien abzustumpfen. Kein Mehrheitsbeschluss konnte die tiefe moralische Krise der Grünen überdecken.

Der Streit um die deutsche Vergangenheit ließ sich nicht verdrängen. Der ehemalige Bürgerrechtler Gerd Poppe beschwor die Parallele zum Holocaust und zum Verhalten der Weltmächte im Jahr 1939. Mit Leidenschaft plädierte Daniel Cohn-Bendit, in Frankfurt Dezernent für multikulturelle Angelegenheiten, für eine militärische Intervention in Bosnien-Herzegowina. Der Appell der Bosnier für ihr Recht auf Leben, »nachdem uns Europa und die Welt das Recht auf Selbstverteidigung abgesprochen haben«, dürfe nicht ungehört verhallen wie die Hilferufe der Aufständischen im Warschauer Ghetto. »Die Gnade der späten Geburt darf bei den Grünen nicht Mehrheitsmeinung werden.« Als Cohn-Bendit dann ausrief: »Die Muslime sind Teil unseres Blutes« und der Saal vor Gehässigkeit schäumte, hatte er die Geistesgegenwart, den Punkt zu benennen: »Meine lieben deutschen Freunde, ich lass' mich wegen eurer Blutideologie nicht ausbuhen.«

Was wurde entgegengesetzt? Unter riesigem Beifall erklärte Ludger Volmer: »Wenn die Mächtigen der Welt den Frieden nicht wollen, dann dürfen wir, die Ohnmächtigen, nicht nach Waffen rufen.« Im Windschatten dieser Ohnmacht ließ sich trefflich die Militarisierung der deutschen Außenpolitik entlarven, die Abschaffung der Bundeswehr fordern. Cohn-Bendits Polemik gegen die grüne Entsorgung der Vergangenheit war vollauf berechtigt. Den peinlichen Höhepunkt erreichte Helmut Lippelt, der Täter und Opfer vertauschte und die Bosnier mahnte, für sie sei es ebenso falsch weiterzukämpfen wie für die Deutschen 1944.

Das Ergebnis des Sonderparteitages kann auch die Mehrheit nicht froh machen. Trotz der großen Zustimmung zum Antrag von Ludger Volmer ist politisch nichts geklärt. In dem Text wird das zeitlose Projekt eines »Aufbaus des Sanktionsinstrumentariums unter der demokratischen Kontrolle der Uno« gefordert und im gleichen Atemzug verlangt, dass »schnell, hart, effektiv und konsequent gehandelt« werde. Und ungehört blieb die Warnung Cohn-Bendits: »Ihr treibt uns aus der Partei, nicht politisch, sondern menschlich.«

BASTELN AM AUSSENPOLITISCHEN KONSENS

DIE ZEIT 11.08.1995
Matthias Geis

*Joschka Fischer bricht
mit dem Pazifismusprinzip seiner Partei*

Zufall kann das kaum sein. Mit Jürgen Habermas und Joschka Fischer haben sich innerhalb einer Woche zwei Leitfiguren der deutschen Linken aus dem pazifistischen Konsens verabschiedet.

Nach der grausamen Eroberung von Srebrenica und Žepa fordern der Philosoph und der Politiker jetzt die militärische Verteidigung der verbliebenen Schutzzonen.

Damit haben Fischer und Habermas im Wertekonflikt Frieden contra Menschenrechte die Seiten gewechselt. Wo die Menschenrechte zuschanden gehen, so lautet ihre Botschaft, macht prinzipieller Pazifismus keinen Sinn. Gewaltfreiheit, die mehr sein will als bloßes Ritual, kann die Frage nicht ignorieren, wie hilflose Menschen vor organisierter Vertreibung und Vernichtung geschützt werden können.

Einige von Fischers Parteifreunden, allen voran Daniel Cohn-Bendit, haben lange vor ihm eine militärische Intervention in Bosnien gefordert. In der Abwägung von politischem Gewissen und innerparteilichem Kalkül hat Fischer bislang die risikolose Variante gewählt. Jetzt aber formuliert er seine Überzeugung, dass Europa und dessen Prinzipien Schaden nehmen, wenn Zustände wie in Bosnien auf Dauer hingenommen würden.

Anders als Habermas scheut Fischer noch vor der Konsequenz einer deutschen Beteiligung zurück. Ruft man sich aber Fischers rasante Entwicklung vom populistischen Linkspazifisten zum außenpolitischen Verantwortungsethiker in Erinnerung, ahnt man, dass auch seine jüngste Position nur einen Zwischenschritt markiert. Wer wie er historische Parallelen zieht – Spanien 1936, Appeasement und Anti-Hitler-Koalition –, wird am Ende nicht mehr begründen können, warum die Deutschen sich aus internationalen Militärinterventionen prinzipiell heraushalten müssen.

Mit seinen Thesen schwächt der grüne Fraktionschef die außenpolitische Konfrontation gegenüber der Bundesregierung weiter ab. Im Grunde will er nicht länger ums Prinzip – Militäreinsätze ja oder nein – streiten, sondern den Dissens im konkreten Fall austragen. Die deutsche Sonderrolle, selbst in pazifistischer Hinsicht, erscheint ihm zunehmend suspekt. Fischer bastelt am außenpolitischen Konsens.

Damit hat er die Distanz zum Wunschpartner SPD weiter vergrößert. Deren stellvertretender Vorsitzender Oskar Lafontaine zementiert die Beschlusslage: keine militärische Einmischung. Rudolf Scharping folgt ihm, wider Willen, während sich die außenpolitischen Experten der Partei längst auf Regierungskurs begeben haben. Nach altbewährtem Muster baut die SPD derzeit Bastionen, die sie irgendwann mit um so größerer Kraftanstrengung wird schleifen müssen.

Freilich hat auch Fischer noch nicht gewonnen. Am Prinzip Gewaltfreiheit werden die Grünen ihren letzten großen Identitätskonflikt austragen. Doch die Entwicklung in Bosnien hat die pazifistische Überzeugung der Grünen längst angefressen.

In diese Kerbe zielen Fischers eindringliche Fragen: »Was ist unsere Antwort, wenn wir es plötzlich wieder mit den Mächten und politischen Kräften zu tun haben, die sich einen Dreck um internationale Regeln, um Menschenrechte oder gar um Gewaltfreiheit kümmern? Die nationalistisch-völkisch denken und handeln, die eine fast schon perverse Lust am Töten haben und die auf nichts als auf brutale und verbrecherische Gewalt setzen, um ihre politischen Ziele zu erreichen?«

Auf diese Frage werden nicht nur die Grünen eine Antwort finden müssen. Ihr antimilitaristisches Credo ist nur die konzentrierte Form des Pazifismus, der die gesamte bundesdeutsche Nachkriegsgesellschaft geprägt hat. Die CDU glaubt, den Pazifismusstreit nicht nötig zu haben, die SPD versteckt sich davor. Die Grünen werden ihn in den nächsten Monaten austragen müssen – stellvertretend.

DAS PRINZIP FISCHER

DIE ZEIT 08.12.1995
Jochen Buchsteiner

*Die grünen Pazifisten
haben ihre letzte Schlacht gewonnen*

———

Die Verlierer strahlten. Hubert Kleinert tanzte durchs Foyer, Krista Sager umarmte alle reihum, und Joschka Fischer diktierte den Journalisten gutgelaunt, wie man das Ergebnis zu bewerten habe, nämlich als »exzellent«.

Warum eigentlich? War nicht soeben das Lieblingsprojekt des Fraktionschefs gescheitert? Hatte sich die Partei nicht mit Zweidrittelmehrheit gegen jede Form von Kampfeinsätzen ausgesprochen, ja sogar gegen eine Beteiligung der Bundeswehr an friedensbewahrenden Missionen? Die »Operation am offenen Herzen der Partei« (Fischer) war doch im Grunde wirkungslos geblieben. Wunde zugenäht, Herz weiterhin krank.

Nein. Doch. Es stimmt, und es stimmt nicht. In jeder anderen Partei hätte Joschka Fischer mit einem solchen Ergebnis eine Niederlage erlitten. Nicht bei den Grünen. Die liberale Justizministerin mag zurücktreten, wenn die Parteibasis ihre Position zum Lauschangriff niederstimmt. Und der Kanzler täte es auch, könnte er keine CDU-Mehrheit mehr für seine Europapolitik mobilisieren. Aber der grüne Fraktionschef? Der hat gewonnen, wenn er hinzugewinnt.

Wer das nicht versteht, kennt die Grünen nicht. Sagt Fischer. Und meint damit, dass man ihn nicht als Parteipolitiker begreifen darf, sondern als Prinzip. Das Prinzip Fischer. Nach seiner Siegniederlage, an der Bar des Bremer Überseemuseums, findet er dafür Worte. »Die Partei ist für die Utopie da, Fischer für das Machbare. Wir brauchen uns gegenseitig – und kommen so gemeinsam voran.« Nachts um vier klingt das wie eine unverrückbare Wahrheit.

Am Tag zuvor, auf dem Weg zum Parteitag, am Bonner Bahnhof, klang es noch ganz anders. Da war er unsicher, ob diese Symbiose mit seiner Partei, die ihn nahezu unangreifbar macht, Bremen überleben wird. Ob er diesmal nicht doch zu weit gegangen war? Als er am Bahnsteig einen Journalisten mit einem großen Koffer sah, sagte er: »Darin wollen Sie wohl meinen abgeschlagenen Kopf zurücktransportieren?« Eine Frotzelei, aber sie verriet, was er für möglich hielt, nämlich ein Schlachtfest der Basis. Erst nach dem Stimmgang löste sich seine Anspannung. »Meine Partei vertraut mir«, sinnierte er bei einem Glas Wodka. »Wissen Sie, was das bedeutet: Vertrauen?«

Vertrauen ist das Fundament, auf dem das Prinzip Fischer basiert. Vertrauen in seine Herkunft, seine Entwicklung, seine Glaubwürdigkeit, Vertrauen, dass er bei allen Winkelzügen, bei aller Machtlust und Egomanie seine letzten Entscheidungen im Herzen trifft, im grünen, linken Herzen. Er erhielt nicht die meisten Stimmen, aber den größten Beifall, als er vor den Delegierten begründete, warum er seit den Massakern von Srebenica nicht mehr vor militärischer Gewalt zurückschreckt.

Nur zehn Minuten gönnte ihm der Parteitag für seine Rede, zu wenig, um politisch zu argumentieren. Also argumentierte er persönlich, warf seine Biografie in die Arena, sein Leben, das so farbenfroh ist und dabei so harmonisch, weil der Steinewerfer dem Staatsmann nicht einfach wich, sondern in ihm aufging, und weil man ihm glaubt, dem Joschka, wenn er von seiner Politisierung erzählt, von der Auseinandersetzung mit dem Vater und von seinem Schwur, nicht die Fehler der »Tätergeneration« zu wiederholen. Den Faschismus bekämpfen, da wo er seine Fratze zeigt, wie in Bosnien, das sei heute wieder nötig und sogar möglich. Machbar.

Keine Mehrheit, noch nicht. Aber die andächtige Stille, die einkehrte, nachdem die »Helmut! Helmut!«-Rufe verebbt waren, diese von Fischer errungene Ruhe kündigt die Mehrheit von morgen an.

So war es immer. Joschka Fischer ist der Vorreiter dessen, was die weise gewordene Frauenpolitikerin Waltraud Schoppe den »schrittweisen Aneignungsprozess der Grünen« nennt. Erst eigneten sie sich das verhasste Parteiensystem an und lösten sich als Bewegung auf, dann eigneten sie sich die verschmähten Institutionen an, übernahmen Ämter und machten ihren Frieden mit dem Gewaltmonopol des Staates. Jetzt stehen sie vor dem vorerst letzten Schritt: der Aneignung des Militärs, der Bundeswehr und des einzigen verbliebenen Feindes, der Nato – die, was die Sache erleichtern könnte, demnächst von einem ehemaligen Antimilitaristen geführt werden wird.

Jeder Schritt bedeutete einen Schnitt, eine Operation, und immer war es Joschka Fischer, der sich Skalpell und Tupfer reichen ließ. Auch dieser letzte Eingriff wird erfolgreich enden. Denn der scheinbare Triumph der Linken trug den Keim des Verfalls schon in sich. Das siegreiche Lager zerfiel in zwei Teile, in die Radikalpazifisten, die sich einem Denken in den Kategorien praktischer Politik schlichtweg verweigern, und in den großen Block der Verunsicherten. Sie quält die Ahnung, dass eine veränderte Welt auch ihnen Veränderungen abverlangt, wollen sich aber von vertrauten Schablonen so schnell nicht lösen.

So kommt es, dass sie UN-Blauhelmeinsätze begrüßen, aber deutsche Soldaten nicht daran teilnehmen lassen wollen. Das ist weder pazifistisch noch sonderlich solidarisch und lässt sich wahrscheinlich am präzisesten mit der Formel des Parlamentarischen Geschäftsführers Werner Schulz übersetzen: »Ja zur Hochzeit, nein zum Heiraten.«

In Bremen hat sich ein Teil der alten Bundesrepublik verabschiedet, und Fischer winkte als Erster. Nicht nur ihm, niemandem blieb der Argumentationsnotstand der Sieger verborgen. Der organisierte Pazifismus hat mit dem Ende der Blockkonfrontation erkennbar an Überzeugungskraft verloren.

Im erstarrten System des Kalten Krieges mag Fundamentalopposition die einzige Hoffnung auf eine bessere Zukunft geboten haben. Die neue Welt der Multipolarität hingegen ist offen, unentschieden. Sie steckt wie die alte voller Risiken, bietet aber auch Chancen, die für eine internationalistische Linke attraktiv sein könnten. Wer bei den Grünen hätte vor 1989 für möglich gehalten, dass sich die Weltgemeinschaft einmal zusam-

02.12.1995: Grünen-Fraktionschef Joschka Fischer hält auf dem Parteitag in Bremen eine Rede.

menfinden wird, um geschundenen Menschen wie in Bosnien den Frieden zu bringen? Und dass ausgerechnet die Nato ihre militärische Macht in den Dienst der Vereinten Nationen, der Humanität stellt?

An diesem Punkt verkehrt sich das Verhältnis zwischen Fischer und seiner Partei für einen Moment ins Gegenteil: Fischer beschreibt die Utopie, wenn auch eine sehr konkrete, und die Partei verweist auf das Machbare, genauer: auf das nicht Machbare. Denn die Einwände der »Pazifisten« sind nicht idealistischer Natur, sie sind pragmatisch: Ein Ja zu Militäreinsätzen bedeute einen »Blankoscheck« für weltweite Interventionen, heißt es von Ludger Volmer über Kerstin Müller bis zu Jürgen Trittin. Als sei es ein Herzenswunsch der Bundesregierung und des letztlich entscheidenden Parlaments, nach Kräften deutsche Soldaten in die Welt zu schicken. Wer die Nato »legitimiert«, heißt es in einem Brief der Parteilinken an die Basis, der müsse auch für Rüstungsprojekte eintreten. Ein solcher Gedanke tut weh, zweifellos, aber wäre der wacklige Frieden in Bosnien erreicht worden, hätte die Nato mit Taschenmessern gedroht?

Das Kernargument des linken Außenpolitikers Volmer lautet, dass »falsche Politik nicht im Nachhinein das Gütesiegel der Friedensbewegung erhalten darf«. Mit anderen Worten: Wären in Bosnien zivile Formen der Intervention, von der Früherkennung über die Diplomatie bis hin zum Embargo, konsequent durchgeführt worden, hätte es des Einsatzes militärischer Mittel gar nicht bedurft. Das mag stimmen. Aber lässt sich die Wirklichkeit meißeln? Und wie fände es Volmer, hätten die Alliierten im Zweiten Weltkrieg befunden: Wir haben zu spät reagiert – jetzt lassen wir es ganz?

02.12.1995: Parteitag der Grünen in Bremen.

Nein, die neue Ordnung im Allgemeinen und die Friedensmission in Bosnien im Besonderen erschwert es der Linken, eine höhere Moral für sich zu reklamieren. Was bleibt, ist die Verteidigung des »Profils«. Die Einwände kreisen, durchaus berechtigt, um eine sehr reale Furcht: Die »Abgrenzung zur Militärpolitik von Volker Rühe« könnte aus dem Blick geraten. »Wer, wenn nicht wir«, heißt es im Brief der Linken an die Basis, »kann und muss denn eigentlich noch die antimilitaristische und pazifistische Denktradition aufrechterhalten?« Die Frage kann man stellen. Pazifistisch ist sie nicht.

Was jetzt als »Kompromiss von Bremen« das Licht der Welt erblickte, ist ein Papier gewordener Übergang. Eine »Viertelschwangerschaft« (Parteistratege Hubert Kleinert), ein »Ja zu Strohhüten«, wie Teile der Fraktion spotten. Der Fraktionschef äußert sich milder: »Wir sind eben eine Partei im Werden«, sagt er und denkt mit: Das Werdende ist er. Wer es nicht glaubt, soll in den Spiegel schauen, der rechtzeitig zur Bundestagsentscheidung über die Bosnien-Mission eine Umfrage veröffentlichte: Mehr als zwei Drittel aller Grünen-Wähler befürworten, wie Fischer, friedensschaffende Einsätze der Bundeswehr. Unter den Jungwählern sind es besonders viele.

Fischer, der ewige Rechthaber, zunächst auf Kosten, dann zugunsten seiner Partei. Ein Phänomen, das er selbst am besten erklärt: »Warum Fischer Fischer ist? Warum er immer noch steht, obwohl er immer in der Minderheit ist? Weil er im entscheidenden Moment nicht an sich, sondern an die Partei denkt.« Da will man schmunzeln. Oder stimmt am Ende auch das? Würde er nicht irgendwie auch an die Partei denken, wenn er sich eines Tages seinen größten Traum erfüllt und Außenminister wird? Ganz begreifen wird man es wohl nie, das Prinzip Fischer.

EDEL LEIDEN

DIE ZEIT 29.04.1999
Jochen Buchsteiner

Warum Joschka Fischer Außenminister bleiben wird

Rücktritt? Oder Austritt? Früher reagierte Joschka Fischer auf derartige Fragen mit einer wegwerfenden Handbewegung, bei guter Laune mit einem galligen Witz. Seit einigen Tagen ist das anders. Er antwortet ernsthaft. Man soll sich Sorgen machen.

In zwei Wochen treffen sich die grünen Delegierten im westfälischen Hagen, um über ihren Außenminister zu richten. Vor gerade mal einem Jahr beschlossen sie in Magdeburg, Kampfeinsätze der Bundeswehr abzulehnen. Jetzt sollen sie, nach dem Willen Fischers und der gesamten Parteiführung, der deutschen Beteiligung am Kosovo-Krieg grundsätzlich zustimmen. Entzöge die Basis Joschka Fischer die Unterstützung, stieße sie einen Dominostein an: Erst fiele der Minister, dann die Regierung, am Ende womöglich die ganze Partei.

An Beschwörungen herrscht kein Mangel. Jürgen Trittin, der undurchschaubare Umweltminister, warnt vor einem »Glaubenskrieg« unter den grünen Brüdern und Schwestern, der die Partei in ihrer »Existenz« bedrohen könnte. Rezzo Schlauch, der Bonner Fraktionsvorsitzende, erlebt seine Partei »tief zerrissen«, Kerstin Müller, seine Kollegin, erwartet einen Countdown: Wohl und Wehe stünden »Spitz' auf Knopf«. Droht der Hagener Konvent als finales Basis-Tribunal in die Geschichte einzugehen?

Je schriller der Alarm, desto größer die Disziplin. So lautet das Kalkül, mit dem auch andere Parteien arbeiten. Doch die Grünen sind die Meisterdramaturgen. Niemand streitet bewegter, niemand leidet edler als die Erbengemeinschaft Petra Kellys. Im Ton der Inszenierung, im Pathos der Rhetorik, im Zittern der Stimmen, kurz: in der ganzen theatralischen Überhöhung der Hagener Parteitagsentscheidung spiegelt sich noch einmal der verblassende Glanz moralischer Überheblichkeit.

Nüchtern betrachtet stehen die Grünen vor einem relativ gewöhnlichen Problem in einer ungewöhnlichen Situation: Die Führung der Regierungspartei muss die Basis für einen außenpolitischen Kurs gewinnen, dessen Erfolg nicht garantiert werden kann.

Nach über vier Wochen Krieg ohne greifbare Ergebnisse kann jede Regierungspartei mit Zweifeln, mit Kritik und auch mit Ablehnung in den eigenen Reihen rechnen; das anschwellende Rumoren in der SPD lässt erahnen, welche Schwierigkeiten auch den Bundeskanzler erwarten würden, träte seine Partei noch einmal in Sachen Kosovo zusammen.

09.05.1999: Außenminister Joschka Fischer besucht das Flüchtlingslager Cegrane 60 Kilometer westlich von Skopje, in dem 35.000 Menschen untergebracht sind.

Für die Grünen stellt sich die Lage nicht dramatischer, nur anders dar: Natürlich hat der Pazifismus, der allzu oft als Mantel übers alte Nato-Feindbild geworfen wird, bei den Grünen eine besondere Tradition. Zur Traditionspflege zählt inzwischen aber auch, das »Identitätsthema« in regelmäßigen Abständen prinzipiell zu debattieren und am Ende einen Modus vivendi zu finden. Das ganz große Fass lässt sich in Hagen gar nicht mehr öffnen; es ist schon ziemlich leer. Wer könnte sich heute noch aufschwingen, um die programmatische Unschuld der Grünen zu verteidigen? Die ist lange verloren, spätestens mit dem »Ja« zum Bonner Koalitionsvertrag; die letzten Reste nahmen die »Regierungslinken« mit in ihre Ämter.

In Hagen ist erstmals politische Führung klassischer Art gefragt. Joschka Fischer muss seine Partei in einer schwierigen Frage überzeugen. Ein grüner Schuss Betroffenheit, ein lutherisches Hier-stehe-ich-ich-kann-nicht-anders mag dabei helfen, doch am Ende zählt die Kraft der Argumente. Fischer hat um seine Kosovo-Position ernsthaft gerungen, so wie es sich für einen verantwortlichen Politiker gehört. Er tritt mit gutem Gewissen vor die Delegierten. Reden kann er.

Der Rest ist Handwerk, das längst ausgeübt wird. Während vorne noch die Säbel rasseln, kritzeln hinten schon die Kugelschreiber: Gesucht wird ein Antrag, der keinen verprellt, ein Beschluss, der die grünen Gandhis befriedet, ohne die grünen Kissingers bei der Arbeit zu stören.

Der Textentwurf, den der Parteivorstand am Montag verabschiedete, dürfte die Richtung weisen: Er reklamiert »politische Ernsthaftigkeit« und »moralischen Willen« für beide, Gegner wie Befürworter der Nato-Luftschläge. Er kritisiert die Ergebnislosigkeit der Intervention und verlangt doch kein Ende der deutschen Beteiligung. Er hält es für »sinnvoll, einige Tage die Luftangriffe einseitig auszusetzen«, um Hilfsgüter abzuwerfen, und verschont doch den Außenminister mit der Aufforderung, sich dafür bei der Nato einzusetzen.

Damit könnte Fischer leben. Keiner der Großen scheint derzeit bereit, weiter zu gehen und den Minister in eine ausweglose Lage zu manövrieren. Selbst die grimmigsten Kriegsgegner wollen den grünen Feldherrn nicht stürzen; sie regieren selbst zu gerne. Wenn der Kosovo-Konflikt in den nächsten zwei Wochen nicht eskaliert, werden die Delegierten daher eine weitere Urkunde grüner Unentschiedenheit unterschreiben, ein Stillhalteabkommen, das der Partei das Weiterwursteln sichert und Joschka Fischer den Job.

DAS GRÜNE THEATER

DIE ZEIT 12.05.1999
Jochen Buchsteiner

In Bielefeld will die kleine Partei Weltpolitik machen

—

Wo liegt Bielefeld? Und wer steht vor einer »Zerreißprobe«? Seit dem Wochenende klingt alles Gerede um die schicksalhafte Entscheidung des grünen Parteitages in Bielefeld und die Zukunft der Koalition ein wenig grotesk. Schicksal wird dieser Tage anderswo gemacht: in Peking und in Washington, in Moskau und in Bonn. Dort liegen die Nerven blank.

Der Kosovo-Krieg hat eine neue Qualität erreicht. Mit der offenbar versehentlichen Zerstörung der chinesischen Botschaft in Belgrad bombte sich der Westen in eine neue, ungleich schwierigere Lage, die vor allem durch zwei Entwicklungen definiert ist: Ausdehnung und Zuspitzung.

Ausdehnung: Über Nacht hat sich der bislang westliche Konflikt globalisiert, nun betrifft er die ganze Welt. Plötzlich ist auch China – und damit auf mittlere Sicht Asien – ein Spieler auf der Bühne. Die Massenproteste im bevölkerungsreichsten Land der Erde, ob gesteuert oder nicht, kündigen nur an, was noch alles folgen kann: Schon hat Peking verlauten lassen, die Verhandlungen über Waffenkontrollabkommen auszusetzen, ebenso den chinesisch-amerikanischen »Menschenrechtsdialog«.

Die Zuversicht des Westens, vor allem Europas, dem Krieg gegen Serbien mit Hilfe der Vereinten Nationen neue Legitimation zu verschaffen, ist fast dahin. Dabei schien alles auf gutem Wege: Nach dem Treffen der G-8-Außenminister auf dem Petersberg hielt mancher Außenpolitiker die Einbindung Russlands in eine UN-Resolution für greifbar nahe. Die Stimme Chinas, so die Erwartung, gäbe es dann frei Haus dazu. Nun müssen Schröder und der russische Kosovo-Beauftragte Tschernomyrdin nach Peking reisen, um nicht alle Hoffnungen auf eine gemeinsame UN-Resolution fahrenzulassen.

Natürlich ist die chinesische Empörung wohl kalkuliert: Sie hilft andere, unangenehmere Empfindungen zu vertreiben, die mit dem nahenden zehnten Jahrestag des Tiananmen-Massakers verbunden sind. Sie stärkt darüber hinaus die chinesische Position im Machtspiel mit Amerika: vom Streit über die Mitgliedschaft in der Welthandelsorganisation über die Atomspionagevorwürfe bis hin zur Auseinandersetzung um die strategische Vorherrschaft in Ostasien. Und doch hat der Ruf Jiang Zemins nach einem Ende der Luftangriffe auch einen harten Kern: Der »Krieg um Werte« (Nato-Generalsekretär Solana) stößt

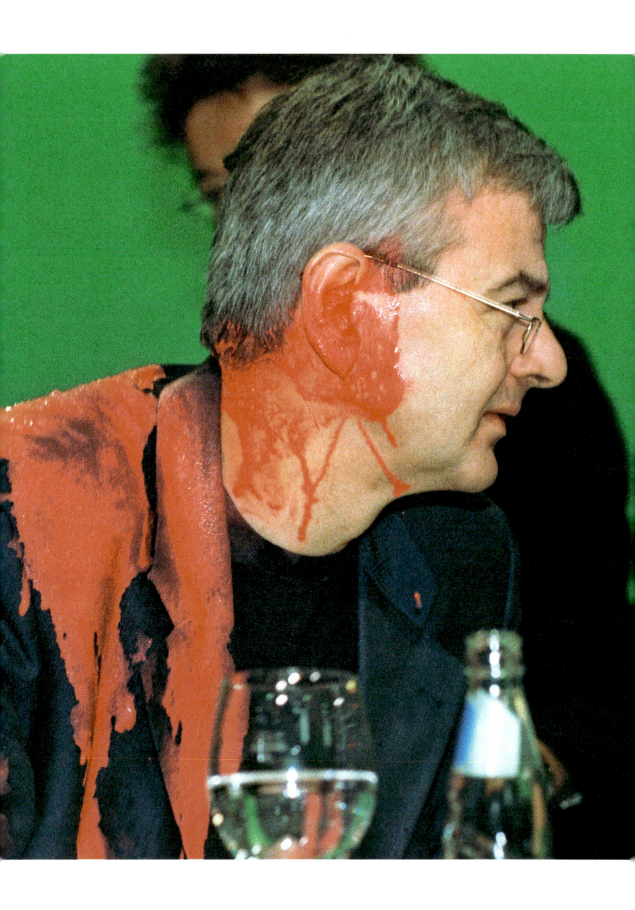

vorige Seite und oben: 13.05.1999: Auf dem Sonderparteitag der Grünen zum Kosovo-Krieg in Bielefeld wird Außenminister Joschka Fischer von einem Farbbeutel getroffen. Dabei erlitt er einen Riss im Trommelfell.

bei einer Regierung, die wie keine zweite am Pranger der Menschenrechtler steht, auf erklärbares Misstrauen. Und nicht nur dort: Auch in den muslimischen Staaten Asiens, die mit den Glaubensbrüdern im Kosovo durchaus solidarisch mitfühlen, wächst die Sorge, wo der neue Menschenrechtsinterventionismus des Westens eines Tages enden könnte.

Zuspitzung: Für die Bundesregierung bedeuten die Bomben des Wochenendes einen doppelten Rückschlag. Sie verringern nicht nur die Chancen auf eine rasche politische Lösung, sie bieten auch neuen Stoff für die Gegner der Luftschläge. Carl Bildt, der frischernannte Kosovo-Vermittler der Uno, hat nach der Botschaftszerstörung im kleinen Kreise »rollende Köpfe« gefordert. Kanzler Schröder formulierte das etwas diplomatischer, als er den Nato-Chef am Montagabend in Bonn aufforderte, den Unfall »untersuchen« zu lassen. Diese kaum verklausulierte Kritik am technischen Vermögen der Nato wird auch innenpolitisch ausstrahlen: Nun ist die lange ruhende Debatte über die Ziele der Luftschläge, über die Art und Weise ihrer Auswahl gewissermaßen von höchster Stelle eröffnet worden. Sie fügt sich nahtlos ein in eine öffentliche Diskussion, die mit jedem neuen Tag mehr Zweifel am Sinn der Bombardements laut werden lässt.

In der achten Woche des Krieges fällt die Bilanz ernüchternd aus: Die Aussichten auf ein schnelles Ende der Kämpfe schrumpfen; Mord und Vertreibung im Kosovo scheinen unvermindert weiterzugehen. Zugleich wächst die Zahl ziviler Opfer und mit ihr das Risiko internationaler Verwerfungen. Am Montag drangen aus Belgrad diffuse Hinweise auf einen teilweisen Rückzug der Soldateska. Verteidigungsminister Scharping erkannte sofort ein »Propagandamanöver«, die Nato bombte weiter. Aber wie lange noch? Alle Perspektiven scheinen derzeit verstellt: Ein Einlenken des Westens käme einer Kapitulation vor dem Verbrechen gleich, eine Eskalation bis hin zum Einsatz von Bodentruppen brächte Russland und China in Stellung, für ein »Weiter so« bröckelt die Zustimmung.

Das ist die Kulisse, vor der sich die Grünen in Bielefeld treffen. Was können sie überhaupt tun? Es gehe um alles oder nichts, hieß es in den vergangenen Wochen. Die Partei werde stellvertretend für das Land diskutieren, niemand quäle sich mit den Fragen des Krieges authentischer als die Kinder der »Friedensbewegung«. Sogar Jutta Ditfurth, die fundamentalistische Ikone der frühen Jahre, kündigte sich an – und mit ihr das bizarre grüne Welttheater, das mit der politischen Situation von heute nichts mehr zu tun hat.

Die Grünen sind Regierungspartei, und Bielefeld ist der Ort, an dem es politisch abzuwägen gilt, nichts weiter. Die moralische Überhöhung des Delegiertenkongresses ist so deplaziert wie das Pathos, mit dem Rudolf Scharping seine täglichen Entscheidungen unterfüttert. Zur Begründung des Waffenganges ist es nicht nötig, die Welt scheinbar ein zweites Mal vom Hitler-Faschismus zu befreien. Niemanden, der sich mit der Lage im Kosovo beschäftigt, ob Privatmann oder Verantwortungsträger, ob schwarz, rot, gelb oder grün, lässt der Krieg kalt. Und doch muss jeder eine Entscheidung treffen, die sich für die Grünen in der einfachen Frage bündelt: Stützen wir unserem Außenminister den Rücken oder nicht?

Joschka Fischer und Gerhard Schröder sind nicht mit wehenden Fahnen in den Krieg gezogen. Die rot-grüne Bundesregierung fand bei ihrem Amtsantritt eine verfahrene Situation vor und bemüht sich seither, den Spielraum zwischen Bündnistreue und deutschen Rücksichten auszunutzen. Schröder, vor allem aber Fischer haben erfolgreich daran mitgewirkt, die Doppelstrategie der Nato – militärischer Druck plus politische Verhandlungen – zu letzteren hin auszubalancieren. Der Friedensplan, der im Westen Gültigkeit beansprucht, trägt den Namen Fischers.

Was wäre mit einem gelben oder schwarzen statt eines grünen Außenministers gewonnen? Sollte die Nato ihre Strategie verändern, müssten das 19 Mitgliedstaaten gemeinsam verabreden. Die deutschen Möglichkeiten, diesen Prozess zu beschleunigen, zu beeinflussen oder gar zu bestimmen, sind gering – ganz gleich, welche Konstellation in Bonn den Ton angibt. Der Nato-Tanker tuckert weiter, so oder so – nur das grüne Schlauchboot könnte noch einmal, sichtbar für alle, aus dem Wasser schießen, um dann endgültig zu kentern.

Am Montag rang sich der Parteirat der Sozialdemokraten, bei allen Zweifeln, dazu durch, den Nato-Kurs des Bundeskanzlers zu decken. In der SPD hat man begriffen, dass dies zwar die Zeit für Diskussionen, nicht aber für Revolutionen ist. Vielleicht hat auch die Überlegung mitgeschwungen, dass der Kosovo-Konflikt nun wirklich nicht das Feld ist, auf dem diese Regierung fallen sollte: Sie wurde zwar für die innenpolitische Modernisierung gewählt, aber vorzuweisen hat sie bislang nur etwas in der Außenpolitik.

Die Grünen mögen über Krieg und Frieden reden, entschieden wird darüber anderswo. Was sie wirklich leisten können, welchen Wert sie für das Land haben, wird erst sichtbar werden, wenn die Politik ihren Platz wieder zu Hause hat. Bei der immer noch drängenden Erneuerung des Sozialstaates könnte ihnen schon bald eine Rolle zuwachsen, die die momentanen Verhältnisse auf den Kopf stellt: die Grünen als Anwalt harter Realitäten und Reformen gegen eine Sozialdemokratie, die Utopien hinterherweint.

DIE ZERREISSPROBE

DIE ZEIT 27.09.2001
Gunter Hofmann

*Die Grünen reden sich in Hysterie – aber eine Große Koalition
liegt nicht in der Luft*

Aufruhr bei den Grünen, Zerreißprobe, die Existenz der Partei bedroht – im Moment können die Worte kaum groß genug sein, mit denen beschrieben wird, wie der Anschlag auf Amerika innenpolitisch zurückwirkt. Das Wahldebakel in Hamburg, ein Drittel (minus 5,4 Prozent) weniger Stimmen für die Grünen, aber auch kein Durchbruch für die Absplitterung, die Regenbogenpartei, die auf Pazifismus setzte, der Erfolg für den schrecklichen Richter Schill: Das alles spielt am Rand eine Rolle, aber es wird dominiert von der Frage, welche Folgen die viel beschworene »Zeitenwende«, das Attentat des 11. September, haben wird.

Wackelt also die rot-grüne Koalition? Gerät sie außer Kontrolle? Gerhard Schröder fragt den Partner im kleineren Kreis gelegentlich zwar besorgt, ob dieser auch alles durchstehe, aber der Kanzler lässt keinen Zweifel daran, dass er es gern so sähe. Die CDU, schwach in Berlin, in Hamburg mit Schill im Boot, kann ihm nicht attraktiv erscheinen. Zumal nicht in Zeiten wie diesen, die viel von »innerer Sicherheit« und einem »starken Staat« handeln werden, mit dem Kompetenzvorsprung, den die Union traditionell dabei hatte. Über Nacht könnte das umschlagen in eine Debatte, ob die alte »Staatspartei« nicht doch besser wieder ganz die Regie in Berlin übernehmen sollte. Die Große Koalition als Türöffner: Das wäre die Wiederholung des Manövers von 1966, nur diesmal mit anderen Vorzeichen. Die Freidemokraten wiederum – siehe Hamburg, wo sie mit Schill und der Union koalieren wollen – desavouieren im Augenblick ihre eigenen sozialliberalen Optionen.

Aber stehen die Grünen zur Koalition? Von außen betrachtet, nimmt es sich schon einigermaßen merkwürdig aus, wie sie sich selbst hysterisieren. Übertroffen wird das eigentlich nur von einigen Medien, die sich und die Öffentlichkeit in eine 1914-Vorkriegsstimmung hineinsteigern. Bin Laden, Deine Stunden sind gezählt. Die Jäger sind schon bei Dir. Solchen Boulevard-Titeln assistieren auch Kommentatoren für die gehobenen Stände, wenn sie die Bundesrepublik bezichtigen, den »staatspolitischen Ernst« verlernt zu haben und den Staat »im dekadenten Luxus einer allgegenwärtigen Ortskrankenkasse« verglimmen zu lassen. Alles deutsche Sensibelchen, »die sich schon beim Explodieren eines Knallfroschs in die Hosen machen würden«, schreiben die neuen deutschen Helden.

Mehr als anderswo hat sich bei den Grünen eine Kontroverse hochgeschaukelt, die Fritz Kuhn, Kerstin Müller, Rezzo Schlauch und übrigens auch Joschka Fischer gerade wieder einzudämmen versuchen. Aber woher die besondere Erregung bei den Grünen, und nur bei ihnen? Dass sie ihre Wurzeln in der Friedensbewegung haben, kann die ganze Antwort nicht sein. Inzwischen gab es das Kosovo, das »Ja« zum Bundeswehreinsatz auf dem Balkan und eine – noch unverdaute – Lektion in Realpolitik.

Auch wenn Joschka Fischer das nicht so sieht, der Kanzler wird in der Öffentlichkeit und in seiner eigenen Fraktion anders wahrgenommen als der Außenminister. Das Schröder-Bild: Äußerst vorsichtig balanciert er am Trapez, betreibt Politik der kleinen Symbole, dosiert mit wenigen Worten, was er vermitteln will. Beide, Schröder wie Fischer, haben das Wort von der »uneingeschränkten Solidarität« benutzt, beide betrachten das gleichermaßen als Muss und meinen es so. Aber es war der Kanzler, der die Formel geprägt hat, Deutschland werde auch Risiken mittragen, nicht hingegen »Abenteuer«. Er hat Weizsäcker, Genscher und Schmidt zu sich eingeladen, bevor er Helmut Kohl nachträglich – man soll ihm nichts nachsagen können – zu einer kleinen Sonderaudienz empfing. Und bei aller Hochschätzung, ja Bewunderung Fischers für die drei Herren bei Schröder: Er denkt offenbar anders als diese darüber, was Europa und Deutschland in solchen Momenten wie nach dem 11. September wirklich können.

Partei und Fraktion hat Schröder dank seiner Moderatorenrolle hinter sich. Aber im Alarmzustand befinden sich auch alle Sozialdemokraten, die Regisseure und das ganze Bühnenpersonal: In der SPD kann es im Falle einer »militärischen« Eskalation sehr schnell ähnlich aussehen wie beim kleinen Koalitionspartner. Nur bringen es die anderen Rollen von Kanzler und Außenminister, vielleicht auch deren bewusste Verteilung, mit sich, dass ausgerechnet die Grünen mit ihrer friedensbewegten Tradition sich in ihrem »Vormann« weniger wiedererkennen.

Insgeheim stoßen sich keineswegs nur Abgeordnete der Grünen an dem »Geschlossenheitspathos« und dem Eindruck eines »finalen Endkampfes« (Antje Vollmer), der durch den Aufmarsch entsteht. Und es sind viele, die einen Blankoscheck für alle Eventualitäten verweigern möchten. Der eigene Spielraum wäre größer, rechtfertigt einer der Grünen den Druck, wenn es in seiner Partei die generelle Bereitschaft gäbe, wenigstens bis zu einer grob definierten Grenze – einschließlich Soldaten, die auch auf dem Boden in Afghanistan Ausbildungslager bin Ladens angreifen – im Bundestag wirklich zuzustimmen. Dafür, beruhigt er sich dann selbst, zeichne sich in beiden Koalitionslagern eine »eigene Mehrheit« ab.

Gäbe es bloß nicht Rudolf Scharping! Sein munteres Drauflosreden, eine Zustimmung des Parlaments sei nicht nötig, wenn »Gefahr im Verzug« ist, hat nicht nur bei den Grünen, sondern auch bei Schröder für neuen Ärger gesorgt. Denn der Kanzler hat oft bekräftigt, beim »Parlamentsvorbehalt« müsse und werde es bleiben. Ein behutsamer Umgang mit dem Bundestag wäre auch aus anderen Gründen ratsam. Schließlich liegt ein Wettlauf der beiden großen Parteien, SPD und CDU, um das konsequenteste Vorgehen in Sachen innerer Sicherheit in der Luft. Noch ist nicht klar, was daraus konkret folgt. Viel werden die Grünen mittragen. Aber das fiele doppelt schwer, sollte die Zustimmung nur unter Druck erreicht werden.

Gespräche, Gespräche, Gespräche: Die Tonlage ändert sich, bei den Grünen spricht derzeit jeder mit jedem, die Sozialtherapeuten sind los. Lasst Fischer nicht scheitern, ruft Daniel Cohn-Bendit alarmiert, in drei Wochen gäbe es sonst eine Große Koalition, und die Grünen würde er dann auch verlassen. Weiß der Fischer-Freund mehr? Die Unruhen in Pakistan, die bemerkenswert »deutsche« Rede Wladimir Putins im Bundestag, Hosni Mubarak als Stimme der arabischen Welt in Berlin, das Gefühl selbst bei verantwortlichen Politikern, vom Telefon nicht mehr wegzukommen, aber im Zweifel wenig zu wissen – diese Mischung ist erstmalig, einmalig. Von Anbeginn hatte das eine ganz eigene Dimension.

Daran gemessen, erscheinen die grünen Beschwerlichkeiten, das Ringen um eine eigene »Identität«, nicht gerade sehr wichtig. Es sind zu oft die falschen Sorgen, die sie sich machen. Manche Realpolitiker kämpfen geradezu fundamentalistisch gegen Klischees, als regte sich eine riesige Friedensbewegung, die es aber so gar nicht gibt. Und manche Kriegsgegner warnen vor »Flächenbombardements«, als redeten sie diese herbei. Was aber in der Realität – in New York und Washington – schon herbeigebombt worden ist, sprengt die üblichen Koalitionsfragen.

Das heißt nicht: Die Parteien müssen zusammenstehen. Im Gegenteil, erstmals seit langem hat man den Eindruck, dass sie wirklich wieder gebraucht werden. Die Parteien geraten über Nacht in eine politische Rolle zurück, und sie müssen auch wagen, klarzumachen, was sie trennt oder eint und wohin sie wollen. Man will die Differenzen sehen. Und ebenso die Koalitionen, die sich in der Sache bilden.

Berlin, Ende September: Ein Joschka Fischer, der seiner Partei anerkennend sagt, er freue sich, dass es sie gibt, gerade jetzt. Ein Gerhard Schröder, der zuhört und registriert, was die Demoskopen als groben Eindruck von der deutschen Seelenlage vermitteln, dass die Mehrheit auch eine Teilnahme eigener Soldaten akzeptiert, aber zugleich

14.09.2001: In Berlin gedenken der FDP-Vorsitzende Guido Westerwelle, Außenminister Joschka Fischer, der bayerische Ministerpräsident Edmund Stoiber und Bundeskanzler Gerhard Schröder (von links) auf einer Trauerkundgebung den Opfern der Attentate in den Vereinigten Staaten vom 11. September.

auf Deeskalation drängt. Bei beiden gemeinsam der Versuch, die Bundesrepublik in eine »neue Rolle« zu geleiten, ohne Einwände dagegen als »feiges Denken« zu denunzieren. Kompliziert genug ist das. Denn es geht um den Primat der Politik, ohne wirklich zu wissen, wie der zu erreichen sei.

Sicher, es liegen Unwägbarkeiten in der Luft, die dazu führen könnten, dass sich Schröder eine neue Koalition basteln muss. Aber kommt die Große Koalition, die er 1998 wollte und nicht bekam? Nein, die innenpolitische Pointe sieht anders aus. Die politische Republik sortiert sich neu. Rot-Grün wäre auch eine Alternative, dürfte Schröder sich heute sagen.

DER HANDLANGER DES KANZLERS

DIE ZEIT 22.11.2001
Matthias Geis

*Joschka Fischer muss die Grünen in Rostock zur Räson bringen –
und die Partei dürfte ihm auch diesmal folgen*

Manchmal hilft ja Erfahrung: Es ist nicht der erste Krieg, den er seiner Partei erklären muss. Und wie es sich anfühlt, wenn Koalitionen scheitern, hat Joschka Fischer auch schon erlebt. Ganz schnell, fast schmerzlos, geht das vonstatten. Am Sonntag tritt man vor den grünen Parteitag, beschwört das »Ende der Fahnenstange« und gibt seinen »wohl letzten Rechenschaftsbericht als Minister«. Am Tag darauf lässt der sozialdemokratische Regierungschef das Schlusswort per Boten überbringen: »Ich nehme Ihr Rücktrittsangebot an. Bitte teilen Sie meinem Büro mit, wann Sie die Entlassungsurkunde in Empfang nehmen möchten.« Ende. Joschka Fischer, vierzehn Monate zuvor als erster grüner Minister des Landes Hessen, der Bundesrepublik und der Weltgeschichte vereidigt, war plötzlich wieder Oppositionspolitiker. Vielleicht denkt er in diesen Tagen manchmal an den Februar 1987. Immerhin steht wieder eine rotgrüne Koalition auf der Kippe. Und wieder einmal spielt er eine tragende Rolle.

Doch hier endet auch schon die Analogie zu den hessischen Ereignissen. Seinerzeit markierte der Koalitionsbruch nur ein Zwischentief, eher den holprigen Beginn als das Ende der rot-grünen Perspektive. Wenn an diesem Wochenende in Rostock um den Fortbestand der Berliner Koalition gerungen wird, geht es um Rot-Grün überhaupt. Auch die Konstellation ist ganz anders. 1987 stand Fischer zusammen mit seiner Partei gegen die Atompolitik der hessischen SPD unter Holger Börner. Heute hingegen muss er an der Seite des Kanzlers die Grünen von der Richtigkeit eines Kurses überzeugen, dem das Grüne nicht mehr recht anzusehen ist.

Während prinzipienfeste Parteifreunde, die an der pragmatischen Normalität ihrer Partei verzweifeln, Fischer inzwischen fast alles zutrauen, setzt sich beim Publikum der uralte Argwohn durch, mit den Grünen könne man eben doch nicht regieren. Für die einen steht der Außenminister unter verschärftem Opportunismusverdacht, für die anderen ist er noch immer der Anführer einer regierungsunfähigen Chaos-Veranstaltung.

Die Sorge, die rot-grüne Koalition sei ein ums andere Mal von den Unwägbarkeiten grüner Parteitage abhängig, treibt mittlerweile auch den

24.11.2001: Auf dem Bundesparteitag der Grünen in Rostock wird der Antrag des Grünen-Bundesvorstands für einen Verbleib in der rot-grünen Koalition und für einen Bundeswehreinsatz im Afghanistan-Konflikt mehrheitlich angenommen – trotz heftiger Proteste einiger Delegierter. Außenminister Joschka Fischer hatte in seiner Rede zuvor von seiner Partei Vertrauen für seine Politik und für die rot-grüne Regierung gefordert.

Kanzler um. 1987 immerhin warb Gerhard Schröder bei den Genossen noch um Verständnis dafür, »dass die Grünen ein unheimlich schwieriger Fall sind«. Heute setzt er sie schonungslos unter Druck: Die Vertrauensfrage im Bundestag war nur die erste Probe auf die Verlässlichkeit der grünen Abgeordneten in Zeiten des Krieges. Nun soll Joschka – zum zweiten Mal in dieser Legislaturperiode – auch die Partei auf Linie bringen.

Mit der Afghanistankonferenz in Berlin rückt das Militärische hier einen Moment in den Hintergrund. Das wird sicher helfen. Doch der Außenminister weiß, was die Koppelung der Kriegsentscheidung an die Vertrauensfrage des Kanzlers für die Psyche seiner Partei bedeutet. Es war die tiefste Demütigung, die die Grünen in ihrer Geschichte erlitten haben. Niemals zuvor wurde ihnen so offen demonstriert, wie schmal ihr Handlungsspielraum als Regierungspartei ist, wie klar die Machtverhältnisse in der Koalition geregelt sind. Auch ohne Schröders Zuspitzung wäre Fischers Aufgabe, die rebellierende Partei von einer deutschen Beteiligung am Antiterrorkrieg zu überzeugen, schwer genug gewesen. Nun aber erscheint sein Werben vor dem Parteitag zugleich wie ein Einverständnis mit der Domestizierungsstrategie des Kanzlers.

Nachdem der Sponti und ehemalige Linksradikale 1981 zu den Grünen kam, kämpfte er gegen den erbitterten Widerstand der Parteilinken für ein Bündnis mit den Sozialdemokraten. Und von Anfang an begleitete ihn die argwöhnische Frage, ob es ihm dabei wirklich um grüne Politik oder nur um die Durchsetzung eigener Machtansprüche zu schaffen sei.

Doch erst seit Fischer als deutscher Außenminister so selbstverständlich mit den Mächtigen der Welt verkehrt und sich die Diskrepanz zwischen Staatsamt und innerparteilicher Rolle immer weniger überbrücken lässt, nähert er sich dem kritischen Punkt.

Als Außenminister und Vorkämpfer des »rotgrünen Projektes« verlangt er den Grünen heute Zumutungen ab, die sich die Partei – und er selber – zu Oppositionszeiten nicht hätte träumen lassen. Je mehr Überzeugungskraft erforderlich wäre, die Grünen mit ihrer Regierungsbeteiligung auszusöhnen, desto weniger Geduld und Argumentation will sich der Vielbeschäftigte für seine Partei abringen.

Ohnehin neigt Fischer eher zu schwarzer Pädagogik denn zu diskursiver Überzeugungsarbeit. Natürlich kann er seine Widersacher schwindlig reden. Aber neben den suggestiv-werbenden Argumenten beruht Fischers Durchsetzungskraft von jeher auf Drohung und Überrumpelung. Immer verfügte er über einen sicheren Instinkt für die Autoritätsbedürfnisse seiner antiautoritären Partei. Und er bediente sie. Lange bevor seine Positionen mehrheitsfähig wurden, war sein Nimbus als mächtigster Grüner etabliert.

Ohne den Gestus des durchtriebenen Machtpolitikers wäre es Fischer nicht gelungen, seine realpolitische Strategie abzusichern, seine Partei auf Regierungskurs zu bringen und auch dem großen Koalitionspartner Respekt abzunötigen. Immer war es auch die Person Fischer, die das natürliche Machtgefälle zwischen SPD und Grünen kaschierte. Fischer hat die Grünen nicht nur auf Koalitionskurs gezwungen, er war zugleich Garant dafür, dass die Partei mit dem überschießenden Selbstbewusstsein dabei nicht zerrieben werden würde.

Unter dem blassen hessischen Ministerpräsidenten Hans Eichel war Fischer der Dominante, im Bundestag spielte er, nicht Rudolf Scharping, die Rolle des Oppositionsführers. Selbst neben Schröder konnte er sich lange behaupten.

Es war der Anruf des Kanzlers bei seinem in New York weilenden Außenminister, der die Machtverhältnisse offen legte: Schröder teilte Fischer mit, er werde im Bundestag die Vertrauensfrage stellen, und empfahl ihm, sich auf die Heimreise zu begeben. Schröders Coup markiert eine Zäsur im rot-grünen Verhältnis. Zum ersten Mal übernahm ein Sozialdemokrat Fischers Rolle des Grünen-Dompteurs. Fischer als abhängige Größe, als Handlanger des Kanzlers auch in den innergrünen Händeln? Seine Autorität in der Partei wird das nicht fördern.

Doch auf die kommt es nun an. Wieder einmal, vielleicht mehr denn je. Dabei sind es nicht nur die jüngsten Berliner Ereignisse, die Fischers Überzeugungskraft schmälern. Er selbst war es ja, der den Verdacht, grünes Regieren sei Machtbeteiligung auf Kosten eigener Inhalte, immer wieder auf provokative Weise bestätigt hat. Im Antiglobalisierungsprotest etwa wollte der vom Straßenkämpfer zum Spitzendiplomaten Gewendete kaum mehr erkennen als das Treiben ewiggestriger Radikaler. Nord-Süd-Politik, von jeher ein grünes Anliegen, spielte unter Fischers Amtsführung dieselbe Nebenrolle wie all die Jahre zuvor. Selbst vor der programmatischen Formulierung seines Amtsverständnisses schreckte Fischer nicht zurück. »Es gibt keine grüne Außenpolitik«, beschied er seine Partei, »nur eine deutsche.« Wofür braucht man dann einen grünen Außenminister?

Weil seine Gegner sich lange nur für »Grün pur« jenseits aller Verwirklichungschancen zuständig erklärten, entwickelte Fischer eine Aversion gegen das überschießend Grüne und ein Faible für das Machbare, auch jenseits aller grünen Erwartungen. In normalen Zeiten wäre Joschka Fischer damit wohl durchgekommen. Nur jetzt, wo er im Schatten des Kanzlers seine Partei erneut zur deutschen Kriegsbeteiligung überreden muss, steht alles wieder auf der Kippe: die Koalition, die Partei und Fischer selber.

Er könnte es auch in Rostock noch einmal mit Drohungen versuchen, die Bedeutung des deutschen Einsatzes kleinreden und sich auf verwässerte Beschlüsse zurückziehen. Aber wenn die Grünen ihre Regierungsperspektive erhalten wollen, reicht es nicht, erneut, wie im Falle des Kosovo, einen Kriegseinsatz zu beschließen, um hernach ihre eigene Zustimmung als »Sündenfall« zu verdrängen.

Die Grünen müssen sich dazu durchringen, dass der Wille zum Regieren als Ultima Ratio auch die Bereitschaft zum militärischen Einsatz bedeutet. Auf dieser Basis könnte die Partei – allen voran ihr Außenminister – damit beginnen, eine grün erkennbare Sicherheits- und Friedenspolitik zu formulieren. Es wird für Fischer die schwierigste denkbare Aufgabe sein, die Grünen davon zu überzeugen, dass er beides will. Doch ohne diese Anstrengung wird er in Rostock nur einen Aufschub vor dem Ende erzwingen. Für Joschka Fischer und seine Partei bliebe dann nur noch die resignierte Botschaft, die er schon einmal nach dem Scheitern der Koalition in Hessen verkünden musste. »Es ist ja doch schade, dass wir nicht mehr zeigen können, wie gut wir sind.«

DEUTSCHLANDKARTE: WIE ÖKO IST UNSER STROM

ZEITmagazin 24.03.2011,
Matthias Stolz (Redaktion), Jörg Block (Illustration)

Viel spricht dafür, dass diese Karte schon bald etwas anders aussehen wird – grüner. Denn dieser Tage melden die Ökostromfirmen täglich Hunderte neuer Kunden. Unsere Karte zeigt den Stand der Dinge vor der Havarie in Japan.

All jene, die schon immer gegen Atomkraft waren, sollten sie sich einmal genau anschauen. Im Saarland ist noch nicht mal jeder fünfzigste Haushalt mit Ökostrom versorgt – Grün gewählt haben dort dreimal mehr.

Irgendetwas hat die Deutschen daran gehindert, zum Ökostrom zu wechseln. Vielleicht war es das mulmige Gefühl, Ökostrom würde den Backofen nicht heiß genug werden lassen für eine Tiefkühlpizza, vielleicht einfach nur der Papierkram. Man geht ja auch nicht gern zur Kariesprophylaxe.

In den Großstädten, im linksliberalen Milieu, war der soziale Druck wohl ein bisschen größer. In Berlin und Hamburg hat der Marktführer, Lichtblick, besonders viel Reklame gemacht. Wenn man dauernd an den Zahnarzt erinnert wird, geht man eben doch mal hin. Oder wenn plötzlich eine Plombe havariert.

Das wäre für die Bewohner teuer geworden. Sie stimmten für mehr Geld – und gegen Bevormundung.

Kapitel 5

DIE GRÜNEN & DIE ROTEN

KEINE ANGST VOR DEN GRÜNEN

DIE ZEIT 24.09.1982
Gerhard Schröder

Die SPD verliert ihren Bündnispartner FDP und gleichzeitig ihre alternativ orientierten Wähler. Manche Sozialdemokraten suchen den Kampf mit den Grünen, andere hofieren sie als zukünftigen Koalitionspartner. Der frühere Juso-Vorsitzende Gerhard Schröder plädiert für die Integration der grünen und alternativen Bewegungen in die SPD

Das Verhältnis der SPD zu den Grünen und Alternativen schwankt zwischen Anpassung und Ausgrenzung. Differenzierte Betrachtungsweisen, wie etwa die Willy Brandts, laufen Gefahr, in den Flügelkämpfen unterzugehen.

Die Unsicherheit in der SPD ist die Folge von Angst. Es ist die Angst der einen, aktive, zumeist junge Mitglieder und Wähler an die Grünen zu verlieren, und die Angst der anderen, die Begrenztheit, ja, das Scheitern ihres Politikansatzes einsehen zu müssen und bei einer anderen Politik angesichts der eigenen Unfähigkeit, sich zu ändern, an Einfluss zu verlieren.

Wer sich an einer Diskussion über das Verhältnis der SPD zu den Grünen und Alternativen beteiligt, sollte von vornherein sein Interesse offenbaren. Der SPD muss es um zweierlei gehen: Sie muss ihrer Tradition und ihrem historischen Auftrag angemessene politische Antworten auf neue Fragestellungen finden, um neue gesellschaftliche Probleme zu lösen, und sie muss zum anderen als potentiell mehrheitsfähige Partei überleben.

Wir erleben gegenwärtig, wie einem bis auf das übliche Personalgerangel geschlossenen konservativen Block eine zersplitterte demokratische Linke gegenübersteht. Dies hat bereits zu einer Machtverschiebung nach rechts geführt. Es ist daher höchste Zeit, den fruchtbaren konzeptionellen Streit im linken Lager (zu dem auch die wirklich Liberalen gehören) mit dem Willen zu neuer Einigkeit, nicht aber zu weiterer Zersplitterung zu führen.

Natürlich geht es inhaltlich darum, Ökonomie und Ökologie auf qualitativ neuer Stufe miteinander zu versöhnen. Dies ist ein außerordentlich komplexes Problem, auf das es in der Theorie schon gute Antworten gibt. Gelöst werden kann es indessen nur praktisch. Und dann geht es um Interessen von Menschen. Es geht zum Beispiel

17.09.1982: Oppositionsführer Helmut Kohl (CDU) antwortet vor dem Deutschen Bundestag in Bonn auf die Erklärung von Bundeskanzler Helmut Schmidt (SPD) zum Rücktritt von vier FDP-Ministern aus der SPD/FDP-Koalition.

03.12.1979: Der Bundesvorsitzende der Jusos, Gerhard Schröder, hält auf dem Bundesparteitag der SPD in Berlin eine Rede.

darum, einer Arbeitnehmerschaft, die sich in der alten Wachstumsgesellschaft einen beachtlichen Lebensstandard erkämpft hat, die Notwendigkeit des Bruchs mit eben dieser Wachstumsgesellschaft zu vermitteln.

Dies zielt auf eine Änderung gewerkschaftlicher und sozialdemokratischer Programmatik. Dass dabei gewaltige Ängste freigesetzt werden, liegt auf der Hand. Und ist denn der Verdacht vieler Arbeitnehmer so ganz von der Hand zu weisen, dass jener Bruch mit der alten Wachstumsgesellschaft am nachhaltigsten von Leuten gefordert wird, die sicher sein können, auch bei Änderungen politischer Prioritäten auf Grund ihres Bildungsstandes einen angemessenen Arbeitsplatz behaupten zu können?

Wenn nicht aus der wechselseitigen Angst Vertrauen wird, wenn es an Stelle dessen zu einem organisierten Gegeneinander der neuen Gruppierungen und der klassischen Arbeitnehmerorganisation kommt, kann das Ziel der Versöhnung von Ökologie und Ökonomie nicht erreicht werden. Es fehlt dann an der gesellschaftlichen Macht, um mit der alten Wachstumsgesellschaft zu brechen. Sie wird dann bis zum Untergang verteidigt werden – von einer Koalition aus um ihre Existenz besorgten Menschen und solchen, die diese Besorgnisse schon heute in einem Akt des politischen Zynismus nutzen.

Hier liegt der tiefere Grund dafür, dass die SPD versuchen muss, den Wandel zu organisieren. Sie kann das nur, wenn es ihr gelingt, den größten Teil der Aktiven und die Wähler der Grünen und Alternativen wiederzugewinnen oder neu zu gewinnen.

Zukünftige Politik für Arbeitnehmer ist danach eine Politik, die die grünen und alternativen Ziele weitgehend aufnimmt. Sie muss in jeder Phase der Umsetzung die sozialen Folgen für die Arbeitnehmer genau beachten und ausschließen, dass sie vor allem eben diese Arbeitnehmer trifft.

Die soziale Frage in diesem Zusammenhang zu beantworten, ist die zentrale Forderung an die Grünen und Alternativen, die für die SPD unter keinen Umständen kompromissfähig ist.

Die politische Macht, dieses Ziel zu realisieren, lässt sich nur in einem Bündnis entfalten, das ebendiesen Zielen verpflichtet ist. Damit geht es wieder um die Frage der Organisierung und Reorganisierung eines Bündnisses zwischen der Arbeitnehmerschaft und jenen sozialen Gruppen, die die alternative Bewegung ausmachen – in und hinter der SPD.

Ist die Lösung dieser Aufgabe der Quadratur des Kreises gleichzusetzen? Wohl kaum! Dieses Bündnis hat – unter anderen objektiven Bedingungen – die Wahlerfolge der SPD in den letzten dreizehn Jahren sichergestellt. Dieses Bündnis hat in dieser Zeit das Gesicht der Bundesrepublik vollständig verändert.

Ende der 60er, Anfang der 70er Jahre befand sich die Politik der SPD in Übereinstimmung mit den Erwartungen der Arbeitnehmerschaft einerseits und denen der formal gebildeten und politisch aufgeklärten Zwischenschichten andererseits:

1. Wirtschaftliches Wachstum wurde fast ausnahmslos mit gesellschaftlichem Fortschritt, mindestens aber der Möglichkeit dazu, gleichgesetzt. Die SPD war die Partei, der man zutraute, Wirtschaftswachstum politisch auf Dauer zu garantieren. Das von ihr maßgeblich beeinflusste Gesetz für Wachstum und Stabilität, das Karl Schiller verbal so eindrucksvoll zu verkaufen wusste, erschien als die Magna Charta eines modernen Industriestaates. Der Ausbau des Bildungswesens, von der SPD forciert, wurde auch als Basis der Entwicklung personeller Ressourcen für ökonomische Ziele unterstützt. Ungebrochenes wirtschaftliches Wachstum wurde zur Grundlage eines Aufbaus des Sozialstaats zugunsten der Arbeitnehmer, der auch von jenen Gruppen

unterstützt wurde, die nicht oder noch nicht seine Nutznießer waren. All dieses finanzierte der Zuwachs an gesellschaftlichem Reichtum. Gesellschaftliche Privilegien konnten daher unangetastet bleiben.

2. Die Bemerkung Willy Brandts in seiner ersten Regierungserklärung, dass man mehr Demokratie wagen wolle, war der Programmsatz, der die Enge des CDU-Staates nachvollziehbar zu sprengen schien. Aufgestaute Erwartungen der Partizipation in allen gesellschaftlichen Bereichen schienen erfüllt zu werden. Der Ausbau einer nur formal verstandenen zu einer sozialen Demokratie erweckte Zustimmung zur Politik der SPD.

3. Die Entspannungspolitik erschien vielen als das eigentliche Ende des Zweiten Weltkrieges und zugleich als der realistische Versuch, in Zukunft Sicherheit nicht gegeneinander durch Waffen, sondern miteinander durch Verträge herzustellen. Die Sehnsüchte der Menschen nach Frieden, nach einer Welt ohne Waffen, befanden sich in Übereinstimmung mit der Politik der SPD und des von ihr beeinflussten Staates.

4. Wenig beachtet, aber vermutlich mindestens so wichtig war, dass die SPD als absolut integer galt. Brandts Anspruch, er repräsentiere das anständige Deutschland, war durchaus berechtigt.

Die SPD war im Bewusstsein vieler Bürger nicht nur eine Partei, die wie andere Politik machte, sie war auch eine moralische Institution. All dies war in der Person Brandts glaubwürdig zusammengefasst. Er repräsentierte das soziale Bündnis, das die SPD stützte und ihr half, Regierungspartei zu werden und auf diese Weise die gesellschaftlichen Verhältnisse in der Bundesrepublik tiefgreifend zu verändern.

Vergegenwärtigt man sich diese Fundamente des sozial-liberalen Bündnisses, wird unmittelbar deutlich, was seinen Zerfall bewirkt hat. Denn der Glaube, dass wirtschaftliches Wachstum mit Fortschritt gleichzusetzen sei oder auch nur Fortschritt ermögliche, ist vor allem bei jenen zerbrochen, die als aufgeklärte Zwischenschichten Bündnispartner der Arbeiterbewegung waren oder bleiben müssen. Zu Recht geht es ihnen heute um die Erhaltung der natürlichen Lebensgrundlagen. Angesichts einer dramatischen Bedrohung der Umwelt gilt ihnen eine Politik der SPD, die zwar Umweltschutzgesetze gemacht hat, aber auch kurzfristige Sicherung von Arbeitsplätzen zu Lasten der Umwelt betreiben musste, als zu zögerlich. Sie wenden sich ab.

Insbesondere Teile der Jugend sehen die Partizipationsmöglichkeiten nicht, wie versprochen, ausgebaut, sondern beschnitten. Anti-Terrorgesetze und Berufsverbote, Übergriffe von Polizei und Justiz, aber auch anfängliche Schmähungen von Demonstranten durch maßgebliche SPD-Politiker erscheinen zu Recht als nicht vereinbar mit Brandts Programmsatz.

Willy Brandts Entspannungspolitik, die als der risikobereite Versuch verstanden worden war, auf Verträge und nicht auf Waffen zu setzen, droht an der Verschärfung des Ost-West-Verhältnisses zu zerbrechen. Was gedacht war als der großartige Versuch, durch den Ausbau vertraglich gesicherter Zusammenarbeit Abrüstung möglich zu machen, wurde im Zuge der Militarisierung der Außenpolitik auch in der Koalition mehr und mehr zur Legitimation von Aufrüstung in den Dienst genommen. Angesichts dessen ist es nicht verwunderlich, wenn die beschriebene tendenzielle Übereinstimmung von Friedenssehnsucht und SPD-Politik so nicht mehr besteht.

Und zu alledem: Die SPD ist um ihre Identität als moralisch integrer Verein gebracht worden. Die Verstrickung in den Parteienfinanzierungsskandal ist der spektakuläre Abschluss einer Kette von Skandalen und Skandälchen, die die alte SPD viel von ihrem guten Ruf gekostet haben.

So lassen sich leicht eine Reihe objektiver gesellschaftlicher Ursachen und schwerer morali-

01.06.1980: Der ehemalige Juso-Vorsitzende Gerhard Schröder (links) im Gespräch mit dem SPD-Vorsitzenden Willy Brandt auf dem Bundeskongress der Jungsozialisten in Hannover.

scher und politischer Verfehlungen aufzeigen, die zum Zerbrechen eines sozialen Bündnisses schon geführt haben oder jedenfalls zu führen drohen, das mehr als zehn Jahre die politische Entwicklung der Bundesrepublik bestimmt hat. Dieser Prozess bestimmte schon die zweite Hälfte der 70er Jahre. Und der Hinweis auf das Resultat der Bundestagswahl 1980 ist kein Beweis des Gegenteils. In dieser Wahl fand sich das soziale Bündnis der 60er und 70er Jahre zum letzten Mal unter den alten Bedingungen zusammen, des Drucks wegen, den die Kanzlerkandidatur von Franz Josef Strauß ausübte.

Natürlich ist es für die Mitglieder der Regierung objektiv schwer, einerseits für das Funktionieren eines sozio-ökonomischen Systems verantwortlich zu sein, dessen Basis die alten wirtschafts- und sicherheitspolitischen Formeln sind, und zur gleichen Zeit politisch auf den Zerfall ebendieser Formeln zu reagieren. Um so nötiger wäre gewesen, dass das Regierungslager schon vor dem Münchner Parteitag unterschiedliche Aufgaben von Regierung und Partei akzeptiert hätte.

Es gibt aber in der Bundestagsfraktion der SPD auch einflussreiche Stimmen, die – von Richard Löwenthal scheinbar theoretisch legitimiert – sich nicht um einen neuen Konsens zwischen Arbeitnehmerschaft und aufgeklärten Zwischenschichten unter veränderten Bedingungen bemühen wollen. Sie empfehlen als Radikalkur die Amputation jenes linken Flügels, der nachdrücklich für die Veränderung der Politik der SPD in Richtung auf die von den Grünen und Alternativen angesprochenen Themen streitet.

Nach ihrer Vorstellung hätte eine programmatisch und personell so reduzierte SPD eine Koalitionsmöglichkeit mit einer um die CSU reduzierten Rest-CDU. Das ist der unverhohlene Versuch, ein Bündnis zwischen Facharbeiterschaft und Unternehmertum auf der Basis des alten Politkonzeptes zu errichten. Was das gesellschaftspolitisch hieße, sollte auch einmal bei den Grünen bedacht werden. Kurzfristig mehrheitsfähig wäre dieses Bündnis allemal – es fragt sich nur, zu welchem Preis. Die Vorstellung aber, dass eine reduzierte SDP darin den politischen Ton angeben könne, erscheint lächerlich.

Die grünen und alternativen Bewegungen richten sich keineswegs naturnotwendig gegen die SPD. Der Entfremdungsprozess verstärkte sich in dem Maße, wie die SPD, scheinbaren Regierungszwängen verhaftet, die neu aufkommenden Themen nicht mehr genügend aufnahm und jedenfalls die Regierenden begannen, die Bewegungen zu beschimpfen, um sie zu isolieren. Die Behandlung der Friedensdemonstration im Oktober 1981 durch ehrgeizige, scheinbar kanzlertreue SPD-Politiker ist ein trauriges Beispiel falschen und politisch verheerenden Verhaltens.

Viel spricht dafür, dass man in den Bewegungen ein zwar schrittweises, aber nachvollziehbares Herangehen an die Probleme verstanden und toleriert hätte. Was man aber nicht verstand und auch nicht tolerieren konnte, war die Unfähigkeit der regierenden SPD, die angesichts der Probleme aufgebrochenen Ängste der Menschen angemessen zu behandeln.

Es liegt ein gutes Stück Tragik darin, dass die Regierung Schmidt mit dem recht erfolgreichen Versuch, die Entspannungspolitik unter ungewöhnlich schwierigen internationalen Bedingungen zu retten, diesen Ängsten zwar objektiv entgegenkam, in ihren offiziellen Verlautbarungen jedoch allzu oft diese Ängste missachtete und an den alten Politikformeln dogmatisch festhielt.

So war es fast zwangsläufig, dass die Bewegungen neue parlamentarische Entsprechungen suchten und sie in den Grünen und Alternativen schließlich auch fanden. Dieser Prozess ist längst noch nicht abgeschlossen. Es gibt immer noch eine Unmenge von unzufriedenen Wählern, die in der Entscheidungssituation gleichwohl zur SPD halten. Es besteht also sowohl die Möglichkeit, diesen Prozess zu verstärken, als auch die Chance, die Abwanderungstendenzen durch politisches Eingehen auf die Ängste der Friedensbewegung teilweise zu stoppen.

Damit stellt sich für die SPD die Frage nach der Voraussetzung der Reorganisation eines mehrheitsfähigen Bündnisses. Niemand sollte von sich sagen können, dass er darauf fertige Antworten geben könne. Indessen gibt es Punkte, die die politische Basis eines solchen Bündnisses ausmachen können:

1. Eine Sicherheitspolitik, die auf Waffen, atomare zumal, und auf eine politische Führungsrolle der Amerikaner in der Nato setzt, erscheint immer mehr Menschen als Unsicherheitspolitik. Die stufenweise Ersetzung der Abschreckungsdoktrin durch eine Politik des absoluten Vorrangs vertraglich gesicherter Zusammenarbeit zwischen den Blöcken, die Definition einer von den Schwankungen der amerikanischen Außenpolitik unabhängigen Rolle Europas, die Errichtung atomwaffenfreier Zonen in Europa und die Notwendigkeit, langfristig beide Militärblöcke aufzulösen, sind Fixpunkte einer außen- und sicherheitspolitischen Strategiediskussion, die SPD und Grüne oder Alternative miteinander verbindet. Dass die SPD darum den Vollzug der sogenannten Nachrüstung verhindern muss, liegt auf der Hand.

2. Sowohl die kapitalistische Krise als auch die ökologischen Probleme machen die Grenzen des Wachstums nur zu deutlich. Wie sich in dieser Situation wirtschaftspolitische Ziele neue defi-

nieren lassen, ist eine Frage, die Sozialdemokraten und Grüne beschäftigen muss. Es geht um die politische Bestimmung dessen, was in der Gesellschaft wachsen soll, nicht um die Verteufelung jeglichen Wachstums. Und es geht vor allem darum, in den neuen Grenzen Beschäftigung zu sichern. Die in den Gewerkschaften und der SPD diskutierten Konzepte der Arbeitszeitverkürzung sind viel konkreter als alles, was bei den Grünen und Alternativen zu diesem Thema je gedacht worden ist. Man muss daher diese Gruppen mit dieser Diskussion konfrontieren. Man darf sie nicht aus der Verantwortung entlassen, sondern muss sie in die Verantwortung nehmen.

3. In diesem Zusammenhang wird es auch um eine Neudefinition der Rolle der sozialen Sicherungssysteme gehen. Es waren Sozialdemokraten wie Johano Strasser, die schon frühzeitig eine Abwendung von einer allein an Quantitäten orientierten Sozialpolitik das Wort geredet haben. Auch hier gibt es Überschneidungen in den Diskussionen.

4. Eine Politik, die auf Hebung des Bildungsniveaus der Massen, auf die Schaffung von mehr Freizeit verpflichtet ist, muss sich fragen, was die Menschen mit den Freiräumen anfangen sollen. Die Schaffung von mehr Partizipationsmöglichkeiten und das Zurückdrängen von Repression ist einmal eine praktische Einlösung des Anspruchs, mehr Demokratie wagen zu wollen. Zum anderen hat das alles mit dem Willen zu tun, entwickelte schöpferische Kräfte der Menschen auch außerhalb der Arbeit einzusetzen.

Auch so lässt sich der Abwanderungsprozess von der SPD nicht sofort stoppen. Er ist keineswegs nur inhaltlich begründet, sondern resultiert auch aus einer emotionalen Enttäuschung. Die Abwendung von der SPD wird sich aber verfestigen, wenn die Partei sich an einem Machtkartell zur Ausgrenzung der Grünen und Alternativen beteiligt. Dass Alfred Dregger dies vorschlägt, ist nicht verwunderlich. Dass SPD-Mitglieder wie Annemarie Renger und Georg Leber darauf hereinfallen, ist schmerzlich.

Die Zusammenarbeit der Sozialdemokraten mit Grünen und Alternativen in den Parlamenten ist der erste – leider notwendig gewordene – Schritt einer tatsächlichen Integration dieser Gruppen in die SPD. Er beweist den Anhängern dieser Gruppen, dass die SPD sie und ihre Sorgen wieder ernst nimmt und sich nicht an der Ausgrenzung der Menschen und der Sorgen durch Ausgrenzung »ihrer« Partei beteiligt. Nur wenn diese Menschen das Gefühl wieder bekommen, in der Politik der SPD mit ihren Sorgen aufgehoben zu sein, werden sie wiederkommen wollen.

Eine in diesem Zusammenhang die Gemüter ungeheuer erregende Frage ist, ob dieser Integrationsprozess ein Dasein in der Opposition voraussetzt. Dies meint jedenfalls Walter Scheel, der der SPD einen entsprechend leutseligen Rat gab. Man muss ihm nicht folgen. Nicht, weil dahinter die nur vordergründig schlaue Vorstellung steht, die FDP solle in der Zwischenzeit als Regierungspartei mit der CDU überleben und nach einem gelungenen Integrationsprozess einen neuen sozial-liberalen Versuch wagen, sondern auch aus sachlichen Erwägungen.

Denn die notwendigen Veränderungen der Politik müssen nicht nur gefordert, sie müssen möglichst rasch Wirklichkeit werden. Wie das Beispiel Hamburg zeigt, lässt sich der gekennzeichnete Prozess durchaus in der Regierung beginnen. Die Gefahr ist sehr groß, dass beide Gruppierungen in der Opposition sich in einen Wettstreit um die jeweils radikalere umweltpolitische Forderung verlieren würde. Heilsam dürfte hingegen der Druck sein, der auf die Grünen und Alternativen ausgeübt wird, wenn auch sie für das Funktionieren eines Systems verantwortlich werden, an dem schließlich menschliche Existenzen hängen.

ABSCHIED VON DEN BLÜTENTRÄUMEN

DIE ZEIT 20.01.1984
Horst Bieber, Michael Sontheimer und Gerhard Spörl

In Hessen bieten sich die Grünen der SPD als Juniorpartner an. Wandelt sich die Anti-Parteien-Partei zur Normal-Partei?

Spürt auch ihr den Atem der Geschichte? Listig und in gespielter Aufregung schaute sich Joschka Fischer, ein hessischer Grüner mit Sinn für Macht und Süffisanz, im drangvoll engen Saal um. Alles schubste nach vorn. Einige Verwegene hatten sich an die Basketball-Körbe gehängt. Journalisten stiegen auf Stühle und Tische. Hunde kläfften, Kinder schrien, selbst die unbeirrbaren Strickerinnen hatten die Nadeln sinken lassen.

Der Präside vorn auf dem Podium versuchte verzweifelt, Ruhe und Übersicht zu behalten. Eine Mutter schnappte sich das Mikrofon und schrie japsend hinein, jetzt, wo es ums Ganze gehe, müssten auch alle Frauen her, die den Dienst im Kindergarten übernommen hatten. Alle sollten, alle wollten mit Kopf und Herz dabei sein, als die Grünen in Usingen die Gretchenfrage beantworteten: Wollen wir, dürfen wir an die Macht?

»Hoffentlich brechen die nicht in Jubel aus«, wünschte sich ein Abgesandter aus der Bonner Fraktion. Sie taten es nicht. Die Usinger Drei-Fünftel-Mehrheit freute sich ganz einfach und ganz ohne Häme, dass das rot-grüne Bündnis in Wiesbaden Wirklichkeit wird – oder werden kann. Erleichterung schwang mit, auch Erschöpfung. Grüne Parteitage ähneln Psychodramen. Am Ende ist es immer gut, wenn alles vorbei ist.

In Usingen waren sich Sieger und Verlierer darin einig: Die Hessen haben eine Zäsur gesetzt. Sie stehen keineswegs allein. Auch anderswo, in Nordrhein-Westfalen wie im Saarland, stellen sich grüne Landesverbände darauf ein, ihre schamhafte Sonderexistenz aufzugeben und sich mit den Sozialdemokraten einzulassen.

Für manche Grüne, die nie unterschieden haben zwischen der turbulenten Geschichte ihrer Partei und der eigenen Lebensgeschichte, kommt das dem Verlust der Unschuld gleich. Hatte man nicht klein sein wollen, auf jeden Fall anders als die anderen – eine Avantgarde mit neuem Bewusstsein, die sich nicht anpasst oder unterordnet? Das Wünschen hat nichts geholfen. Die Grünen haben ihre narzisstische Phase abgeschlossen. Sie fühlen sich trauernden Herzens hinausgestoßen in die kalte Welt der Macht. Es treibt sie die Einsicht, dass sie nur so und nicht anders überleben können.

Usingen wird Folgen haben. Ist erst einmal die Logik akzeptiert, dass mitmachen muss, wer Interessen durchsetzen will, so drängen sich Folgen wie von selber auf. Sollten nicht Grüne sich als Staatssekretäre und Minister bereithalten? Muss man nicht die Exekutive beherrschen, um die eigenen Ideen umsetzen zu können? In einem Wort: Muss die Anti-Parteien-Partei nicht Partei werden?

»Die Wende ist schon eingetreten«, bemerkte ein Hesse sarkastisch. Tatsächlich konnten in Usingen der alles durchdringende Wirrwarr, die ideell überhöhte Hilflosigkeit im Umgang mit Formalien und Regularien, das unsägliche Bedürfnis manches Delegierten, sein Herz auf den Tisch zu legen, über eines nicht mehr hinwegtäuschen: Hier war eine Partei am Werk. Sie ist gewiss – das ist befremdlich und anheimelnd zugleich – von ganz eigener Art, schlecht organisiert, mit infantilen Ritualen. Niemand sonst wird von derart vielen Kaspar Hausers heimgesucht, die im grünen Milieu Vater- und Mutter-Ersatz und obendrein noch ein Therapiezentrum finden. Für die Grünen ist der Ausnahmezustand die Normalität.

Aus den Nischen, so erklärt Milan Horacek den »Rechtsruck« in Hessen, seien sie wieder aufgetaucht: aus selbst verwalteten Cafés, Kinos und Buchläden der Frankfurter Szene, begleitet von ihren Freunden, den linken Lehrern und Kindergärtnerinnen, theoretisch unterstützt von der linken Intelligenz im *Pflasterstrand* und im *Kursbuch*. Die Szene entlässt eine neue Elite, die Grünen entmischen sich im fünften Jahr, sie nehmen den Marsch in die Institutionen auf.

Nicht, dass sie sich frohgemut auf das Experiment mit der Macht einließen. Die Verhältnisse wollen es so, dass sie herausfinden, ob es sinnvoll ist, sich mit der großen, traditionsreichen und machtbewussten SPD einzulassen – und ob sie trotzdem im Einklang mit sich selber bleiben können. In Usingen zitierte ein Parteitagsvertierer Brechts *Ballade vom Wasserrad*, um Argwohn und Misstrauen herauszuschleudern: »Von den Großen dieser Erde / melden uns die Heldenlieder: / steigend auf so wie Gestirne / gehn sie wie Gestirne nieder. Das klingt tröstlich / und man muss es wissen. / Nur: Für uns, die wir sie nähren müssen, / ist das leider immer ziemlich gleich gewesen. / Aufstieg oder Fall: wer trägt die Spesen?«

In Hessen tragen die Grünen die Spesen. Darüber machen sie sich keinerlei Illusionen. Die große SPD setzt ihnen Grenzen. Die Sozialdemokratie und nicht ihr potentieller Partner bestimmt, wie weit gegangen wird. Allerdings: Die Rollenverteilung wurde den Grünen durch Holger Börners Kompensationsbedürfnis erträglich gemacht. Nicht in der Sache, wohl aber in der Form muss er vergessen machen, was ihm vor noch nicht allzu langer Zeit zu den Grünen eingefallen war.

Ehe der Ministerpräsident sich zu den dubiosen Gestalten herabließ, die er kurz zuvor noch mit der Dachlatte kurieren wollte, überzeugte er sich davon, dass ihm nichts anderes übrig bleibt. Eine Analyse der September-Wahl hat ihn überzeugt. Sie besagt, dass die übergroße Mehrheit der SPD- und Grünen-Anhänger das rot-grüne Bündnis wollen.

Zudem war Börner erleichtert, dass die Grünen-Wähler anders aussehen als die Kämpfer an der Startbahn West. Unter ihnen findet sich der gehobene, unselbstständige Mittelstand (leitende Beamte und Angestellte im Öffentlichen Dienst), der viel Sympathie für Zivilisationskritik und eigenwilliges Politikverständnis hegt. Die zweite Kultur, die Peter Glotz ausfindig gemacht hat, reicht tief in bürgerlich-staatstragende Lager hinein. Grüne Wähler – das sind in Hessen und anderswo junge Leute mit hohem Bildungsniveau, Kinder der Reformjahre mit postmateriellen Lebenswünschen und antikapitalistischen Anwandlungen.

27.10.1985: Die hessischen Grünen, darunter Karl Kerschgens (links) und Tom Koenigs (Mitte), stimmen auf ihrer Landesversammlung in Neu-Isenburg einer gemeinsamen Landesregierung ihrer Partei mit der SPD zu.

Die nüchterne Konsequenz der Sozialdemokraten: Die Grünen finden auch jenseits von linker Szene und alternativem Milieu Anklang. Sie mögen sich töricht, albern und empörend benehmen. Die Gefahr, dass sie trotz alledem gewählt werden, ist groß. Umgekehrt ist die Chance gering, dass die SPD die Grünen an die Wand zu drücken vermag. All den betulichen Musterdemokraten, die heute noch so viel Abscheu und Widerwillen für die Grünen empfinden wie ehedem Holger Börner selber, würde der Ministerpräsident am liebsten sagen: Jetzt muss ich eure renitenten Kinder einfangen, an denen ihr kläglich gescheitert seid!

Börners Wunschvorstellung ist es, im rot-grünen Hessen die bessere Gegenwelt zu Bonn aufzubauen und jene »Mehrheit links von der Mitte« zu zimmern, von der Willy Brandt einst sprach. Das will auch der nüchterne, ganz und gar nicht überschwängliche Karl Kerschgens, der zu Börners bevorzugtem Gesprächspartner avanciert ist. Er verkörpert in seiner Person die Abkehr der Grünen vom Lustprinzip zum Realitätsprinzip. Seine Gegner hatten es in Usingen leicht, darauf herumzuhacken, dass er sich habe über den Tisch ziehen lassen. Kerschgens beschied sich damit, auf den Gegebenheiten zu beharren: »Wer das lächerlich findet, der muss sich mal an die Machtverhältnisse erinnern in unserem Lande.«

Viel hatten er und die vier anderen Unterhändler Börner nicht abgehandelt, nicht abhandeln können. Die emotional besetzten, hochsymbolischen Projekte Hessens sind entweder in der Welt – wie die Startbahn West – oder klammheimlich der Vergessenheit anheim gefallen (wie der dritte Reaktorblock Biblis C). Die SPD stellt Optionen in Aussicht, aus der Atomenergie auszusteigen; das muss den Grünen genügen, die das eigentlich hier und heute wollten. Die SPD gibt die Absicht kund zu prüfen, ob auf dem Frankfurter Flugplatz nachts Ruhe herrschen kann. Gute Vorsätze hier, Wohlwollen dort: In Frauenhäusern und in alternativen Werkstätten werden bald Sozialarbeiter angestellt; die Johann-Wolfgang-von-Goethe-Universität erhält demnächst eine Professur für Frauenforschung. Was ist daran rot, was grün?

Die grüne Identität, sie muss nun neu definiert werden. Daran ist keineswegs allein die SPD schuld. Nicht nur sie, überhaupt alle Parteien fühlen sich dazu berufen, etwas für Natur und Umwelt zu tun. Sie besetzen Themen, die vor vier Jahren zum grünen Monopol gehörten, und versuchen, die missliebige vierte Partei überflüssig zu machen. Anderes kommt hinzu: Die Grünen waren ein Kind der »neuen sozialen Bewegungen«, die ihre Hochzeit schon wieder hinter sich haben. Erst waren es die Atomkraftwerke, dann die Atomraketen, die Hunderttausende auf die Straßen trieben. Anti-Atomkraftbewegung und Friedensbewegung sind abgeflaut – teils, weil sie Erfolg hatten, teils, weil sie gescheitert sind. Die zweite Phase außerparlamentarischer Opposition in der Geschichte der Bundesrepublik scheint vorbei. Darauf müssen die Grünen sich einstellen, ehe es zu spät ist. Existenzangst treibt sie um. Das ungewisse Gefühl macht sie nervös, das sang- und klanglose Ende der Studentenrevolte könne sich wiederholen.

Im Jargon der Eingeweihten hört sich die Usinger Entscheidung so an: Die ehemals linksradikalen »Realpolitiker«, ein paar Ex-Sozialdemokraten und wenige Ex-Liberale haben sich dank taktischer und rhetorischer Überlegenheit und unter geschickter Ausnutzung der Angst vor dem Niedergang durchgesetzt. Verloren haben die »Fundamentalisten«, die Grün-Alternative Liste Hamburg und der Bundesvorstand. Auf beiden Seiten handelte es sich um ephemere Allianzen, die im Geruch politischer Unzucht stehen. Um dies zu verstehen, ist ein Exkurs in die »grüne Strömungslehre« unvermeidlich. Sie ist ein äußerst schwieriges Geschäft, nicht nur, weil die Partei bislang aus einem politisch widersprüchlichen Gemisch mit vielen regionalen Färbungen besteht, sondern auch, weil im Augenblick heftige Bewegungen in diesem Schmelztiegel zu beobachten sind. Aus zwei Grundsubstanzen ist die schillernde Mischung zusammengesetzt. Da sind die »altgrünen« Gründer der Partei, die sich enttäuscht von den etablierten Parteien abgewandt hatten und für die Ökologie und Frieden im Mittelpunkt stehen. Da gibt es zweitens die »Generation der 68er«, deren politisches Bewusstsein in der Jugend- und Studentenrevolte geprägt wurde. Diese Generation ist heute dabei, sich die grüne Partei mehr und mehr anzueignen. Genauer gesagt ist es jener Teil der »kleinen radikalen Minderheit« von ehedem, der nicht in politische Abstinenz verfallen oder schon Anfang der siebziger Jahre in der SPD, DKP oder zahllosen K-Gruppen verschwunden ist. Dass so viele von ihnen bei den Grünen wieder auftauchen, lässt argwöhnen, dass sie es ohne Partei nur schlecht aushalten.

Älter und ruhiger sind sie geworden, viele der großen Überzeugungen und Illusionen sind verflogen. Mao ist tot, und was sich seit dem ersehnten Sieg im Volkskrieg in Vietnam abspielt – da schauen sie lieber nicht hin. Und die ausdauernd agitierte Arbeiterklasse verharrt noch immer in ihrem »falschen Bewusstsein« und der freiwilligen Knechtschaft, statt mit der Revolution ihre historische Mission zu erfüllen. Die notorische Erfolglosigkeit der selbst ernannten Avantgarden hat denn auf die Dauer doch läuternde Wirkung gehabt. Der Glaube an die materialistische Geschichtsphilosophie ging ebenso verloren wie die Hoffnung, dass die industrielle Entwicklung von selber den Weg in das Reich der Freiheit ebnet.

Die Restposten aus der Konkursmasse kommunistischer Sekten werden mitunter verdächtigt, sie hätten den alten roten Katechismus nur mit einer grünen Folie eingeschlagen. Das weisen sie als polemische Übertreibung zurück. Allerdings fällt auf, dass ihre Wirtschafts- und Sozialpolitik auf den Staat fixiert ist. Damit rücken sie in die Nähe linker Sozialdemokraten, weit ab von Radikalökologen wie Rudolf Bahro, der Dezentralisierung und Selbsthilfe predigt.

Nicht überall lässt sich die Mischung reinlich scheiden. Um die Farbnuancen zu verstehen, muss man die Geographie der linksradikalen Kultur kennen.

Eine Sonderrolle haben die Großstädte gespielt. In Hamburg dominierte immer der Kommunistische Bund (KB), aus dem die GAL-Galionsfigur Thomas Ebermann, der Bundestagsabgeordnete Jürgen Reents und Rainer Trampert, der Sprecher des Bundesvorstandes, kommen. In Berlin hatte die Kommunistische Partei Deutschlands (KPD) ihre Hochburg; heute geben Dieter Kunzelmann und andere ehemalige Kader in der »Alternativen Liste« den Ton an. Aus Frankfurt, wo die undogmatischen »Spontis« die linksradikale Szene beherrschten, wurde Joschka Fischer in den Bundestag geschickt.

Sie alle blicken auf eine mehr als zehnjährige politische Erfahrung zurück. Sie können reden, taktieren, notfalls intrigieren und verfügen über das Rüstzeug zu einer schnellen Parteikarriere. Je mehr sich die Grünen zu einer Partei wandeln, desto größer wird ihr Einfluss. Das geht zu Lasten der altgrünen Strömung, die gerade dort stark ist, wo die Studentenbewegung und deren sektiererische Nachfolger nie Fuß fassen konnten: im Süden, in den Flächenstaaten, auf dem Land.

Dort sind schwäbische Anthroposophen, wertkonservative bayerische Naturschützer oder Atomgegnerinnen aus Gorleben zu den Grünen gestoßen. Für sie war der Widerstand gegen die bevorstehende ökologische Katastrophe das Schlüsselerlebnis, das den Blick auf Staat und Gesellschaft veränderte. Marieluise Beck-Oberdorf, Roland Vogt, Lukas Beckmann und natürlich

Petra Kelly gehören zu dieser Gründergeneration. Sie ertragen es nur schwer, dass sie beim kontinuierlichen Wachstum der Partei (bald 30 000 Mitglieder) Einfluss an die Polit-Profis der 68er Generation verlieren. Sie kommt es hart an, von dem kleinen Verein der Freunde und Vertrauten Abschied zu nehmen und das Feld machtbewussten Zynikern zu überlassen. In Usingen mokierte sich Thomas Ebermann über diese Altgrünen. »Es gibt ja auch solche, die Predigen mit Politik verwechseln.«

Beide Positionen stehen sich so unversöhnlich gegenüber, dass in Usingen schon von Spaltung gemunkelt wurde. Die Grünen – nur eine Variante der vielen linken Klein-Parteien, die an ihren Widersprüchen auseinanderbrachen?

Um solchen Selbstmord zu verhindern, hat sich in den letzten Monaten zwischen die beiden Strömungen eine dritte geschoben. Sie lässt sich »öko-libertär« oder »öko-liberal« nennen. Sie neigt zu Realpolitik und versucht, den Verdrängungswettbewerb zwischen Ökosozialisten und alten Grünen zu bremsen. Ihre prominentesten Vertreter: Otto Schily und Joschka Fischer in Bonn, Winfried Kretschmann in Baden-Württemberg. Ob diese Öko-Liberalen sich durchsetzen können, hängt auch davon an, wie die Bonner Grünen die von Gert Bastian ausgelöste Krise meistern können.

Noch vor dem Usinger Parteitag hatte der Ex-General einen Brandbrief mit drei Vorwürfen losgeschickt. Erstens drängten in Partei und Fraktion Kräfte nach vorn, die keine grünen Ziele mehr verfolgten. Zweitens haben sich die Bürogemeinschaften von Abgeordneten und »Nachrückern« als unpraktikabel erwiesen. Drittens fehlte es wegen gegenseitigen Misstrauens, interner Machtkämpfe und persönlicher Intrigen an politischen Konzepten. Ohne rasche Änderung »werde ich es vorziehen, meine Kraft in Zukunft als fraktionsloser Abgeordneter ... einzusetzen.«

»Bastian hat ein offenbares Strukturproblem der Bundestagsfraktion benannt, das sich allerdings nicht gewaltsam lösen lässt«, wiegelte Joschka Fischer in Usingen ab. Andere sprachen von »Erpressung«, von Reisenden, die man nicht aufhalten soll, auch davon, dass Bastian sich taktisch unklug, eben militärisch knapp, vor die intern angefeindete Identifikationsfigur Petra Kelly gestellt habe. Die »Anti-Parteien-Partei« beginnt die Fesseln zu spüren, die sie sich mit imperativem Mandat, Basisdemokratie, Rotation und Bürogemeinschaft angelegt hat.

Vor vier Jahren, in Karlsruhe, wollten die Grünen noch eine »andere« Partei werden, ohne Funktionäre und Hierarchien, ohne Macher und Prominente: vermeide man nur die Organisation, gewinne man die innere Demokratie. Und umgekehrt: Prominente und Funktionäre und Abgeordnete verdienten das permanente Misstrauen der Basis, damit sie nicht »abhöben«. Also wurde beschlossen: Rotation der Abgeordneten nach der Hälfte der Legislaturperiode. Kappen der Diäten auf »Facharbeiter-Gehalt«. Zusammenspannen der Gewählten und der Nachrücker jeweils in einer Bürogemeinschaft, damit erworbene Erfahrung nicht verloren gehe – so lautete zumindest die offizielle Begründung, die den Hintergedanken auszusprechen überflüssig machte, über die Nachrücker Kontrolle auszuüben.

Denn der im Jargon so genannte »Vorrücker« muss nicht unbedingt abtreten. Mit 70 Prozent kann ihm seine Landesversammlung das Mandat belassen – ohne Rücksicht auf den Vertreter, der sich auf das Nachrücken vorbereitet hatte. Erzwingen kann keiner die Rotation; davor steht das Gesetz. Aber zur Vergiftung des Klimas trägt dieser unbedachte Parteibeschluss allemal bei.

Der Gedanke, eine aktive Basis werde Ideen, Anregungen und Konzepte über Bundesarbeitsgemeinschaften und Arbeitskreise zu den Abgeordneten transportieren, war so basisdemokratisch wie falsch. Zwar gibt es solche Übermittlungen, aber sie kosten Zeit und Geld und erfolgen selten so schnell, wie es eine Fraktion braucht, die auf Vorgaben der anderen Parteien reagieren muss – häufiger reagieren muss als ihr lieb ist. Aus Angst vor der Organisation haben sich die Grünen einst eine Organisation verpasst (oder »Struktur«, wie ihr Lieblingswort heißt), die den Parlamentariern wie ein Mühlstein am Halse hängt.

Dies zuzugeben, wagen nur grüne Außenseiter wie Bastian. Wohl wissend, dass ihr die Entwicklung zur Partei zunehmend Einfluss nehmen wird, hält die Basis die »Guillotine« geschärft, um sich mit der Abwahl-Drohung die Prominenz gefügig zu machen. Die Selbstausbeutung der Abgeordneten wird ungerührt verlangt. Unter erschwerten Arbeitsbedingungen müssen sie im Parlament mithalten und der Basis Rede und Antwort stehen. Gleichzeitig erwartet die Basis, am Segen der Fraktionsmitglieder ausgiebig teilzuhaben, verteidigt sie ihre Autonomie gegenüber dem Bundesvorstand, pocht sie auf ihre Rechte – ohne jedoch ihren selbst definierten Pflichten nachzukommen.

Unter dem Stichwort »Professionalisierung« sind solche Fragen schon oft zaghaft diskutiert worden. Seit Bastians Brief und seit der hessischen Entscheidung wissen die alten Fuhrmänner, dass sie wieder eine grün-typische Situation durchleiden: Ein erkanntes, aber aufgeschobenes Problem muss ad hoc bereinigt werden. In Sachen Rotation hat Niedersachsen mit der »Teilrotation« den Weg zum Abbau dieses Parteibeschlusses gewiesen. Die »Bürogemeinschaften« können ohne soziale Härte in laufenden Legislaturperioden nicht aufgelöst werden.

Die Partei – in erster Linie der Bundesvorstand – wird ihre Spitzenfunktionäre nicht »bezahlen« (so weit ist die Stimmung noch nicht gediehen), aber durch »Lohnverlust-Ausgleich« professionalisieren. Nach heftigen Debatten, wie weit sich die Arbeit der Bundespartei in der Kontrolle der Fraktion erschöpfe, besinnen sich die Grünen auf ihre Aufgabe, der Basis zu dienen. »Man ist die endlosen Debatten satt«, sagt Schatzmeister Hermann Schulz. Die Schwierigkeiten leugnet er nicht. »Die Begeisterung der Fraktion für zügiges Arbeiten schwappt jetzt zurück.« Doch die Bereitschaft, aus der Partei-Werdung auch die strukturellen Konsequenzen zu ziehen, wächst allenthalben.

Freilich nur langsam. Die Grünen müssen Abschied nehmen von der Vorstellung einer »anderen« alternativen Partei; sie müssen schmerzhaft lernen, dass Grüne ebenso neidisch, ehrgeizig, intrigant und bequem sein können wie die verabscheuten Etablierten.

»Juniorpartner der SPD« im Jahre 1987 zu werden, fordert Otto Schily die Grünen auf. Das heißt nicht nur, bislang ungeklärte Sachfragen zu entscheiden. Es bedeutet auch, dass sie sich eine innere Form geben, die Partnerschaft und wirkliche Mitsprache erlaubt. Die Grünen nehmen Abschied von Blütenträumen ihrer Gründerzeit.

VOM SCHÖNEN TRAUM ZUM BÖSEN TRAUMA

DIE ZEIT 10.04.1987
Gerhard Spörl

*Hessen-Wahl: Das rot-grüne Modell ist zerschellt –
und Helmut Kohl gesichert*

Die Hessen-Wahl ist in ihrer Bedeutung gar nicht zu überschätzen. Die Sozialdemokraten müssen die Macht in einem Land abgeben, das sie seit vierzig Jahren regiert haben. Dieser Schlag ist schon schwer genug. Aber mehr noch: Zum ersten Mal in der bundesdeutschen Nachkriegsgeschichte ist es einer Bonner Koalition gelungen, in einer Landtagswahl die Regierung an Ort und Stelle aus dem Sattel zu heben; bisher galt die umgekehrte Regel: Wer in Bonn regiert, kann in den Ländern fast nur Wähler verlieren.

Diese Wucht der hessischen Wahl wird noch lange nachwirken. Helmut Kohl kann sich im Nachhinein für seine eher schwache Vorstellung in der Januar-Wahl entschädigt fühlen und sieht seine Regierung über den Bundesrat gestärkt. Die Bonner Oppositionsparteien aber bedroht ein sich potenzierender Erosionsprozess. Der rot-grüne Traum ist für lange Zeit geplatzt – ohne diese Illusion einer Chance kann sich in beiden Parteien entweder die innere Auseinandersetzung zuspitzen oder Niedergeschlagenheit breit machen. Dabei stehen die nächsten Landtagswahlen schon vor der Tür, in denen der SPD und den Grünen neue Nackenschläge drohen: Rheinland-Pfalz, Hamburg, Schleswig-Holstein, Bremen.

Helmut Kohl ist der Nutznießer der jüngsten Geschehnisse. Seine zweite Legislaturperiode ist jetzt schon machtpolitisch ziemlich abgesichert. Die SPD muss ihre Denk- und Planspiele begraben, allmählich die Mehrheit im Bundesrat zu gewinnen und dadurch Teilhabe an der Regierung. Union und FDP können sich dank ihrer satten Majorität (27 zu 14) in der Länderkammer beruhigt zurücklehnen.

Überhaupt ist eine merkwürdige Arbeitsteilung entstanden, eine neue Variante des Föderalismus. Zu Baden-Württemberg und Bayern fehlte noch Hessen im breiteren Sonnengürtel der industriell und wirtschaftlich voraneilenden süddeutschen Regionen. Der SPD bleibt der schwierige Rest: Armenhäuser wie Bremen und das Saarland neben dem mit den Altlasten des Industriezeitalters reich gesegneten Nordrhein-Westfalen. Viele kleine Republiken, in denen nach dem Bonner Modell regiert wird, sind da entstanden und neue können bald dazu kommen. Daraus kann ein Zwei-Drittel-Föderalismus als bequemes Polster neben der Bundestagsmehrheit entstehen. Mancher sah diese Entwicklung schon nach der Wende 1982/83 voraus: jetzt erst vollzieht sie sich richtig.

Das rot-grüne Bündnis war in den Köpfen seiner Protagonisten gedacht als Alternative, wenngleich in begrenztem Maßstab, zur Bonner Koalition. Der Versuch, es vom Provisorium zur normalen Koalition zu erheben, ist in Hessen erst dramatisch und dann einigermaßen kläglich gescheitert. Realistisch betrachtet ist eine Reprise gegenwärtig gar nicht abzusehen. In Hamburg mangelt es den Grün-Alternativen an einem regierungswilligen Flügel. Die SPD-Spitzenkandidaten in Schleswig-Holstein und Rheinland-Pfalz schließen zwar nichts aus, aber keiner von beiden strebt mit begründeter Aussicht und vollem Risiko eine rot-grüne Koalition an. Zu den Leidtragenden dieser veränderten Umstände gehört zweifellos auch Oskar Lafontaine. Er ist in diesen Tagen der Einzige aus den erlauchten Zirkeln, der nach wie vor ausspricht, dass die SPD offen bleiben müsse für die Grünen. Das Projekt, mit dem er in absehbarer Zeit zur ernsthaften Konkurrenz für die Bonner Regierung werden wollte, ist ad acta gelegt, Wiedervorlage ungewiss.

Auch wenn Grüne und Sozialdemokraten jetzt getrennt leiden, so haben sie doch gemeinsam eine schwere Niederlage erlitten. Nach den Ursachen wird allenthalben gesucht. Zur Klärung trägt bei, sich noch einmal in die kurze, bewegende, befremdliche Geschichte des hessischen Experiments zu versenken. Mit seinem Satz von der »Mehrheit diesseits der Union«, nach der Hessen-Wahl 1982 locker in die Runde geworfen, bezweckte Willy Brandt dreierlei: Das war eine Provokation an die Adresse der neuen Bonner Regierung, die sich damals breit zu machen begann; das war ein Zipfel Hoffnung für die SPD, die damals fürchtete, was jetzt zur Wirklichkeit wird – ein langes Jammertal; das war schließlich ein Symbol für eine neue SPD, wie sie sich erst noch herausschälen muss.

Nur mit so viel Unverbindlichkeit, nur mit so viel frei schwebenden Illusionen ließ sich wohl das Trauma vorübergehend verdrängen, das der SPD jetzt mit Macht bewusst wird. Es gehört ja zum eisernen Erfahrungsbestand der mehr als hundert Jahre alten Partei, dass die Konkurrenzpartei zur Linken je nach Situation bekämpft, gespalten, ignoriert oder aufgesogen werden muss.

In dieses Bild passte sich das hessische Modell sogar ein. Recht besehen, war das Experiment nämlich gar keines. Holger Börner beschwor es und legte es gleich wieder auf Eis. Je länger es währte, umso weniger waren Sinn und Zweck des Regierens erkennbar.

Manche Sozialdemokraten buchen den Verlust Hessens als letzten Irrläufer aus der Spätphase Brandts ab, Leitmotiv: Das rot-grüne Abenteuer sei von Anfang an verfehlt gewesen, und die SPD stünde insgesamt besser da, hätte es sich gar nicht ereignet. Solche Gedankengänge enden in aller Regel dabei, dass die SPD sich auf ihre traditionellen Werte und Wähler berufen müsse.

In Wirklichkeit kann die Sozialdemokratie nun einmal die politischen Konstellationen nicht einfach ignorieren. Genauso wenig vermag sie die Wandlungen der Industriegesellschaft zu übersehen, welche die Partei selber schon verändert haben. Nach ihrem eigenen Maßstab und nach der Erwartung des Publikums muss sie selber Leitbilder zur Veränderung der Gesellschaft entwickeln. Was immer sie über das Verhältnis von Ökologie und Ökonomie in Kommissionen erarbeitet hat: Den Wähler vermochte sie davon nicht

05.04.1987: Aus der hessischen Landtagswahl geht die CDU als stärkste Kraft hervor. Der bisherige Ministerpräsident Holger Börner (rechts) und der SPD-Spitzenkandidat Hans Krollmann zeigen sich am Wahlabend enttäuscht.

zu überzeugen. Weil sie zu viel über rot-grüne Bündnispolitik spekuliert hat, muss sie jetzt frisch ansetzen.

Hans-Jochen Vogel legt sich denn auch mächtig ins Zeug, den Katzenjammer in geschäftsmäßigem Handel zu ersticken. Sein Tagesbefehl lässt sich so verstehen: erst einmal Selbstbesinnung, dann Machtsicherung, vor allem in Hamburg. Ins Bild passt der neue Umgang mit den Grünen. Die Zahl derer, die ihnen gegenüber noch immer ein schlechtes Gewissen haben, da sie doch Fleisch vom eigenen Fleisch seien, dürfte stark rückläufig sein. Von nun an sind die Nürnberger Beschlüsse zur Kernkraft, zu Arbeit und Umwelt und zur Raketenrüstung sozusagen erst richtig in Kraft. Es ist abzusehen, dass sie durch ständige Wiederholung alsbald den Rang von Gesetzestafeln haben werden. Die Ära Vogel, so es denn eine wird, hat vorzeitig begonnen.

Fürs Erste fallen Vogels Donnerrufe nach Disziplin und Eintracht auf fruchtbaren Boden. Die angestrebte Besinnung auf die wirklich wichtigen Fragen der Legislaturperiode setzt jedoch langen Atem voraus. So glanzlos die Regierung

Kohl in den letzten Wochen erneut zu Werke ging, so ungestört von der Opposition blieb sie dabei im Großen und Ganzen. Die Wirtschaftskonjunktur schwächt sich allem Anschein nach ab. Das muss sich auf die großen Reformvorhaben – Stichworte: Gesundheitsreform und Rentenreform – auswirken.

Gut überlegt will auch sein, wie in Sachen Kalkar entschieden wird. Legt es Johannes Rau auf einen Kleinkrieg mit Bonn an, und geht er das Risiko ein, ihn zu verlieren? Überdies ist es allein eine Frage der Zeit, wann in der SPD wieder ein Zielkonflikt Ökologie/Ökonomie ausbricht – unter vielleicht neuen, noch härteren Rechts-Links-Auseinandersetzungen. Nach der Hessenwahl sind die Gegensätze und Widersprüche in der Partei kalmiert worden.

Bei alledem werden die Grünen kaum aus dem Blickfeld verschwinden. Ihre Entwicklung kann durch den Gang der Dinge in Wiesbaden und in der SPD angestoßen werden. Vorerst weiß der Regierungsflügel, der auf Gedeih und Verderb auf das »historische Bündnis« mit den Sozialdemokraten gesetzt hat, wohl selber noch nicht, was er tun soll. Die Vormacht bilden auf absehbare Zeit die Fundamentalisten in den Parteiämtern, die Politik ohne praktische Perspektive betreiben. Dadurch verstärkt sich der Eindruck, dass die Grünen ihrem Wesen nach eine Anti-SPD verkörpern. Von Spaltung ging schon oft das Gerücht. So weit muss es nicht kommen, und dennoch kann derselbe Effekt eintreten, falls Fischer und seinesgleichen sich resigniert zurückziehen. Dieser Trend lässt sich durch Fakten eher beeinflussen als durch Reden.

Die Mai-Wahlen sind im ersten Anflug von Depression fast schon verloren gegeben worden. Unter den jetzigen Auspizien mag Rheinland-Pfalz für die SPD tatsächlich nicht zu gewinnen sein. In Hamburg steht eine Abwehrschlacht bevor, zumindest nehmen sich die Sozialdemokraten vor, alle Register zu ziehen. Dabei wollen sie das Blockdenken sprengen, von dem sie sich so lange gefangen nehmen ließen. Zum zweiten Mal wirbt Klaus von Dohnanyi um seinen Wunschpartner, die FDP. Dass diese Erinnerung an sozialliberale Koalitionen nicht nur schiere Überlebensstrategie, sondern politische Notwendigkeit ist, weil anders nicht das starre parlamentarische System und Lagerdenken überwunden werden kann, muss den wahlgeplagten Hamburgern erst noch klargemacht werden. Dass die SPD noch eine alte Bastion verlieren könnte, wonach sie dann im Bundesrat nur noch eine Randexistenz spielte und überhaupt nur noch drei Länder regieren dürfte, reicht als alleiniges Argument nach Lage der Dinge nicht aus.

ZÄHMUNG PER AKTENZEICHEN

DIE ZEIT 15.05.1987
Ulrich Steger

Sind die Grünen bereits ein verlässlicher Koalitionspartner für die Sozialdemokraten? Der ehemalige hessische Wirtschaftsminister bezweifelt es – aus eigener Erfahrung

―

Vier Jahre nach ihrem Einzug in das hessische Parlament sind grüne Politiker noch an ihrem Äußeren, nicht aber mehr in ihrem Verhalten von den »etablierten« Parteien zu unterscheiden. Sie langen an kalten Buffets genauso selbstverständlich zu, benutzen ohne Skrupel Dienstwagen und kennen alle politischen und parlamentarischen Tricks – auch gegenüber ihren innerparteilichen Konkurrenten. Der Umweltsprecher der Partei, die einst angetreten war, den »Polit-Tourismus« der Abgeordneten abzuschaffen, beschwert sich lautstark beim Präsidenten, weil dieser eine Ausschussreise nach Japan untersagt hat. Der grüne Minister ließ unterschiedslos zu anderen Kollegen Aktentaschen von Referenten schleppen und steckt auch den Verfügungsfonds lieber in Arbeitsessen statt in Dritte-Welt-Projekte.

Sogar die Kleidung ist nur Symbolik für die Basis: lässig kann auch sehr teuer sein. Der Gast auf der Besuchertribüne des Landtags kann die Grünen im Plenum eigentlich nur noch an den im Kunstlicht dahinsterbenden Topfpflanzen identifizieren, von Naturschützern seit Jahren immer lustloser zum Sitzungsbeginn auf die Pulte gestellt – Ritual mit vergessenem Anlass.

Dieser Schein erfolgter und erfolgreicher Integration der politischen Spitze der Grünen in das politisch-parlamentarische System ist jedoch vordergründig, wenn es um den Zustand der grünen Partei geht. So wie in manchen Entwicklungsländern eine europäisch gebildete Elite auf archaischen Stammesstrukturen hockt, schwimmt die grüne Polit-Elite wie der Schaum auf einem Gärbottich, eher Produkt des Gärungsprozesses denn Kellermeister. Noch immer sind die Grünen eine »Regenbogen-Koalition«, unfähig zur Integration von Interessen und mit extremer selbst gewählter Instabilität der Entscheidungs- und Führungsstrukturen (wobei die Bürokratisierung der politischen Großorganisationen nicht als ideales Gegenmodell betrachtet werden soll).

An sich ist es nach wie vor unzulässig, von »den« Grünen zu sprechen. Von Strafgefangenen über autonome Frauengruppen zu Alternativ-Be-

trieben, Fahrradklubs und radikalisierten Bauern reicht das Interessenspektrum; das ideologische Spektrum reicht von reaktionärer Industriekritik à la »Blut und Boden« bis hin zu den ewig heimatlosen Linken. »Anti-Atom« oder »Anti-Raketen« sind dabei Integrationssymbole, nicht die Bewegung an sich.

Es ist unsinnig, diesen Ausdruck des Pluralismus – oder präziser: der Interessen-Fragmentierung – einer amerikanisierten Wohlstandsgesellschaft als radikal oder gar antidemokratisch zu verdammen, wie es manche Konservative aus ihrem Biedermeier-Weltbild heraus tun. Die Grünen sind nach meiner Erfahrung weder anti-demokratisch noch kommunistisch unterwandert. Ihr Problem ist eher, dass oft die Repräsentanten der *Single-issue-groups* hochgradig neurotisch, egozentrisch und wenig kommunikativ, kurz: besonders ausgeprägt, aber nicht untypisch für die psychologischen Defizite unserer Gesellschaft sind. Politisch-strukturell ist es für die Grünen ein ungelöstes, vielleicht sogar unlösbares Problem, diese vielfältigen Interessengruppen und Minderheiten in das Korsett einer Partei nach deutschem Muster zu pressen.

Die Instabilität der grünen Entscheidungs- und Führungsstrukturen hat weniger mit radikaldemokratischen Prinzipien als mit dem Misstrauen und Absolutheitsanspruch der jeweiligen Gruppen auf Durchsetzung ihrer Interessen zu tun. Natürlich spielen auch das Alter der Partei und Strukturentscheidungen, wie etwa das Rotationsprinzip, eine Rolle, aber in der praktischen Erfahrung wirkt dies sehr viel anders als in guter Absicht geplant. Während sich die Führungs- und Parlamentsgremien in den »Alt-Parteien« eher marginal im Generationswechsel erneuern, führte das jetzt abgeschaffte Rotationsprinzip dazu, dass quasi zwei Parlamentsfraktionen um die aussichtsreichen Listenplätze konkurrieren. Damit ist der Wettbewerbsdruck bei den Grünen viel stärker als in traditionellen Parteien, dadurch wächst aber auch der Opportunismus gegenüber einzelnen Gruppen. In der Folge besteht noch weniger Bereitschaft, auch bei besserer Einsicht, für »unpopuläre« Entscheidungen einzutreten.

Verschärft wird dieses Verhalten noch dadurch, dass vielen Grünen nicht der Rückzug in eine bürgerliche Karriere offensteht, wie er durch die Interessenverflechtung der traditionellen Parteien für Ex-Parlamentarier geboten wird. Der Absturz von einer wohldotierten, einflussreichen Parlamentarier-Position (gerade als Regierungspartei) ist für einen Grünen oft total, mithin das Interesse, in der Politik zu bleiben, übergroß. Um es an einem besonders deutlichen Beispiel zu erläutern: Nur die FDP hat es bisher geschafft, ihre Staatssekretäre in einer Regierung zu lassen, aus der ihr Minister gefeuert wurde. Und die Liste der Mitglieder der »Fischer-Gang«, die sich zum Teil nach abenteuerlichen Karrieren ungeniert und ungescholten in die Sicherheit des Beamtenstatus drängen, ist sehr lang.

Vor einiger Zeit war das noch anders. Als zwei wegrotierte grüne Abgeordnete im vergangenen Jahr – einer war zuvor immerhin Landtagsvizepräsident – vorsichtig, aber nicht leise genug nach den Weihen der Verbeamtung im höheren Dienst verlangten, genügte eine billige Denunziation in ausgesuchten Medien, Basisempörung auszulösen; Resignation und Verzicht waren die Folge. Wohl kaum eine Partei ist so schnell durch Regierungsbeteiligung auf das bundesdeutsche Normalmaß korrumpiert worden wie die Grünen.

Obwohl sich nun herausstellt, dass die Eitelkeiten, der Opportunismus, die innerparteilichen Kämpfe und Intrigen, der Hang zum Taktieren

23.09.1986: Der hessische Umweltminister Joschka Fischer (links, Grüne) im Gespräch mit Wirtschaftsminister Ulrich Steger (SPD) vor Beginn der Plenarsitzung im Wiesbadener Landtag.

mindestens genauso groß sind wie in den »etablierten Parteien«, gehört es zu den bemerkenswerten Marketingerfolgen der Grünen, dies durch Symbolik, Wortradikalität und Pflege des »Underdog-Images« zu verdecken. Jeder Rundumschlag eines Herrn Geißler ist daher den Grünen hochwillkommen, weil er die kritische Analyse des Zustandes und des Verhaltens ihrer Partei verhindert oder zumindest erschwert.

Die fast dreijährige Mit-Regierung der Grünen, insbesondere die 14 Monate der Hessen-Koalition, ist durch die Stichworte Klientel-Orientierung, Unberechenbarkeit, Symbolik und Unfähigkeit, Entscheidungen durchzusetzen, gekennzeichnet. Diese – nicht gerade schmeichelhaften – Charakterisierungen sollen anhand von typischen Beispielen erläutert werden. Die Grünen haben sehr schnell die Möglichkeit erkannt und genutzt, sich ihre Zustimmung zum Haushalt mit Leistungen für ihre Klientel (oder was sie dafür hielten) honorieren zu lassen, mit Geldern für Alternativbetriebe, Frauenhäuser, Strafgefangenenbetreuung, Forschungsprojekte, Kulturarbeit und anderes mehr. Wenig davon war wirklich unvernünftig, vieles eher Kompensation für bisher zu kurz Gekommene. Aber sehr partielle Interessen erhielten dadurch ein Gewicht, wie es in einer umfassenderen Abwägung innerhalb einer großen Volkspartei nie möglich gewesen wäre.

Der konservative Protest dagegen ging aus zwei Gründen an der Sache vorbei: Erstens pflegten sich andere Parteien, vor allem die FDP, auch so zu verhalten, und zweitens ist die grüne Klientel viel billiger gewesen als die der FDP oder die »Agro-Grünen« (wie die gesunde Haushaltsführung des Landes ausweist). Und immerhin sicherte dies den hessischen Realos auf ihren Landesversammlungen stets solide Mehrheiten, weil das materielle Interesse an der Fortführung der Koalition oder Tolerierung doch die ideologischen Verführungen der Fundamentalisten überwog.

Ärgerlich war, dass sich die Grünen intern nie auf Prioritäten einigen konnten, sondern immer alle Wünsche addierten. So traten sie zum letzten Haushalt mit einem bunten Forderungskatalog von rund 220 Millionen Mark an, obwohl ihr tatsächlicher Spielraum auf fünf Millionen Mark begrenzt blieb.

Fischer und die Polit-Profis seiner Umgebung haben dabei schnell erkannt, dass sie für eine dauerhafte Etablierung der Grünen in der politischen Landschaft bestimmten Effizienz- und Stabilitätserfordernissen genügen müssen. Fischer befand sich damit in einer ähnlichen Situation wie Lenin, der auch schnell erkannte, dass mit seinem Haufen von anarchistisch veranlagten Bürgersöhnen schlecht Revolution zu machen sei. Während Lenin dieses Problem über den »demokratischen Zentralismus« löste, versuchte Fischer die Disziplinierung der Grünen über das Aktenzeichen. Er erwies sich als äußerst trickreich, die ihn misstrauisch beäugende Landtagsgruppe und Basis in die disziplinierenden Arbeitsprozesse und formalen Verfahren der Regierung einzubeziehen. (Von der Pikanterie der Situation ganz zu schweigen, wenn zwei ehemalige »Street-fighter« höfliche, bürokratisch-korrekt formulierte Briefe mit »sehr geehrter Herr Minister«, »sehr geehrter Herr Abgeordneter« wechselten).

Auf diese Weise rückten die Grünen von manchen unsinnigen Vorstellungen, etwa im Bildungs- oder Datenschutzbereich, ab, heftig kritisiert von den Fundamentalisten. Sie waren sogar bereit, ihre Hand für den Kauf der »Neuen Heimat« zu heben, was sie selbst psychologisch als Verlust ihrer Unbeflecktheit mit den Skandalen der etablierten Parteien empfanden.

Dieser Mechanismus von Konflikt und Kooperation, von symbolischem Widerstand und administrativem »Laufen-lassen« klappte sogar bei den Hanauer Genehmigungsverfahren. So sorgte zwar Fischer mit bestellten Gutachten beim

17.02.1987: SPD-Wirtschaftsminister Ulrich Steger (links) kommt vor Beginn der Landtagssitzung in Wiesbaden mit dem Grünen-Fraktionsvorsitzenden Jochen Vielhauer (Mitte) und der Grünen-Abgeordneten Priska Hinz ins Gespräch. An diesem Tag wird der hessische Landtag vorzeitig aufgelöst und gibt den Weg frei für Neuwahlen.

Schily-Sozius Geulen für Wirbel über die angebliche Rechtswidrigkeit der bereits erteilten Genehmigungen, aber er ließ das Verfahren nach Paragraph 7 des Atomgesetzes, das allein den Weiterbetrieb der Anlagen sichert, unbeanstandet laufen. So wurde zum Beispiel noch im Mai 1986 ausdrücklich von den Fischer unterstehenden Immissionsschutz-Behörden – mit Kenntnis der Ministeriumsleitung – die Genehmigungsfähigkeit von Alkem bestätigt und damit eine entscheidende Genehmigungsvoraussetzung für Alkem erfüllt. Im Zweifelsfall handelte eben auch Fischer nach »Recht und Gesetz«.

Dieser Mechanismus versagte nur dann völlig, wenn es um örtliche Interessen der Grünen ging. Immer, wo die viel zitierte Basis – oft nur Gruppen von fünf Grünen – es verlangte, machten die Grünen »Putz«. Oft mit erstaunlichen Ergebnissen.

Während einige Großprojekte – Neubauten für die Polizei oder Autobahnen – fast völlig ungestört weiterliefen, gab es um andere schwierigste Koalitionsverhandlungen. So brach etwa um die Ortsumgehung Rödgen nicht nur im Kreis Gießen die rot-grüne Koalition fast auseinander, sondern sie führte auch in Wiesbaden zu heftigem Koalitionskrach. Dagegen war der Weiterbau der Autobahn A 66 oder der früher heftig umstrittenen B 242 bei Eltville nie Gegenstand von Diskussionen. Ausschlaggebend war jeweils, ob eine Bürgerinitiative oder grüne Ortsgruppe protestiert hatte oder nicht, unabhängig davon, ob das Projekt vielleicht schon gebaut wurde oder erst eine Linienfeststellung erfolgte. Oft verschwanden solche Proteste nach einer gewissen Zeit »in der Versenkung« und alles lief weiter wie bisher – die eigentliche systematische Abräumarbeit für überdimensionierte oder überflüssige und nicht finanzierbare Straßenbauprojekte blieb den Sozialdemokraten überlassen.

Ähnlich war es mit Themenschwerpunkten. Sie kamen und verschwanden genauso schnell wieder. Ein kontinuierliches Abarbeiten der Probleme gab es nie. Es war mehr als eine zufällige Strategie der »Außen-Politik« der Grünen, stets an symbolisch oft geschickt gewählten Punkten kompromisslos, meistens aggressiv »Nein« zu sagen. Dies erhielt ihnen einmal den Schein der Radikalität, und zum anderen konnten sie die eigene Zerstrittenheit durch unerfüllbare (An-)Forderungen an Dritte kanalisieren. Dieses Umlenken der Aggressivität von innen nach außen ist ein ebenso alter wie bekannter psychologischer Trick. Er erklärt, warum eine Partei, die einst für mehr Zärtlichkeit angetreten war, sich stets und ständig – möglichst personalisierte – Feindbilder schafft.

Da die Themen wie Seifenblasen kamen und gingen, konnten die Grünen verdecken, dass »Nein« kein Programm ist. So gerieten sie nur manchmal in den erkennbaren Konflikt zwischen ihren Utopien, ihrer radikalen Ablehnung des Bestehenden einerseits und ihrer Regierungs-Mitverantwortung andererseits. Einzig der Dauerkrach um die Kernenergie war eine Konstante, obwohl auch hier die Grünen in weniger als neun Monaten drei inhaltlich verschiedene Ultimaten beschlossen haben.

Für die Regierungszeit des Umweltministers Fischer ist daher kaum eine konsequente Umweltpolitik kennzeichnend. Aufgrund des ständigen Krisenmanagements über lokale grüne Konflikte und Auseinandersetzungen kam der grüne Minister nie dazu, kontinuierlich und systematisch Umweltpolitik zu betreiben. Eher reagiert er auf die von der Basis hochgezogenen Einzelfälle, die dann zur Ministersache wurden und zu einer völligen Überlastung der Führungsspitze führten. Das Umweltministerium wurde bald zum »Bermudadreieck« der Regierungsarbeit. Man rettete sich – wie Grüne es auch mentalitätsmäßig gern tun – in eine Politik der Symbolik.

Als kurz nach der Sandoz-Katastrophe, die verschlafen zu haben sich der Landes- und Bundesumweltminister tagelang tatenlos vorwarfen, eine regenbogenfarbene Öllache den Rhein hinab dümpelte, stieg Fischer, den Medien angekündigt, in einen Hubschrauber, kreiste über dem aus großer Höhe noch immer schönen Fluss, landete und schimpfte dynamisch auf den anonymen Verursacher, der bis heute noch nicht gefunden wurde. Dass einige Zeit vorher die von der Presse gefeierte grüne Mülltonne, Symbol einer neuen hessischen Müllzeit, in Fischers Akten endgelagert werden musste, weil er schlicht nicht wusste, dass der Bundesgesetzgeber anders beschlossen hatte, mag der Tatendrang entschuldigen; Peinlichkeiten tilgt das grüne Gedächtnis schnell. Ihm genügt zur Not, Großes gewollt zu haben.

Für eine andere Öffentlichkeits-Strategie bot sich Hoechst aus verschiedenen Gründen an: Der Chemiegigant war einschlägig vorbelastet und genoss nicht den Ruf, gegenüber Umweltproblemen aufgeschlossen zu sein. Eine starke örtliche Bürgerinitiative stand unter grünem Einfluss und war mit der Opposition gegen die IG-Chemie-Betriebsrats-Mehrheit verbündet, man konnte also auch die Konflikte in die SPD tragen (was Grüne nicht ohne Genuss tun). So behielt sich Fischer zum Beispiel jede Entscheidung im Bereich von Wasser- bis Immissionsschutz-Genehmigungen selbst vor und zwang damit einen gequält wirkenden Hoechst-Vorstand in einen ständigen Verhandlungsprozess mit dem Umweltministerium, um anschließend ein Ergebnis, das vermutlich auch im normalen Verwaltungsverfahren herausgekommen wäre, geschickt zu verkaufen. Zumindest in der Öffentlichkeitsdarstellung erwies sich Fischer dabei den hochbezahlten Stabsleuten des Chemiekonzerns weit überlegen.

Wie wenig aber eine solche Politik der Symbole in der Praxis bringt (und Landespolitik ist sehr praktisch), zeigt das schon erwähnte Beispiel Müll. Selbst Fischers rhetorische Brillanz konnte zum Schluss nicht mehr die riesige Kluft zwischen grünen Ansprüchen und Realität überbrücken. Nachdem er zunächst nicht ohne Arroganz die »Minimallösung« seines Amtsvorgängers Clauss kassiert hatte, brachte er selber nichts zuwege, obwohl viel Papier beschrieben wurde. Es war schon erbarmungswürdig zu sehen, wie er bei seiner Standortsuche für eine Sondermüllverbrennungsanlage stets von der eigenen Partei am Ort ausgehebelt wurde, die für die Nöte ihres faktischen Parteivorsitzenden überhaupt kein Verständnis aufbrachte, sondern wie gewohnt auf Oppositionskurs ging. Dabei propagierte Fischer durchaus gute Ideen – die Ablösung des Alchimistenzustandes in der Abfallwirtschaft ist richtig; der Vorschlag, ein Forschungs- und Technologie-Entsorgungszentrum in Borken zu errichten, ist aber guter, traditionell-sozialdemokratischer Zentralismus der siebziger Jahre.

Vermutlich hätte auch ein Landesminister einer anderen Couleur nicht viel mehr in einem solchen Zeitraum zustande gebracht, zumal unglückliche Umstände und Intrigen seines Staatssekretärs Fischer das Geschäft noch weiter erschwerten. Aber die Differenz zwischen Anspruch und Ergebnis war zu offenkundig.

Das Scheitern der rot-grünen Koalition hatte daher mehr Gründe als der emotional geladene Dauerstreit um die Hanauer Nuklearbetriebe. Es war auch ein Stück persönlichen und politischen Scheiterns eines der klügsten und fähigsten Köpfe, die die Grünen haben, an den Strukturen und Neurosen seiner eigenen Partei. Eine gewisse Ratlosigkeit machte sich daher bei den Grünen auch schon vor der Landtagswahl breit. Und danach war die Sehnsucht nach den einst eroberten Regierungsämtern unverkennbar, selbst wenn sich dies in heftigen Angriffen gegen die SPD äußerte.

Hat nun die rot-grüne Koalition dem Land geschadet? Meine ehrliche Überzeugung ist: nein. Erstens haben die Grünen nur manches erschwert oder verzögert, aber nichts Entscheidendes verhindert, was die SPD wirklich wollte. Demokratie, so hat Theodore Roosevelt einmal festgestellt, ist kein System, um geschlossene Konzeptionen rasch zu verwirklichen, sondern ein System, das gewährleistet, dass die Regierenden nicht allzu viel Unsinn anrichten können. Dies gilt auch, wenn die Regierenden grün sind.

Zweitens haben sie – auch die SPD – zu notwendigen Innovationen und damit Konflikten gezwungen, die hilfreich und notwendig waren: von der Frauen- bis zur Energiepolitik. Dies überwiegt die administrativen Probleme, obwohl der innovatorische Impuls der Grünen in dem Maße zurückging, wie sie selbst gezwungen waren, von der Kritik der Zustände zur Umsetzung von Lösungen im eigenen Verantwortungsbereich zu gehen. Und drittens war das Experiment staatspolitisch notwendig. Es hat sicher zur rascheren Integration einer neuen Partei in das demokratisch-parlamentarische System beigetragen.

Eher hat die Zusammenarbeit – entgegen der manchmal vorschnell geäußerten »Aufsaug-Theorie« – für die SPD Probleme gebracht. Sie liegen nicht nur darin, dass die Zusammenarbeit bei den traditionellen SPD-Wählern nach wie vor umstritten ist. Offensichtlich profitiert der grüne Partner auch mehr von diesem »Konflikt-Bündnis« als der größere Partner, wie die überdurchschnittlichen Wahlverluste der SPD bei der Bundes- und Landtagswahl und die erheblichen Gewinne der Grünen ausweisen. Dabei hat die hessische Landtagswahl gezeigt, dass sich nur die Kräfte innerhalb des reformerischen Flügels der Gesellschaft verschieben, aber nicht mehrheitsfähig werden, weil die Grünen durch die ständigen Konflikte, die sie auch mit dem potentiellen Koalitionspartner provozieren, hinreichend viele Bürger abschrecken, die entweder nicht wählen (vor allem SPD-Stammwähler) oder – weil sie eine berechenbare Politik wählen wollen – dann lieber konservativ wählen.

Aufgrund der hessischen Erfahrungen muss die SPD die Grünen daher als normalen, aber gerissenen politischen Gegner begreifen und sich mit ihm auseinandersetzen, was eine parlamentarische Kooperation ebenso einschließt wie mit anderen Parteien. Zugleich zeigen aber auch die hessischen Erfahrungen, wie weit der Weg noch ist, den die Grünen – inhaltlich und in ihrer Parteistruktur – noch gehen müssen, bis sie ein verlässlicher Koalitionspartner sein können.

WAS WOLLEN SIE, WOFÜR STEHEN SIE?

DIE ZEIT 17.03.1995
Gunter Hofmann

Bündnis 90/Die Grünen: Von »alternativ« keine Spur mehr, politische Profis sind sie geworden, machtorientierter als die SPD. Der Krieg zwischen Fundis und Realos – fast vergessen. Schwarz-Grün – warum nicht?

Irgendwann, eher beiläufig, fällt das Wort vom Potemkinschen Dorf. Später wiederholt sich das. Beim dritten Mal wird man stutzig. Es sind Grüne, die sich so selbstkritisch über ihr Unternehmen, Bündnis 90/Die Grünen, äußern. So umworben sie sind als Mehrheitsbeschaffer, so viele Schlagzeilen Schwarz-Grün macht (und negative Schlagzeilen wie gerade die rotgrüne Koalition im Frankfurter Römer) – ist alles bloß eine trügerische Fassade?

Im Pass steht: geboren 1980. Seit 1983 im Bundestag. Nach der Einheit von acht Abgeordneten aus dem Osten (Bündnis 90), also Bürgerrechtlern, vertreten, jetzt wieder auf 49 Parlamentarier aufgestockt (davon fünf aus dem Osten). Fraktionsvorsitzender: Joseph Martin Fischer, Jahrgang 1948, schwergewichtig und stolz darauf. Sitzplatz erste Reihe. ER, sagen sie liebevoll-ehrfürchtig von ihm, ER sei »reifer« geworden. Sie stöhnen nicht darüber. Ende des antiautoritären Zeitalters. ER dominiert alles.

Die Partei: 40 000 Mitglieder. Davon 10 000 aktiv, wie geschätzt wird. Im Osten 2000 Mitglieder, davon 150 aktiv. Sie sind eine Westpartei, fast lupenrein. In vielen Rathäusern sind sie Juniorpartner, meist an der Seite der alten Tante SPD, gelegentlich aber auch im Bündnis mit der CDU (Mülheim). An der Spitze, frisch, engagiert und eloquent: Christa Sager und Jürgen Trittin. Sie steht heute in der Mitte, er zählt zur Linken. Man verträgt sich, anders als früher.

Auf den ersten Blick hat man da das Bild einer Normalpartei, manchmal möchte man fast nicht glauben, wie es idyllisch verklärt wird. Diese Verklärung und das unheimliche Gefühl, dass das alles nicht wahr sein könne, reine Fassade also, beides gehört heute eng zusammen. Sitzort im Parlament: Mitte der Mitte.

Laut, frech und schlagfertig tummelt sich dort »Joschka«. So gehört er uns allen. Als ein SPD- und ein CDU-Abgeordneter sich kürzlich wechselseitig Verleumdung vorwarfen, rief er: »Morgen

16.12.1994: Der türkischstämmige Bundestagsabgeordnete von Bündnis 90/Die Grünen, Cem Özdemir, liest im Plenum des Bundestages in Bonn während der Haushaltsdebatte eine türkische Tageszeitung.

früh, halb sechs, Rheinwiesen.« Um dann noch nachzuschieben: »Säbel oder Pistole!« Kaum wurde daran erinnert, dass Kanzler und Vizekanzler im Plenarsaal ganz vorne im inneren Kreis sitzen sollten, platzte Fischer heraus: »Die müssten eigentlich vor dem Parlament knien.«

So pflegt er das eisern. Ein Sitzriese des Parlaments. Wann kommt seine Greta und bringt ihm, wie einst Herbert Wehner, klammheimlich die Stulle?

Dennoch, auch die Grünen hinter Fischer sind da, und sie sind in. Sie werden charmiert. Besonders deutlich hat das Wolfgang Schäuble gemacht, als er Antje Vollmer zum Job der Bundestagsvizepräsidentin verhalf. Die Schwarz-Grün-Debatte, von Heiner Geißler gefördert, weil es doch bestimmte Schnittmengen an Gemeinsamkeit gebe, wird nicht mehr enden.

Bei einer Wiederbesichtigung dieses Turnschuhexperiments, der Graswurzel- und Betroffenheitsbewegung, der gefürchteten und befehdeten Schmuddelkinder von einst lautet der Anfangsverdacht auf: mehr Schein als Sein. Dazu trägt gewiss auch bei, dass sie so zielstrebig ihr Image verändern möchten. Die FDP ohne Negativassoziationen. Image? Ja, Image! Auch das Wort erschreckt sie nicht mehr. Ein langer Marsch durch die Institutionen? Nein, durchs Establishment.

Bündnis 90/Die Grünen: Sie sind nicht mehr einfach die Partei der Jungen. Gewählt werden sie, wie Hubert Kleinert ihnen nachgewiesen hat, durchaus von denen, die etwas geworden sind. Von »Funktionseliten«, wie es im Jargon heißt, oder von »Leistungsträgern«, jedenfalls aus dem Dienstleistungsmilieu heraus. Der Topmanager in Frankfurt kann durchaus auch schon mal dazu gehören, die Supermarktkassiererin in Gelsenkirchen eher nicht.

Wenn in einer Stadt wie Frankfurt kaum fünfzig Mitglieder aktiv sind, haben die Grünen enorme Schwierigkeiten, überhaupt satzungsmäßig korrekt einen neuen Kreisvorstand zu wählen. Aufmerksamkeit bundesweit, aber vor Ort nichts dahinter? Auf der Ostalb sind sie froh, wenn dreißig Mitglieder mitmachen. Allein die Städte bilden das Unterfutter. Die Grünen sind Stadtkinder, die einmal eine Tendenz zur nostalgischen Flucht aufs Dorf hatten. Das hat ihnen die Liebe zur »kleinen Einheit« eingebrockt.

Westkinder sind sie auch. Ostdeutschland ist auf ihrer politischen Karte fast ein blinder Fleck. Der Rest ist ziemlich zerstritten. Den Aufbau Ostgrün voranzutreiben, das ist eine Sisyphosarbeit, wo eine amorphe Kleinbürgerlichkeit gediehen ist. Die Westgrünen dagegen sind im soziokulturellen Aufstiegsmilieu und im Klima einer gewissen Wohlhabenheit gewachsen. Sie verkörpern dieses Stück Bürgerlichkeit West, wie sie nun einmal geworden sind.

Die bunten Lebensläufe von Christa Sager oder Waltraud Schoppe, die zur ersten Generation im Parlament zählte und nach dem Umweg über schwierige rotgrüne Regierungserfahrungen in Niedersachsen dort wieder angelangt ist; oder die Biografien von Rezzo Schlauch und Ralf Fücks, von Marieluise Beck und Cem Özdemir, Jahrgang 1965, geboren in Tübingen: das alles passt zu diesem Bild. Mitte wird im Westen anders buchstabiert als im Osten, und Ökologie erscheint oft nur als ein Wert unter vielen. Aus dieser Mitte aber kommen die Grünen.

Fraktionssitzungen sind in der Regel nicht mehr öffentlich. Streit zwischen Partei und Fraktion wird im »Wohlfahrtsausschuss« geschlichtet. Die Grünen sind da. Aber als Ort der Politik, der zum Mitstreiten einlud, sind sie weg.

Statt-Partei und Populismus-Verschnitt, das sind jetzt andere. Das Flair des Alternativen verschwindet. Dafür sind sie zweifellos professioneller geworden. In die Partei eintreten hieß früher, ein wohliges Opfer zu bringen. Man wurde so schön geächtet. Sendungsbewusstsein hatte man auch.

Als Cem Özdemir, einer der vier Abgeordneten der Fraktion unter dreißig, 1981 eintreten wollte, gab es, anders als heute, keine Eintrittsformulare für Schüler. Heute hat Özdemir, die Krawatte fest am Hals, adrett und offen, die Formulare immer dabei, für Jung und Alt. In Heidelberg und Tübingen sind sogar Stammtische eingerichtet worden, um Schnupperkurse in Grün zu ermöglichen.

Die Metamorphosen spielen sich auf allen Ebenen ab. Früher konnten die Grünen den Starkult nicht leiden. Dem setzten sie schließlich das Rotationsprinzip entgegen. Das ist längst wegrationalisiert. Kein Otto Schily (der in der großen Krise 1989/90 zur SPD wegsplitterte) und keine Antje Vollmer würden bloß deshalb, weil sie Medienaufmerksamkeit genießen, von der Basis abgestraft. Früher wollten die Grünen mehr sein als scheinen. Jetzt befinden sie sich auf einem anderen Trip, man könnte auch sagen: Sie passen sich der Medienrealität an. Cosi fan tutte.

Viele helfen dabei mit. Zum Beispiel Rezzo Schlauch. Zehn Jahre lang hat er im Stuttgarter Landtag Ansehen gesammelt, als Agrarpolitiker sogar bei den schwäbischen Bauern, als Anwalt im Rechtsstaatsdisput. Das bringt er mit nach Bonn. Oder Rupert von Plottnitz: ein optimistischer Flaneur, Anwalt, voller republikanischer Wachsamkeit und voller Realitätssinn. Gern hätte Joschka Fischer aus dem guten Wahlergebnis in Hessen Kapital geschlagen und Plottnitz, bisher Umweltminister, zum Justiz- oder Innenminister gemacht. Kompetent genug wäre er übrigens allemal. Aber der Devise, dass die Grünen sich nicht in den Ämtern ausruhen dürften, mit denen sie ohnehin vertraut sind, konnte die Basis wenig abgewinnen – Fischer blitzte mit seinem Vorstoß ab.

WOZU SIND DIE GRÜNEN NOCH GUT?

DIE ZEIT 04.06.1998
Matthias Geis

Die Partei hat sich in eine schwere Krise manövriert. Nach ihrem Benzinpreisbeschluss gibt sie sich bußfertig – und betont ökonomisch. Doch dabei verspielt sie womöglich ihr ökologisches Profil

---

Die gute Nachricht vorweg: Die Grünen streiten nicht mehr. Ob Joschka Fischer die zentrale Rolle im Wahlkampf spielen soll, ob sich die Bonner Abgeordneten über Parteibeschlüsse hinwegsetzen dürfen, ob die Forderung nach höheren Benzinpreisen auch ohne Zahlen auskommt – all diese brisanten Fragen behandeln die Grünen jetzt lautlos und einvernehmlich. Warum das so ist, ergibt sich aus der schlechten Nachricht. Die Partei steckt in der schwersten Krise seit 1990. Zwischen fünf und sieben Prozent verheißen die jüngsten Umfragen.

Das ist zuwenig. Anders als 1990 immerhin, als vielen in der Partei erst am Wahlabend aufging, welch desolate Vorstellung sie im Einheitsjahr gegeben hatten, läuten diesmal die Alarmglocken früher. Doch allein auf ihre mobilisierende Wirkung wollen sich die Grünen nicht verlassen. Am Wochenende wird in Bad Godesberg der Kleine Parteitag ein »Kurzprogramm« verabschieden. Es soll die spektakulären Magdeburger Beschlüsse kaschieren helfen, mit denen vor drei Monaten die Talfahrt begann. Die grüne Führung meint zu wissen, was sie sich und den Wählern schuldet: maximale Bußfertigkeit – bei minimalem Glaubwürdigkeitsverlust.

Es wird ein Eiertanz werden. Die Grünen wollen ihre Benzinpreisforderung ungeschehen machen. Zugleich aber möchten sie noch einmal darauf hinweisen, dass im Falle einer grünen Regierungsbeteiligung mit höheren Energiekosten – auch beim Benzin – zu rechnen ist. Jede Konkretion soll vermieden werden. Zahlen sind nicht mehr opportun. »Das kämpfen wir durch!«, hatte Fischer auf dem Magdeburger Parteitag den Fünf-Mark-Beschluss verteidigt. Jetzt heißt es durchlavieren. Die öffentliche Empörung nach dem Magdeburger Beschluss trifft das grüne Selbstverständnis. Dass die unpopuläre Forderung »das falsche Symbol für die richtige Sache« gewesen sei, wie Joschka Fischer sagt, mag stimmen. Doch dahinter klingen grundsätzliche Zweifel an, ob sich die Grünen künftig noch »der richtigen Sache« stark widmen sollen. Offen thematisiert das niemand. Aber »Ökologie« bekommt plötzlich einen unangenehmen Beigeschmack: »Öko pur muss vom Tisch«, fordert Kerstin Müller, »nicht in der Ökoecke« stehen will Jürgen Trittin.

Äußerungen dieser Art haben jetzt bei den Grünen Konjunktur. Keiner aus der Führung der Partei getraut sich nun noch, ökologische Programmpunkte als eigenständige Forderungen zu begründen. Wenn von umweltpolitischen Zielen die Rede ist, werden sie dem Publikum jetzt als Teil einer sozialverträglichen Gesamtstrategie angepriesen. »Absolute Priorität« misst Parteichef Jürgen Trittin dem »Kampf gegen die Arbeitslosigkeit« zu. »Die eigentliche Botschaft« des Wahlprogramms sei »die Entlastung der unteren und mittleren Einkommen«. Fraktionssprecherin Kerstin Müller schaudert schon bei der bloßen Vorstellung, »ausgerechnet die Grünen wollten mit der Ökosteuer neue soziale Ungerechtigkeit schaffen«. Auch für Joschka Fischer muss bei allen künftigen Reformschritten »die Frage der Gerechtigkeit im Vordergrund stehen«. Keinesfalls will der Fraktionschef die ökologische Steuerreform in Frage stellen. »Das hielte ich unter dem Gesichtspunkt der Bekämpfung der Arbeitslosigkeit für einen strategischen Fehler«, sagt Fischer.

Weil sich die Partei mit einer Einzelforderung zu weit vorgewagt hat, stellt sie die Ökologie insgesamt unter sozialen Rechtfertigungszwang. Was das in der Konsequenz für ihren originären Politikansatz bedeutet, ist klar. Ökologie wird – wie bei anderen Parteien auch – zum nachgeordneten Thema. Es wird bedient, wenn unter sozialen und arbeitsmarktpolitischen Gesichtspunkten nichts mehr dagegen spricht. Diese Rangfolge in Frage zu stellen war zwei Jahrzehnte lang die Funktion der Grünen.

Natürlich wollen die Spitzengrünen jetzt nicht einfach den Vorrang von Arbeit und sozialen Interessen propagieren. Doch die neue Sensibilität für die soziale Frage zwingt die Grünen, ihre Reformvorstellungen, namentlich die Ökosteuer, als eine Art politisches Heureka anzupreisen. Das geht auf Kosten der Glaubwürdigkeit. Die Steuer soll zur Senkung des Energieverbrauchs führen. Also wird es keine finanzielle Mehrbelastung geben. Zwar soll der Benzinpreis steigen, aber verbrauchsarme Motoren garantieren Kostenneutralität für den Autofahrer. So können aber auch die Steuereinnahmen nicht steigen. Und mit welchem Geld will man dann die Sozialversicherungen entlasten und so die Arbeitskosten senken? Dieser Zielkonflikt zwischen ökologisch erwünschten Effekten und Wachstumspolitik wird systematisch verschleiert.

Die schlichte Einsicht, dass der Schutz der Umwelt etwas kostet, finanziell oder in Form veränderten Verhaltens, ist zum bestgehüteten Geheimnis der Grünen geworden. Weil sie mit einer unpopulären Forderung gescheitert sind, fallen sie ins umgekehrte Extrem. Spätestens mit dem Beginn der Standortdebatte stand die Ökologie unter dem Druck traditioneller Wachstumspolitik, internationaler Kostenkonkurrenz und steigender Arbeitslosigkeit. Aber erst jetzt erscheint den Grünen das Thema, dem sie ihren Aufstieg verdanken, als politisches Handikap.

Auf den ersten Blick mag sogar die Wahlniederlage 1990 den Gedanken stützen. Damals hatten die Grünen ihren Wahlkampf ganz auf den Klimaschutz ausgerichtet – und waren gescheitert. Doch nicht das falsche Thema trug ihnen seinerzeit die Niederlage ein. Es war die ungenierte Art, mit der sie die Ökologie zum Vorwand nahmen, um das Thema deutsche Einheit zu konterkarieren: »Alle reden von Deutschland, wir reden vom Wetter« – diesem Wahlslogan war die Polemik, kaum aber die ökologische Sorge anzumerken. Mit dem Umweltthema inszenierten sich die Grünen damals als politische Outsider. Die Botschaft kam an.

Ein Einwand gegen die Ökologie als programmatisches Zentrum der Grünen lässt sich aus dieser Erfahrung nicht herauslesen. Eher ist es die urgrüne Verknüpfung des ökologischen Interesses mit der spontihaften Geste, die ihnen manchmal zu schaffen macht. Immer hatte Ökologie bei den Grünen etwas von prinzipieller Opposition, ein Traditionsrest aus der fundamentalistischen Phase der Partei. Noch im avisierten Benzinpreis steckte eine Spur der alten grünen Radikalität, der Lust an der Provokation und dem Erziehungsimpetus früherer Tage.

Immer haben die Grünen den prinzipiellen Vorrang der ökonomischen vor den ökologischen Interessen bestritten. Das hat ihnen Sympathie eingetragen, obwohl sie in der politischen Auseinandersetzung mit ihren Einwänden oft scheiterten. Diese Erfahrung hat sie dazu verführt, Politik als symbolischen Konflikt zu inszenieren. Das findet sich im Widerstand gegen Garzweiler oder eben in der Benzinpreisforderung. Doch während die Grünen etwa beim Thema Braunkohletagebau in Nordrhein-Westfalen an der Härte ihres Koalitionspartners SPD scheiterte, ist es diesmal die vehemente Reaktion der Bürger, die den Grünen Misserfolg signalisiert. An Niederlagen – vom Frankfurter Flughafen bis zur Ostseeautobahn – sind sie gewöhnt. Neu ist, dass eine einzelne Forderung den massiven Ansehensverlust auslöst. Der Protest trifft die Partei unvorbereitet. Sie hatte sich darauf eingerichtet, dass ihr auch unpopuläre Beschlüsse nicht wirklich schaden. Nur wenn die Regierungsbeteiligung in den Bereich des Möglichen rückt, reagieren die Wähler empfindlich. Die Grünen als Opposition, damit haben sie sich angefreundet. Gegen Mitsprache im Kabinett gibt es jedoch Vorbehalte. Fast scheint es jetzt, als hätten nicht nur die Grünen, sondern auch die Wähler den Fünf-Mark-Beschluss symbolisch aufgefasst. Die Ablehnung zeigt nicht nur den Unwillen über die Kosten der Ökologie. In der heftigen Reaktion steckt auch das Unbehagen vor den Grünen an der Macht.

Ohnehin lässt sich nicht behaupten, dass die Grünen die Umweltpolitik allzu intensiv betrieben hätten. Schon lange spielen sie das Thema jenseits der spektakulären Auseinandersetzungen eher klein. Dass Ökologie kein »Schönwetterprojekt« sei, war nur die Begleitmelodie eines schleichenden Rückzuges. Den Vorsitz im Umweltausschuss lehnte die Partei dankend ab. Kaum ein grüner Umweltpolitiker ist einer breiteren Öffentlichkeit bekannt. Und keiner ihrer wenigen Generalisten wird in erster Linie mit Ökologie in Verbindung gebracht.

Mit einer spektakulären Aktion im Wahljahr wollte sich die Partei auf ihrem angestammten Themenfeld zurückmelden. Fünf Mark – das war auch als Kompensation für das nachlassende umweltpolitische Interesse in den eigenen Reihen gedacht.

Eher beweisen die Grünen in anderen Bereichen Kompetenz. Der Gefahrenzone einer Ein-Thema-Partei sind sie längst entwachsen. Doch trügen alle Erwartungen, sie könnten mit den Konzepten zur Einkommensteuerreform oder zur sozialen Grundsicherung ihr Profil grundlegend verändern. Sie sind in der vergangenen Legis-

08.03.1998: Bündnis 90/Die Grünen treffen sich zu ihrer Bundesversammlung in Magdeburg. Die Delegierten stimmen über Einzelpunkte des Wahlprogramms der Partei für die Bundestagswahl ab. Unter anderem lehnen sie friedenserhaltende Einsätze der Bundeswehr in Bosnien ab und fordern eine Erhöhung des Benzinpreises auf fünf Mark je Liter. Linke Seite: Jürgen Trittin und Gunda Röstel, die Vorstandssprecher der Partei.

laturperiode facettenreicher geworden, nicht unbedingt kenntlicher.

Nimmt man die einschlägigen Untersuchungen, dann sind die Grünen nach wie vor auf das Umweltthema abonniert. Nur auf diesem Feld haben sie im öffentlichen Bewusstsein einen Kompetenzvorsprung gegenüber ihren Konkurrenten. Das reduziert sie nicht auf den engen fachpolitischen Bereich. Als Verfechter nachhaltiger Politik, als Anwalt von Zukunftsinteressen, ließen sich originäre grüne Leitlinien auch für die anderen Reformfelder entwickeln. Doch der Trend bei den Grünen geht nicht in Richtung auf eine Ökologisierung ihrer Politik, sondern umgekehrt. Aus der grünen Ökologie wurde ein Fach unter vielen. Jetzt wird sie sozial zurechtgemacht. Es wirkt wie das Vorspiel zur Abwicklung.

Dass das Selbstverständnis der Partei brüchig geworden ist, verwundert nicht. Mit dem Umweltthema machten die Grünen ihre Erfolgsgeschichte. Doch auch intern war der »Primat der Ökologie« umstritten. Oft wirkte das »Jahrhundertthema« nur wie das Vehikel für eine Partei mit ganz anderen Leidenschaften. Ein Jahrzehnt lang stritt man spektakulär über Systemopposition oder Machtbeteiligung, die neunziger Jahre gingen im zähen Burgfrieden zwischen den moderierten Strömungen dahin. Einzig in den Pazifismusdebatten wurde ernsthaft um grüne Identität gestritten. Kreative Debatten über das grüne Kernthema sind nicht in Erinnerung. Nur wenn die Umweltpolitik, in der Auseinandersetzung um die Großprojekte, als Widerstand daherkam, bewegte sie die grünen Gemüter.

Das fiel lange Zeit gar nicht auf. Der Erfolg hat die Grünen verwöhnt. Ihr wachsender Einfluss in den besseren Vierteln westdeutscher Großstädte – parallel zur Krise der Sozialdemokratie – galt als Indiz für den sicheren Aufstieg. Krisensignale waren diesem Trend sowenig anzusehen wie der Zwang zur Erneuerung. Erst jetzt müssen auch hartnäckige grüne Optimisten die Versäumnisse der letzten Jahre zur Kenntnis nehmen: das Verschwinden im Osten, die anachronistischen Parteistrukturen aus der Bewegungszeit, die verqueren Mechanismen der Konsensbildung, die lähmende Konservierung der Strömungen. Das ganze Szenario der grünen Misere liegt offen.

Ernsthafte Schritte zur Erneuerung, dafür ist es jetzt, vier Monate vor der entscheidenden Wahl, zu spät. Fehlervermeidung wäre fast schon das Optimum. Doch es scheint, als setze die Parteiführung auf hektische Krisenbewältigung. Mit der aktuellen Strategie – weg von der Ökologie und ihren Zumutungen, hin zur Partei des sozialen Gewissens – präsentieren sich die Grünen plötzlich als Junior-SPD mit umweltpolitischer Restkompetenz. Als »Weg der Vernunft«, den er aufmerksam beobachten werde, hat Kanzlerkandidat Gerhard Schröder die Kurskorrekturen der Grünen kommentiert. Das sollte sie hellhörig machen.

Die Grünen lernen langsam. Das haben sie – man denke nur an die Außenpolitik – immer wieder quälend demonstriert. Wollen sie jetzt das einzige Feld räumen, auf dem sie voraus waren? Es hätte etwas Verzweifeltes. Nicht das Benzinpreisdebakel markiert die Krise. Erst die aktuellen Versuche, es zu beenden, sind das wirkliche Alarmzeichen für die Partei. Ohne Ökologie hat sie keine Perspektive. »Wozu die Grünen?« lautete dann die Frage. Die sollten sie den Wählern im Herbst lieber nicht vorlegen.

RISIKO SONNENBLUME

DIE ZEIT 01.10.1998
Jochen Buchsteiner

*Außenminister Fischer? Das Amt freut sich,
die Partei trägt es mit Fassung*

Er wird in Hemd und Krawatte erscheinen. Das ist unerhört. Vor zwölf Jahren, als er seinen ersten Eid schwor, trug er Turnschuhe und T-Shirt. Das war auch unerhört. Es gehört zur Dialektik dieses Menschen und dieser Partei, dass Auflehnung und Anpassung gleichermaßen provozieren können.

Joschka Fischer wird der erste grüne Außenminister der Bundesrepublik Deutschland. Ein Traum, für Fischer. Ein Alptraum, warnen andere. Warnten! Denn jetzt, wo das bislang Undenkbare näher rückt, verstummen die Zweifler. Keine Entscheidung markiert den Kulturbruch einer rotgrünen Republik mehr als die Personalie Fischer: Der frühere Gegner des »Systems« als sein Repräsentant. Ein Straßenkämpfer als oberster Diplomat. Und Deutschland schweigt?

Deutschland wartet. Alle warten, die Wähler, die neue Opposition, das Auswärtige Amt, sogar der Dax. Die rotgrüne Mehrheit kam so überraschend, so gewaltig, dass das Land beinahe sprachlos zuschaut, wie sich das Neue so ordnet.

DIE ENTSCHEIDUNG. Es war nur eine Geste, eine kleine verräterische Eitelkeit. Doch sie schob den Vorhang beiseite: Fischer, es war am Montag, kommentierte die Wahlen vor der Bundespressekonferenz, wortkarg wie selten. Da fragte ihn ein britischer Korrespondent in seiner Landessprache nach den Grundzügen grüner Außenpolitik. Fischer antwortete nicht nur willig – er legte sein Bekenntnis zur Kontinuität auf Englisch ab. Der Minister in spe, erstmals im Einsatz.

Zu ihrem Ja-Wort hatte sich die SPD lange vor dem 27. September durchgerungen. Fischer wollte das Amt unbedingt. Aus Neigung. Aber nicht nur. Der Rutsch ins Auswärtige Amt erschien ihm der einzig gangbare Weg in die koalitionsinterne Gleichberechtigung. Kaum ein Satz traf Fischer so sehr wie Gerhard Schröders Diktum vom Koch und vom Kellner. Immer wieder beschwor der grüne Fraktionschef im Hintergrund die Gefahr der »Jusoisierung« seiner Partei. Wie sonst lässt sich der Juniorrolle vorbeugen, wenn nicht durch ein *Senior office*, ein wichtiges Amt?

Die SPD braucht Fischer, um die Grünen zu domestizieren. Und Fischer braucht das Außenamt, um sich gegen die übermächtige Sozialdemokra-

20.10.1998: Der designierte Bundeskanzler Gerhard Schröder (links, SPD) und der designierte Außenminister Joschka Fischer (rechts) von den Grünen präsentieren nach Unterzeichnung den rot-grünen Koalitionsvertrag. Im Hintergrund der designierte Bundesfinanzminister Oskar Lafontaine.

tie zu behaupten. Das war die Geschäftsgrundlage, der Handel. Einige mussten schlucken in der SPD, Rudolf Scharping, der wohl Fraktionschef bleibt. Und Günter Verheugen, der jetzt vielleicht Verteidigungsminister wird. Auch in Fischers Reihen stöhnt so mancher.

DER AUSSENPOLITIKER. Was, Herr Fischer, ist denn nun grüne Außenpolitik? »Es gibt keine grüne Außenpolitik«, sagt er, »nur eine deutsche.« Deutlicher lässt sich das Gebot der »Kontinuität« nicht formulieren. Langsam hat er Übung. Schon seine Berliner Grundsatzrede, die er im Sommer vor der Deutschen Gesellschaft für Auswärtige Politik hielt, klang nach Meinung eines Diplomaten, »als sei sie von den Redenschreibern unseres Amts verfasst«.

Was für ein Weg! Wie die meisten in seiner Partei ging Fischer die lange Strecke vom »Antiimperialismus« der sechziger und siebziger Jahre über die »Friedensbewegung« der achtziger in die Realpolitik der Jetztzeit. Was Fischer von seiner Partei unterscheidet, ist der zeitliche Vorsprung seiner Metamorphosen. Vor allen anderen streifte er seinen latenten Antiamerikanismus ab und erklärte sich, spätestens in seinem Buch *Risiko Deutschland* (1994), zum Transatlantiker. Dem Pazifismus, den er weder vertrat noch verteufelte, sagte er 1995 den Kampf an, nach dem Massaker in Srebrenica. In heimlicher Anlehnung an Heiner Geißler, der den europäischen Pazifismus für Auschwitz verantwortlich machte, lobte Fischer den späteren Bellizismus der Alliierten, der Deutschland von der Naziherrschaft befreite. Damit begründete er, in einem Brief an die Partei, die historische Pflicht der Deutschen, Völkermord notfalls mit Waffengewalt zu begegnen.

Die Geschichte der Deutschen, aus ihr leitet Fischer seine Außenpolitik ab. Aus ihr zieht er, wenn auch spät, die Lehren seiner Vorgänger: Westbindung, Integration, Selbstbescheidung, zurückhaltender Grundton, Absage an jeden deutschen Sonderweg, Einsatz für Menschenrechte. In diesem Denken fühlt er sich den Repräsentanten der klassischen deutschen Außenpolitik näher als manchem Parteifreund. Hier liegt auch die Wurzel für das persönliche Verhältnis, das er zu Helmut Kohl und Wolfgang Schäuble aufbauen konnte.

Seit einigen Jahren spannt Fischer seine Gesprächsfäden weit über das linke Netz hinaus. Er reiste oft nach Amerika, suchte die Nähe zum außenpolitischen Establishment. Heute besucht ihn Henry Kissinger, wenn der nach Bonn kommt, und den amerikanischen Deutschland-Experten Reich und Markovits schreibt er das Vorwort zu ihrem Buch *Das Deutsche Dilemma*. Fischers zweiter Schwerpunkt gilt Israel. Er kennt die politische Führung aus persönlichen Gesprächen, ebenso Jassir Arafat. Inzwischen gibt es kaum noch einen im internationalen Geschäft, der Fischers außenpolitische Kompetenz nicht anerkennt.

DIE PARTEI ... ist das Problem. Immer wieder zwang sie ihn zu Entscheidungen, die an Selbstverleugnung grenzten. Fischer, der vielleicht überzeugteste Europäer in der rotgrünen Koalition, verweigerte – aus Rücksichtnahme – seine Zustimmung zum Amsterdamer Vertrag; er enthielt sich, ebenso wie beim SFor-Einsatz der Bundeswehr in Bosnien.

Außenpolitik ist für die grüne Partei nicht irgendein Thema. Sie gehört, wie die Ökologie, zur vielbeschworenen »Identität«. Vor allem »die Linke« erfüllt es mit Unbehagen, dass ausgerechnet die Grünen, die Partei der Friedensbewegung, in Sicherheitsfragen Verantwortung tragen müssen. Die Ressentiments sitzen tief, nicht nur gegenüber Bundeswehr und Nato. Das gesamte Weltwirtschaftssystem stößt auf Skepsis. »Die einzige Erfahrung, die wir mit G-7-Gipfeln haben, ist die Vorbereitung von Gegendemos«, sagt eine Grüne.

Immerhin, die Mehrheiten in der Partei sind im Fluss. Die sogenannten »Fundis« haben sich längst gespalten: Radikalpazifisten wie der Hamburger Uli Cremer ziehen mit »Regierungslinken« wie Jürgen Trittin oder Ludger Volmer nicht mehr an einem Strang. Gleichzeitig ist die »Realo«-Macht gewachsen. Eine Gewähr für disziplinierte Parteitage ist das noch nicht. Aber sie werden berechenbarer. Die Fraktion, die Basis des Außenministers, bleibt mehrheitlich Fischer-treu. 26 zu 21. Doch die Linke ist prominenter vertreten als früher. Das Loch, das Fischer hinterlässt, wird schmerzhaft klaffen. Wer es füllen wird, steht noch nicht fest. Viel spricht für Rezzo Schlauch, den knorrigen Realpolitiker, der 1997 beinahe Stuttgarter Oberbürgermeister geworden wäre. Aber auch der Ostdeutsche Werner Schulz, seit acht Jahren parlamentarischer Geschäftsführer, will in die Lücke springen. Schulz, der einzige profilierte Bürgerrechtler in der Fraktion, gilt als der schärfere Debattenredner, neigt aber zu Eigenbrötlerei.

Wer immer sich durchsetzt, Fischer bleibt der Herrscher. Wenn er auftritt, wie bei der Wahlparty im Bonner Brückenforum, zündet die Basis

Wunderkerzen an. Sein Krisenmanagement nach dem Magdeburger Parteitagsdebakel, auch sein extremer Einsatz im Wahlkampf hat die Grünen aus dem Zwischentief geführt. Fischer weiß heute, dass er nicht nur der Kopf, sondern das Herz der Partei ist. Dies Selbstbewusstsein gibt ihm die Hoffnung, die Abweichler einbinden zu können. Fast beschwörend ruft er seine Partei zu »Geschlossenheit« auf. Fischer ahnt, dass diese späte erste Chance die letzte sein könnte. Wenn nicht alles täuscht, wird ihm die Einigung gelingen, zumindest für die erste Zeit. Selbst sein Intimfeind Ludger Volmer ließ Montag wissen, dass ihm die »Kontinuität« in der Außenpolitik immer besonders am Herzen gelegen habe.

DAS AMT. Mindestens drei Botschafter kündigten ihre Demission an, sollte Fischer ihr Chef werden. Hinter der Hand. Und vor der Wahl. Jetzt herrscht Schweigen. Man wird sich wohl arrangieren, und viele freuen sich sogar. »Die Sehnsucht nach einem, auf den man stolz sein kann, dessen Reden im Bundestag man heimlich applaudiert, ist groß«, sagt ein Junger. Und ein Alter: »Besser konnten wir es gar nicht treffen.«

Fischer steht unter Erfolgsdruck. Er ist nervös, und paradoxerweise beruhigt das die Diplomaten: Wer unsicher ist, kalkulieren sie, wird auf Nummer Sicher gehen. Fischer muss sich auf den Apparat stützen. Er hat bereits signalisiert, dass er die Kompetenz des Hauses braucht. Das hört man gern im Amt. Kabinettsreferat, Ministerbüro, Planungsstab, zwei Staatsminister – es ist die Leitungsebene, die Fischer wohl neu besetzen wird, mehr nicht. Rühe oder Scharping hätte mehr Stühle verrückt.

Zeit zum Einarbeiten bleibt kaum. Die Kosovo-Krise verlangt beinahe täglich Entscheidungen. Möglich, dass dem neuen Außenminister gleich zu Beginn die Frage ins Haus steht, ob sich Bonn am Ultimatum für Milosevic beteiligt – und damit an einer möglichen Militärintervention. Aus Brüsseler Nato-Kreisen warnen bereits erste Stimmen, Deutschland drohe, falls es sich zurückhalte, »die Rolle des Odd man out«, des seltsamen Außenseiters. Dies wäre die erste Belastungsprobe für Fischer und die neue Koalition.

Im Hintergrund lauern bereits gewaltige, unübersichtliche Aufgaben. Die Agenda 2000, das komplizierte Reformwerk der Europäischen Union, muss unter deutscher Präsidentschaft eingetütet werden. »Die Koordination der Fachministerien war schwierig genug unter der alten, eingespielten Regierung«, sagt ein Spitzendiplomat, »mit der neuen wird das ein Abenteuer.«

Schwierige Zeiten. Gerhard Schröder schlägt in der Europapolitik ruppigere Töne an als sein Vorgänger. Fischer registriert das durchaus mit Sorge. Die SPD wiederum bangt um Fischers Durchsetzungskraft gegenüber seiner Fraktion. So könnte Joschka Fischer, der erste grüne Außenminister, in die missliche Lage geraten, aus der Luft einen Zweifrontenkrieg führen zu müssen.

DIE REGIERENDE LEBENSLÜGE

DIE ZEIT 04.03.1999
Matthias Geis

*Zwischen Unernst und Zynismus – mit ihren alten Themen
sind die Grünen nicht zukunftsfähig*

Fünfzehn Jahre lang haben die Grünen darauf gehofft, Macht in Bonn zu erobern. Anfangs zögernd, dann immer entschiedener hat die Partei alle Erwartung auf diesen Punkt konzentriert. Hätte sie im September 98 den Sprung in die Regierung erneut verfehlt, wäre für eine ganze Generation der Abschied von ihrem politischen Lebenstraum gekommen. Jetzt also sind die Grünen am Ziel. Doch am Kulminationspunkt ihrer Geschichte wirken sie ausgezehrt, am Ende. Kein Aufbruch, kein Neubeginn. Stattdessen die Erschöpfung des Marathonläufers.

»Sind die Grünen noch zu retten?«, so lautete die Frage schon einmal, nach dem Scheitern bei den Wahlen im Einheitsjahr 1990. Doch diesmal bleibt der Partei kein ruhiges Jahrzehnt für eine halbherzige Antwort. Seitdem die Grünen mitregieren, ist der Zeithorizont für eine Erneuerung radikal beschnitten. Der Pfad gemächlicher, vom inneren Rhythmus der Partei bestimmter Anpassung ist nicht mehr gangbar. Andernfalls werden der Kanzler oder die Wähler das rotgrüne Experiment beenden.

Danach gäbe es für die Grünen nicht einmal mehr den Rückzug in die beschauliche Opposition. Einer schon am Start gescheiterten Regierungspartei wird man den oppositionellen Hochmut, den die Grünen lange gepflegt haben, nicht mehr durchgehen lassen. So hat sich die Partei mit der Erfüllung ihres Wunschtraums auf enorme Fallhöhe gebracht. Es wäre ihr letzter Sturz.

Der Einbruch der Grünen in die festgefügte Parteienlandschaft gehört zu den erstaunlichsten Entwicklungen in der Geschichte der Bundesrepublik. Über diesem Erfolg sind sie zu notorischen Optimisten in eigener Sache geworden. Sie vertrauen auf die Nachsicht des Publikums, ihr Krisensensorium ist nicht sehr entwickelt, eigene Defizite zu verdrängen gehört zum Grundmuster ihrer Selbstwahrnehmung.

Gerade einmal 1,7 Prozentpunkte trennten die Partei bei den letzten Bundestagswahlen vom absoluten Scheitern. Doch nach einem desaströsen Wahljahr erschien den Grünen selbst das schmale Ergebnis als Erfolg. Dass die Partei die Macht in

13.01.1999: Aktivisten der Umweltschutzorganisation Robin Wood demonstrieren in Berlin vor dem Gästehaus des Auswärtigen Amtes, in dem SPD und Grüne Koalitionsgespräche führen, für einen Atomausstieg.

Bonn nur mit einer Niederlage erreichte, hat sie nicht weiter besorgt.

Erst der Schock der Hessen-Wahl, eingebettet in den schwierigen Bonner Start, hat den Grünen ihre bedrohliche Situation wieder deutlich gemacht: In Scharen laufen der Partei die Jungwähler davon. Die Teilhabe an der Macht in Bonn steigert nicht ihre Attraktivität, im Gegenteil. Mehr als ein Drittel ihrer Wähler haben sich in Hessen von den Grünen abgewendet. Die neuen Mittelschichten, mit deren Hilfe sich die Grünen Mitte der neunziger Jahre auf dem sicheren Weg in die Zweistelligkeit glaubten, wandern zurück zu den großen Volksparteien.

Bereits nach einem Vierteljahr rotgrüner Regierung stehen die Grünen vor der Sinnfrage. Gleich drei »grüne Projekte«, mit denen Gerhard Schröder seinen Koalitionspartner zufriedenstellen wollte, wurden in Angriff genommen: Ökosteuer, Doppelpass, Atomausstieg. Doch alle drei wurden kleingemahlen und bescherten den Grünen einen Realitätsschock, wie er härter nicht hätte ausfallen können: Was der Partei wichtig ist, lässt sich gegen den Koalitionspartner, die Bevölkerung oder die Industrie kaum durchsetzen. Für den Rest der Agenda – vom Bündnis für Arbeit über die Steuerreform bis zur Sanierung des Rentensystems – bleiben die Grünen im Hintergrund. »Grünes« geht nicht – für die Zentralthemen aber wird die Partei nicht gebraucht. Und auf souveränes und kompetentes Mitstreiten in der politischen Hauptsache ist sie nicht wirklich vorbereitet.

So haben sich die Erwartungen an die Grünen schon kurz nach dem Start auf die Frage reduziert, wie klaglos sich die Partei in die Rolle des Mehrheitsbeschaffers fügen wird. Der langjährige Spott, den die Grünen über die Liberalen ausschütteten, klingt nach. Die FDP konnte sich auf ihren Kanzler verlassen. Über die Treue Schröders machen sich die Grünen keine Illusionen. Einen Partnerwechsel zum richtigen Zeitpunkt trauen sie ihm ohne weiteres zu. Das macht sie gefügig – nicht attraktiv.

»Reformstau« war ein grünes Lieblingswort der neunziger Jahre. Von Joschka Fischer bis Ludger Vollmer, von Krista Sager bis Jürgen Trittin formulierten sie so ihre Kritik an den erstarrten Verhältnissen. Dass sie darüber die eigene Reformunfähigkeit aus dem Blick verloren, gehört mit zum Bild grüner Anmaßung. Der Anspruch, »Reformmotor« für Politik und Gesellschaft zu sein, ging bei den Grünen problemlos einher mit der systematischen Verschleppung ihrer eigenen Erneuerung.

Nur weil sie ihr erstes Jahrzehnt als lustvolle Selbstzerfleischung inszenierten – Ditfurth, Trampert, Ebermann gegen Schily, Fischer, Kleinert –, erschien das Ende der Flügelkämpfe schon wie die Konsolidierung der Partei. Doch inhaltlich passte sie sich in den neunziger Jahren nur widerspenstig an. Die Spannung zwischen dem Grün-Gewohnten und dem politisch Machbaren wurde im Bereich des gerade noch Erträglichen gehalten. Und immer ergab sich das Tempo der Anpassung aus der Binnenperspektive.

Auch gelang es nicht, die überkommenen Strukturen der Partei zu reformieren. Schon auf dem Spaltungsparteitag 1991 in Neumünster, auf dem der Flügel um Jutta Ditfurth seinen Abgang mit Wasserpistolen inszenierte, stand die Strukturreform auf der Tagesordnung. Bis heute ist sie nicht gelungen. Mit einer überforderten Organisation, bar jeder inhaltlichen Leidenschaft und geprägt durch ihre Rolle als Opposition, sind die Grünen an die Macht gekommen. Wie sollen sie da erfolgreich regieren? Und zugleich ihre Mentalitätskrise, das Dilemma der Parteistruktur und die tiefe Verunsicherung über ihre politischen Ziele bewältigen?

Längst war der innergrüne Reformprozess theoretisch vorgedacht. »Von der Protest- zur Konzeptpartei«, so lautete das Ziel, das Joschka Fischer den Grünen am Anfang der vergangenen Legislaturperiode leise mit auf den Weg gab. Immer hat Fischer geahnt, dass die inhaltliche Erneuerung ohne den Abschied vom Oppositionshabitus, von den verwässerten Widerstandsmythen, dem Gestus politisch-moralischer Überlegenheit nicht gelingen würde. Denn tiefer als jede einzelne Position des grünen Programms ist die Oppositionsmentalität in der Partei verankert.

Für jede Partei birgt der Rollenwechsel von der Opposition zur Regierung Schwierigkeiten – für die Grünen sind sie existentiell. Regieren, das rührt an ihre Ursprungsimpulse, die Herkunft aus der alternativen Widerstandsbewegung der siebziger und achtziger Jahre. Zwar ist die grüne Selbstdefinition als Anti-Parteien-Partei passé, und auch das Grundmisstrauen gegenüber der Mehrheitsgesellschaft wird längst nicht mehr offensiv thematisiert. Doch in der Psychologie der Partei hat ihre Gründung aus dem Protest bleibenden Niederschlag gefunden.

Provokation ist die Form, in die sich der einstige Radikalismus verflüchtigt hat. Durch nichts ließen sich die Grünen in der Vergangenheit sicherer von einem politischen Vorhaben überzeugen, als wenn es im Gewande der Zumutung daherkam. Der Affront ist mehr als ein grünes Stilmittel. Oft scheint es, als sei den Grünen die Aufregung, die ihre Forderungen erzeugen, bedeutsamer als die Frage, wie sie durchzusetzen sind. Für eine Regierungspartei ist das eine ziemliche Hypothek.

Benzinpreis, Atomausstieg, Doppelpass – für die Herzensthemen grüner Opposition hat die Partei nie nach einer überzeugenden Strategie gesucht. Dass man aus wichtigen Minderheitsthemen Mehrheitsthemen machen muss, um sie durchsetzen zu können, ist ihnen noch immer fremd. Eher schon fühlt sich die Partei wohl in der Rolle einer regierenden Opposition. Beispielhaft, spektakulär und erfolglos hat das in den vergangenen Wochen Umweltminister Jürgen Trittin vorgeführt. Der Koalition, seiner Partei und dem Ziel des Atomausstiegs hat er damit keinen Dienst erwiesen. So lassen sich die Grünen in die Rolle unvernünftiger Regierungszöglinge manövrieren. Weil sie auf Kommunikation verzichten, ihre Reformen am liebsten verordnen, statt werbend begründen würden, kann sich der selbstkorrigierende Kanzler um so leichter als Garant des Volkswillens profilieren.

Dabei sind die Grünen, gemessen an ihren programmatischen Vorstellungen, nicht gerade offensiv in die Regierungsrolle gestartet. Im Gegenteil, die nörgelnd-unfrohe Art ihres Regierungsantritts ist eher den erzwungenen Konzessionen geschuldet, die ihnen von Anfang an abverlangt wurden.

So ist ihr Opportunismus an der Macht bloß die Kehrseite politischer Überzeugungen, die nur in der Abschottung gedeihen konnten. Was über Jahre hinweg als Inventar grüner Identität verteidigt wurde, schmilzt jetzt unter den Zwängen des Regierens wie Schnee unter der Sonne. Nicht, dass die Grünen – etwa in der Frage militärischer Einsätze – ihre Positionen länger aufrechterhalten könnten. Aber die geschäftsmäßige Art, in der sie heute verabschiedet werden, hat etwas Zynisches. Nirgends sonst kommt der grüne Unernst schärfer zum Ausdruck. Wie soll man das Publikum davon überzeugen, dass künftige Programmentscheidungen ernsthafter gefällt werden als die vergangenen, die man jetzt wortlos entsorgt. So bringt noch der überfällige Verzicht auf fraglich gewordene Positionen die Partei in Misskredit.

Nicht nur die grüne Beschlusslage verliert unter dem Eindruck der Macht rapide an Bedeutung, sondern das grüne Prinzip, wonach weder Abgeordnete noch Minister für grüne Führungsämter in Frage kommen, hat schon in der Vergangenheit informelle Machtstrukturen befördert. Heute

18.03.1999: Bundesumweltminister Jürgen Trittin verfolgt im Bundestag die Debatte zur Europapolitik.

26.03.1999: Außenminister Joschka Fischer spricht im Bundestag in Bonn zum Thema Kosovo-Einsatz der NATO.

13.11.1999: Rund 10.000 Kernkraft-Gegner demonstrieren in Berlin für den Ausstieg aus der Atomenergie.

degradiert es die Spitze zu bloßen Führungsschauspielern.

Dass die Trennung von Amt und Mandat die Partei eigenständiger machen würde, war immer ein Mythos. Jetzt, an der Macht, garantiert das Prinzip nur noch Unmündigkeit. Statt in den Führungspersonen selbst den Widerspruch zwischen grüner Ideallinie und politischen Handlungszwängen wachzuhalten, hat die Trennung der Funktionen zwei Typen grüner Politiker hervorgebracht: Identitätswahrer und Machtpragmatiker. So kommt es, dass die Regierungspartei zum Regieren bisher nichts beizutragen hat als die Räumung alter Positionen. Und dass manche der Grünen so ungrün daherkommen.

Die Strukturdebatte, die jetzt erneut anhebt, ist im Kern eine Personaldebatte. Seit Joschka Fischer seinem neuen Amt nachgeht, hat das Krisenmanagement der Grünen parteischädigende Züge angenommen. Der Grund liegt auf der Hand: Eine Regierungspartei, will sie es bleiben, kann sich keine Amateure an der Spitze leisten.

Auch die Doppelspitze – die Quotierung aller grünen Ämter – wird jetzt unter dem Eindruck der letzten Wochen in Frage gestellt. Gedacht war die Quote einmal als Instrument, profilierte Frauen nach vorne zu bringen. Mit Antje Radcke und Gunda Röstel ist wohl auch dieses grüne Urprinzip an sein Ende gekommen.

Doch mit der Doppelspitze fiele nicht nur die Frauenquote, sondern auch das eigentliche Organisationsprinzip der Grünen im letzten Jahrzehnt: Die Parteiflügel wurden sorgsam austariert und die politische Auseinandersetzung gezähmt, damit Ruhe und Ordnung herrschen. Wenn es künftig nur noch eine Spitze zu wählen gibt, müsste sich die Partei wieder entscheiden. Das sterile Patt zwischen linksgrüner Realitätsferne und realpolitischem Machtkalkül wäre zu Ende.

Doch die Parteireform, selbst wenn sie gelänge, wäre für die Grünen nur eine Voraussetzung, um als Regierungspartei bestehen zu können. Hinter der strukturellen Krise verbirgt sich die Desorientierung einer Partei, deren inhaltliche Debatten sich in den vergangenen Jahren nur noch als Pingpong vollzogen haben: Identität wahren oder anpassen. Mit ihren alten Themen, im alten Stil präsentiert, sind die Grünen nicht zukunftsfähig. Das Neue aber ist schon in den Anfängen der vergangenen Legislaturperiode steckengeblieben.

In der Finanzpolitik, bei der Steuerreform oder der Sanierung der Sozialsysteme gab es zaghafte Ansätze. Es waren kleine Versuche, das ökologische Prinzip der Nachhaltigkeit auf die politischen Zentralthemen zu übertragen. Doch wie schon die Ökologie kaum noch grüne Leidenschaften weckt, so haben auch diese Versuche einer über den Tag hinausreichenden grünen Gesellschaftspolitik in der Partei nur mäßige Resonanz gefunden. Das ist der Grund, warum die Grünen, statt ihren lauten Anspruch als Reformkraft einzulösen, jetzt dem Partner SPD klaglos das Feld überlassen.

Kein Jahrzehnt behutsamer Reorganisation liegt vor den Grünen. Joschka Fischer hat der Partei gerade eine halbe Legislaturperiode Zeit gegeben, sich zu erneuern. Aber registrieren die Grünen den Veränderungsdruck? Spüren sie die Existenzangst, die ihrer Lage entspräche? Wer verhindert, dass sie sich wieder in die berüchtigte Abgeschiedenheit ihrer Parteitage flüchten?

Nie hatten die Grünen ein Gefühl für den richtigen Zeitpunkt. Ihr Hang zur Lebenslüge ist heute ausgeprägter als bei den »Altparteien«, gegen die sie sich einst etablierten. 20 Jahre nach ihrer Gründung sind die Grünen selbst starr geworden. Nichts deutet derzeit darauf hin, das könne sich noch einmal ändern. Die Grünen wären dann ein untergehendes Generationenprojekt.

ABPFIFF?
NEIN, NUR HALBZEIT

DIE ZEIT 21.06.2000
Fritz Vorholz

Die Grünen unterliegen: Der Atomausstieg gönnt der Energiewirtschaft jene Restlaufzeiten, die sie sich immer gewünscht hat

---

Worte können der Verständigung dienen. Sie können aber auch das Gegenteil bewirken: Verwirrung. In dieser Art Sprachpflege üben sich seit einer Woche Spitzenpolitiker der rot-grünen Koalition, wenn sie die Vollendung eines Regierungsprojekts auf den Begriff bringen: Atomausstieg. Atomkonsens. Worauf sich Bundeskanzler Gerhard Schröder und die Seinen tatsächlich mit der Energiewirtschaft geeinigt haben, hat mit dem üblichen Sinn dieser Worte wenig zu tun. Sie verständigten sich auf ein Stillhalteabkommen in Sachen Nuklearstromerzeugung, auf nicht weniger, aber auch auf nicht mehr – selbst wenn der Protest der Opposition und aller Atomideologen anderes nahe legt.

Aus dem gleichen Grund liegen auch viele Grüne falsch, wenn sie die Vereinbarung der vergangenen Woche zu einer »historischen Entscheidung« hoch stilisieren. Tatsächlich regierte in der vermeintlich historischen Nacht von Mittwoch auf Donnerstag Pragmatismus pur: Wirtschaft und Politik haben sich gegenseitig ihrer »unterschiedlichen Haltungen zur Nutzung der Kernenergie« versichert – um sich ungeachtet dessen auf einen Modus Vivendi zu verständigen. Mag sein, dass ohne die Grünen nicht einmal das zu Wege gebracht worden wäre. Nur: Mit ihrem Versprechen eines Sofortausstiegs ist die Ökopartei total gescheitert. Es droht nun wahr zu werden, was den Grünen ein Atommanager vor Monaten hämisch prophezeite: »Wenn man den Milchtopf zu hoch hängt, dann verdurstet man darunter.«

Da ist die Nuklearwirtschaft besser dran. Leidenschaftslos betrachtet, haben sich ihre Perspektiven aufgehellt – auch wenn demnächst im Atomgesetz stehen wird, dass die Nutzung der Kernenergie »geordnet« zu beenden ist. Eben: »Geordnet« – ein anderer Begriff für das goldene Ende, das sich die Vorstände der Energieunternehmen für ihre Reaktoren immer wünschten. Die Manager hängen keineswegs verbissen an ihren Meilern. Sie sollen nur noch eine Weile Geld verdienen. Genau dabei hilft der Pakt, den Wirtschaft und Politik geschlossen haben.

Damit die Kernkraftwerke rasch störungsfrei betrieben werden können, wird schon bald Schluss sein mit den innerdeutschen Castor-

Transporten. Anstatt von Polizeihundertschaften nach Gorleben oder Ahaus eskortiert werden zu müssen, werden die ausgedienten Brennelemente – womöglich zunächst provisorisch – an den 14 AKW-Standorten zwischengelagert, bis sie in ferner Zukunft in einem heute noch unbekannten Endlager verstaut werden: vielleicht in Gorleben, vielleicht auch anderswo.

Etwas weniger schnell wird die Plutoniumwirtschaft beendet sein: Mitte 2005. Das Datum entspricht ziemlich exakt dem Zeitpunkt, zu dem die Meilerbetreiber ohnehin aus der Wiederaufarbeitung des Atommülls aussteigen wollen – und es auch schadlos tun können. Bis dahin werden sie nach eigenem Bekunden ihre vertraglichen Pflichten gegenüber den Betreibern der Wiederaufarbeitungsanlagen in La Hague und in Sellafield weitgehend erfüllt haben und endlich – ohne Pönalien zu riskieren – auf die billigere direkte Endlagerung umschwenken können.

Eine Kröte hat die Atomwirtschaft geschluckt. Um gegen »Nadelstiche« rot-grüner Atomskeptiker gefeit zu sein, willigte sie ein, die Laufzeit ihrer Reaktoren zu befristen. Darauf lässt sich kein Manager gerne ein. Aber die Fristen sind großzügig bemessen: Die Meiler dürfen nun ungestört noch einmal ungefähr so viel Strom produzieren, wie sie bisher schon ins Netz eingespeist haben. In Sachen Nuklearstromerzeugung ist in der vergangenen Woche zwar gepfiffen worden – allerdings zur Halbzeit, nicht zum Spielende.

Es hilft keine Schönrechnerei: Die in Strommengen ausgedrückte Laufzeit, die den Meilern noch vergönnt ist, wurde durch allerlei »Tricks« verschleiert, wie der Veba-Chef Ulrich Hartmann ungeschminkt mitteilte: Sie beträgt nicht 32 Jahre, wie es irreführend in der Vereinbarung heißt, sondern an die 35 Jahre – rund 10 Jahre mehr, als Umweltminister Jürgen Trittin noch vor kurzem gefordert hatte. Die Grünen können ihrer Klientel nicht einmal verraten, wann der erste Meiler abgeschaltet wird und wann der letzte.

35 Jahre sind weit mehr als all den 87 Reaktoren beschieden war, die bisher weltweit schon abgeschaltet wurden. Es ist wahrscheinlich weniger, als manchem ausländischen Reaktor der neueren Generationen vergönnt sein wird. Wer sich im Konsens und ohne Entschädigung mit den Anlagenbetreibern einigen wollte, musste einen solchen Kompromiss eingehen.

Verantwortungsvolle Energiepolitik erfordert indes mehr. Schließlich entweicht beim Betrieb von Kernkraftwerken kein klimaschädliches Kohlendioxid. Solange Rot-Grün beim Einstieg in eine neue Energieversorgung das bisher vorgelegte Schneckentempo nicht erhöht, wächst also auch bei dem fast unmerklichen Ende der Meiler die Gefahr für das Klima. Es gilt deshalb verschärft, Millionen Wähler und Verbraucher vom Energiesparen zu überzeugen. Das ist schwieriger, als sich mit den Chefs von vier Atomkonzernen zu einigen. Und dafür werden die Grünen noch gebraucht. Die Ironie des sogenannten Ausstiegs könnte sein, dass nach dem Atomdeal der vergangenen Woche ihre bisherigen Wähler das anders sehen.

DER DOPPELTE OTTO

DIE ZEIT 22.11.2001
Sabine Rückert

Vor einem Vierteljahrhundert verteidigte der Anwalt Otto Schily Terroristen gegen den Staat. Heute verteidigt der Minister Otto Schily den Staat gegen Terroristen. Annäherung an einen Mann, der sich Fragen nach biografischen Brüchen verbittet

---

Im 13. Stock seines mächtigen Ministeriums sitzt – jenseits der Sicherheitsschleusen und Durchleuchtungsgeräte – ein fast 70-Jähriger und will nicht mehr nach früher gefragt werden. Vor den Panoramafenstern der fahle Tag, drunten, im Trüben, Berlin. Das Jahr 2001 geht zur Neige, und die Sonne erholt sich auch zur Mittagszeit nicht mehr. Früher – das ist zu lange her.

Ein Innenministerium ist kein Ort des In-Sich-Gehens, dieser Tage weniger denn je. Der Mann hat größere Sorgen, als ein Mensch sie haben kann: Werden sich Flugzeuge in Atommeiler bohren, Raketen in ausverkaufte Fußballstadien, wird bald Gift das Trinkwasser einer Großstadt verseuchen? Er muss eine Republik vor solchen apokalyptischen Anschlägen von Terroristen schützen, die zum Letzten entschlossen scheinen. Al-Qaida soll die Gruppe heißen und ihr Führer Osama bin Laden. Es sind Männer, denen das Menschenleben nichts gilt, das fremde nicht, das eigene nicht. Werden sie aus dem arabischen Raum eindringen? Oder bewegen sie sich unerkannt schon unter uns? Das sind Otto Schilys Dimensionen der Bedrückung.

Seine Stimmungsaufheller sind neue, harte Schily-Gesetze: Mehr Macht der Polizei, mehr Einblicke dem Geheimdienst, ausgedehnte Ermittlungen von Sicherheitskräften, V-Männer, Überwachung ohne Verdacht, elektronisches Lauschen, Fingerabdrücke, Gesichtsraster – ein ganzes Volk will er erkennungsdienstlich behandeln. Doch der Innenminister, den die Presse »Polizeiminister« nennt, bei dem Politiker linker und liberaler Parteien »despotische Wahnvorstellungen« und den »Verlust jeder Balance« diagnostizieren, ist zum ersten Mal unter die beliebtesten Politiker des Landes geraten.

Er jettet nach Amerika, hastet mit dem Kanzler nach Pakistan, eilt nach Indien, um in der ersten Reihe der globalen Antiterrorfront zu stehen gegen Selbstmordattentäter, gegen deren Schirmherren und Sympathisanten in Afghanistan, im

Irak und anderswo. Er verteidigt seine Sicherheitsgesetze mit scharfen Hieben in Sitzungen, im Bundestag, im Fernsehen. Er tritt auf wie einer, der alle Höflichkeit längst hinter sich gelassen hat. Alle reden auf ihn ein, fragen ihn, wollen ihn sprechen. Und nun soll er an jenem bleiernen Tag im 13. Stock seines Machtapparates nicht über Sicherheit reden, sondern über sich. Und über früher. Ach, sagt sein Blick, lass mich in Ruh'.

Ein Vierteljahrhundert früher, da steht vor einem Maschendrahtzaun, hinter dem sich das Betonmassiv des Hochsicherheitsgefängnisses Stuttgart-Stammheim auftürmt, ein Mann in den Vierzigern im eleganten Dreiteiler vor der Fernsehkamera und lässt sich fragen. Er trägt die Krawatte korrekt gebunden und kneift die Augen zusammen, die Frühlingssonne scheint ihm ins Gesicht.

Ein knospendes Bäumchen wiegt sich im Hintergrund. Das Jahr 1975 ist noch jung. Der Mann erklärt dem Reporter vom Südwestrundfunk, dass er, als Verteidiger der Terroristin Gudrun Ensslin, einen politischen Prozess für seine Mandantin führen werde. Was das sei? »Politischer Prozess bedeutet, dass in dem Prozess dargestellt werden kann, was die politischen Ziele der Rote-Armee-Fraktion sind«, sagt Otto Schily. Er intoniert es näselnd, beinahe arrogant.

Und was waren die politischen Ziele von Andreas Baader, Ulrike Meinhof, Gudrun Ensslin und Jan Carl Raspe, deren Hauptverhandlung am 21. Mai 1975 vor dem Stuttgarter Oberlandesgericht begann? »Dass der Krieg in die Wohnviertel der Herrschenden getragen wird«, wie sie dem Volke mitteilten. »Vernichtung, Zerstörung, Zerschlagung des imperialistischen Herrschaftssystems – politisch, ökonomisch, militärisch«, wie Ulrike Meinhof meinte. Dass sie der »verbrecherischen Politik einer imperialistischen Supermacht«, der USA, das »politische Verbrechen« entgegensetzten, wie es der Verteidiger Otto Schily zusammenfasste.

Im Stammheimer Verfahren waren vor allem Anschläge auf US-Militäreinrichtungen in Frankfurt und Heidelberg angeklagt, bei denen 1972 mehrere amerikanische Soldaten getötet oder schwer verletzt wurden. Die Anklage lautete auf Mord und Mordversuch. Was blieb den Verteidigern in der Materialschlacht mit der Bundesanwaltschaft, angesichts der Indizienflut, unter der sich die Tische bogen, übrig, als sich für die Veredelung der Motive ihrer Mandanten einzusetzen? Der Staat zog alle Register, um dieses Verfahren zu gewinnen. So führten die Verteidiger, darunter Otto Schily, den politischen Prozess: Man wollte beweisen, dass die Terroristen die höchste Unmoral letztlich aus moralischen Gründen vollbracht hatten. Otto Schily wird bekämpft: von der Justiz, von den Sicherheitsbehörden, von voreingenommenen Politikern, deren Methoden und Weltsicht er gnadenlos angreift. Und er wird getragen: von der Sympathiewelle der außerparlamentarischen Opposition und der Studenten, die in ganz Deutschland auf die Straße gehen. Viele 20-Jährige der siebziger Jahre sehen in den Terroristen Helden im Kampf gegen das Weltenunrecht und im erfolgreichen Anwalt Otto Schily den Herold ihrer jugendlichen Überzeugungen. Er kommt ihnen vor wie die intelligenteste Waffe gegen den verhassten Staat – zumal er sich an die Kleiderordnung des Kapitalismus hält.

Im RAF-Prozess schlägt Schilys große Stunde, das erzählen alle, die dabei waren, und die Tonbandmitschrift, die das Verfahren dokumentiert, erzählt es auch. Die Mehrzweckhalle des Stammheimer Gerichtsgebäudes wird Schilys Probebühne der Beredtsamkeit, hier beginnt seine Karriere als Politiker. Der Saal ist eine Traumanlage für den großen Auftritt. Vor dem Publikum tut sich eine Arena auf, die Platzmikrofone garantieren maximale Wirkung auch der leisen, ja geflüster-

Otto Schily

ten Worte. Hier, wo die Richter über politisch verwirrte Straftäter zu Gericht zu sitzen glauben, macht Schily der Machtpolitik der USA den Prozess. Anklage: Völkermord in Indochina. Die Schrecken des Vietnamkrieges lässt er auferstehen, napalmverbrannte Kinder ziehen vor dem geistigen Auge des Publikums vorbei, im Zeugenstand will er Präsident Nixon sehen und die Führung des Verteidigungsministeriums der USA, das er »Kriegsministerium« nennt. Kann man hinnehmen, dass solche Gräuel von deutschem Boden aus unterstützt werden?, fragt er. Ist es nicht gerechtfertigt, gegen solche Mordapparaturen, quasi in Notwehr, gewaltsam vorzugehen? Was wäre eigentlich, wenn heute jemand angeklagt wäre, im »Dritten Reich« einen Sprengstoffanschlag auf das Reichssicherheitshauptamt verübt zu haben, bei dem Menschen starben? Würde man nicht genau überprüfen, welche verbrecherischen Aktionen von diesem Reichssicherheitshauptamt bei der Vernichtung der Juden gesteuert wurden und welche verbrecherischen Aktionen durch den Anschlag verhindert worden seien?

Die Richter sind fassungslos. Eberhard Foth, später Richter am Bundesgerichtshof, erinnert sich, damals gedacht zu haben: »Was will der Mann? Was verspricht er sich davon? Soll das politische Geschwätz etwa Verteidigung sein? Warum macht er das?«

Es ist der bedeutendste und größte Strafprozess der Republik und gleichzeitig das größte

denkbare Missverständnis: hier die Justiz, die nun nach Jahren der Ermittlung endlich zur Beweisaufnahme schreiten will, dort der Verteidiger Otto Schily, der die Indizienberge der Bundesanwaltschaft »Schrotthaufen« nennt und die Straftaten der Terroristen endlich ins Verhältnis rücken will zu den Schrecken und zur Niedertracht der Weltpolitik.

FRAGEN IM NOVEMBER 2001:

Herr Minister, könnten Sie sich heute vorstellen, mutmaßliche Terroristen zu verteidigen? Wäre bin Laden ein attraktiver Mandant?

Ich habe gelernt in der Politik, dass man nie auf hypothetische Fragen antworten darf.

Die Frage richtet sich nicht an den Politiker Schily, sondern an den Verteidiger im Politiker.

Den Verteidiger sehen Sie nicht. Ich habe meinen Anwaltsberuf ruhen lassen. Die Frage stellt sich also nicht. Aber wenn bin Laden hier vor Gericht gestellt würde, hätte er selbstverständlich Anspruch auf einen Verteidiger.

Auch auf einen, der ihn politisch verteidigt?

Wie er ihn verteidigt, das müsste der Verteidiger schon selbst entscheiden. Es müsste allerdings im Rahmen der rechtsstaatlichen Ordnung geschehen.

Sie haben früher mutmaßliche Terroristen verteidigt, und Sie haben es politisch getan. Es ging damals um Verständnis für die Motive und vielleicht sogar um Rechtfertigung der Taten …

… um Rechtfertigung ging es nicht. Es ging darum, die Möglichkeit zu schaffen, dass ein Angeklagter im Strafprozess darstellen kann, wie das, was er erreichen wollte, politisch einzuordnen sei … Aber – ich werde jetzt nicht das Stammheimer Verfahren mit Ihnen durchnehmen. Damit Sie sich gleich darüber im Klaren sind.

Warum nicht?

Das ist für mich eine abgeschlossene Geschichte. In der öffentlichen Wahrnehmung würde das, glaube ich, nicht den richtigen Zugang zum Thema eröffnen.

Nun ist es natürlich besonders interessant, sich mit Ihnen zu unterhalten, weil Sie ein Mensch mit Brüchen in der Biografie sind.

Das sagen Sie!

Studiert man Ihre Beweisanträge von damals und Ihre heutigen Reden vor dem Bundestag, fragt man sich schon, wie Sie von A nach B kommen.

Man soll die Rolle eines Verteidigers nicht verwechseln mit der Rolle eines Ministers.

Aber Sie sind doch nicht nur Rollen. Sie sind doch auch ein Mensch.

Es geht um die Bestimmung einer Aufgabe. Die Aufgabe eines Verteidigers ist sehr einseitig, das ist etwas anderes als ein politisches Mandat. Insofern muss man die beiden Aufgaben klar auseinanderhalten. Den Verteidiger neben den Minister zu stellen gibt ein schiefes Bild. Um den Verteidiger Schily kennenzulernen, kommen Sie ein bisschen zu spät. Und ich würde heute – entsprechend dem, was ich denke und fühle und was meinen Überzeugungen entspricht – auch als Verteidiger nicht alles wieder sagen, was ich damals gesagt habe. Doch ich kann alles, was ich gesagt und getan habe, im rechtsstaatlichen Rahmen gut verantworten. Man muss das aber auch aus der Zeit und der Entwicklung verstehen und interpretieren. Und es gehört zu meinen wirklich positiven Erfahrungen, dass mir einer der damaligen Anklagevertreter …

… ein Bundesanwalt …

… ein Bundesanwalt, zu dem ich ein faires Verhältnis hatte, gratuliert hat, als ich ins Amt des Bundesministers berufen wurde.

Heute sind die ehemaligen RAF-Mandanten des Otto Schily fast alle tot. Sie haben sich erhängt oder zu Tode gehungert. Einer allerdings ist bei guter Gesundheit und sieht von seinem Berliner Wintergarten aus den draußen ausgebreiteten

Walnüssen beim Trocknen zu. Mit dem bärtigen, dick bebrillten Rübezahl, der er einst war, hat er keine Ähnlichkeit mehr. Er saß als Terrorist eine Dekade im Gefängnis, jetzt sitzt er in der NPD. Das ist Lebenslogik beim Rechtsanwalt Horst Mahler, denn er ist ein Querulant. Jetzt, da es die extreme Linke nicht mehr gibt, hat er seine frei flottierenden zänkischen Potenziale bei den Rechtsextremen untergestellt.

»Wir waren Peanuts gegen die«, sagt Mahler und meint die Revolutionäre der Al-Qaida und den Terroristen bin Laden. »Aber das Denken war das gleiche.«

Als Kamikazeflieger das World Trade Center in Schutt und Asche legen – was für ein Coup! »Ein perfektes Bild.« Die Baader-Meinhof-Gruppe wählte da einen weit bescheideneren Auftakt, Andreas Baader und Gudrun Ensslin zündeten 1968 nachts ein Frankfurter Kaufhaus an. Das Feuer wurde gleich entdeckt, niemand kam zu Schaden. Mahler, damals noch als Baaders Verteidiger dabei, sieht im Rückblick seinen Kollegen Otto Schily beim Kaufhausbrand-Prozess »mit Tränen in den Augen« die Richter beschwören, dass ein Volk froh und dankbar sein solle, wenn es Menschen habe, die ihr privates Glück der Kritik des Systems opferten. Schily, sagt Mahler »war sicher nie ein Revolutionär, er war in diesem Staatssystem zu Hause, aber er beherrschte die Grammatik des Volkskriegs«.

Das bestätigen auch andere, die Schily von früher kennen. Er sei einer gewesen, der sich – ohne seinen Bürgersinn zu prostituieren, ohne sich mit ihnen gemein zu machen – in Menschen hineindenken konnte, die sich aus Gewissensgründen dem Kampf um eine bessere Welt widmeten, die »im Keim die revolutionäre Gerechtigkeit in sich trugen«, wie die RAF gesagt hätte. Solche Terroristen sind keine Verlierertypen, sie sind oft intelligent, aus ihnen könnte Großes werden, sie haben alle Chancen und verschreiben sich doch einem Krieg, der nicht zu gewinnen ist.

Dazu gehört die sensible und moralische Pastorentochter Gudrun Ensslin, die gegen das Grauen von Vietnam aufstehen wollte, weil die Elterngeneration sich nicht getraut hatte, gegen die Nazis aufzustehen, und die sich 1977 in ihrer Stammheimer Zelle erhängte. Dazu gehört der ehrgeizige Student der Technischen Universität Hamburg, Mohamed Atta, integrierter Musterknabe, ein Paradekandidat für Schröders Green Card, Sohn eines ägyptischen Anwalts, der am 11. September 2001 mit dem Flieger in den Nordturm des World Trade Center raste. Was den Kern der RAF und den von Al-Qaida bei aller Unvergleichlichkeit der Terrorgruppen miteinander verbindet, ist das Verzweifeln an politischen Zuständen und eine Heilserwartung, eine Hoffnung auf paradiesische Zustände im Diesseits, mag man sie Gottesstaat oder Weltgerechtigkeit nennen. Was sie verbindet, ist der Glaube daran, dass sich das Elysium herbeibomben ließe. Horst Mahler sagt: »Wir hätten es damals nie zugegeben, aber heute weiß ich, wir, die RAF, waren eine tiefreligiöse Gruppe.« Im Lehrstück *Die Maßnahme* von Bertolt Brecht, dem Evangelium der einstigen RAF, heißt es:

Furchtbar ist es zu töten.
Aber nicht andere nur, auch uns töten wir, wenn es nottut
Da doch nur mit Gewalt diese tötende
Welt zu ändern ist, wie
Jeder Lebende weiß.

Der Innenminister Otto Schily befindet sich »im Gespräch mit Prof. Nida-Rümelin«, seinem Kabinettskollegen und Staatsminister für Kultur. Er hat ihn zu diesem Zweck in seinen Wahlkreis nach Ottobrunn bei München gebeten.

Es ist der Abend des 19. Oktober 2001, vor fünf Wochen sank das World Trade Center in sich zusammen. Geladen wurde zu einer »hochkarätigen Kulturveranstaltung«, Thema ist »die Beziehung von Kultur und Gesellschaft«, der *Spiegel* hat in dieser Woche mit dem Krieg der Welten aufgemacht. Die Reihen des Saales sind vollgepfropft mit gespannten und gebildeten Ottobrunner Bürgern. Schily stellt Nida-Rümelin als »den Philosophen im Kanzleramt« vor und sagt, bei Terror dürfe man auf polizeilich-militärische Maßnahmen nicht verzichten, aber langfristig sei eine »geistigpolitische Auseinandersetzung« die rechte Strategie. Nida-Rümelin nickt.

Dann beginnt das hochkarätige Gespräch: Die Entlohnung von literarischen Übersetzern wird gerügt, die Besteuerung von Künstlern diskutiert und das Wirken und Werden von Stiftungen ausgebreitet. Als das Volk nach 50 Minuten Fragen stellen darf, erhebt sich einer, dessen graues Haar zum Pferdeschwänzchen gebunden ist, und fragt, wo denn der Terrorismus bleibe und der Kampf der Kulturen. Darauf kommen wir zurück, verspricht Schily. Nachdem dann noch die bayerische Kulturpolitk zu ihrem Recht gekommen und die Zeit fast verstrichen ist, fragt der Innenminister: »Wie können im Globalisierungsprozess die Kulturspannungen überwunden werden? Die westliche Zivilisation wird als böse gesehen, man will sie unter Hinnahme von Toten bekämpfen.« Der Philosoph im Kanzleramt senkt ratlos die Denkerstirn. Schily räsoniert: »Bin Laden ist Multimillionär, es geht also nicht um die Ungerechtigkeit der Welt.« Nida-Rümelin postuliert einen »globalen Konsens, dass ein solcher Terrorakt inakzeptabel ist«, und dann sagt Schily einen Satz, der auch schon im Bundestag einschlug: »Der Terror beginnt in den Seelen der Menschen.« Ja. Und wer wüsste das besser als Otto Schily? Wer hat einen tieferen Blick in die Seelen dieser Menschen getan als er? Wer, außer ihm, kennt hier die Grammatik des Volkskriegs? Es ist der einzige gute Satz dieses Abends, die geistig-politische Auseinandersetzung könnte losgehen.

Doch jetzt ist die Veranstaltung leider zu Ende.

In Nürnberg steht der Innenminister Schily auf der feierlichen Bühne des Opernhauses und hält eine Rede. Es ist die Verleihung des 4. Internationalen Menschenrechtspreises und der Tag 5 nach dem großen Fall der Türme zu New York. Der mexikanische Bischof Monsignore Samuel Ruiz Garcia erhält die Auszeichnung dafür, dass er als Vermittler einen Bürgerkrieg zwischen den radikalen Zapatisten, der revolutionären Speerspitze der entrechteten Indios, und der mexikanischen Regierung verhindert hat. Er überlebte mehrere Mordanschläge. Schily würdigt die Furchtlosigkeit des Bischofs. Dann spricht er über Terrorismus und dessen Wurzel im »hasserfüllten religiösen Fanatismus« und von der geistig-politischen Auseinandersetzung, die der polizeilich-militärischen auf dem Fuße folgen müsse. Er ruft nach der »Erkenntnisfähigkeit unserer geistvergessenen Welt« und mahnt, das Verbrechen beginne in den Seelen der Menschen. Als die Rede vorbei ist, rauscht der Beifall.

Der Besänftiger der Aufständischen, Bischof Garcia, hatte zuvor über den New Yorker Anschlag gesagt: »Der amerikanische Präsident Bush sollte darüber nachdenken, warum die Vereinigten Staaten eine solche Reaktion heraufbeschworen haben. Welche Sachen sie gemacht haben in der sogenannten Dritten Welt, wo Orte angegriffen wurden unter dem Vorwand, die Menschenrechte zu verteidigen. Die Dritte Welt erlebt praktisch Tag für Tag die Ungerechtigkeit, und die Eingeborenen werden verachtet, werden ausgegrenzt, als Ergebnis der Globalisierung, auf die sich die Wirtschaftsmacht konzentriert.«

Und der Laudator des Bischofs, der argentinische Friedensnobelpreisträger Adolfo Pérez Esquivel, sagt: »Wir werden ernten, was wir gesät haben.«

03.12.1988: Die Vertreter der »Realos«, Joschka Fischer (rechts) und Otto Schily, auf dem Parteitag der Grünen in Karlsruhe.

Esquivel kommt aus einem Kontinent, der den Terrorismus gut kennt, und schildert die »Mechanismen der Unterdrückung« Südamerikas, »dem die Doktrin der Nationalen Sicherheit aufoktroyiert wird«. Die Völker seien »Terror in Form von Folter, Gefängnissen, Ermordungen und dem Verschwinden von Menschen ausgesetzt«. Und die USA hätten jenen »systematischen Plan der Zerstörung und Unterwerfung«, den »Massenmord an den Völkern« tatkräftig mitunterstützt. Im Auditorium hört Otto Schily zu, in der ersten Reihe.

Am selben Sonntagabend sitzt der Innenminister in der politischen Talkshow Christiansen, undurchdringlich wie ein tausendjähriger Berg. Die Runde müht sich, die Hassentladung von New York zu deuten. Schily sagt, die Anschläge hätten mit den USA ein Land getroffen, das für die Menschenrechte stehe und uns die Demokratie gebracht habe: »Wir schulden Amerika Dank, der nicht bei Worten stehen bleiben darf.« Als der nuschelnde Landsknecht Peter Scholl-Latour plötzlich die Politik der USA geißelt und ihnen vorwirft, Unterdrückung und Despotie in islamischen Ländern gefördert zu haben, wird Schily grantig: »Wir wollen mal hier nicht den amerikanischen Generalstab spielen.« – »Wir werden in ein allgemeines Schlamassel« geraten, kann Scholl-Latour noch loswerden, bevor Schily und Volker Rühe gemeinschaftlich über ihn herfallen. Gegen Ende der Sendung sagt Schily noch, dass »das Verbrechen aus dem Menschen« komme. Auch die geistig-politische Auseinandersetzung mit dem Terrorismus, die der polizeilich-militärischen folgen müsse, hat er in der Sendung untergebracht. Und ist in seinen Gedanken stehen geblieben.

Warum? Was geistig-politische Auseinandersetzung ist, weiß Otto Schily doch.

Er wollte sie als Verteidiger erzwingen für seine Mandanten der siebziger Jahre. Er nötigte in Beweisanträgen, in Plädoyers, in Auftritten vor Studenten den feindseligen deutschen Staat, die hysterische deutsche Gesellschaft dazu, sich mit jenen verlorenen Söhnen und Töchtern zu befassen, in deren Seelen das Verbrechen begann. Schily lief gegen die Wände der Denkverbote, gegen das: Wer-nicht-für-uns-ist-ist-gegen-uns. Er wollte – selbst Sohn aus gutem Hause – beweisen, dass eine missgestaltete persönliche Entwicklung auch politische Ursachen haben kann, zeigen, woher Terrorismus rührt.

Und heute? Heute spricht Otto Schily, der Minister, und viel interessanter, als was er spricht, ist das, worüber er schweigt. Er beschwört die geistig-politische Auseinandersetzung mit dem arabischen Terror und seinen Ursachen, kommt aber über die Erkenntnis, der Fundamentalismus sei schuld, nicht hinaus. Er nimmt das Wort »Nahost« nicht in den Mund, wo seit Generationen ein arabisches Volk Steine gegen von Amerika bezahlte Panzer wirft und nicht von ungefähr die Wiege der Selbstmordattentäter steht. Er nimmt das Wort »Irak« nicht in den Mund, wo sich ein von westlicher Machtpolitik gepäppelter Diktator am Thron festkrallt, der jetzt nur noch mit Gewalt in Schach gehalten wird und sich heimlich wiederbewaffnet.

Kein Wort von den Diktaturen des Mittleren Ostens, die von der westlichen Welt gehätschelt werden. Er spricht nicht von kurzsichtiger westlicher Geopolitik, die gestern den Fanatikern der Taliban zugute kam und heute den Banden der Nordallianz. Er scheut sich, über die Ohnmachtsgefühle der arabischen Welt auch nur laut nachzudenken. Er sieht nicht, dass sich hier die Jugend des Orients zusammenballt, die gegen politische Supermächte anstürmt, die dem Islamismus mit der gleichen sinnstiftenden Leidenschaft anhängt wie die Jugend des Okzidents einst dem Marxismus, die in Osama bin Laden, diesem Fleisch gewordenen Heiligenbild, ihren Ché Guevara gefunden hat, ihren einsamen Helden, ihren Weltbekrieger, Welterretter, ihren Jesus Christus mit der Knarre.

Geistig-politische Auseinandersetzung? Um Otto Schily herrscht nicht Auseinandersetzung, sondern Denkverbot. Das Wer-nicht-für-uns-ist-ist-gegen-uns propagiert er nun selber. Der Terrorismus hat mit dem Westen nichts zu tun, sagt Schilys Haltung, er trifft ihn bloß.

Wer fragt: Warum hassen die uns so?, macht schon gemeinsame Sache mit dem Feind. Früher rüttelten ihn Fernsehbilder toter Kinder aus Vietnam auf. Was ist heute mit den toten Kindern aus Afghanistan? Vom inneren Leid der Gudrun Ensslin zum Leid des Mohammed Atta kann er keine Brücke schlagen. Deshalb ist die geistig-politische Auseinandersetzung des Otto Schily inzwischen das gleiche verbale Leergut wie die geistig-moralische Wende des Helmut Kohl.

27. April 1977: Der aufsässige Verteidiger Otto Schily hält sein Plädoyer im Stammheimer Terroristen-Prozess. Doch er spricht nicht im Gerichtssaal – die RAF-Anwälte haben diesen nach der Enthüllung einer Abhöraffäre aus Protest verlassen. Ihre Plädoyers halten sie nun in einem Saal des Stuttgarter Park Hotels. Nicht vor Richtern, vor Journalisten. Die sind scharenweise gekommen und mit ihnen die Sicherheitskräfte zum Schutze des Staates. Alle schreiben kräftig mit. »Terrorismus«, sagt Schily hier, »ist eine propagandistische Schablone, nichts anderes. Die amerikanischen Befreiungskämpfer gegen die britische Kolonialmacht wurden als Terroristen diffamiert. Terroristen nannte Goebbels die rus-

sischen Partisanen und die französischen Widerstandskämpfer.«

»Terroristen«, fährt er fort, »nennt man heute noch die Befreiungskämpfer in Rhodesien, in Südafrika, in Südwestafrika – in Namibia, Terroristen nannte man die Freiheitskämpfer gegen Franco, Terroristen hießen auch die Freiheitskämpfer gegen die faschistische griechische Junta, Terroristen heißen die Iraner, die gegen das autoritäre Regime im Iran kämpfen, und heißen die Vietnamesen, die gegen die französische und später gegen die amerikanische Kolonialherrschaft gekämpft haben, und Terroristen hießen sogar jene Amerikaner, die gegen ihre eigene Regierung wegen dieses verbrecherischen Krieges gegen Vietnam gekämpft haben.« Eingedenk solcher Traditionen sei es »nahezu ein Ehrenname für die Gefangenen der Rote-Armee-Fraktion, wenn man sie Terroristen nennt«.

Dies Plädoyer ist lange her. Es stammt aus der Eiszeit des Kalten Krieges, aus der heißen Zeit der Studentenbewegung, als die Generation Otto noch Gerechtigkeit für die Welt forderte. Heute ist Otto Schily Innenminister, und seine Reden sind andere. Heute tritt er für Gesetze ein, gegen die er damals auf die Barrikaden gegangen wäre, und heute stünde er wohl selbst ganz oben auf der Abschussliste jener Leute, die einmal seine Mandanten waren. Schily mahnt im Bundestag die »Unverbrüchlichkeit der Freundschaft zu Amerika« an und erinnert an »die jungen Amerikaner, die zu uns gekommen sind, um die Demokratie in Deutschland aufzubauen«. Der bayerische Innenminister Beckstein nennt Schilys Lob der USA ironisch: »Rache der Geschichte«.

Herr Minister, hat sich Ihr Bild von den USA geändert?
Ich hatte im Prinzip – ungeachtet sehr kritischer Äußerungen in den siebziger Jahren – ein sehr positives Bild von Amerika. Das hängt auch damit zusammen, wie die Amerikaner mir begegneten. Wir haben sie 1945 durchaus als Befreier gesehen. Ich war hungrig damals als Kind. Ich hatte sogar Hungerödeme. Dass die jungen amerikanischen Soldaten ihre Essensrationen mit den Kindern ihrer Kriegsgegner teilten, habe ich nicht vergessen.

Sind Ihre Kindheitserinnerungen jetzt wieder stärker als die politische Sicht auf dieses Land, die Sie im mittleren Alter hatten?
Ich hatte ja die unterschiedlichsten Begegnungen mit Amerikanern, überwiegend positive. Die Kennedy-Brüder waren für uns Idole. Die Kritik kam dann eben mit den Ereignissen in Persien und Indochina. Aber auch später in der Grünen-Zeit gab es trotz scharfer Auseinandersetzungen über Nachrüstung immer auch einen guten Kontakt. Persönlichkeiten wie den ehemaligen Botschafter John Kornblum habe ich immer sehr geschätzt, oder Arthur F. Burns, seinen Vorgänger – ein sehr integrer Mann –, der viel Geduld aufgewandt hat, um den Grünen zu vermitteln, wie die Politik der USA zu verstehen ist.

Hatte die politische Verteidigung der Gudrun Ensslin damals irgendeinen Vorteil für die Vietnamesen? Wussten die davon, dass ihr Problem soeben in deutschen Gerichtssälen ausgebreitet wird?
Das glaube ich nicht. Aber es gab ja jenseits des Stammheimer Prozesses große Demonstrationen gegen den Vietnamkrieg, hier in Berlin zum Beispiel. Und diese Demonstrationen gab es übrigens auch in Amerika. Damit verbindet sich ein Lob an Amerika: Dort war es möglich, dass man demonstrieren konnte – gegen die eigene Kriegsführung. Viele Intellektuelle haben sich daran beteiligt. Es wäre ein Riesenfehler, wenn man die Kritik an einer einzelnen politischen Maßnahme,

18.10.2001: Innenminister Otto Schily (stehend), Bundeskanzler Gerhard Schröder (rechts) und Außenminister Joschka Fischer im Bundestag.

also dem Vietnamkrieg, als Antiamerikanismus deutete.

Das ist schlicht falsch.

Amerika ist eine Supermacht, sie betreibt Machtpolitik und ist daher natürlich auch moralisch leicht anzugreifen.

Das Problem hat doch einen anderen Aspekt. Lon Nol war ein schlimmer Verbrecher, und es war auch meine Meinung, dass er ganz schnell als Herrscher aus Kambodscha verschwinden sollte. Was dann danach kam, Pol Pot, war um das Zigfache schlimmer. Ähnliches gilt für den Iran: Ich war sehr kritisch eingestellt zum Schah-Regime, aber Khomeini war um das Zigfache schlimmer.

Das sind doch ganz aktuelle Überlegungen.

Im 13. Stock seines mächtigen Ministeriums, in dem noch nie jemand gelacht zu haben scheint, sitzt an diesem müden Berliner Tag ein fast 70-Jähriger und will nicht mehr nach früher gefragt werden. Er hat vor vielen Jahren innerlich einen Koffer gepackt, alle Erinnerungen, Schriftsätze, Beweisanträge und Plädoyers aus RAF-Zeiten hineingetan und ihn für immer in den Keller gestellt. Menschen am Ende einer großen Karriere reden oft gern über die Zeiten, die sie groß werden ließen. Schily nicht. Vielleicht fürchtet er, dass alles, was er einst sagte, heute gegen ihn verwendet werden könnte? Dann sollte ihm jemand sagen, dass es keine Schande ist, einst die Gerechtigkeit im Übermaß geliebt zu haben und heute den Rechtsstaat im Übermaß zu schützen. Er sollte sich daran erinnern, dass Otto & Co auch deshalb in die Regierung gewählt wurden, weil das Volk Menschen mit einer lebendigen Vergangenheit und mit einem Schuss Rebellion im Gemüt an der Spitze sehen wollte, Menschen mit Brüchen in der Biografie, Menschen, die einmal für mehr gekämpft haben als für ihre Gehaltserhöhung. Und wer Otto Schily im Fernsehen neben dem blassen Friedrich Merz agieren sieht, sieht auch den Unterschied zwischen einem, der einmal etwas verändern wollte, und einem, der schon immer so war, wie er ist.

Schily hat die Terroristen satt. Er muss jetzt die Schwachen schützen, die Menschen wollen Sicherheit und nicht nachdenken darüber, was von was kommt.

Er hat die Vergangenheit abgeschüttelt und strickt heute an der Legende vom Otto Schily, der schon immer der war, der er ist. Alle Zweifel an seiner Deutung der eigenen Biografie wischt er mit der ihm eigenen unnachahmlichen Hoffart vom Tisch, sein Auftreten soll Widerspruch im Keim ersticken. Er habe dem Rechtsstaat früher als Verteidiger gedient und heute diene er ihm als Minister, lautet seine Version. Der Mann ist derselbe, die Rolle eine andere, Punktum. Die Verteidigung der Gudrun Ensslin kommt als saure Pflicht daher.

Da muss man dem Juristen Schily die damals geltenden »Grundsätze des anwaltlichen Standesrechts« vorhalten: »Der Rechtsanwalt unterliegt auch als Verteidiger der Pflicht zur Wahrheit«, hieß es in Paragraf 68 Absatz 1 Satz 1 dieser Richtlinien. Lügen darf der Verteidiger nicht, nicht in Beweisanträgen und nicht im Plädoyer. Also muss Otto Schily in den siebziger Jahren gesagt haben, wovon er überzeugt war, oder geglaubt haben, was er sagte. Und wenn er heute als Innenminister die Wahrheit spricht, dann muss es eben zwei Wahrheiten geben im Leben des Otto Schily, und es wäre der Anfang einer geistig-politischen Auseinandersetzung, würde er uns erklären, wie er von der einen zur anderen gekommen ist.

ÖZDEMIR FLIEGT

DIE ZEIT 01.08.2002
Matthias Geis

Und die Grünen geben sich moralisch

—

Vielleicht kommt Cem Özdemir ja in vier Jahren wieder. Das jedenfalls, was dem grünen Bundestagsabgeordneten bislang zur Last gelegt wird, reicht kaum aus, seinen überraschenden Rücktritt zu begründen. Bis zur letzten Woche gehörte Özdemir zu den grünen Hoffnungsträgern der Post-Fischer-Generation. Nun also sollen ein inzwischen zurückgezahlter Kredit des PR-Unternehmers Moritz Hunzinger und die privat verflogenen Bonusmeilen das politische Ende für den 36-jährigen Politiker bedeuten? Unter normalen Bedingungen ist das schwer vorstellbar.

Aber so normal sind die Bedingungen derzeit nicht. Es ist Wahlkampf. Die Angst der Grünen, eine Debatte um Özdemirs Verfehlungen werde die nächsten Wochen dominieren, ließ offenbar keinen Spielraum für ernstliche Prüfung der Vorwürfe, ruhige Abwägung oder gar Großzügigkeit. So wurde der überstürzt wirkende Rückzug des deutsch-türkischen Vorzeigepolitikers im grünen Lager mit Erleichterung und wohlfeilen Respektsbekundungen aufgenommen. Er habe gezeigt, »dass Grüne, wenn es darauf ankommt, Verantwortung übernehmen«, ruft ihm Parteichef Fritz Kuhn hinterher. Ernstliche Versuche, Özdemir zu stützen, hat es vonseiten der Parteiführung nicht gegeben.

Ohnehin war Özdemir empfänglich für die Sorge, was die Affäre für das politische Ansehen seiner Partei und ihre Wahlaussichten wohl bedeuten würde. Trotz seines oft als glamourös und ein wenig ungrün empfundenen Stils hatte er die grüne Moral durchaus verinnerlicht, die nun seinen schnellen Abgang erzwang.

Deshalb erinnerte Özdemirs Rücktritt in nichts an den vorangegangenen Rauswurf Rudolf Scharpings, der sich noch an sein Amt klammerte, als wirklich nichts mehr zu retten war. Der Exverteidigungsminister hatte seinen Kredit längst aufgezehrt, mit Özdemir hingegen traf es einen bis dahin gänzlich Unbeschädigten. Dennoch schmälerte auch Scharpings Sturz Özdemirs Zukunftsaussichten. Die SPD hatte ihr Hunzinger-Opfer erbracht, das erhöhte den Druck auch auf Özdemir. Fast wie zu Zeiten des Kosovo-Krieges, als sich die grüne Basis über das Ende des Pazifismus erregte, hagelte es nun in der Parteizentrale empörte E-Mails über die finanziellen Sünden Özdemirs. Auch das dürfte die grüne Führung nicht sonderlich motiviert haben, Özdemir vernehmbar in Schutz zu nehmen. Von grüner Zivilcourage zeugt das nicht gerade. Auch Joschka Fischer, dessen Auge einst wohlwollend auf Özdemir ruhte, kam nun kein öffentliches Wort zu dessen Verteidigung über die Lippen.

26.07.2002: Der innenpolitische Sprecher der Grünen-Fraktion, Cem Özdemir, kommt zu einer Pressekonferenz in Berlin, auf der er mitteilt, dass er sein Sprecheramt niederlegt.

Die Grünen sind eben auch nur Menschen – so heißt es nun entschuldigend aus deren Reihen. Das klingt geläutert, realistisch und gar nicht philisterhaft. Gleichzeitig aber dient die schnelle Abwicklung Özdemirs dazu, den »ganz anderen Umgang« der Grünen mit solchen Fällen menschlicher Unzulänglichkeit zu demonstrieren: Der einzelne Grüne ist fehlbar, aber die Partei ist es so wenig wie eh und je. Das gilt auch dann, wenn die Rekonstruktion der grünen Moral nun einen trifft, dessen Vergehen kaum das Ende einer politischen Karriere rechtfertigen können. Aber am Fall Özdemir werden Normen gesetzt, die man nun den anderen getrost vorhalten kann. Und schon die PDS dürfte Mühe haben, zu erklären, warum Gregor Gysi Politiker bleiben darf, der ebenfalls Bonusmeilen für private Zwecke nutzte.

So ziehen die Grünen noch aus dem Fall Özdemirs moralischen Gewinn. Etwas vom Ressentiment der einstigen Antiparteien-Partei gegen ihre eigene Etablierung steckt in diesem Verhalten. Der politischen Kultur tun die Grünen damit – anders als sie verkünden – keinen Gefallen. Eher präsentieren sie sich in unguter Gesellschaft mit dem entrüsteten Boulevard. Ob massive Korruptionsfälle, Millionenspenden ungeklärter Herkunft oder eben die privaten Bonusflüge – alles dient ununterscheidbar und kriterienlos dazu, den Generalverdacht gegen eine als gierig angesehene Politikerklasse zu bedienen. Diese hyperrigide Moral kennt keinen Maßstab.

Warum sollte sich, wer der politischen Sphäre entfliehen kann, diesem Verdacht weiter aussetzen?

Cem Özdemir wird sich nun gezwungenermaßen außerhalb der Politik umtun. Dass er mit seinen Talenten auch dort Karriere machen kann, ist nicht gerade unwahrscheinlich. Er wird sich engagieren und Verantwortung übernehmen – wie bisher. Und er wird wahrscheinlich so gut verdienen, dass er sich seinen Lebensstil auch ohne Bonusmeilen wird leisten können. Seine Sehnsucht, sich in vier Jahren erneut dem moralischen Rigorosum der grünen Basis zu stellen, könnte sich dann allerdings in engen Grenzen halten.

JOSCHKA GIBT, JOSCHKA NIMMT

DIE ZEIT 02.10.2002
Matthias Geis

Nach dem Wahlsieg der Grünen legt sich der Außenminister keine Zurückhaltung mehr auf. Er fordert die Unterwerfung seiner Partei

—

Die Grünen haben am 22. September einen großen Wahlerfolg erzielt, und es ist vor allem Joschka Fischer, dem die Partei ihren Triumph verdankt. Er bedeutet nicht nur die Verlängerung von Rot-Grün. Auch Fischers Dominanz innerhalb seiner Partei ist noch einmal gewachsen. Niemand sollte deshalb die »Bescheidenheit«, zu der Fischer nach dem Wahlsieg aufrief, als Ankündigung missverstehen, er selbst wolle sich künftig Zurückhaltung auferlegen.

Noch unumschränkter als früher trifft Fischer nun die Entscheidungen. Als er am Wahlabend den Kalauer in die Welt setzte, jetzt gehe es erst einmal »um Inhalte und nicht um Personen«, hatte er das erste Personalgespräch schon hinter sich. Bei einem nicht sehr gemütlichen Abendessen mit dem bisherigen Fraktionsvorsitzenden Rezzo Schlauch sowie Parteichef Fritz Kuhn verkündete der Außenminister, was er bereits seit Wochen hatte streuen lassen: Schlauch müsse seinen Posten räumen. Stattdessen solle dessen langjähriger Freund Kuhn das Amt übernehmen. Für Schlauch war der Wahlabend gelaufen.

Zwei Tage später revidierte Fischer seine Entscheidung, weil Kuhns Wechsel eine Lücke im Parteivorsitz gerissen hätte und eine reibungslose Neubesetzung in Fischers Sinne nicht zu garantieren war. Schlauch fasste wieder Hoffnung. Doch die Entscheidung gegen ihn war unumstößlich. Der Schwabe, der vor vier Jahren mit Fischers Unterstützung an die Spitze gelangt war, wusste natürlich, dass eine Kandidatur gegen Fischer nicht infrage kam. Joschka gibt, Joschka nimmt. Also akzeptierte Schlauch die Sprachregelung: Zusammen mit seiner Co-Vorsitzenden Kerstin Müller will er sich künftig »neuen Themen und Aufgaben zuwenden«. Im Gespräch für beide sind Staatsministerposten. Aber über Personal wird ja erst später entschieden.

Kaum war die Variante Kuhn passé, wurde das neue Wunsch-Duo für die Fraktionsspitze bekannt: Krista Sager und Katrin Göring-Eckardt. Das verkündet Fischer natürlich nicht offiziell – im Falle des Scheiterns möchte er es nicht gewesen sein. Dennoch wissen alle, wen Fischer befürwortet. Exparteichefin Sager, die überraschend

22.09.2002: Auf einer Wahlparty der Grünen im Berliner Tempodrom für die Bundestagswahl freuen sich (von links) Umweltminister Jürgen Trittin, Verbraucherschutzministerin Renate Künast, Außenminister Joschka Fischer und die Fraktionsvorsitzenden Rezzo Schlauch und Kerstin Müller.

in den Bundestag einzog, gilt als verlässliche, routinierte Realpolitikerin, Göring-Eckardt als Zukunftshoffnung aus den neuen Ländern. Aber in die Favoritenrolle kommt das Duo erst durch seine berechenbare Treue zum Fischer-Kurs.

Genau daran mangelt es Werner Schulz, der vor vier Jahren, nach massiver Obstruktionsarbeit durch Fischers Helfer, gegen Schlauch verloren hatte. Schon weil Schulz die Umstände seiner damaligen Niederlage nie vergessen hat, ist Fischer auch heute nicht geneigt, den eigenwilligen Bürgerrechtler als künftigen Fraktionschef auch nur in Erwägung zu ziehen. Es fehle ihm an Integra-

tionsfähigkeit, so lautet der gängige Vorbehalt. Was Schulz jedoch vor allem fehlt, ist die Bereitschaft, sich dem Machtanspruch Fischers zu unterwerfen. Das macht ihn im laufenden Wettbewerb wieder zum Außenseiter. Dasselbe gilt für den Realo und Umweltexperten Reinhard Loske. Auch er hat in der Vergangenheit Fischer widersprochen und damit den realpolitischen Komment verletzt.

Bislang reichte es, unliebsame Bewerber durch massive Gegenpropaganda zu verhindern. Doch am Ende wählt die Fraktion. Darin liegt ein demokratisches Restrisiko, das Fischer im Falle Schulz gern ausschließen möchte. Denn der Ostdeutsche hat Erfahrung mit »aussichtslosen« Kandidaturen. Bei der Listenaufstellung für die Bundestagswahl in Berlin hatte er sich wider alle Voraussagen sowohl gegen die Exministerin Andrea Fischer als auch gegen Christian Ströbele durchgesetzt. Ein Erfolg bei den Fraktionswahlen wäre also nicht völlig ausgeschlossen. Um Schulz von seinem Vorhaben abzubringen, bot Fischer ihm den Posten des grünen Bundestagsvizepräsidenten an und gehorchte dabei einem doppelten Kalkül: Er würde sich Schulz verpflichten und könnte zugleich die immer unbequeme Antje Vollmer, die das Amt bisher innehatte, kaltstellen. Ob es den Machtpolitiker Fischer überraschte, dass Schulz das schmutzige Spiel durchschaute und seine Teilnahme dankend ablehnte?

Man kann sich den schrillen Aufschrei vorstellen, den Fischers jüngste Personalpolitik in früheren Zeiten etwa bei Claudia Roth ausgelöst hätte. Heute tut die Parteilinke, die es bis in Fischers »Spitzenteam« gebracht hat, so, als liefe alles streng demokratisch ab: Nichts sei vorbestimmt, nirgends werde gemauschelt, spielt die Parteichefin die Naive. Früher hätte nicht nur sie gefragt, warum zu Beginn dieser Legislaturperiode nicht einmal eine Klausursitzung der neuen Fraktion vorgesehen ist. Diskussionen, so scheint es, sind derzeit unerwünscht.

Dabei hat kein anderer als Fischer so viele leidvolle Erfahrungen mit grünem Widerspruch machen dürfen. Meist provoziert er ihn dann, wenn er sich am sichersten fühlt. Will er die Fraktion künftig mit der Vertrauensfrage disziplinieren? Und die Partei? Am 18. Oktober sollen die Grünen ihren beiden Vorsitzenden Kuhn und Roth per Satzungsänderung erlauben, ihr Bundestagsmandat anzunehmen. Die dafür erforderliche Zweidrittelmehrheit galt bisher als sicher. Doch der entfesselte Joschka hat beste Chancen, die Partei noch rechtzeitig auf die Palme zu bringen. Sie könnte dann verführt sein, ihm die Bescheidenheit nahe zu bringen, die er in der Wahlnacht von den Grünen gefordert hat.

AUS UND VORBEI

ZEITmagazin 02.06.2005
Stefan Willeke

Warum Rot-Grün mich enttäuscht hat und warum ich es trotzdem vermissen werde

---

Als unser Bundeskanzler das Misstrauensvotum der CDU glücklich überstand, war ich sieben Jahre alt und sah meinen Vater von der Leiter fallen. Mein Vater renovierte gerade das Zimmer unter dem Dach unseres Hauses in Bochum und verstrich weiße Farbe auf Raufasertapeten, als im Bundestag der Angriff auf Willy Brandt scheiterte, das war im April 1972. An das Datum erinnere ich mich nicht, nur an die Szene im Dachzimmer, schließlich hatte ich meinem Vater schon stundenlang beim Tapezieren und Streichen zugesehen. Die erlösende Meldung kam aus unserem lindgrünen Grundig-Radio, das die ganze Zeit dudelnd neben den Farbeimern stand, und mein Vater war über die Nachricht aus Bonn so überrascht und erleichtert zugleich, dass er den Halt verlor. Nachdem er sich wieder aufgerappelt hatte, umarmte er das Radio.

»Das stimmt nicht«, sagt mein Vater, als ich ihm die alte Geschichte erzähle, »so war das nicht.« Er sei nicht von der Leiter gefallen und habe auch nicht das Radio umarmt, wohl habe er das Dachzimmer gestrichen, wohl habe er Brandt ziemlich gut gefunden, wenngleich nicht so gut wie Adenauer. Einen Fernsehapparat habe er mal umarmt, aber später, 1974, als die Deutschen Fußballweltmeister wurden, das sei alles gewesen.

Es ist Montagfrüh, als ich meinen Vater irritiert ansehe, es ist der Montag nach der folgenschweren Landtagswahl in Nordrhein-Westfalen. Wir haben gerade gefrühstückt, am Abend zuvor hatte ich auf einem Flur im Düsseldorfer Landtag gestanden und Christdemokraten über das Ende von Rot-Grün lachen hören.

Gut möglich, dass ich mich irre. Wahrscheinlich hat mein Vater Recht. Gut möglich, dass ich mich an diese Szene mit Brandt und der Leiter falsch erinnere, weil ich nicht loslassen kann von der Idee, dass ein SPD-Kanzler aus einer zermürbenden Schlacht heil hervorgeht und dieses befreiende Gefühl in ein ganzes Land hinausstrahlt, hoch bis in die Dachzimmer. Es muss damit zu tun haben, dass ich tief enttäuscht bin von Rot-Grün, so wie man enttäuscht ist, wenn man in der Schläfrigkeit eines frühen Morgens sofort begreifen muss, dass man nicht mehr auf einer sanft geschwungenen Wolke über Berggipfel und

Birkenwälder hinwegtreibt, sondern schon in einer Stunde einen Termin beim Zahnarzt hat.

Wenn ich darlegen soll, warum ich Rot-Grün vermissen werde, muss ich mit dem Herbst 1998 beginnen. Ich sah Schröder, ich sah Fischer, ich sah Schily, und es fiel mir schwer, meine ersten Gedanken in eine klare Reihenfolge zu bringen. Vielleicht waren da zuerst überhaupt keine Gedanken. Mit meinen Gefühlen war es damals viel einfacher. Meinen alles beherrschenden Impuls kann man in einem einzigen Satz zusammenfassen: »Jetzt wird alles gut.«

Ich sah Stollmann, der auf mich gebildet wirkte und erfrischend jung. Ich sah Fischer, der sich mal in Turnschuhen hatte vereidigen lassen. Ich sah Schily, der früher RAF-Terroristen verteidigt hatte. Ich sah lauter gebrochene Biografien. Lauter Menschen, deren Leben nicht gradlinig verlaufen waren und die in der zweiten Hälfte ihrer Leben große Politik machen wollten, ohne ihre Erfahrungen aus der ersten Hälfte völlig abzuschütteln. Ich sah diesen zupackenden Schröder, der »Acker« gerufen wurde, als er ganz früher noch Fußball spielte. Ich konnte ihm, sobald ich an »Acker« dachte, später sogar die Show mit dem Brioni-Anzug verzeihen.

20 oder 30 Jahre älter als ich waren die Menschen in Schröders Kabinett, sie regierten weit weg, nichts hatte ich mit ihnen zu tun, ich kannte sie ja nur vom Fernsehschirm, trotzdem fühlte ich mich ihnen nahe. Schröder, Fischer, Schily. Vor dieser Kulisse wurde mir später sogar der biedere Hans Eichel verblüffend schnell sympathisch. Hätte Kohl diesen Hans Eichel ins Kabinett geholt, hätte ich wahrscheinlich gedacht: Wie öde. Nun aber war das Provinzielle nur noch eines von vielen Bühnenbildern in einem weltoffenen Theater. Endlich. Wir sind Kanzler.

Man kann mir leicht entgegenhalten, dass Politik keine ästhetische Kategorie sei, es gar nicht sein dürfe, aber darum geht es mir nicht. Es geht mir um eine politische Ansichtssache, die einhergegangen ist mit dem Lebensgefühl einer Generation. Vielleicht ist der Begriff »Generation« zu groß geraten. Vielleicht völlig unpassend, weil in dieser »Generation Gerd« keine Gleichaltrigen versammelt sind. Das Wort von der »Generation« taugt nur auf den ersten Blick. Eine »Generation« bietet sich immer als Brücke zur Verallgemeinerung an, aber diese Brücke hält nicht viel Belastung aus. Vielleicht ist alles viel einfacher, und nur ich denke so. Dann soll es mir auch egal sein.

Als ich 1964 in Bochum geboren wurde, regierte in Nordrhein-Westfalen noch die CDU. Daran erinnere ich mich natürlich nicht, weil die SPD schon 1966 in Düsseldorf an die Macht kam. Sie blieb in dieser Position bis zum vorletzten Sonntag. 39 Jahre lang. Die SPD regierte ringsherum, schon als Jugendlicher merkte man viel davon. In den Rathäusern, den Stadtwerken, den Tennisklubs, den Fußballvereinen, überall hatten sie ihre Leute. Und wo immer die SPD in der Mehrheit war, lief es mehrheitlich verkehrt. Ich habe diese Partei verachtet, schon mit zehn. Mit einem Mal, irgendwann in den siebziger Jahren, wollten Sozialdemokraten überall in Nordrhein-Westfalen »Koop-Schulen« einrichten, nachdem sie schon das Land mit ihren Gesamtschulen verseucht hatten. Überall war diese gleichmacherische, pseudosozialistische Mafia am Werk. Hatte ein Lehrer das richtige Parteibuch, konnte man sicher sein, dass er bald Schulleiter wurde, zumindest Stellvertreter. Stallgeruch ging über alles. In der SPD machten allerdings nicht nur Arbeiterhelden Karriere, oft gelang ganz anderen Charakteren der Aufstieg, diese Verlogenheit störte mich am meisten.

Da waren viele sonnengebräunte Parteitagsgesichter, Frauen und Männer, die glänzende Geschäfte machten im Vorhof der Kleine-Leute-Partei. Linientreue Sanitärunternehmer, die in den Saunaclubs der SPD die Duschen reparierten, lauter listige Diener im roten Reich. Die SPD damals sah ganz anders aus als die Wahlsieger des Jahres 1998. Erst sie haben mich spät, jedoch gründlich versöhnt mit der Partei in meinem Gedächtnis. Sozialdemokratie im Ruhrgebiet, das waren ungebrochene Biografien, pomadige Vereine aus machtgesättigten, trägen, letztlich unpolitischen Menschen, die einer mythischen Figur huldigten – dem einfachen Arbeiter.

In unserer Familie gab es keine Stahlarbeiter. Es gab nur leitende Angestellte und Ingenieure, von denen einige mal Arbeiter gewesen waren, bevor ich geboren wurde und bevor sie sich auf Abendschulen weiterbildeten. Ich habe bei uns immer nur Männer gesehen, die mit Aktentaschen heimkehrten. Keiner von ihnen musste sich Schmutz von den Händen waschen, vielleicht lag darin mein SPD-Problem. Ich bin wohl in einem Milieu groß geworden, das schon den Begriff »Milieu« ablehnt. Ich war erstaunt, als ich damals ein Foto sah, auf dem mein Vater in einem Partykeller neben Johannes Rau stand. Das passte eigentlich überhaupt nicht. Es war diese voraussetzungslose Kumpelhaftigkeit, die von der SPD ausging und nicht passte. Mein Vater käme nie auf die Idee, einen Ministerpräsidenten zu duzen, auch dann nicht, wenn das in der Partei des Ministerpräsidenten so üblich sein sollte.

Einmal sind wir mit der CDU in den Urlaub gefahren. Es gab da einen CDU-Ratsherrn, mit ihm und seiner Frau waren meine Eltern befreundet. Sehr brave, ordentliche Leute. Ich war damals vielleicht neun Jahre alt, meine Schwester fünf. Die CDU hatte auch zwei Kinder. Mir fiel auf, dass die CDU in Restaurants selten Trinkgeld gab. Dann kam es zu einer unscheinbaren Szene, die ich wohl niemals vergessen werde. Es war auf der Terrasse einer Almhütte in Tirol. Ein Kellner fragte, was er bringen dürfe, und der CDU-Ratsherr antwortete: »Eine Cola und vier Strohhalme.«

So verhielt sich also die bürgerliche Alternative zur Sozialdemokratie. Wenn das die Alternative war, hatte ich keine. Rufen Christdemokraten heute zum eisernen Sparen auf, das sie inzwischen »Konsolidieren« nennen, denke ich manchmal: Eine Cola und vier Strohhalme. In der Unterstufe unseres Gymnasiums stellten wir in den großen Pausen Banden zusammen, die dann miteinander rangelten, und wir benannten die Banden manchmal nach Parteien, zumindest wenn ein Wahlkampf lief und überall Plakate hingen. »Wir sind die SPD«, »wir die DKP« und so weiter. Eine CDU-Bande wollte keiner gründen, aber wir waren der CDU dankbar dafür, dass sie sich für unser Gymnasium einsetzte und lautstark protestierte, als die allgemeine Vergesamtschulung voranschritt. Jedes Gymnasium musste sich damals davor fürchten, pädagogisch vereinheitlicht zu werden und danach Heinrich-Böll-Gesamtschule zu heißen. Ich konnte zwar nichts anfangen mit den Biedermännern von der CDU, aber diese SPD damals war mir zuwider. An wen sollte ich mich halten? Die Grünen steckten noch in den Anfängen, von einer FDP merkte ich nichts. Später habe ich so ziemlich alles gewählt, was der Wahlzettel hergab, sogar aus Verzweiflung einmal FDP und die marxistisch-leninistische Splitterpartei MLPD, aber keinesfalls SPD. Das blieb für mich diese kleingeistige, selbstherrliche Macht.

Es war ein SPD-Bürgermeister, der dem Intendanten des Bochumer Schauspielhauses damals verbieten wollte, die Versammlungen jugendlicher Hausbesetzer im Innenhof des Theaters zu dulden. Der Intendant hat uns sogar Kisten mit Cola und Fanta gebracht. Am Ende sah es für mich so aus, als habe die SPD Claus Peymann aus der Stadt getrieben. Wer zu jener Zeit im Ruhrgebiet aufwuchs und seine Umgebung aufmerksam

28.01.2002: Bundeskanzler Gerhard Schröder im Hubschrauber.

beobachtete, müsste eigentlich sein Leben lang desinfiziert bleiben gegen die Sozialdemokratie. Dachte ich.

Dass ich später anders dachte, verdanke ich auch Helmut Kohl. Genau genommen habe ich in den 16 Jahren Kohl mehr verstanden, als ich zunächst zugeben wollte. Kohl rüttelte mich auf, wies mich hin auf die Feinheiten, die politischen, auch die rhetorischen, auch die symbolischen. Was habe ich mich für mein Land geschämt, wenn ich während meiner Sommerurlaube in Griechenland oder Portugal bunte Blätter aus Deutschland sah, auf deren Fotostrecken Kohl und seine Frau niedliche Rehkitze in einem Gehege am Wolfgangsee streichelten. Sogar solche inszenierten Rührseligkeiten ließen sich gedanklich noch zurückführen auf die »geistig-moralische Wende«.

Das Beste an Kohl war der Widerstand gegen ihn. Angela Merkels Befreiungsschlag gegen ihn war bewundernswert. Ohne Kohl wäre auch das Bild der Wahlsieger im Herbst 1998 wohl nicht so kontrastreich ausgefallen. Man konnte ihn gut gebrauchen, um den Neubeginn zu illustrieren. Aber jetzt ist Juni 2005, und schon wieder, wie vor Kohls Beginn, steht die SPD an einem Abgrund. In seiner Sturheit erinnert Schröder inzwischen an Kohl, und in Momenten der schieren Politikverzweiflung gleiten Clements und Schilys wutrote Gesichtszüge auffallend oft ins Kantherhafte. Der glücklose Eichel hat sich hundertmal mit seinen Prognosen blamiert, an Fischer muss man inzwischen den Kosovo-Entschluss so unverdrossen loben, wie man Kohl ganz am Ende gnädig als überragenden Europäer lobte. Lafontaine spielt sein letztes tückisches Spiel, alles oder nichts. Nach nichts sieht es aus. Es geht zu Ende mit Rot-Grün – diesen Satz zu schreiben macht keinen Spaß. Was macht eigentlich Stollmann?

Was war das im Herbst 1998 für eine befreiende Situation. Was hat Rot-Grün danach nicht alles angefasst. Das Ende der Atomkraft. Ökosteuer. Die rechtliche Gleichstellung von schwulen Partnerschaften. Debatten. Jürgen Habermas, Günter Grass. Riesterrente. Schließlich die Feuerprobe, Hartz IV. Zum ersten Mal glaubte ich fest daran, dass nur eine sozialdemokratisch geführte Regierung in diesem sozialdemokratisch verfassten Staat den notwendigen Wandel voranbringen könne. Dass die orthodox Linken und die starken Gewerkschaften noch am besten zu überzeugen seien, wenn der Kanzler derselben Partei angehört. Dass dieses Land sich bewegt.

Es gab sehr weise, weitreichende, mutige Entscheidungen. Es gab einen Krieg im Kosovo, den Rot-Grün unterstützte, auch einen Krieg in Afghanistan. Es gab einen Krieg im Irak, den Rot-Grün nicht unterstützte. Krieg gab es also, im Äußeren, auch im Inneren. Letztlich ging es immer um den Wandel, das neue außenpolitische Verständnis von der Welt, der neue innenpolitische Realismus; unter Kohl war es fast immer um Stillstand gegangen. Aber der Wandel blieb unter Schröder meist auf halbem Wege stecken. Was hat Rot-Grün nicht alles falsch gemacht. Aus sehr unterschiedlichen Gründen haben sie ihre Hausaufgaben nie zu Ende gebracht. Hartz IV, Gesundheitsreform, Rentenreform, alles halbe Sachen. Dann dieser unsägliche Stolpe mit seiner Maut. Immer dasselbe Muster – ein Problem gut erkannt, ein Problem schlecht gelöst. Immer haben sie sich ablenken lassen. Wahrscheinlich muss man zuerst seine Hausaufgaben zu Ende bringen, bevor man eine Party schmeißen darf. Sie haben die Reihenfolge verwechselt, und ich habe mich blenden lassen. Man wird bestraft, wenn man das Matheheft achtlos in eine Ecke wirft. Es kommen dann Leute, die alle Matheaufgaben genau nachrechnen und die Fehler genüsslich zusammenzählen.

Ich dachte, es sei noch nicht so weit. Ich dachte, Rot-Grün sei ein Projekt, das gerade erst begonnen habe. Es gibt doch noch so viel zu tun. Gestern lief da noch Gerhard Schröder tatenhungrig über den Fernsehschirm und knuffte Fischer in die Seite. Heute lächelt da schon Angela Merkel und verkündet stolz, Politik müsse ein »wertegebundenes« System sein. Klingen schon wieder die vertrauten Töne durch? Kommt bald die geistig-moralische Wende, Teil 2 einer deutschen Serie, die nur kurz durch Schröders Werbepause unterbrochen wurde?

Die Rehkitze am Wolfgangsee werden nicht zurückkehren in den politischen Raum, die Rehkitze sind von vorgestern, aus dem gestischen Repertoire einer untergegangenen Epoche, die neue schwarze Republik kommt ohne einen Streichelzoo aus. Vielleicht wird sich Clements schwarzer Nachfolger in seinem politischen Handeln gar nicht so sehr vom roten Clement unterscheiden. Zweifellos war Clement nicht so rot, vielleicht ist sein Nachfolger nicht so schwarz. Wahrscheinlich liegt genau hier das politische Problem. Es gerät immer alles durcheinander – desto mehr, je länger Rot-Grün regiert. Wenn sie noch ein wenig weitermachen, werden sie aus purer Verzweiflung den Deutschen Gewerkschaftsbund privatisieren. Niemand weiß mehr, wo eigentlich das rot-grüne Projekt geblieben ist. Es muss unbeachtet zerbröselt sein, lange bevor Müntefering Ablenkungskampagnen ausrief.

Ich habe an dieses Projekt geglaubt. Sieben Jahre Rot-Grün, bald ist es wohl schon vorbei. Es hat doch noch gar nicht richtig angefangen, deswegen ist es wohl vorbei.

RIEN NE VA PLUS

DIE ZEIT 25.05.2005
Matthias Geis und Bernd Ulrich

Gerhard Schröder und Franz Müntefering haben faktisch das Ende von Rot-Grün verkündet. Für die SPD beginnt eine harte Zeit, und die Grünen könnten an der 5-Prozent-Hürde scheitern

―

Viele spektakuläre gemeinsame Auftritte der beiden Zentralfiguren der rot-grünen Koalition hat es nicht gegeben. Lachend, mit Sektkelch nach der Unterzeichnung des Koalitionsvertrages 1998 oder am Wahlabend 2002, als Joschka Fischer von den Genossen als Retter der Koalition gefeiert wurde. Man erinnert sich auch an den Sommer 2003, als Kanzler und Vizekanzler auf einer überraschenden Pressekonferenz ankündigten, dass sie auch 2006 wieder gemeinsam antreten würden. Und heute? Allein die Vorstellung, die beiden könnten zusammen an die Öffentlichkeit gehen, um die Geschlossenheit der Koalition und ihren Siegeswillen bei den vorgezogenen Bundestagswahlen im Herbst dieses Jahres zu demonstrieren, wirkt fern jeder Realität.

Offiziell regiert man noch zusammen. Und doch ist die rotgrüne Koalition mit dem Paukenschlag vom Wahlabend faktisch zu Ende gegangen. Kabinettsumbildung? Wozu jetzt noch? Gesetzesprojekte, die über den Tag hinausreichen? Daran ist nicht mehr zu denken. Was in den kommenden Monaten zu besichtigen sein wird, ist eine Koalition in Abwicklung. Schon im Ablauf der überraschenden Entscheidung wird die Perspektivlosigkeit des rot-grünen Bündnisses sichtbar. Sicher, Joschka Fischer war informiert. Das heißt im Klartext aber nur: Er hatte nicht mitzuentscheiden. Man habe in den vergangenen Wochen »darüber diskutiert«, mit diesen Worten versucht der Vizekanzler den bitteren Vorgang ein wenig angenehmer aussehen zu lassen. Das hilft auch nicht. Fischer war gegen Neuwahlen. Die Entscheidung fiel ohne grüne Mitsprache, ein zweisamer Beschluss von Franz Müntefering und Gerhard Schröder.

Genau 2400 Tage hat die rot-grüne Koalition bis zum Sonntag gehalten. Von nun an kämpft jeder für sich allein. Der SPD-Vorsitzende erwähnte die Grünen am Montag auf der Pressekonferenz zur Wahlkampfstrategie mit keinem Wort. Erst nach mehrmaligen Anfragen ließ er sich zu der kühlen Bemerkung herab, man werde wohl einen Koalitionspartner brauchen,

»da bietet sich die Fortsetzung an von dem, was man hat«.

Das schnelle Ende der Regierung oder die langsame Agonie – das war für den Kanzler der Alternativlosigkeit am Ende die Alternative. Und für den Spontaneisten und Spieler scheint es plausibel gewesen zu sein, sich für die Brachialvariante zu entscheiden. Das Ende mit Schrecken bedeutet eben auch: Der Kanzler bestimmt den Weg seines Abgangs, er wahrt die Autonomie im Untergang. Nicht ein paar Abweichler in den eigenen Reihen, nicht die immer feindlicher gewordenen Medien sollen ihn stürzen dürfen, wenn, dann soll der Souverän die Ära Schröder beenden, das Volk. So dachte übrigens auch Helmut Kohl im Jahr 1998.

In alldem steckt ein Hauch von Basta- und Macho-Kanzler und doch auch das Gegenteil: Der Kanzler erspart dem Land ein verlorenes Jahr, die Kapitulation als spektakulärer Akt. Nur, eine Offensive, wie manch grüner oder roter Funktionär noch am Morgen nach der NRW-Niederlage meinte, wird daraus nicht mehr.

Oder wollen wir uns den Kanzler wirklich in diesem kurzen, harten Wahlkampf vorstellen? Wie er über Monate hinweg der Öffentlichkeit zu erklären sucht, warum der Chef einer blockierten Regierung nun weitere vier Jahre bekommen möchte?

Nicht einmal für ihn selbst ist die Entscheidung ein Befreiungsschlag. Der Kanzler, der sich ehrlich machen will, der eingesteht, dass er so nicht weiterregieren kann, muss zugleich in eine unehrliche Rolle schlüpfen und um eine Bestätigung werben, von der er doch ahnt, dass er sie nicht mehr bekommen wird. »Wir wollen den Kampf aufnehmen«, tönt Müntefering. Aber wer ist »wir«?

Da hatte es Helmut Schmidt seinerzeit besser: Als der populärste Politiker der Republik 1982 am Misstrauensvotum gescheitert war, wollte er nicht noch einmal als Spitzenkandidat wider besseres Wissen den Wahlkampfoptimisten spielen. Seine Ära war zu Ende, und er wusste es. Schröder weiß es auch – und muss nun einer ahnungsvollen Öffentlichkeit bis in den Herbst das Gegenteil vorspielen. Die Würde, auch der Mut, die man aus dem Entschluss vom Sonntag durchaus herauslesen kann, könnten in diesem Theater schneller aufgebraucht sein als erwartet.

Die anderen haben nun die Chance, ein Jahr früher als erhofft, ihre Reformpolitik in Gang zu setzen, ohne auf eine gegnerische Mehrheit im Bundesrat Rücksicht nehmen zu müssen. Die Bevölkerung ahnt dies und reagiert darauf in fast schon skurril widersprüchlicher Weise. Sie straft – wie am vergangenen Sonntag in NRW – die Koalition für die Härten ihrer Reformpolitik und unterstützt zugleich diejenigen, die aus ihren noch radikaleren Plänen keinen Hehl machen.

Ungerecht ist für diese Willkür des Schicksals eine milde Umschreibung. Denn es war schließlich die rot-grüne Koalition, die das Land auf den grundlegenden Wandel vorbereitet hat – unter Einsatz ihrer Existenz. Das ist nicht wenig. Natürlich steckt in dem jetzt eingeleiteten schnellen Abgang die Chance, etwas vom Reform-Nimbus der Koalition in die Historie zu retten, statt ihn in einer langen Agonie vollends aufzehren zu lassen. In unfreiwilliger Offenheit formuliert Franz Müntefering schon am Wahlabend die Konsequenz der plötzlichen Entscheidung: »Wir machen den Weg frei.«

Die Bevölkerung scheint die Neuwahlen laut Umfragen mit großer Mehrheit zu unterstützen. Der Wunsch nach Klarheit und die Hoffnung auf ein Ende der politisch-ökonomischen Stagnation stehen hinter solcher Zustimmung. Wie die Sehnsucht nach einem Ende der Blockade einer Koalition nützen soll, die ebendiese Blockade nicht mehr auflösen konnte, bleibt indes das große strategische Rätsel der Kanzler-Entscheidung. Entkleidet man das Wahlziel von Schröder oder Müntefering der Politiker-Rhetorik, entsteht folgendes Paradox: »Gebt mir das Mandat für eine Politik, die ich auch künftig nicht machen kann, weil der Bundesrat sie blockiert.«

Wegen dieses inneren Widerspruchs in Schröders Botschaft, wegen der inhärenten Unehrlichkeit und wegen des Fehlens einer Sieg-Strategie hat am vergangenen Sonntag nicht nur Rot-Grün aufgehört zu existieren, sondern auch der Kanzler sein Amt aus der Hand gleiten lassen. Denn sein letztes Disziplinierungsmittel gegen den Koalitionspartner und die eigene Partei war immer die Regierungsmacht. Nun fällt es weg.

Und das spürt man im Berlin dieser Tage brutal deutlich. Keine 24 Stunden vergingen zwischen dem Jubel, der Münteferings Neuwahl-Ankündigung im Willy-Brandt-Haus begleitete, und einer Atmosphäre zwischen heimlicher Trauer und offener Aggression. Bei vielen, die diese Regierung getragen, die hart für die Agenda gearbeitet haben, spürt man elegische Stimmung. Besonders im Kanzleramt werden Hände zurzeit etwas länger geschüttelt und etwas fester gedrückt. Man schaut einander wenige Sekundenbruchteile länger in die Augen als gewöhnlich, versucht ein Lächeln. Doch je weiter man in der SPD hierarchisch nach unten geht, desto mehr dominierten schon am Montag ganz andere Reaktionen: Hohn, Sarkasmus und offene Wut auf die einsame Entscheidung.

Dass sich aus dieser Gemengelage nun in absehbarer Zeit eine geschlossene, wahlkampftaugliche Formation herausbilden wird, ist wenig wahrscheinlich. »Wir wollen den Kampf aufnehmen«, verspricht der SPD-Vorsitzende am Tag nach dem »tiefen Sturz« von NRW in der Parteizentrale an der Wilhelmstraße. Die Brandt-Statue im Foyer winkt über das Heer der Kamerateams. Müntefering hat das Kinn nach oben gereckt und strahlt so etwas wie würdige Entschlossenheit aus. Zusammen mit dem Kanzler hat er eine Entscheidung getroffen. Außer dieser Entscheidung und der Würde des SPD-Vorsitzenden ist ihm nicht viel geblieben. Es ist der 142. Gründungstag der Partei.

Müntefering hat die Agenda 2010 in der SPD durchgekämpft. Dann hat er mit der Kapitalismus-Debatte in allerletzter Minute einen ganz neuen, schrillen Akzent gesetzt. Nun steht er vor einem Trümmerfeld. Und natürlich muss er vom Kämpfen reden, das jetzt beginnen soll. Doch eher könnte es geschehen, dass nun die lange unterdrückten Zentrifugalkräfte in der SPD wirksam werden. Bislang ließen sich selbst immerwährende Dissidenten mit dem drohenden Appell an die Verantwortung gegenüber der Regierung und ihrem Kanzler bändigen. Aber nun, da Gerhard Schröder selbst auf drastische Weise eingestehen musste, dass es so nicht weitergehen kann?

Einer wie der Bundestagsabgeordnete Ottmar Schreiner wird ebenfalls »den Kampf aufnehmen«, auf seine Weise. Verblüfft ist Schreiner, aber auch erleichtert. Der Vorsitzende des mächtigen Arbeitnehmerflügels und Lafontaine-Freund hofft, dass sich nun doch noch die Linke durchsetzen kann. Elf verlorene Landtagswahlen gelten ihm als schlagender Beweis, dass die bisherige Strategie so nicht weitergeführt werden kann. Eines hat sich durch den Wegfall der Regierungsklammer schon geändert: Nun sind es nicht mehr nur politische Figuren wie Schreiner oder Sigrid Skarpelis-Sperk, die eine Kurskorrektur fordern. Auch die Regierungslinke Andrea Nahles sieht sich nun näher bei den »Abweichlern« als beim Kanzler.

Im Kapitalismus-Streit der vergangenen Wochen können die Linken durchaus eine Ermutigung sehen, ihre Kritik umso deutlicher anzubringen. Die SPD könnte unregierbar werden.

24.05.2005: Bundeskanzler Gerhard Schröder (links) und der SPD-Vorsitzende Franz Müntefering vor der Sitzung des Bundesvorstandes in Berlin.

Der Schock von NRW, die drohende Niederlage im Bund, das Ende der Disziplinierungsmacht des Kanzlers, Zweifel an Münteferings Heilungskräften, Desorientierung und Identitätsängste – das ist die gefährliche Mischung, die nun in der SPD zu brodeln beginnt.

Geht es den Grünen besser? Die beiden letzten Jahre haben sie zwar weit glimpflicher überstanden als der große Partner. Doch am Wahlabend von NRW sind sie vor aller Augen aus den Wolken gestürzt. Eben noch der halbwegs stabile Regierungspartner, hat sie die einsame Entscheidung des Kanzlers jäh daran erinnert, dass nicht nur die Machtfrage, sondern – wie lange liegen diese Ängste zurück? – auch die Existenzfrage für die grüne Partei neu gestellt wird. Ein 6-Prozent-Ergebnis im größten Bundesland, in dem die Grünen bisher gut verankert waren, bedeutet, auf die Bundesebene hochgerechnet, fast schon das Aus.

Und so sprach Joschka Fischer im Parteirat am Montag nach dem Debakel von NRW auch schon vom bevorstehenden »Existenzwahlkampf« für seine Partei. Allen in der Runde sei klar gewesen, dass es die Partei bei den Neuwahlen unter die 5-Prozent-Hürde drücken könnte, heißt es. Umso größer ist offensichtlich die Angst in der Parteispitze, diese dramatische Perspektive könne sich herumsprechen.

13.08.2005: Bundeskanzler Gerhard Schröder (rechts) und der SPD-Parteivorsitzende Franz Müntefering beim offiziellen Wahlkampfstart in Hannover.

Fast schien es am Tag nach den Ereignissen, als wolle sich die grüne Spitze wenigstens nach außen in einer Wagenburg aus Illusionen verschanzen. Claudia Roth strahlte ihre »kämpferische Lust« in die Kameras, Reinhard Bütikofer, ein normalerweise nüchterner Mann, beschwor in dramatischem Gestus die »schwarze Republik«, die es nun zu verhindern gelte, und Joschka Fischer bedankte sich höflich bei seinen Führungskollegen, die ihm gerade einstimmig die Spitzenrolle im heraufziehenden Richtungswahlkampf angetragen hatten. Dabei hätte er sich eher dafür bedanken müssen, dass kein einziger Grüner bei der Suche nach den Ursachen für die grüne Niederlage den Namen Joschka Fischer in den Mund genommen hat. »Mit großer Begeisterung und ganzer Kraft« wolle er die Sache angehen – »wie früher«. Aber hat ein Fischer »in guter Form«, wie es in der Partei heißt, nicht gerade in NRW für seine Partei geworben? Und verloren? Trotz aller »Kampfentschlossenheit und Zuspitzungsbereitschaft«, die er auch nun wieder verspricht.

Es scheint, als müssten sich die Grünen in den kommenden Wochen etwas mehr einfallen lassen als Fischers Qualitäten als Zirkuspferd. Die

Grünen werden nicht darum herumkommen, sich auch nach außen hin ehrlich zu machen. Fast gespenstisch jedenfalls mutet es an, wie die Parteiführung das Offenkundige einfach zu verbergen sucht: Für die zur Funktionspartei reduzierten Grünen ist es dramatisch, wenn die Funktion so plötzlich verloren zu gehen droht. Deshalb hängen sie sich nun an die Hoffnung, die Koalition fortsetzen zu können, während die SPD-Führung schon demonstrativ auf Distanz zum Partner geht. Werden die Grünen versuchen, das über Monate hinweg einfach zu ignorieren? Dabei steckt doch in der Entscheidung der Genossen so etwas wie die Aufkündigung der Koalition.

»Auf die Grünen kommt es an«, so hat der Parteirat seinen Beschluss vom Montag überschrieben. Das klingt wie eine groteske Verkehrung der jüngsten Entwicklung. Denn auf die Grünen kommt es eben nicht mehr an, wenn die SPD sich aus der Koalition verabschiedet.

Statt der Koalitionsperspektive soll nun – quasi ersatzweise – die Angstperspektive intoniert werden. »Gesellschaft der Ausgrenzung«, »Kälte des Marktradikalismus«, »ökologische Zukunftsvergessenheit« – so lauten die ersten Stegreifformulierungen für die grüne Kampagne. Eine gewisse euphorische Hysterie macht sich breit. Fast scheint es, als würden die Grünen ihre so plötzlich in den Blick geratene Existenzbedrohung ins Schrill-Politische übersetzen. Es ist mehr als fraglich, ob die Grünen sich attraktiv machen können, indem sie Merkel und Westerwelle, die Leichtmatrosen von einst, nun als Gespenster einer dräuenden anderen Republik erscheinen lassen.

Müntefering und Schröder haben, das bleibt, dem Land ein verlorenes Jahr erspart. Ob sie ihrer Partei nützen, ist eine andere Frage. Doch selbst wenn es keine echte Machtperspektive gibt, kann die SPD noch immer ein respektables Ergebnis erzielen. Zweimal ist ihr das schon gelungen. 1983 hatte Kanzlerkandidat Hans-Jochen Vogel keine Chance gegen Helmut Kohl, 1987 war es Johannes Rau, der einer unerreichbaren »eigenen Mehrheit« hinterherlief. Vogel kam auf 38, Rau auf 37 Prozent. Das immerhin würde auch im Herbst reichen, um die SPD als Volkspartei stabil zu halten.

Dramatische Prognosen für den Fall eines »Weiter so« – ist nun zu hören – hätten den Kanzler und Müntefering zu ihrem Überraschungscoup bewogen, in der Hoffnung, mit der abrupten Zäsur einen noch schlimmeren Absturz ihrer Partei zu verhindern. Eine starke SPD wäre auch für das Land und die Stabilität des Parteiensystems von großer Bedeutung. Wenn es dazu käme, hätten Schröder und Müntefering eine patriotische Entscheidung getroffen. Und könnten mit einigem Stolz auf sieben Regierungsjahre zurückblicken.

Mitarbeit: Tina Hildebrandt

VERSTEHEN SIE DAS, HERR SCHMIDT?

ZEITmagazin 28.07.2011
Giovanni di Lorenzo und Helmut Schmidt

In ihren frühen Jahren wirkten die Grünen auf viele wie verbohrte Ideologen, die man politisch nicht ernst nehmen musste. Die ökologische Bewegung wurde als Sponticlub abgetan. Heute findet sich die SPD in Baden-Württemberg auf einmal als Juniorpartner der Grünen wieder

---

Giovanni di Lorenzo: Lieber Herr Schmidt, ich habe den Eindruck, dass Sie nur selten und äußerst ungern über die Grünen reden.
Helmut Schmidt: Da täuschen Sie sich. Wenn ich nach ihnen gefragt werde, äußere ich mich auch zu den Grünen. Aber ich käme kaum auf die Idee, von selbst über andere Parteien zu sprechen. Ich rede auch über meine eigene Partei nur selten aus eigener Initiative.
Di Lorenzo: Schmerzt es Sie, dass die Grünen ausgerechnet während Ihrer Regierungszeit groß geworden sind?
Schmidt: Nein, gar nicht. Ich habe immer gewusst, dass das Verhältniswahlrecht in aller Regel dazu führt, dass eine größere Zahl von Parteien ins Parlament einzieht. Es zwingt zur Koalitionsbildung und damit zu Kompromissen, und zum Teil sind diese Kompromisse in der Sache nicht förderlich. Deshalb habe ich vor einem halben Jahrhundert, zur Zeit der ersten Großen Koalition, gemeinsam mit Herbert Wehner und den CDU-Kollegen Rainer Barzel und Paul Lücke dafür plädiert, ein Mehrheitswahlrecht nach angelsächsischem Vorbild einzuführen. Wir sind mit diesem Vorschlag gescheitert, die Fraktionen von CDU/CSU und SPD haben ihn abgelehnt.
Di Lorenzo: Das ist eine sehr politologische Antwort auf meine Frage. Neue Parteien entstehen ja auch in unserem Wahlsystem nicht zwangsläufig, es gibt gesellschaftliche und politische Ursachen. Haben Sie sich nie gefragt, ob Sie als Bundeskanzler nicht einen Anteil daran gehabt haben, dass die Grünen überhaupt entstanden sind?
Schmidt: Nein, die Grünen sind ja erst 1983 das erste Mal in den Bundestag eingezogen, zu meiner Zeit als Bundeskanzler saßen sie nicht im Parlament. Der Ursprung der Partei liegt eigentlich in der 1968er Studentenbewegung; aber die Grünen sind während der sozialliberalen Koalition nicht in den Bundestag gelangt.
Di Lorenzo: Kein Geringerer als Daniel Cohn-Bendit hat einmal erklärt, die Grünen seien praktisch die

ZEIT-Herausgeber Helmut Schmidt

ZEIT-Chefredakteur Giovanni di Lorenzo

Kinder Ihrer Politik: Erst der Nato-Doppelbeschluss und Ihr Engagement für die Atomenergie haben Anfang der achtziger Jahre die Menschen in Massen mobilisiert.
Schmidt: Da ist etwas Richtiges dran, aber es trifft nicht den Kern der Dinge. Tatsächlich ist es so, dass in jeder Demokratie mit Verhältniswahlrecht eine Reihe von neuen Parteien entsteht. Das können Sie in Italien ebenso beobachten wie in Frankreich, Belgien und den Niederlanden, auch in Skandinavien. In Deutschland hat sich dieser Prozess verzögert, weil das Spitzenpersonal der großen politischen Parteien zunächst integrierend gewirkt hat. Denken Sie nur an Konrad Adenauer und Kurt Schumacher, Ernst Reuter und Willy Brandt, an den frühen Ludwig Erhard oder Theodor Heuss.
Di Lorenzo: Könnte man nicht auch sagen: Die Grünen waren Ausdruck neuer sozialer Bewegungen, deren Ideen und Interessen Sie nicht auf dem Schirm hatten?
Schmidt: Dass ich sie nicht auf dem Schirm hatte, ist nicht richtig. Richtig ist, dass es in jeder Gesellschaft alle möglichen Bewegungen gibt. Übrigens: Alle Fragen, die Sie mir jetzt stellen, könnten Sie genauso gut Gerhard Schröder mit Blick auf die Linkspartei stellen. Da sehe ich eine gewisse Parallelität. Aus der Tatsache, dass die Linkspartei Wahlerfolge erzielen konnte, darf man desgleichen nicht einfach schließen, dass die rot-grüne Bundesregierung die postkommunistischen Themen nicht auf dem Schirm gehabt hätte, die sich Gysi und Lafontaine auf die Fahnen geschrieben haben.
Di Lorenzo: Man könnte auch sagen: Die Kanzler Schmidt und Schröder haben weitreichende politische Beschlüsse durchgesetzt, die dazu beigetragen haben, dass zwei neue Parteien entstanden sind, die der SPD heute schwer zusetzen.
Schmidt: Ich kenne das Argument, halte es aber für falsch.

Di Lorenzo: Wäre die Linke etwa auch ohne die Agenda 2010 entstanden?
Schmidt: Wahrscheinlich ja.
Di Lorenzo: Aber sie wäre doch nie so stark geworden!
Schmidt: In den ostdeutschen Bundesländern schon; in den westdeutschen wahrscheinlich nicht. Da hat die künstliche Empörung über die Agenda 2010 den Linken natürlich sehr genützt.
Di Lorenzo: Zurück zu den Grünen: Hatten Sie in den letzten Jahren Ihrer Kanzlerschaft wirklich ein Gefühl dafür, wie stark die ökologische Idee die Menschen bewegt hat?
Schmidt: Was Ökologie angeht, muss ich mir keinerlei Vorwürfe machen, darin bin ich, unter dem starken Einfluss meiner Frau Loki, seit mehr als einem halben Jahrhundert ein Grüner. Aber es ist eben ein ganz großer Unterschied, ob man idealistische Vorstellungen formuliert oder ob man das tut, was wirklich möglich ist, ohne der Volkswirtschaft unnötig zu schaden. Wir haben die von Adenauer bis Brandt ins Werk gesetzte Energiepolitik fortgesetzt: einerseits Kohle, andererseits Braunkohle, drittens Kernkraftwerke – in der Vorstellung, dass man erst später wissen kann und entscheiden muss, ob die eine oder die andere Art der Energieerzeugung Vorrang haben sollte vor den anderen Arten oder ob die eine oder andere, wie es heute scheint, endgültig ausgeschieden werden muss. Ich habe zum Beispiel zu meiner Regierungszeit durch den sogenannten Jahrhundertvertrag dafür gesorgt, dass die deutsche Kohleerzeugung nicht etwa aus unternehmerischen Gründen auf null gefahren wurde, sondern dass die Kohleerzeugung aufrechterhalten wurde.
Di Lorenzo: Auch wenn Sie die Kraft der ökologischen Idee erkannt haben – die Kraft der grünen Bewegung haben Sie doch unterschätzt. 1982 haben Sie in einem Interview gesagt: »Ich glaube nicht, dass die Grünen auf Dauer existenzfähig sein wer-

27.06.1968: Der aus Frankreich ausgewiesene Studentenführer Daniel Cohn-Bendit spricht vor rund 2000 Studenten im Auditorium Maximum an der Freien Universität Berlin.

den. Diese Bewegung ist völlig unpolitisch, sogar politisch naiv.«
Schmidt: Man muss sich heute klarmachen, dass die Grünen damals keineswegs nur eine ökologische und pazifistische Bewegung waren, sondern mindestens genauso starke kommunistische und anarchistische Wurzeln hatten. Diese beiden Wurzeln waren in den 1970er Jahren ganz deutlich zu erkennen. Cohn-Bendit haben Sie ja eben selbst erwähnt …
Di Lorenzo: … heute ein Realpolitiker vor dem Herrn!
Schmidt: Ja, der hat sich gewaltig gewandelt, ebenso wie Herr Trittin, der auch als Kommunist angefangen hat. Die Grünen sind im Laufe der Jahrzehnte erwachsen geworden. Das beste Beispiel dafür ist Joschka Fischer, der in Turnschuhen erschien, um seinen Eid als hessischer Landesminister abzulegen. Er wollte provozieren. Das war alles. Er war nicht für Ökologie, er war gegen das System. Inzwischen ist er erwachsen, seine heutigen Reden und Aufsätze haben staatsmännisches Format. Das kann man akzeptieren. Aber was er damals gemacht hat, musste man nicht ganz ernst nehmen.
Di Lorenzo: Sie haben über den Außenminister Fischer immer ein bisschen gespöttelt, als eine Art Wiedergeburt von Gustav Stresemann.
Schmidt: Gespöttelt, das ist richtig. Ich habe ihm sehr übel genommen, dass er die deutsche Beteiligung an der vom Sicherheitsrat der UN nicht genehmigten militärischen Intervention auf dem Balkan mit dem Hinweis auf den millionenfachen Mord an den europäischen Juden in Auschwitz begründet hat. Der Vergleich war absolut unangemessen.
Di Lorenzo: Hat es Sie etwas versöhnt, dass Fischer dem amerikanischen Verteidigungsminister Rumsfeld die Stirn geboten hat, als es um die Irak-Intervention ging?
Schmidt: Ja, das war ganz vernünftig. Aber man muss keine Versöhnungsfeier veranstalten, nur weil jemand etwas Vernünftiges gesagt hat. Do-

14.03.1980: Bundeskanzler Helmut Schmidt (links) und SPD-Spitzenkandidat Erhard Eppler in Crailsheim auf der Abschlussveranstaltung der SPD zur bevorstehenden Landtagswahl in Baden-Württemberg.

nald Rumsfeld hatte eine absolut abwegige Vorstellung von Europa. Er war auf einem Auge blind, und das andere Auge guckte auch nicht ganz geradeaus.

Di Lorenzo: *Sie haben gerade an die frühen Provokationen der Grünen erinnert: Wie haben Sie die neuen Abgeordneten damals erlebt?*

Schmidt: An die Einzelheiten kann ich mich nicht mehr erinnern. Aber der Wille zur Provokation war eindeutig. Trotzdem habe ich gelegentlich mit Grünen geredet, zumeist bei kirchlichen Veranstaltungen.

Di Lorenzo: *Können Sie sich an einen Politiker der Grünen erinnern, mit dem Sie gesprochen haben?*

Schmidt: Antje Vollmer ist mir da in besonderer Erinnerung geblieben – ich weiß gar nicht, ob sie heute noch zu den Grünen gehört.

Di Lorenzo: *Ja, aber sie ist nicht mehr besonders aktiv. Erhard Eppler, Ihr Genosse bei der SPD, war übrigens schon Anfang der Achtziger für eine Zusammenarbeit mit den Grünen. Warum waren Sie dagegen?*

Schmidt: Das ist alles lange her, ich weiß das nicht mehr so genau. Aber ich weiß noch sehr gut, dass Erhard Eppler sich immer für die Öffnung der SPD nach links ausgesprochen hat. Er selber war in seinem Bundesland nie sonderlich erfolgreich, aber er wollte uns beibringen, wie man Wahlen gewinnt.

Di Lorenzo: *Gab es auch Momente, in denen Sie sich mit Eppler verstanden haben?*

Schmidt: Ja, in den sechziger Jahren. Ich war Fraktionsvorsitzender, er war Fachmann für Steuerfragen. Es ging damals zum Beispiel um die Einführung der Mehrwertsteuer. Ich erkannte seine Begabung und seine Fähigkeiten und habe ihm gesagt, er solle sich in Zukunft lieber um die Außenpolitik kümmern, weil die Steuergeschichte ein vorübergehendes Problem sei. Intellektuelle Fähigkeiten und Potenzial waren eindeutig erkennbar.

Di Lorenzo: *Haben Sie solche Vor- und Querdenker genervt?*

Schmidt: Nee, die haben mich gar nicht genervt. Es gab einen anderen Querdenker, Jochen Steffen, der hat mich jeden Sommer einen halben Tag lang am Brahmsee besucht. Ich habe ihn sehr gemocht, aber seine politischen Vorstellungen waren in meinen Augen verrückt, nicht zum Vorteil des deutschen Volkes. Das hat mich aber nicht daran gehindert, mich jedes Jahr wieder mit ihm zu treffen. Politische Meinungsverschiedenheiten dürfen persönlichen Beziehungen nicht im Weg stehe. Das gilt nicht nur für Leute in der eigenen Partei. Ich habe immer auch Freunde in der CDU gehabt, auch in der CSU.

Di Lorenzo: Aber sind Ihnen die Grünen nicht bis heute extrem wesensfremd geblieben?

Schmidt: Nein, das geht mir zu weit. Das würde ich nicht unterschreiben. Was mir seinerzeit besonders negativ aufgefallen ist, war die Gleichgültigkeit vieler Grüner gegenüber der Funktionstüchtigkeit der eigenen Stadt, des eigenen Staates, der eigenen Unternehmen, der eigenen Volkswirtschaft. Diese Gleichgültigkeit existiert zum Teil heute noch. Die Grünen haben ökonomische Probleme immer so behandelt, als ob es sich um eine Nebensache handele. Die alte Erkenntnis von Karl Marx, dass das ökonomische Sein das Bewusstsein bestimme, haben sie anscheinend nicht wirklich verstanden; jedenfalls haben sie sich nicht danach gerichtet. Sie haben es für selbstverständlich gehalten, dass der Staat und die Ökonomie funktionieren.

Di Lorenzo: Hätten Sie sich jemals vorstellen können, dass ein Grüner Ministerpräsident von Baden-Württemberg wird?

Schmidt: Das habe ich mir vorstellen können, und ich finde das Experiment, das dort veranstaltet wird, außerordentlich interessant. Vermutlich wird es auch sehr lehrreich für die Grünen sein, denn jetzt müssen sie sich, zum Beispiel im Fall Stuttgart 21, mit ökonomischen und zivilrechtlichen Tatsachen auseinandersetzen.

Di Lorenzo: Sie konnten sich im Ernst auch vorstellen, dass die SPD einmal Juniorpartner in einer grün-roten Koalition werden würde?

Schmidt: Für Baden-Württemberg hätte ich mir das vorstellen können, ja. Für Hamburg nicht.

Das Vertrauen in die Kontinuität der politischen Vorstellungen der Menschen in Baden-Württemberg ist bei mir schon zu Zeiten des Ministerpräsidenten Filbinger schwer beeinträchtigt worden.

Di Lorenzo: Aber der Erfolg von Winfried Kretschmann hatte nicht nur mit regionalen Gegebenheiten zu tun …

Schmidt: Das stimmt. Politische Prozesse brauchen auch Auslöser, Zufallsauslöser, wie zum Beispiel Fukushima. Und sie brauchen Führungspersonen. Beides war in Baden-Württemberg gegeben.

Di Lorenzo: Was soll die altehrwürdige Sozialdemokratie tun, damit sie nicht zwischen Linkspartei und Grünen aufgerieben wird?

Schmidt: Das ist eine Frage, die ich nicht aus dem Handgelenk beantworten möchte. Darüber müsste man ein ganzes Buch schreiben.

Di Lorenzo: Vielleicht fällt es Ihnen leichter, zu sagen, was die SPD in der aktuellen Situation auf keinen Fall tun darf.

Schmidt: Sie darf sich auf keinen Fall dem tagespolitischen Opportunismus hingeben.

Di Lorenzo: Hätte die CDU den eingeschlagenen atompolitischen Kurs nach Fukushima einfach fortsetzen können?

Schmidt: Die deutsche Position zur Kernenergie hätte nicht ohne Rücksicht auf die europäischen Nachbarn verändert werden dürfen. Das war in meinen Augen ein schwerer Fehler, der das Vertrauen unserer Nachbarn in die deutschen Politiker ganz erheblich beeinträchtigt hat.

Di Lorenzo: Aber es kann doch durchaus Fälle geben, in denen Politiker schnell eine Entscheidung treffen müssen.

Schmidt: Ja, dann sind sie auf ihren Instinkt und ihre Erfahrung angewiesen. Aber für deutsche Politiker war Fukushima kein solcher Fall. Es war absolut nicht notwendig, von heute auf morgen das Gegenteil von dem zu beschließen, was noch 14 Tage zuvor gegolten hatte.

DEUTSCHLANDKARTE: SOLARDÄCHER

ZEITmagazin 16.09.2010,
Matthias Stolz (Redaktion), Jörg Block (Illustration)

In Wohngebieten fallen immer wieder architektonische Moden auf, die sich nicht Architekten, sondern die Bewohner ausgedacht haben. So war es in den Achtzigern im Westen beliebt, Garagen kunterbunt anzumalen (um die Garage vom Spießerimage zu befreien), im Osten waren nach der Wende dunkelviolette Dachziegel beliebt (weil es so lange wenig Farbe gab).

Die auffälligste Mode heute ist die Solaranlage auf dem Dach.

Sie zeigt weithin sichtbar, dass da ein ökologisch denkender Mensch wohnt. Sie ist ein Statussymbol, das vom Staat mitbezahlt wird.

Laut Stiftung Warentest lohnen sich Solaranlagen als Geldanlage sogar, wenn gar nicht so oft die Sonne scheint.

Und so kam es, dass die Zellen nicht nur im Süden Freunde fanden, wo die Sonne häufig vorbeischaut.

Besonders viele Solardächer gibt es sogar im Nordwesten, dem stark bewölkten Eck des Landes. Es gibt dort aber viele Einfamilienhäuser, viele Bauernhöfe und offenbar auch genügend Geld, um es anzulegen. Vielleicht glauben die Niedersachsen auch, dass sich so die Sonne anlocken lässt.

Nennleistung aus Photovoltaik-Anlagen in kWp seit 1.1.2009

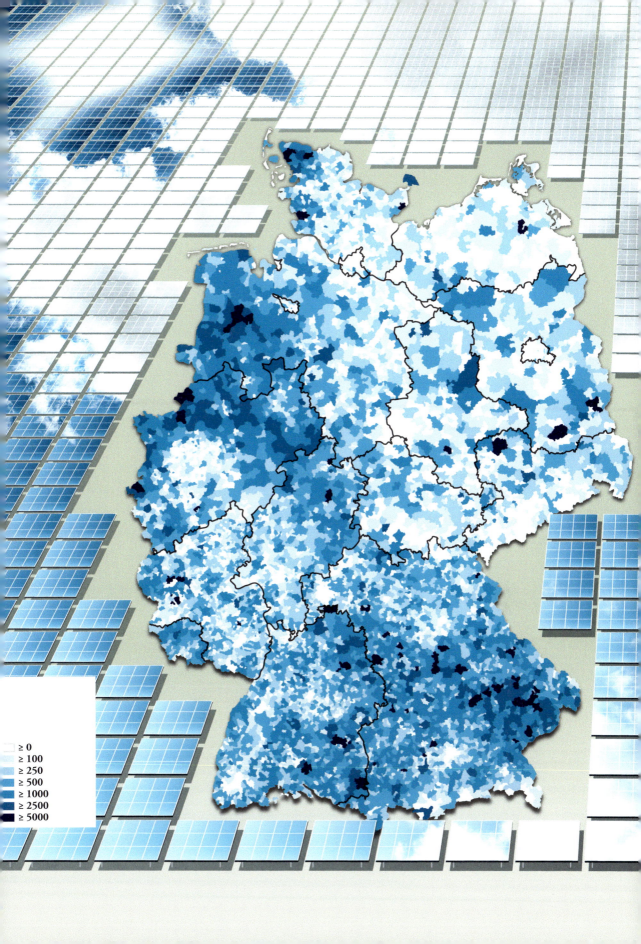

Kapitel 6

DIE GRÜNEN & IHR FISCHER

ZYNISCH, DRASTISCH UND UNENTBEHRLICH

DIE ZEIT 13.01.1984
Michael Sontheimer

Joschka Fischer, parlamentarischer Geschäftsführer: Zuchtmeister der Grünen und Streiter für eine Realpolitik

—

Bereits im Foyer des Hochhauses Tulpenfeld im Bonner Regierungsviertel fällt das Stichwort: »Der Abgeordnete Fischer/Frankfurt bitte in seinem Büro anrufen«, tönt es blechern aus der Lautsprecheranlage. Fünf Stockwerke höher, im Zimmer 514, erklärt Maria, die Bürovorsteherin des parlamentarischen Geschäftsführers der grünen Bundestagsfraktion: »Du musst einen Moment warten, der Joschka ist noch in einer Sitzung.« Sie offeriert derweil bittern Solidaritätskaffee aus Nicaragua. Auf dem Tisch liegen ein paar Äpfel: klein, schrumpelig und grün, offensichtlich biodynamische Produkte. An den Wänden hängen chinesische Seidenstickereien, naive Landschaftsbilder und tiefsinnige Gedichte. Alternative Wohngemeinschaftsästhetik unterminiert die Tristesse des funktionalen Büro-Interieurs. Maria konnte gerade einen enervierenden Anrufer abwimmeln. »Die verwechseln uns manchmal mit Seelsorge«, sagt sie kopfschüttelnd. »Neulich, während der Nachrüstungsdebatte zum Beispiel, da rief einer aus dem Landeskrankenhaus Gießen an. Der wollte Joschka zum König von Europa machen und so den Atomkrieg verhindern. Ein echter Spinner.«

Als der vermeintliche Retter Europas schließlich hereingestürmt kommt, zieren ihn ein braunes Nadelstreifen-Sakko und abgetragene Blue Jeans. »Clochard« steht in großen Lettern auf seinem Sweatshirt. Er ist unrasiert, sein blasses Gesicht wirkt müde. »Diese idiotischen Vorstandssitzungen«, flucht er mit einem leichten hessischen Akzent. »Ich hab' richtige Kopfschmerzen von dem Schwachsinn.«

Dass Joschka Fischer drastische Worte liebt, ist bekannt, seit er – kaum vier Wochen in Bonn – den Bundestag »eine unglaubliche Alkoholikerversammlung« schimpfte. Wer allerdings etwas über sein vorparlamentarisches Leben in Erfahrung bringen will, sieht sich vom Bundestagshandbuch enttäuscht. Während alle anderen Abgeordneten – auch die der Grünen – dort ihre Vita

als Auflistung mehr oder minder bedeutsamer Posten präsentieren, findet sich bei ihm lediglich: »Joseph Fischer, 6000 Frankfurt am Main, Buchhändler – geb. 12. April 1948.« Beim Essen erklärt er dann allerdings: »Von dem, was in meiner Akte beim Verfassungsschutz liegt, mal abgesehen, habe ich nichts zu verbergen. Ich stehe zu meiner Geschichte.«

Der Schauplatz der ersten 17 Jahre dieser Geschichte war Stuttgart. Als Kind einer kleinbürgerlichen Familie – sein Vater war wie der Großvater Metzger – hatte er es auf dem Gymnasium nicht gerade leicht. Mit dem Abitur wurde es auch nichts. »Ausgeflippt bin ich damals an Bob Dylan«, erzählt er mit stolzem Unterton. »On the road. Was der kann, kann ich auch, hab' ich mir gedacht.« Er wurde zum »Aussteiger«, zehn Jahre, bevor dieser Begriff in Mode kam. Sein erster Versuch brachte ihn bis Hamburg, dann schnappte ihn die Polizei und lieferte ihn wieder zu Hause ab. Beim zweiten Anlauf kam er schon bis Kuwait. Wieder zurück, arbeitete er als Hilfskraft auf dem Arbeitsamt, probierte es kurzzeitig mit einer Fotografenlehre.

Nachdem er seine Jugendliebe mangels Volljährigkeit im schottischen Heiratsparadies Gretna Green geehelicht hatte, zog es die beiden in die nach Berlin wichtigste Metropole der Studentenbewegung: Frankfurt wurde der Schauplatz der nächsten 17 Jahre. Obwohl Joschka Fischer nie an der Johann-Wolfgang-von-Goethe-Universität eingeschrieben war, hörte er dort Adorno, Habermas und Negt, fand bei ihnen etwas damals durchaus Rares, nämlich die Möglichkeit, sich einen Begriff des deutschen Faschismus zu machen. Er las Marx und Mao; überhaupt war sein Wissensdurst groß: »Ich hab' gebüffelt wie ein Ochse. Die ‚Phänomenologie des Geistes' von Hegel zum Beispiel. Nach zwei Dritteln hab' ich wieder von vorne angefangen, weil ich nichts verstanden hatte.«

1971 ging er mit rund hundert Aktivisten des »Revolutionären Kampfes« nach Rüsselsheim zu Opel, um das angeblich revolutionäre Subjekt aufzuwiegeln, wurde jedoch bald entlassen, da er auf einer Betriebsversammlung zum Streik aufgerufen hatte. Zu dieser Zeit stand er bereits im Zentrum der linksradikalen Frankfurter Szene, die in den folgenden Jahren unter dem Namen »Spontis« eine gewisse Berühmtheit erlangen sollte, eine lose Verschwörergemeinde, die politisch vom linken Rand der SPD bis zum rechten Rand der RAF reichte.

Er wurde einer ihrer Wortführer, als Antipode des »guten« Dany Cohn-Bendit, der »Böse« oder der »Kriegshäuptling«, wie er schmunzelnd seine damalige Rolle charakterisiert. Er machte sich auf Versammlungen für die Militanz auf der Straße stark; Mitte der siebziger Jahre organisierte er sie auch im Kampf um besetzte Häuser des Frankfurter Westends. Er mischte bei den »Putzgruppen« mit, die den Kampf Mann gegen Mann immerhin so erfolgreich trainierten, dass nie einer der ihren geschnappt wurde. Wie sie auf solche Ideen kamen? »Irgendwann hatten wir es einfach satt, regelmäßig von den Bullen verdroschen zu werden. Ostern '68, nach dem Attentat auf Dutschke – das werde ich nie vergessen –, mein Gott, bin ich da verprügelt worden!«

Er plädierte für das Recht außerparlamentarischer Bewegungen auf militanten Widerstand, formulierte aber gleichzeitig harte Kritik an der RAF. Sie war es auch, die schließlich bei ihm einen Prozess auslöste, den er »Illusionsverlust« oder »Illusionsabschleif« nennt. Während des deutschen Herbstes '77 wurde das Spiel plötzlich

28.05.1974: In Frankfurt rennen Demonstranten, darunter Joschka Fischer, vor der anrückenden Polizei davon. Aus Protest gegen Fahrpreiserhöhungen hatten sie versucht, den Staßenbahnverkehr lahmzulegen.

ernst. »Damals wurde ein Bekannter von mir zu mehreren Monaten ohne Bewährung verurteilt, weil er die Entführung Schleyers gerechtfertigt hatte. Da stellte sich noch einmal ganz scharf die Frage des bewaffneten Kampfes: Entweder die Guerilla hat recht, dann musst du das auch machen, oder es ist alles Wahnsinn.«

Joschka Fischer entschied sich für die zweite Möglichkeit, begann Solschenizyn und Glucksmann zu lesen und sich mit den Abgründen marxistischer Praxis zu konfrontieren. »Zurückblickend muss ich sagen, dass für mich Marx und seine proletarische Revolution über Jahre hinweg als Religionsersatz gedient hat«, bekannte er 1979 in der Frankfurter Stadtzeitung *Pflasterstrand* und gestand auch ein, dass er ratlos sei, was politisch zu tun wäre.

Die Ratlosigkeit ging vorüber; der Illusionsverlust, den so mancher grüne Parlamentarier noch vor sich hat, erklärt, warum Joschka Fischer einer der profiliertesten Streiter für eine grüne Realpolitik geworden ist. Wenn sich der hessische Landesverband auf seinem Parteitag am Wochenende zu einem rot-grünen Arrangement in Wiesbaden durchringt, hat sein Konzept den entscheidenden Sieg gegen die bis vor kurzem bei den hessischen Grünen dominierenden Fundamentaloppositionellen davongetragen. Dass seine Partei, obwohl es eigentlich zu früh sei, gar keine andere Wahl habe, als ihre Unschuld zu verlieren, begründet er so: »Die Grünen konkurrieren mit einer SPD, die sich auf Bundesebene in der Opposition profiliert. Die SPD muss für ihre Mehrheitsfähigkeit alles daransetzen, die neuen sozialen Bewegungen – das heißt unsere Basis – personell und inhaltlich zu schlucken. Die Grünen können dagegen nur überleben, wenn sie wachsen. Und sie werden nicht wachsen, wenn sie lediglich im Parlament predigen, dass es fünf vor zwölf ist, aber sich weigern, Verantwortung zu übernehmen und etwas zu tun, um die Uhr anzuhalten oder zurückzudrehen.« – »Die Grünen sind in ihrer Kautskyanischen Phase, und ich spiele die Rolle Bernsteins«, witzelt er, das Rotweinglas in der Hand und eine Zigarre im Mund.

Was die meisten Mitglieder seiner eigenen Fraktion und besonders die »Fundamentalos« anbelangt, legt Fischer eine Mischung aus Arroganz, Zynismus und Verzweiflung an den Tag. Auf die Frage, was die Grünen mit der Nato vorhätten, erklärt er süffisant, man bräuchte nur seinen Fraktionskollegen Roland Vogt zum Oberbefehlshaber zu machen, dann sei sichergestellt, dass in Brüssel nichts mehr klappt. Fischer spricht oft von Effektivität, beharrt darauf, dass alternativ und basisdemokratisch nicht desorganisiert heißen muss, und hat sich – zusammen mit Otto Schily – in die Rolle des Zuchtmeisters der Fraktion manövriert, der zu verhindern sucht, dass die Fraktionssitzungen sich im Stile von Wohngemeinschaftsdiskussionen oder Therapieworkshops im Chaos verlieren.

»Die meisten Grünen sind auf dem Stand der Alternativkultur, den wir 1975 in Frankfurt hatten«, klagt er und kultiviert selbst einen abgeklärten, staatsmännischen Habitus. Der kommt ihm zugute, wenn er im Ältestenrat des Bundestages Rednerliste und Redezeiten für die Plenardebatten aushandelt und dabei im Verborgenen am Profil seiner Fraktion meißelt. Dass er dazu in der mit rhetorischen Talenten nicht unbedingt gesegneten Fraktion auch am Rednerpult brillieren kann, hat ihm unlängst Heinrich Böll im *Merkur* attestiert, als er schrieb, »dass die besten Reden, die seit Jahren im Bundestag gehalten wurden, von Joseph Fischer gehalten wurden, in Sachen ›Geißler/Auschwitz‹ und nach dem Selbstmord Altuns«.

»Es ist schon, Herr Geißler, eine unglaubliche Infamie, die Opfer des Nationalsozialismus für die an ihnen begangenen Verbrechen auch noch verantwortlich zu machen«, hatte er der bislang

ungehörten Faschismustheorie des Familienministers entgegengehalten und die historische Schuld der deutschen Rechten an der Machtergreifung angeprangert. »Für mich waren das Selbstverständlichkeiten«, erinnert er sich. »Aber dass die endlich mal im Bundestag gesagt werden konnten, ist ein Politikum. Ich gehöre ja zu der ersten Generation, die wirklich mit dem Faschismus brechen konnte. Die 68er-Bewegung hat eine Identität konstituiert, die einen Ausstieg aus dem Elend der deutschen Geschichte ermöglicht, aber uns gleichzeitig heimatlos macht.«

08.02.1984 (oben) und 23.06.1983 (unten): Der Grünen-Abgeordnete Joschka Fischer am Rednerpult im Bundestag.

Die Rede lockte auch bei der SPD viel Beifall hervor, bei der CDU setzte sie blanken Hass frei, man titulierte ihn »widerlicher Schreihals« oder »unverschämter Lümmel«. Bei einer anderen Rede entfuhr dem CDU-Abgeordneten Fischer der Zwischenruf: »Ab in die Gosse!« Den Gefallen wird der Namensvetter ihm freilich nicht tun, ganz im Gegenteil. Auf die Frage, ob er, falls es seine Partei zuließe, auch länger als zwei Jahre den Bundestag bereichern würde, sagt er schlicht: »Claro.«

EIN SPONTI SPIELT VABANQUE

DIE ZEIT 13.12.1985
Gerhard Spörl

*Joschka Fischer, der neue Umweltminister, will die Grünen
ans Regieren gewöhnen*

―

Holger Börner ist gelegentlich fast rührend bemüht, Gemeinsamkeiten mit den Grünen herauszufinden. Ihn selber (Jahrgang 1931), so ließ er neulich wissen, verbinde ja zum Beispiel einiges mit seinem künftigen Kabinettskollegen Joschka Fischer (Jahrgang 1948); darauf sei er bei einem Vergleich der Lebensläufe gestoßen. Die Behauptung ist zwar weit hergeholt, doch nicht ganz falsch. Wie Börner hat Fischer kein Abitur. Beide sind kleiner Leute Kind. Und Börner hat auch recht, dass der Umweltminister in spe – seine Inthronisation steht diese Woche an – sich in vielerlei Rollen durchs Leben gekämpft hat: als Taxifahrer, als Buchhändler (eine angemaßte Bezeichnung für die Arbeit in der Frankfurter Karl-Marx-Buchhandlung), als Filmstatist. Da war viel Bewegung und kein rechtes Ziel, geschweige denn Geborgenheit bei jenen Normen und Werten, die dem Sozialdemokraten Börner Sinn und Zweck boten. Börner geht ganz in der Arbeiterbewegung auf. Ihre historische Mission, den deutschen Zeitläufen seit 1945 angepasst, erfüllt sich für ihn in der Regierung der Bundesrepublik; der notgedrungene Wandel der SPD verfolgt das Ziel, die Macht in Hessen zu erhalten und in Bonn zurückzuerobern.

Börner – nicht erst seit er die Fünfzig überschritten, hat er etwas Ältlich-Gravitätisches an sich – treibt denn auch den Vergleich nicht zu weit: »Ich habe nicht auf Barrikaden gekämpft.« Die Barrikaden, auf denen Joschka Fischer kämpfte, immer vorne weg, standen in Frankfurt. Sie waren errichtet worden gegen die Staatsmacht, die fast immer die SPD innehatte: während der Studentenbewegung; dann, als das Westend kaputt saniert wurde; später zur Zeit von Berufsverbot und Anti-Terror-Gesetzen; zuletzt als eine neue außerparlamentarische Opposition gegen Kernkraft und Umweltzerstörung durch die Stadt zog. Seltsam daran ist nur, dass die bürgerliche Lebenswelt für Fischer nie an geheimer Faszination verlor. Politisierende Psychologen haben für dieses Phänomen, unter deutschen Rebellen nicht ungewöhnlich, einen treffenden Ausdruck parat: ungehorsame Abhängigkeit. Gemeint ist damit etwa, dass Fischer und die Grünen klammheimlich den Beifall des bürgerlichen Publikums herbeisehnen, wenn sie auch permanent gegen dessen Selbstverständnis und Konventionen verstoßen. In seiner kargen, unwirtlichen Bonner Abgeordnetenbude stapelte Joschka Fischer die fein säuberlich ausgeschnittenen Artikel aus den bürgerlichen Intelligenzblättern; mit zitronengelbem Textmarker unterstrichene Argumente und Pointen fanden alsbald Einzug in seine Bundestagsreden, die Heinrich Böll zu den besten seit vielen Jahren zählte. Zur wichtigen Lektüre rechneten auch Henry Kissingers Memoiren – die Grünen argwöhnen, daraus habe Fischer gelernt, die Macht bei den Grünen zu erobern.

Kein Wunder, könnte man meinen, dass dieser alternative, rebellische Klein-Kissinger es zum Umweltminister bringt. Dabei ist es eher ein wohlwollender Zufall, wenn ein derart ungerichteter Lebenslauf ins Konventionelle mündet. Zu viel Verschiedenes scheint darin angelegt. Vor noch nicht allzu langer Zeit war es der »Szene« zumindest eine Überlegung wert, ob die Terroristen von der »Rote-Armee-Fraktion« nicht doch die bessere Wahl für sich getroffen hätten. Andere aus den alten Tagen sind mittlerweile, müde von der Flucht vor der Normalität und den Autoritäten, beim Baghwan gelandet. Die Linke, aus deren Milieu der hessische Jungminister entspross, hat in den letzten zwanzig Jahren in Leben und Denken unzählige qualvolle Experimente an sich selber ausprobiert; keine Illusion, kein Scheitern, kein Autodafé hat sie sich erspart. Fischer ist ihr Protagonist, aber unter den Grünen gibt es viele seiner Lebensart und Vergangenheit. Bei aller Anpassung ans Gegebene ist deshalb die Gefahr gering, dass die Grünen ganz und gar verwechselbar mit den anderen Parteien werden.

Der Sponti in obrigkeitlicher Eigenschaft – dieser Werdegang bleibt je nach Standpunkt erstaunlich, ärgerlich oder verderblich. Zumindest waren solche Karrieren bislang Kalifornien vorbehalten, vielleicht noch den Niederländern, deren Calvinismus sich mit Recht einiges auf seinen Oppositionsgeist zugute hält. Hierzulande ist es noch eine erstaunliche Abweichung vom Gewohnten und Erprobten, dass die erste rot-grüne Koalition nun in Hessen ans Werk geht; dass ein mit Leib und Seele außerparlamentarischer Kämpfer, der im Übrigen keine Aussicht hätte, als Beamter in den Staatsdienst aufgenommen zu werden, sich zum politischen Großwürdenträger wandeln darf; dass eine antikapitalistische, systemkritische Partei links von der SPD ein Bundesland mitregiert.

Liegt darauf Segen oder Fluch? Auf diese Frage gibt es nur vorläufige Antworten. Die gleichsam wertneutrale Variante lautet: Wieder einmal bewährt sich das große Beharrungsvermögen der parlamentarischen Institutionen; sie zwingen noch ihren Gegnern das Gesetz des Handelns auf. Die sarkastische Antwort, den Grünen selber keineswegs fremd: Wieder einmal kapituliert die versprengte Linke; die Beteiligung an der Macht ist nur der erste Akt der Selbstzerstörung. Wetten werden noch angenommen.

In Holger Börners Reden taucht einmal die staatsmännisch-pädagogische Lesart auf, dann wieder lässt er durchblicken, wie oft die SPD in ihrer Geschichte sich mit linken Renegaten herumschlagen musste und wie folgenlos diese letztlich geblieben seien. Im Klartext: Die Koalition mit den Grünen muss nun einmal sein und ist hoffentlich ein vorübergehendes Übel; sie kann dem wohlsituierten, hochindustrialisierten Hessenland nicht schaden; unter Holger Börner, so die Versicherung, haben die Grünen keinen freien Auslauf. Solche Rechtfertigung erwartet vor allem die Großkoalition aus Industrie und Gewerkschaften von ihrem Ministerpräsidenten. Sie betrachtet im Grunde jeden Umweltminister als Plage und Gefahr für den Aufschwung und die Arbeitsplätze. Der Ministerpräsident Holger Börner hat hinreichend klargestellt, dass er wider seinen Willen originell ist und gegen seinen Lebensplan

rechts: 12.12.1985: Ministerpräsident Holger Börner vereidigt den Grünen Joschka Fischer, der in Turnschuhen im hessischen Landtag erscheint, als Minister für Umwelt und Energie.

unten: 13.12.1985: Fischer bezieht sein neues Amt im Wiesbadener Behördenzentrum.

die Grünen in die Regierung holen muss. Was er ansonsten von ihnen hält, lässt sich am Besten mit einem Beispiel aus dem Tierreich erläutern. Die Grünen in der Politik sind für ihn wie das Federgeistchen in der Natur, ein Schmetterling, der von so gut wie nichts lebt und für jedermann entbehrlich ist. Aber das Federgeistchen wie die Grünen gibt es nun einmal dank eines mehr oder weniger unerforschlichen Ratschlusses. Man muss damit halt leben.

Fischer, das Federgeistchen, ist da anspruchsvoller als Börner, der dieser Tage müde und melancholisch wirkt. Kühl betrachtet können sich die Sozialdemokraten über die Grünen nicht einmal sonderlich beschweren. Sie regieren gemeinsam schon länger in Gemeinden, Städten und Kreisen. In Hessen gibt es fast idealtypisch eine Mehrheit diesseits der Union. Dafür sorgt die Dienstleistungsgesellschaft, hier weiter vorangeschritten als anderswo, mit ihrem postmaterialistischen Lebensgefühl, in dem der Anspruch auf Luxus und Wohlstand ebenso heimisch ist wie die fundamentale Kritik daran. Dazu kommt das gleichbleibend linke, alternative Milieu an den Landesuniversitäten und eine SPD, die zumindest in Südhessen eher mit Neid als mit Mordlust auf die Grünen schaut. So schnell sind die Hessen-Grünen also wahrscheinlich nicht tot zu kriegen, trotz ihrer Transformation zur Staatspartei.

Aber Joschka Fischer hat mehr im Sinn. Ihm schwebt vor, dass die Grünen überhaupt so werden wie die Hessen-Grünen: links, reformistisch, der unbequeme, aber notwendige Mehrheitsbeschaffer für die SPD und ein Korrektiv zu ihr, weil die – siehe Ibbenbüren – noch immer Arbeitsplätze höher einschätzt als den Umweltschutz. Die Chancen stehen derzeit nicht schlecht. Die Weltschmerz-Grünen sind bundesweit ebenso auf der Verliererstraße wie die Träumer von der sozialistischen Revolution. Die ungebrochenen Barrikadenkämpfer à la Fischer holen den Marsch durch die Institutionen eilig nach, den sie vor fünfzehn Jahren schon einmal im Sinne hatten.

Dieses Zwischenergebnis bedeutet noch nicht viel. Die Grünen sind ja ein Zweckbündnis, das die Differenzierung in Mehrheit und Minderheit bisher vermieden hat und nicht die Herrschaft einer Oligarchie entstehen ließ, wie sie Fischer und seine Frankfurter Freunde nun beanspruchen.

Der Bundesparteitag an diesem Wochenende beschwört die verspätete Machtprobe herauf. Der Ausgang ist offen. Alte Reflexe, lieber die Partei zu spalten als sich unterzuordnen, regen sich bei der Minderheit der Hessen-Gegner. Die Grünen sind heute in der Lage wie die FDP im Jahre 1982. Um zu überleben, nehmen sie in Kauf, dass sie sich spalten. In der deutschen Parteiengeschichte könnte ein bislang unbekannter Dreischritt entstehen: von der außerparlamentarischen Opposition über die Teilhabe an der Macht ins Nichts.

Joschka Fischer will erst einmal in Hessen regieren. Wie man ihn kennt, wird er seinen Amtseid mit mürrischem Ernst leisten und die allgemeine Aufmerksamkeit ebenso konzentriert wie verdrossen genießen. Der Atem der Geschichte weht ja doch ein bisschen. Der neue Minister mag die Zeremonie als Genugtuung für jahrelanges, letztlich eben doch nicht vergebliches Kämpfen auf den Barrikaden verstehen. Die Wirklichkeit holt ihn ohnedies schnell genug wieder ein. Viele, viele Akten wollen studiert sein, Gesetze und Verordnungen auswendig gelernt werden, damit das rot-grüne Bündnis wachse und gedeihe. Und bald schon steht eine neue, eine andere Premiere an. Joschka Fischer hat nämlich, ehe er Minister wurde, einen Film gedreht, Titel: *Vabanque* – ein passendes Motto für das Regieren in Hessen.

JOSCHKAS ERSTE TAT

DIE ZEIT 14.03.1986
Irene Mayer-List

*Der grüne Umweltminister macht
dem Chemiekonzern Hoechst neue Auflagen*

———

Er sitze »die Probleme aus wie Helmut Kohl«, ärgert sich der hessische Grüne Jan Kuhnert über seinen Parteikollegen »Joschka« Fischer. »Der macht keine Real-, sondern Irrealpolitik nach der Art: Viel Wind und sonst passiert nix«, zürnt er über die erste Anordnung des neuen hessischen Umweltministers für den Chemiekonzern Hoechst, den größten Steuerzahler und privaten Arbeitgeber im Lande, den mengenmäßig größten Verschmutzer des Mains und Erzfeind der Grünen. Bei Hoechst hingegen atmet mancher Manager erleichtert auf: »Der Fischer ist ziemlich nüchtern«, lobt ein leitender Mitarbeiter im Vertrauen, »von der Atmosphäre her gibt es zunächst keine Probleme.«

In der vergangenen Woche gab Joschka Fischer, von der realpolitischen Fraktion der Grünen im Dezember ins Amt befördert und seither von der hessischen Industrie gefürchtet, sein großes Wiesbadener Debüt: Trotz Grippe und Fieber fuhr er für eine Pressekonferenz in den Landtag, um mitzuteilen, welche – ordnungsgemäß anstehenden – Abwasservorschriften er für die nächsten anderthalb Jahre für Hoechst beschlossen habe. Die Unternehmer im Lande waren gespannt, denn außer kleineren Routineanordnungen – zum Beispiel für die Abwässer der Autofirma Opel – hatte der neue Minister noch keine wegweisenden Amtshandlungen vollzogen. Und auch die Interviews, die er aus Wiesbaden gab, brachten in Bezug auf seine Industriepolitik bis jetzt wenig Erhellendes: Die Leser der Frauenzeitschrift *Brigitte* erfuhren hauptsächlich, dass der Minister »äußerst ungern« im Kindergarten war und seine »Mami« früher die »Klamotten« kaufte, während er der Illustrierten *Quick* immerhin mit den Worten »Ich heiße Joschka Fischer und nicht Herkules« andeutet, dass auch er sich der Grenzen seines Ministeramtes bewusst sei.

Wer im Fall Hoechst auf einen Eklat hoffte, wurde denn auch enttäuscht. Sanft wie ein Lamm lobte der sonst nicht gerade zimperliche Politiker vor den Journalisten den Chemiekonzern, gegen den seine Parteikollegen früher mit Plakaten – Aufschrift: »Hoechst versucht Behörden zu erpressen und Mitarbeiter zur Kooperation bei der

15.09.1987: Mitglieder der Umweltschutzorganisation Greenpeace liegen auf dem Rasen vor dem Chemiekonzern Hoechst in Frankfurt am Main und demonstrieren gegen die Produktion von Fluorchlorwasserstoff.

Umweltkriminalität zu zwingen« – demonstriert hatten. Der Minister sah es jetzt anders: Die Firma habe mit Milliardenaufwand dafür gesorgt, dass der Untermain wieder sauberer werde, lobt er. Sie sei sicher auch bereit, diesen Weg fortzuführen. »Eine äußerst geschickte Taktik«, kommentiert ein Hoechst-Manager, der nicht namentlich genannt werden will.

Der Weg, den der Minister dem Chemiekonzern vorzeichnete, scheint aber auch sonst – wider Erwarten – leicht begehbar. Hoechst-Chef Wolfgang Hilger, der noch im Herbst dem grünen Minister mit einer »gewissen Bestürzung« entgegensah und Investitionsverlagerungen aus Hessen als »durchaus ernste Alternative« erwog, kann aufatmen. Die neuen Grenzwerte für Abwasserschmutz, die Joschka Fischer für das Hoechst-Stammwerk und den Zweigbetrieb Griesheim am Main sowie die wenige Kilometer entfernte Tochterfirma Kalle am Rhein mitteilte, bringen das Unternehmen kaum in Bedrängnis. Schon wenige Stunden nach der Wiesbadener Pressekonferenz gab Hoechst bekannt, dass man bereits jetzt die Werte bei Säuren um rund zwei Drittel, bei Quecksilber um drei Viertel und bei dem Schwermetall Cadmium gar um mehr als neunzig Prozent unterschreite. Über die Höhe der erstmals festgesetzten Grenzwerte für andere Giftstoffe, so zum Beispiel krebsverdächtige Benzolverbindungen, gab es aus Frankfurt ebenfalls noch keine Klagen.

Brisant dürfte es für den Konzern lediglich sein, dass sich der Minister in Zukunft genauer über die Zusammensetzung der Abwässer in den Werken informieren will. Hoechst wurde verpflichtet, von jetzt an eine Reihe zusätzlicher, als gefährlich eingestufter Stoffe in den Abwasserrohren zu messen und die Daten nicht nur kurz vor dem Abfluss in Main und Rhein, sondern auch schon an den Produktionsanlagen zu sammeln – dort, wo bis jetzt das Betriebsgeheimnis beginnt. In computergerechter Form sollen die Daten dann

04.03.1986: Der hessische Umweltminister Fischer stellt in Wiesbaden der Presse die sogenannten Einleitungsbescheide vor, in denen die Schadstoff-Einleitungen von Hoechst in den Main geregelt werden.

an die Beamten geliefert werden, da man sich an den Kontrollstellen in den heutigen Papierbergen – rund 100 000 Daten werden von Hoechst jährlich geliefert – kaum mehr zurechtfindet. In anderthalb Jahren, so tröstet Joschka Fischer seine enttäuschten Freunde aus der Umweltbewegung, wolle er dann mit den neuen Computerinformationen »wirklich grüne Bescheide« erlassen.

»Das ist doch ein Witz, denn bis dahin ist seine Amtszeit vorbei«, grummelt der grüne Fundamentalist Jan Kuhnert und regt sich darüber auf, dass seine Landtagsgruppe den industriefreundlichen Anordnungen nicht einmal zäh widersprochen habe. »Der Joschka«, hätte einfach gesagt, zu mehr sähen sich seine Beamten zurzeit nicht in der Lage, und das sei dann nach kurzer Diskussion auch geschluckt worden. Ein Ansporn für die grünen Realpolitiker im Ministerium? »Ökonomie und Ökologie sind auf längere Sicht keine gegensätzlichen Interessensphären«, verkündet Fischers Pressesprecher Georg Dick jetzt schon beinahe wie ein CDU-Politiker: »Der Minister will zusammen mit der Industrie machbare Wege gehen, denn wir sind auf deren Know-how angewiesen.«

So kritisch radikale Grüne den Bescheid aus dem hessischen Umweltministerium sahen, viele Fachleute zollten Joschka Fischer zum ersten Mal Respekt. Schließlich stammt der Inhalt seiner Weisung – inklusive des für Hoechst unangenehmen Wunsches nach detaillierteren Informationen über die Produktion – nicht von seinen politischen Beratern, sondern von alteingesessenen hessischen Beamten, wenn auch der progressiveren. »Er hat nur forciert, was wir schon immer wollten – vielleicht etwas mutiger als seine Vorgänger«, meint einer seiner sozialdemokratischen Mitarbeiter. Hatte der hessische Wirtschaftsminister Ulrich Steger recht, als er beteuerte, gegen Fischer seien »selbst Jusos revolutionär«?

Zumindest gibt sich der neue Minister betont sachlich. Zu Recht erkannte er deshalb auch die umweltpolitischen Leistungen des Frankfurter Chemiekonzerns an. Denn die Zeiten, in denen Hoechst hauptsächlich für Abwasserkanäle berühmt war, sind in der Tat vorbei. Das Unternehmen (Umsatz 1984: 41,5 Milliarden Mark; Gewinn nach Steuern: 1,35 Milliarden Mark) dirigiert heute rund ein Zehntel seiner Investitionen und ein Viertel seines Forschungsaufwandes in den Umweltschutz; die laufenden Umweltausgaben betragen jährlich knapp 800 Millionen Mark, und in seinem Griesheimer Werk steht die modernste Kläranlage Europas. Noch vor fünf Jahren gelangte bei Hoechst zum Beispiel im Vergleich zu heute die fünfzigfache Menge an Säuren in den Main. Kein Wunder, dass sich der Fluss langsam regeneriert. Allein die Zahl der Fischarten ist wieder von fünf auf 25 gestiegen – darunter sogar die sensible Regenbogenforelle.

Wenn Umweltbeamte trotzdem noch häufig mit dem Chemieunternehmen Probleme haben, so liegt das hauptsächlich daran, dass ihrer Meinung nach besonders im hundert Jahre alten Stammwerk in Höchst immer wieder Giftabwässer anstatt in die Kläranlage auf geheimnisvolle Weise über die Rohre für sauberes Kühl- und Regenwasser direkt in den Main plätschern. Wie, so heißt es in Wiesbaden, wüssten wohl auch die Hoechst-Leute nicht so genau, denn das alte Kanalsystem sei schließlich verzweigt wie in einer kleinen Stadt. Selbst die Bürgerinitiative »Höchster Schnüffler und Maagucker«, selbst ernannte Wächter über den Main (sprich »Maa«), konzediert, Hoechst habe »keinen Durchblick«.

Joschka Fischer allerdings wünscht jetzt Aufklärung. Außerdem soll bis zum nächsten Jahr auf gleich geprüft werden, ob alte Rohre undicht sind. Dazu der Beamte aus dem Landwirtschaftsministerium Rolf Praml, der sich bis zur Amtsumorganisation mit Hoechster Abwasserproblemen herumschlug: »Die Abwasseranlage der Firma ist sicher besser in Schuss als bei mancher Kommune.«

Der Fachmann im Landwirtschaftsministerium glaubt auch – was manche seiner Kollegen bezweifeln –, dass Fischers Konzept der »gläsernen Abflussrohre«, der detaillierten Informationserfassung über die Abwasserflüsse bei Hoechst, realistisch sei. Der Plan soll nicht nur der Kontrolle dienen, sondern auch ermöglichen, dass man gemeinsam mit dem Konzern Wege findet, um schädliche Abwasser schon bei der Produktion zu vermeiden. Denn selbst wenn die Gifte heute – dank moderner Kläranlagen – nicht in den Main geschwemmt werden, so müssen sie in Form von Schlamm dennoch beseitigt werden – und dazu fehlen die Deponien. Nicht nur in Hessen heißt deshalb der langfristige Plan für die Umweltpolitik, giftintensive Produktionen zu vermeiden. Die Umstellung für die Industrie ist beschwerlich. Genauso wie die Kraftwerke zunächst teuer hohe Schornsteine bauten und dann plötzlich in Abgasreinigungsanlagen investieren sollten, werden damit auch von der chemischen Industrie neue Ausgaben verlangt und die Werte alter Bemühungen geschmälert.

Mancher Umweltschützer wundert sich deshalb, dass Joschka Fischer für die Vorbereitung dieses Konzepts Hoechst die Schadstoffe selber messen lässt. Fachmann Rolf Praml findet dagegen: Die Umweltspezialisten dort hätten »genügend Berufsehre«, und für Betrügereien gäbe es in Großkonzernen sowieso zu viele Mitwisser.

Dennoch: Radikale Grüne wollen sich mit solchen Argumenten nicht abspeisen lassen. Während in der alternativen Tageszeitung taz zwar ein offensichtlich realpolitisch angehauchter »Franz Rohrgucker« voller Verve die Taten des grünen Ministers rühmte, empörte sich ein paar Zeilen weiter ein Vertreter der Bürgerinitiative »Maagucker« über dessen Verrat am Umweltschutz. In Bonn wird darüber ein Politiker schmunzeln: Friedrich Zimmermann prognostizierte schon im Herbst für Joschka Fischer: »Wenn der sich so verhält wie seine Basis das erwartet, wird er erhebliche rechtliche Probleme kriegen … Wenn er das nicht macht, kriegt er Schwierigkeiten mit der Basis.«

DER GESAMTMINISTER

DIE ZEIT 20.12.2000
Jochen Buchsteiner

*Niemand leidet so mitreißend an Deutschland wie Joschka Fischer,
der beliebteste Politiker des Landes*

Etwas ist da mit Fischer und Gott. Im grünen Milieu würde man von einer schrägen Beziehungskiste sprechen. Kaum ein öffentlicher Auftritt vergeht, ohne dass der deutsche Außenminister in die Bilderwelt des Christentums eintaucht. In Nizza erklärt er den johlenden Journalisten, wie sich das »Beichtstuhlverfahren« auf dem EU-Gipfel vom katholischen Ritual unterscheidet. In Hangzhou, wo der chinesische Volksmund das »Paradies auf Erden« ortet, stellt er Betrachtungen über das Jenseits an. Sein Traum, sagt Fischer gelegentlich, sei der Botschafterposten am Vatikan.

Meistens lachen die Zuhörer, wenn der Minister über den Herrn redet. Das liegt daran, dass er seine Faszination fürs Christentum ironisch verkleidet. Im Kern ist sie echt: Sie umfasst den Respekt des Theoretikers vor der Dauerhaftigkeit dieses geschlossenen Weltbildes, die Sehnsucht des Sterblichen nach einer Bedeutung, die über ihn hinausweist, die Hoffnung des Einsamen auf das Erwähltsein, auf Erlösung.

Schon früher verglich sich Fischer mit Moses, als er für sein grünes Volk das Meer teilte, um es ins gelobte Land der Regierungsbeteiligung zu führen. Mit dem Aufstieg zum Außenminister hat sich seine Mission gewissermaßen verstaatlicht. Fischer, seit zwei Jahren der oberste Botschafter Deutschlands, hält sich für einen Gesandten mit historischem Auftrag. Mögen seine Kollegen im Kabinett einen »Job« machen – er macht Geschichte. Seine Berufung ist es, das nationale Schicksal zu steuern. Seine Bergpredigt ist die politische Bußrede, gehalten auf dem Trümmerhaufen der deutschen Geschichte.

Vielleicht muss man verstehen, dass Joschka Fischer keine Scheu vor großen Gedanken zeigt. Seit Monaten ist er der beliebteste Politiker des Landes. Drei Biografien beschreiben das Leben dieses 52-Jährigen, der seit gerade 26 Monaten ein herausragendes Amt ausfüllt. Wenn er ein Lokal betritt, ob in Berlin, Brüssel oder Nizza, ersterben die Gespräche. Seine Wahlkampfauftritte und Pressekonferenzen genießen Kultstatus, vergleichbar allenfalls mit den Auftritten des späten Helmut Kohl.

Längst wird Joschka Fischer nicht mehr als Grüner wahrgenommen. Er ist der Außenminister der gesamten Nation, der durchleuchtetste, analysierteste, gewendetste Politiker, den das Land besitzt. Seit zwei Dekaden gehört Fischer ins deutsche Wohnzimmer. In den achtziger Jahren haben die Westbürger mit ihm den zivilen Ungehorsam geübt, sie froren mit ihm auf der Bonner Hofgartenwiese und demonstrierten später in seinen Turnschuhen gegen Tschernobyl und das Waldsterben. In Fischers funkelnden Augen spiegelte sich die unbekannte Welt der hedonistisch-engagierten Alternativkultur.

Die neunziger Jahre standen im Zeichen der gemeinsamen Abmagerung. Mit jedem Kilo Lustfleisch, das Fischer wegtrainierte, verschwand ein ideologischer Trugschluss, ein politischer Irrtum. Der Generalverdacht der Militarisierung wich außenpolitischer Verantwortung, aus Kapitalismuskritik wurde das Bekenntnis zur »Rheinischen Republik«, die Angst vor übersteigertem Nationalbewusstsein ersetzte der volksgemeinschaftliche Auftritt vor dem Brandenburger Tor. Auf seinen langen Lauf zu sich selbst nahm er einen Gutteil des Landes mit.

So wurde Fischer Deutschland. Mit seinen privaten Höhen und Tiefen, seinen zelebrierten Ehedramen und Figurproblemen, fand er den Weg aus dem links-alternativen Sprengel, hinein in die Friseursalons und Fitnessstudios. Sein Schritt ins Auswärtige Amt formte ihn zu einem politischen und soziologischen Universalrepräsentanten: Staatsmann und Rebell, Kosmopolit und Kleinbürger, Krieger und Friedensengel, Manschettenknopf und Lederjacke.

Eigentlich sollte das Identifikation genug bieten, aber Fischer ließ zu alledem auch noch durchsickern, dass er sich durchaus ein Leben abseits der Politik vorstellen könne. Olivenbauer, Schriftsteller, Privatier, alles sollte man für möglich halten. Das war zu viel. Selbst gewogene Beobachter begannen vor Jahresfrist zu fragen, wer dieser Fischer eigentlich ist, wie viele Metamorphosen ein einzelner Mensch aushalten kann, ohne unkenntlich zu werden. Fischer ärgerte sich über solche Betrachtungen und ließ so erkennen, dass ein Problem benannt war.

Wie immer, wenn zuvor sein Verhältnis zur Öffentlichkeit aus der Balance geraten war, machte er sich auf die Suche. Gab es etwas, das ihm diesen widersprüchlichen Menschen auf einen Begriff bringen könnte? Einen archimedischen Punkt, von dem aus seine sprunghafte Biografie erklärbar wird? Einige Monate verstrichen, er wirkte gereizt, manchmal abwesend. Dann, urplötzlich, überkam ihn eine rätselhafte Heiterkeit. Etwas schien geklärt.

Stets hat Fischer sein Leben mit einem Abenteuerroman verglichen, dessen Seiten er selber schreibt. Nun, nach über dreißig Jahren Politik, will er akzeptieren, dass er der Handlung nicht mehr beliebige Wendungen geben kann, dass er einen Weg eingeschlagen hat, den er zu Ende gehen wird, erfolgreich oder als Gescheiterter. Von einem »faustischen Pakt mit der Politik« spricht er heute, nach seiner »Klärung«.

Als Leitmotiv, das all seine biografischen Fragmente zu einer politischen Symphonie verbindet, entdeckte er – sein »Leiden an Deutschland«. Ohne dialektische Pointe ist das nicht. Der Mann, der das Nationale zeitlebens verdammte, erkennt, dass er sich ihm verschrieben hat, ja, dass Abscheu und »Abarbeiten« nur die Kehrseite einer Fixierung waren. Was immer er tat, demonstrieren oder repräsentieren, Steine auf Bullen oder Bomben auf Serben werfen – er tat es mit Blick auf seine Heimat: für Deutschland, gegen Deutschland, trotz Deutschland.

Am 16. Januar 2001, dem Tag seiner Zeugenvernehmung, will er dem Land eine Premiere schenken. Für einige Stunden wird sich das Frankfurter Landgericht in eine Spielstätte für Fischers großes Deutschlandtheater verwandeln. Die Richter werden fragen, in welchem Verhältnis er zum An-

geklagten, dem mutmaßlichen Terroristen Hans-Joachim Klein, steht – und Fischer wird erklären, wie es um ihn und Deutschland bestellt ist.

Ums Rechthaben wird es gehen, nicht um Reue. Fischers Vergangenheit als »Sponti« verläuft in seiner Erinnerung zu einer Melange aus lässlicher Jugendsünde und politisch gebotenem Widerstand. Sein »Straßenkampf«, die Hausbesetzungen, die Prügeleien mit der Staatsmacht verklärt er zu einem Akt des patriotischen Aufbäumens im Namen eines besseren Deutschlands. Noch heute beschreibt er die Republik von 68 als mental verderbte, postfaschistoide Tätergesellschaft, deren ikonografischer Ausdruck die Schüsse auf Rudi Dutschke waren. Dass seine revolutionäre Energie einen parlamentarischen Rechtsstaat hinwegspülen wollte, der Willy Brandt zum Außenminister, später zum Kanzler hatte, empfindet Fischer als unhistorische Polemik. Willy hängt heute hinter seinem Schreibtisch.

Das konstituierende Element der Nachkriegsdemokratie, sagt Fischer, sei Auschwitz. In dieser Hinsicht ist er ein besonders deutsches Kind. Politisch-theoretische Überzeugungen kamen und gingen – das »Nie wieder«-Motiv blieb. Es wurde nicht Bestandteil, sondern Kern seines Denkens. Von hier aus begründete Fischer ganz unterschiedliche, auch gegensätzliche Positionen. Lange leitete er aus der deutschen Schuld die Pflicht zur militärischen Enthaltsamkeit ab – nach dem Massaker von Srebrenica, Fischers »Damaskus-Erlebnis«, warb er mit der gewaltsamen Befreiung von Hitler für die Notwendigkeit einer Militärintervention.

Auch Fischers bremsender Einfluss auf die Reformdiskussionen, seine zähe Verteidigung der rheinischen Sozialpartnerschaft gründen im deutschen Trauma. Mit jeder Erschütterung des

8.6.2000: Außenminister Fischer im Bundestag.

Status quo sieht Fischer potenziell die Nachkriegsdemokratie gefährdet. Andere Völker könnten Wandel und schwere Zeiten gelassen ertragen, dozierte er einmal – die Deutschen würde Unsicherheit radikalisieren.

Für ein Land um Vertrauen werben, dem er selber misstraut – mit dieser Haltung quält sich Fischer durch sein Amt. Die Prioritäten, die er vorfand, passen dazu: transatlantische Bündnistreue und europäischer Integrationseifer. Aber während seine Vorgänger die internationale Einbindung betreiben, um den Nachbarn die Angst zu nehmen, sah Fischer in ihr die Vorstufe zur Entnationalisierung. Deutschland in Europa aufgehen zu lassen galt ihm gewissermaßen als Erlösung von seinem Leiden.

Immer wieder will er »Zeichen setzen«. Oft wirkt das sympathisch, manchmal befremdlich, etwa auf seiner ersten Reise nach China, für die er nur eineinhalb Tage bereitstellte – in denen er aber dennoch die Zeit fand, eine Synagoge in Shanghai zu besuchen. Fischers pathetische Deutschstunde, die mal Demut lehrt, mal Vision, mag seine hohen Sympathiewerte fördern. Dem Bundeskanzler geht sie zuweilen auf die Nerven. Es gebe Leute, bemerkte Schröder kürzlich, die sich um die Finalität Europas sorgten – er interessiere sich für den Weg dorthin. Frotzeleien dieser Art verbergen allerdings, dass Fischer durchaus Einfluss auf ihn ausübt. Und umgekehrt.

Fischer ist Realist genug, zu erkennen, dass die Währung im internationalen Geschäft nach wie vor das nationale Interesse ist. Wer als Vertreter eines mächtigen Landes post- oder gar antinational auftritt, erwirbt kein Vertrauen, sondern Misstrauen. Wer mehr Europäer als Deutscher sein will, dem wird schnell vorgehalten, ein deutsches Europa zu wollen.

Auf Schritt und Tritt begegnet Fischer die Unverwüstlichkeit des nationalen Behauptungswillens: auf dem Balkan, wo alle integrativen, multikulturellen Konzepte scheiterten, im Nahen Osten, vor allem aber in der Europäischen Union. Auf dem Gipfel von Nizza fühlte sich Fischer zwischendurch »ans 19. Jahrhundert erinnert«. Uralte Kriege wurden zu Argumentationsstützen in den Verhandlungen um die Stimmengewichte im Ministerrat, die Franzosen spannen sogar eine handfeste Intrige, als sie lancierten, Deutschland versuche, das Stimmengewicht der Polen nach unten zu verhandeln. Das empört ihn, und zugleich lernt er.

Abends, beim Italiener, philosophiert er noch gelegentlich darüber, dass die Identität der Bayern oder Friesen stärker sei als die der Deutschen – in Wahrheit hat er sich damit abgefunden, dass er als Außenminister einstweilen seine hassgeliebte Republik vertreten wird. In seiner »Humboldt-Rede« erkannte er dies sogar ausdrücklich an, als er eine »Europäische Föderation der Nationalstaaten« entwarf. So geht Joschka Fischer weiter seinen Weg, und es ist nicht auszuschließen, dass seine aktuelle Mission am Ende wieder einmal einen kleinen Schritt für Deutschland und einen großen für ihn selbst bedeutet.

24.10.1983: Mitglieder der Grünen, darunter Joschka Fischer (links neben dem Spruchband) blockieren ein US-Militärgelände im Frankfurter Stadtteil Hausen, das nach ihren Informationen für die Montage von Pershing-II-Raketen vorgesehen sein soll.

24.11.1999: Außenminister Fischer während der Bundestagsdebatte um den Haushalt für das Jahr 2000.

08.12.1984: Fischer und Otto Schily am Rande der Bundesversammlung der Grünen in Hamburg.

09.09.1999: Außenminister Fischer joggt durch Dresden.

20.10.1998: Der künftige Bundeskanzler Gerhard Schröder und der designierte Außenminister Fischer nach der Unterzeichnung des rot-grünen Koalitionsvertrages.

Januar 1983: Milan Horacek, Hubert Kleinert, Klaus Hecker und Joschka Fischer (v.l.) sind die ersten vier Kandidaten auf der Landesliste der hessischen Grünen für die kommende Bundestagswahl.

ÜBER DIE GRÜNE GRENZE

DIE ZEIT 17.02.2005
Matthias Geis und Bernd Ulrich

In der Steinewerfer-Affäre hat Fischers Arroganz ihn in Gefahr gebracht. Die Dummheit der Opposition rettete ihn. In der Visa-Affäre sind seine Gegner offenbar klüger geworden. Er auch?

Es ist der Abend des 10. März 2001. In einem schlechten Stuttgarter Restaurant sitzt der Außenminister. Er sieht sehr erschöpft aus, isst schnell und redet viel. Nicht über die Weltlage diesmal, sondern über sich. Soeben hat Joschka Fischer die gefährlichste politische Affäre seines Lebens überstanden. Es ging um Prügelszenen aus seiner linksradikalen Zeit. Die Sache hat ihn nicht nur an den Rand des Rücktritts gebracht, sondern auch an den Rand der totalen Erschöpfung. Von morgens bis nachts musste er seine Vergangenheit rechtfertigen – und zugleich um jeden Preis den Eindruck vermeiden, er vernachlässige sein Amt.

Nun, im Augenblick der großen Erleichterung, fasst Fischer eiserne Vorsätze. Nie wieder will er eine Affäre so lange unterschätzen, nicht noch einmal darf er so leichtfertig und überheblich in die Offensive gehen. Tatsächlich hatte Fischer anfangs auf die Frage, ob er auch Steine geworfen habe, geantwortet, das könne er gar nicht: »Zu kurze Hebel.« Da kursierten schon die Fotos, die den militant uniformierten Fischer dabei zeigten, wie er auf einen am Boden liegenden Polizisten einprügelte.

Warum er es trotzdem schaffte, sogar noch populärer zu werden als je zuvor? Weil sich die Opposition in einen ideologischen Furor hineinsteigerte, weil sie mit Fischer eine ganze politische Kultur – alles, was einmal links war – abservieren wollte. Sie machte aus der Affäre einen Kulturkampf, den sie nicht gewinnen konnte. Fischer kam durch wegen der Dummheit der anderen.

Weiß er diesmal, worum es geht? Hat er schon begriffen, dass es urplötzlich wieder ernst wird, dass die jüngste Affäre nicht einfach nur das neueste Steckenpferd schwarzer Ideologen ist? Es geht um massenhaften Missbrauch deutscher Reise-Visa, chaotische Zustände an deutschen Botschaften in Osteuropa, um allzu laxe Einreisebedingungen für Leute, die man lieber nicht im Land haben will: Kriminelle, Schleuser, Menschenhändler. Das klingt nach böser Zuspitzung.

25.04.2005: Außenminister Fischer vor dem Visa-Untersuchungsausschuss des Bundestages in Berlin.

Allerdings bestätigen nicht nur Kriminalämter und Gerichte die Sache. Auch im Ministerium waren die Missstände offenbar lange bekannt, ohne dass sie unterbunden wurden. Genug Stoff für einen Untersuchungsausschuss, in dem die Opposition noch nicht mal sehr polemisch werden brauchte.

Schon jetzt werden die spektakulärsten Fragen gestellt: Was wusste der Außenminister, trägt er die Verantwortung, und wird er das überstehen? Sicher, das geht alles ein wenig schnell, noch sind kaum die Umrisse der Affäre erkennbar, da rufen die ersten Interessierten schon nach Konsequenzen. Aber Joschka Fischer kann sich darüber nicht beklagen, er kennt das Spiel. Sollte man meinen.

Nein, er hat auch diese Affäre nicht kommen sehen. Vor Monaten nicht, als der »Visa-Skandal« noch etwas sehr Skurriles am äußersten Rande des Berliner Horizontes war; aber auch dann nicht, als die Medien vor ein paar Wochen begannen, auf die Sache einzusteigen. Es braute sich etwas zusammen. Vielleicht war es verständlich, dass Fischer während seiner Asienreise zu den heimischen Dingen schwieg. Doch auch bei seiner knappen Erklärung am Dienstag agierte er mehr im Vorbeigehen. Immerhin, der Minister kam mit dem richtigen, dem ernsten Gesicht, weder Arroganz noch Herablassung im Ton. Fischer ist dabei, den Ernst der Lage zu begreifen. Doch er ist nicht auf der Höhe, erschöpft, streuen seine Vertrauten. Vielleicht. Aber er ist auch nicht präpariert, weiß noch nicht, wo er einen Pflock zu seiner Verteidigung einschlagen soll, der ein paar Tage hält. Also übernimmt er, so pauschal wie generös, die »politische Verantwortung« für alle »möglichen Fehler und Versäumnisse« seiner Mitarbeiter.

Die werden sich bedanken. Denn entkleidet man Fischers Einlassung ihrer verbindlichen Rhetorik, bleibt kaum mehr als eine Schuldzuweisung an seine Untergebenen. Mit der »politischen Verantwortung« jedenfalls ist es so eine Sache: Sie ist entweder nur ein Wort – oder der Rücktritt. Nun steht Fischer vor einer Doppelfalle: Haben seine Mitarbeiter die Zustände an den osteuropäischen Botschaften ignoriert und vor der Spitze des Amtes verschwiegen, dann hat Fischer sein Haus nicht im Griff. Funktionierte aber die interne Kommunikation, wusste er also von den Zuständen in Kiew, hätte er reagieren müssen. Wegdrücken ließe sich der eine wie der andere Vorwurf wohl nur, wenn man den entstandenen Schaden als gering veranschlagt. Die Opposition wird alles daransetzen, den Skandal großzuzeichnen.

Natürlich sieht Fischer im Visa-Ausschuss die »machtpolitische Auseinandersetzung«. Sicher, darum geht es. Aber bedeutet die Sache selbst nichts, weil sie nur Teil des Machtspiels ist, eigens dafür erfunden und deshalb nicht wert, genauer betrachtet zu werden? Die Frage scheint entschieden. Den Kampf darum, was in der Öffentlichkeit ernst genommen werden muss und was sich abtun lässt, hat Joschka Fischer diesmal verloren.

Seine Partei hat ihm dabei kräftig geholfen. Eine groteskere Form der Unterstützung, als sie die Grünen in diesen Tagen aufführen, ist schwer auszudenken. Erst dehnen sie den Kampagnenvorwurf an die Opposition gleich noch auf die Medien aus. Dabei erklärt sich deren wachsendes Interesse leicht. Einmal wollen sie aufklären. Und dann wollen sie sich für viele ziemlich unverschämte Auftritte des größten anzunehmenden Außenministers rächen.

Begleitend zur Medienschelte verteidigten die Grünen das Schweigen Fischers und kündigten trotzig an, er werde es auch beibehalten. Und während täglich neue skandalöse Details bekannt wurden, priesen sogar sonst recht vernünftige Spitzengrüne die inkriminierte Visa-Praxis als Ausdruck »weltoffener grüner Ausländerpolitik«. Es war, als wollte die Partei im Nachhinein noch den Beweis für die triumphale Behauptung ihrer Gegner liefern: Die Visa-Vergabe sei die logische und faktische Konsequenz grüner Multikulti-Träume.

Bei seiner Straßenkämpfer-Affäre hat Fischer noch viel falsch gemacht. Heute ist er weiter: Er macht die Fehler nicht mehr selbst – er lässt sie machen, von seinen grünen Mitkämpfern. Die jedoch haben erst nach eingehender fernmündlicher Absprache mit Fischer ihre Wagenburg gebaut: die Medien beschimpfen, sich selbst zum Opfer erklären – und Ludger Volmer verteidigen.

Sicher könnte Joschka Fischer heute entspannter auf seine Zukunft schauen, hätte sich sein Ex-Staatsminister nicht so umtriebig mit Fragen der Altersvorsorge beschäftigt. Doch Ludger Volmers Verquickung von Politik und Geschäft interessierte die Öffentlichkeit, mehr als die Visa-Sache. So wurde der unterkühlte Ex-Linke Volmer ein letztes Mal zum Katalysator. Seit Monaten hatte die Union vergeblich versucht, die Affäre zu skandalisieren. Zu kompliziert, zu ideologisch aufgeladen. Durch Volmer sprang der Funke über. Die Erregung, die mit der Nebentätigkeit erzeugt worden war, richtete sich auf die Visa-Sache. Als Volmer stürzte, war Fischer gerade im Anflug. Von nun an steht er im Zentrum.

Einer wartet schon auf ihn, einer, den Fischer leicht unterschätzen wird. Es ist Eckart von Klaeden, der Obmann der CDU im Untersuchungsausschuss. Einst galt er als junger Wilder mit schwarzgrünen Sympathien. Noch immer umgibt den fröhlichen 39-Jährigen eher die Aura eines gewitzten Abiturienten als eines gefährlichen Angreifers. So war es schon damals, 2001, als von Klaeden zum ersten Mal dem Außenminister gegenübertrat. Seinerzeit hatte er keine Chance, Fischer beim rhetorischen Schlagabtausch im Bundestag auch nur zu gefährden. Zu heiß war der Junge damals, zu aufgeladen das Thema. Klaeden im Kulturkampf gegen 68, Abiturient gegen Political Animal – das konnte nicht gut gehen. Und heute?

Er sieht immer noch recht jung aus. Aber Klaeden hat seine Niederlage im Straßenkampf gegen Fischer analysiert. Er hat sich alles gut zurechtgelegt. Er fordert nicht den Rücktritt Fischers. Die Frage nach der politischen Verantwortung stelle sich erst ganz zum Schluss und ohnehin liege sie, meint Klaeden, »außerhalb von Fischers Horizont«. Nein, er will sich nicht verkämpfen. Noch nicht. Wer überdreht, verliert. Also will von Klaeden Fischer »mit Fakten konfrontieren«, »Sachverhalte aufklären«. Ganz kühl kommt das rüber, mit einem Schuss Ironie.

Der Sprengstoff der Affäre liegt in den Details. Die wiederum sind in Fülle vorhanden. Klaeden lässt leise anklingen, dass der Union derzeit recht mühelos belastendes Material zufließe. Aber reichen Fakten gegen Fischer wirklich aus? Zuerst waren Angela Merkel und ihre Berater zögerlich, sich noch einmal den populärsten Politiker des Landes vorzunehmen. Und auch diesmal mag eine Hoffnung Fischers darin liegen, dass die Union die Affäre ins Ideologische dreht.

Nur, wie multikulti sind die überhaupt noch? Die Geschichte des grünen Multikulturalismus entwickelte sich in drei Phasen. In den achtziger Jahren, im Geist des Linksradikalismus, appellierten sie noch an die Ausländer im Lande, »mit diesen Deutschen« nicht allein gelassen zu werden. Nach dem Fall der Mauer begannen die Grünen, sich der Mehrheitsgesellschaft anzuverwandeln. Ein Rest Naivität in ihrer Ausländer- und Einwanderungspolitik blieb, bis die Grünen 1998 an die Regierung kamen.

Verstärkt hat sich der Realismus auf diesem Feld noch einmal nach dem 11. September 2001. Diese dritte Phase blieb einer breiten Öffentlichkeit, schon gar dem gemeinen Beamten im Auswärtigen Amt, wohl verborgen. Denn um ihre Selbstveränderung wollten die Grünen kein Aufheben machen, um die Stammwähler nicht zu verschrecken. Anders als beim Pazifismus hat es hier nie eine offene Generalrevision alter grüner Dogmen gegeben.

Ein Nachweis, dass die Grünen aus multikultureller Ideologie den Zuzug von Kriminellen billigend in Kauf genommen hätten, wird sich kaum führen lassen, nicht einmal mit dem Volmer-Erlass. Und dass Joschka Fischer, wie die CDU-Vorsitzende nun behauptet, »Parteiinteressen vor die Sicherheitsinteressen des Landes stellt«, mag sie selbst kaum glauben. Dass jedoch Beamte im AA auf Hilferufe aus Kiew hinhaltend reagierten, weil sie ihre grüne Obrigkeit noch in der Multikulti-Welt wähnten, das kann man sich vorstellen. Und dass Fischer vor lauter Weltpolitik nicht genau hingesehen hat, dafür spricht viel. Nach dem jetzigen Stand muss sich der Minister gegen die Vermutung wehren, dass reale und vermutete grüne Haltungen zu verzögerten Reaktionen im AA geführt und dem Land einige tausend Kriminelle mehr als nötig eingetragen haben. Am Ende wird es um die Frage gehen, ob man den Grünen zutrauen kann, bei der Abwägung zwischen Freiheit und Sicherheit die rechte Balance zu halten, ob man ihnen also Ämter, die sich mit innerer und äußerer Sicherheit befassen, auch weiter anvertrauen kann.

Für Joschka Fischer wird es schwer, sich aus dieser Angelegenheit zu winden. Zwar ist er selbst gewiss kein Multikulti, nur kann er das nicht offen sagen, weil das der Parteiräson widerspräche. Und er muss seine Mitarbeiter verteidigen, was immer sie falsch gemacht haben und was immer sie vor dem Ausschuss sagen werden. Dort will die Opposition nur einen Satz von ihnen hören: dass sie so gehandelt haben, weil sie dachten, der Minister erwarte es so.

Der Minister wird sich vor sein Amt stellen. Aber steht das Amt auch hinter ihm? Der Honeymoon ist lange vorbei. Schön war es am Anfang, ein neuer Ton, ein anderer Stil. Man hat sich überwiegend gefreut. Doch so konnte es nicht bleiben. Der Alltag kam, Fischers Gewohnheiten drückten sich durch, zum Beispiel die, immer der einzig wahre Stratege zu sein. Angekreidet wurde ihm auch, dass er ein paar alte Freunde auf wichtige Posten brachte, obwohl es sich um wenige, durch-

14.02.2005: Außenminister Fischer äußert sich vor Journalisten in Berlin zur Visa-Affäre.

aus qualifizierte Leute handelte. Neuerdings wird ihm auch noch vorgehalten, dass er Mitarbeitern des Amtes, die einst in der NSDAP waren, die Ehrung verweigert. Seine Ex-Kommunisten und Straßenkämpfer dürfen die schönsten Positionen besetzen, heißt es nun im Amt: zweierlei Maß. Nicht zuletzt hat das Kanzleramt denen am Werderschen Markt in den letzten Jahren einige Kompetenz weggenommen. Dem elitären Diplomatenkorps schmeckt das wenig. In der Summe lässt das nicht darauf schließen, dass alle Mitarbeiter für ihren Chef durchs Feuer gehen werden. Oder durch ein Verhör im Untersuchungsausschuss.

Aber Freunde hat er immer noch. Michael Glos beispielsweise. Der CSU-Mann beschimpfte im vergangenen November den Außenminister im Bundestag wegen des Visa-Missbrauchs als »Zuhälter«. Als er nach einer Weile zur Regierungsbank schlich, um sich zu entschuldigen, nickte Fischer kalt. Otto Schily, der neben ihm saß, geriet jedoch außer sich und machte Anstalten, Glos wegzuschieben. Sicher wollte da der Innen- den Außenminister verteidigen. Wahrscheinlich ahnte Schily aber schon, dass eine hochkochende Visa-Affäre auch ihn nicht ungeschoren lassen würde. Prompt ließ das Innenministerium in den vergangenen Wochen zur eigenen Entlastung verbreiten, man habe Fischer frühzeitig vor dem Visa-Missbrauch gewarnt. Unglücklicherweise ist damit die Frage aufgeworfen, warum Schily, der sonst so stark ist, diesmal kapitulierte. Es war das Kanzleramt, wird nun gestreut, das den Ausschlag gab. Aber warum hat sich der Kanzler im Fischer/Schily-Streit um Sicherheit und Freiheit ganz auf die Seite Fischers geschlagen? Kurz: Es ist derzeit nicht recht zu erkennen, wie das scheinbar unbesiegbare Triumvirat aus dieser Sache unbeschadet hervorgehen soll.

Es ist Dienstag, der 15. Februar 2005, der Tag nach dem kurzen Auftritt des Außenministers im Schnee. Das Echo vor der Presse ist verheerend, von links bis rechts, von Hauptstadt bis Provinz, im Fernsehen und in den Zeitungen. So etwas hat auch Fischer noch nicht erlebt, nicht einmal bei seiner letzten großen Affäre, die er damals als die größte empfand. Berlin liegt übel gelaunt im Schneeregen, Joschka Fischer ist zerknirscht und wahnsinnig müde. Im innersten Kern der Politik sitzt die Physik. Deshalb wird Joschka Fischer kaum stürzen, es sei denn, als Opfer seiner Müdigkeit oder seiner Arroganz. Den Kanzler könnte man zur Not ersetzen, ohne Fischer bräche die Koalition. Nur sinken, das kann auch der Außenminister. Dann zieht er den Rest der Regierung mit sich hinab. Und die Leichtmatrosen werfen lachend ihre weißen Mützchen in die Luft.

Mitarbeit: Tina Hildebrandt und Klaus Hartung

FISCHERS VIERTES LEBEN

ZEITmagazin 02.09.2010
Tina Hildebrandt und Hope Gangloff (Illustrationen)

In Berlin sieht man ihn selten, und wenn, dann mäßig gelaunt im Schlepptau seiner glamourösen Frau. Joschka Fischer ist jetzt Berater. Ist es dem ehemaligen grünen Außenminister gelungen, sich noch einmal neu zu erfinden?

Das erste Wiedersehen endet gewissermaßen klassisch, also mit einer Beschimpfung. Hochgezogene Augenbrauen, Entrüstung. »Ich wusste es«, schnauft der frühere Außenminister, der Zeigefinger fährt anklagend nach vorn, »Sie sind auch so eine. So eine – Schnarchnase!« So eine Schnarchnase, die nicht begriffen hat, dass es nur zwei Möglichkeiten gibt: Krieg oder Europa. Die den dramatischen historischen Moment nicht erfasst. In dem es nicht darum geht, wie man die Griechen dazu bringt, ein effizientes Sparprogramm aufzulegen oder die Regeln zu retten, die einmal für die EU gemacht wurden, sondern um alles oder nichts. Eine Schnarchnase, die auch noch lacht, wenn man ihr all das ins Gesicht sagt. Unglaublich. Was ist das bloß für eine Generation? Kopfschüttelnder Joschka Fischer.

14. April 2010: Vor zwei Tagen ist der Metzgerssohn Joseph Martin Fischer, genannt Joschka, ehemaliger Sponti, Schläger, Turnschuh- und Außenminister, Vizekanzler, fünffacher Ehemann, dreifacher Vater, Großvater, der wahrscheinlich interessanteste lebende deutsche Politiker, 62 Jahre alt geworden. Oder müsste man sagen: Expolitiker?

Es sollte eine Reportage über Joschka Fischers viertes Leben werden. Wie wird ein Revolutionär alt? Was macht so einer, wenn er aufhört? Wo geht die Energie hin bei jemandem, dessen Bühne die Republik und dessen Leben die Politik war? Fünf Jahre ist es jetzt her, dass Fischer sein drittes Leben beendet hat, das Leben als Berufspolitiker, die Tür zugemacht, den Schlüssel umgedreht und weggeworfen hat, wie er sagt. Als drinnen im Auswärtigen Amt alle darauf warteten, den Chef zu verabschieden, hat er den Hinterausgang genommen, ist in den Polo seiner Frau gestiegen und weggefahren, nach Hause, Kaffee trinken. Ohne die »traute Zweisamkeit zu siebt«, wie er das Leben mit der Sicherheit sarkastisch genannt hat. Er hat ein Haus im Grunewald gekauft, ist als Gastdozent nach Princeton gegangen, hat dort die deutsche Wurst vermisst und gemerkt, dass Amerikaner anders, aber auch ganz anders sind als die Deutschen, und ist zurückgekommen. Jetzt ist er Unternehmer. Die Firma heißt Joschka

Fischer and Company. Fischers Partner ist der frühere Pressesprecher der Grünen-Fraktion, Dietmar Huber, außerdem hat Fischer seine langjährige Sekretärin Sylvia Tybussek mitgenommen, mit der er schon die Grünen und diverse Untersuchungsausschüsse durchgestanden hat (daran merke man übrigens, dass man echt raus sei, hat Fischer neulich zu seiner Frau gesagt: kein Untersuchungsausschuss mehr). Wer einmal zu Fischers Clan dazugestoßen ist, durchs Rüpelbad gegangen und gemerkt hat, dass der Mann mit den gelegentlich demonstrativ schlechten Manieren auch ganz anders kann, der bleibt meist aus echter Hingabe dabei.

Sein Unternehmen logiert am Gendarmenmarkt, ein großes Schild sucht man vergebens. Am Eingang weist, sehr amerikanisch, ein freundlicher Portier den Weg in die oberen Etagen. Schwarzes Leder, viel Chrom, leere Regale, wenige Bilder, alles riecht neu, sieht neu aus, nach Kulisse. Zeit seines Lebens war Joschka Fischer berühmt für seine schlechte Laune. Schon in der WG mit Daniel Cohn-Bendit in Frankfurt konnte er die schlechteste Laune der Welt haben. Man ließ ihn dann besser allein. Später, als Außenminister, ließ er Spiegel-Reporter, die ihm in den Urlaub zum Sommerinterview nachreisten, stundenlang bei einer halben Birne und einer Flasche Wasser schmachten und nannte das Ganze dann sardische Vorspeise. Gesprächspartner, sofern sie von der Presse sind, nennt er gerne Nasenbären oder Fünf-Mark-Nutten. Sagenhaft auch Fischers Leibesumfang als solcher und als Metapher, über den er selbst ganze Bücher verfasste *(Mein langer Lauf zu mir selbst)*. In letzter Zeit war zu hören, Fischer sei wieder ganz schön dick geworden. Da sitzt er also im Designerfauteuil, kariertes Hemd, dunkler Anzug, schaut mäßig interessiert, mitteldick, mittelgut gelaunt. Nein, über sein viertes Leben will Fischer eigentlich nicht sprechen und auch nicht über sein Unternehmen. Mitnehmen will er schon gar keinen, nicht mal zu Vorträgen. Keine Reportage also, allenfalls ein Gespräch. Es werden dann drei. Das ungeschriebene Gesetz jeder Fischer-Begegnung verlangt, dass erst mal die Fronten geklärt und die Kräfte gemessen werden. »Was ihr nie verstanden habt«, fährt Fischer also den Besucher an, »ich habe auch furchtbar gelitten.« An den Medien, an der Partei. Die Grünen, die immer aus Prinzip alles ganz anders machen wollten, Apfelsinenkisten statt Podium, keine professionellen Lautsprecher, weil's so kreativer war, sodass er sich heiser brüllen musste. Dumme Journalisten, die noch dümmere Fragen stellen, immer dasselbe. Klar, er sei an der Politik auch gewachsen. Aber Außenminister, das sei der permanente »Alert-Status«. »Mit der Zeit wird auch der Stärkste nicht besser«, sagt Fischer. Das sei vom System so gewollt. Der Stärkste, versteht sich, das ist er.

Wenige glückliche Momente habe er in seinem dritten Leben erlebt, dafür viele historische. Den Kosovokrieg, natürlich, in den sie eintreten mussten, Schröder und er, noch bevor sie im Amt waren, weil sie sonst gar nicht erst ins Amt gekommen wären. Am meisten berührt, sagt Fischer, habe ihn die deutsche Einheit. Die Einheit, die er gefürchtet hat. Sein größter Irrtum. Deutschland, sagt Fischer heute, habe sich als sympathische Demokratie erwiesen, als liebenswürdiges Land.

Das dritte Leben, das als Politiker, begann 1985 mit dem Eintritt in die hessische rotgrüne Koalition unter Holger Börner. Ein bewusster Entschluss sei das gewesen. »Ich wusste, dass ich eine Lebensentscheidung treffe. Mir war sehr klar, dass ich nicht der bleiben kann, der ich bin«, sagt der Mann, der doch darauf beharrt, immer derselbe geblieben zu sein. Vielleicht meint er: nicht mehr sich allein zu gehören. Denn die Politik zu betreten bedeutet, die Öffentlichkeit zu betreten. Das heißt, zumindest zu großen Teilen ein

1973: Fischer wird zum Straßenkämpfer gegen die Frankfurter Wohnungspolitik.

1985: Fischer wird Umweltminister in Hessen.

sichtbares Leben zu führen. Es heißt, auf viele Facetten zu verzichten, die man auch in sich spürt, auf Optionen. Das, sagt Fischer, habe er auf Dauer nicht gewollt.

»Macht gegen Freiheit« tausche er nun, hat Fischer bei seinem Ausscheiden gesagt. Jetzt sitzt er da und bemüht sich, Gelassenheit zu verströmen. Aber muss er als Businessman nicht doch wieder den angeblich so verhassten dunklen Anzug tragen? »Glauben Sie bloß nicht, den habe ich Ihretwegen angezogen«, sagt Fischer, er habe noch einen wichtigen Termin. Was also ist jetzt seine Rolle? »Da ist die Antwort ganz einfach: keine.« Kann man das, die Öffentlichkeit einfach so verlassen? »Es ist einfacher, aus der Politik rauszugehen, als aus der Öffentlichkeit«, sagt Fischer. »Man kann die Öffentlichkeit nicht betreten, und man kann sie nicht verlassen.« Er plane seine Rollen nicht, habe er nie getan. Ist er einer, der immer wusste, was er will? Nicht direkt, antwortet Fischer. »Es fügt sich, wie es sich immer gefügt hat.« In einer wunderschönen Augustnacht habe es sich gefügt, dass er »die Schnauze voll« gehabt und gleichzeitig »Erfahrung kumuliert« habe. So sei aus Außenpolitik, grüner Technologie und Nachhaltigkeit ein Geschäftsmodell entstanden. Und dann habe er mit seinem Partner Dietmar Huber eben »ein paar Dinge klargezogen«, und sie hätten sich »entschlossen, dass wir das Risiko eingehen und ins kalte Wasser springen«.

Sein Unternehmen, so viel ist bekannt, kooperiert mit dem der früheren US-Außenministerin Madeleine Albright. Als Fotos aufgetaucht waren, auf denen Fischer einen Polizisten schlägt und er als Außenminister fast zurücktreten musste, hatte Albright nur gesagt: »Ich wusste, dass du ein böser Junge warst – aber so böse?« Seither sind sie Freunde.

Zu Fischers Kunden gehören RWE, BMW und Siemens. Was genau macht Fischer? Da wird er schnell unwillig. »Was ist so mirakulös daran? Ich mache das, was ich als Außenminister gemacht habe.« Aha. Deutsche Interessen vertreten also, nur für Siemens? Verzweiflung über so viel journalistischen Unverstand. Unternehmen hätten keine außenpolitische Kompetenz, er schon. So einfach. So einfach?

Fischer hätte sich vorstellen können, für die UN zu arbeiten, er wäre auch gerne zur EU gegangen. Wenn die Regierung ein bisschen Arsch in der Hose gehabt hätte, findet Daniel Cohn-Bendit, hätte sie Fischer statt Oettinger den Posten als EU-Kommissar angeboten. Manche hätten ihn sich auch als Nahostvermittler statt Blair oder als EU-Außenminister vorstellen können. Fischer glaubt, das habe ihm letztlich Hartz IV versaut.

Gerhard Schröder legte, kaum aus dem Amt geschieden, seine Memoiren vor, schloss einen Vertrag als Aufsichtsratsvorsitzender der Nord Stream AG, einer Gesellschaft, die den Bau der sogenannten Ostseepipeline betreibt, die Gas von Russland nach Deutschland liefern soll und die Schröder noch als Bundeskanzler vorangetrieben hatte. Fischer genoss es, dass alle ihn dafür lobten, es so ganz anders als Schröder gemacht zu haben, so würdig. Jetzt arbeitet er, der Grüne, für einen Automobilkonzern, einen Hersteller von Atomstrom und einen Betreiber von Atomkraft und wirbt für Nabucco, eine Pipeline, die nichtrussisches Gas durch Ost- nach Westeuropa leiten soll. Manch einer sieht darin ein Duell mit seinem alten Freund-Rivalen Schröder. In den Zeitungen tauchten manchmal Fotos auf, bei denen seine schöne junge Gattin in Designermode in die Kameras lächelt. Fischer ist der Herr daneben, der meistens eher missmutig schaut. Joschka habe seine Ideale verraten und seine Partei, sagen seine Gegner, bei den Grünen sind viele enttäuscht. Er sei doch wie Schröder, großes Ego, opportunistischer Machtmensch. Der Herr

Fischer sei beim Marsch durch die Institutionen eben jetzt wirklich angekommen, stellen süffisant die Konservativen fest. Bei einem Fest in Berlin zeigte RWE-Chef Jürgen Großmann zu vorgerückter Stunde einmal mit dem Finger auf Fischer und sagte weithin vernehmlich: »Den hab ich auch gekauft.« Vom Sponti zum Trophy-Man?

Er mache nichts für Unternehmen, sagt Fischer, er berate sie. Wo ist der Unterschied? »Die Entscheidungen«, sagt Fischer, träfen andere, Ratschläge könne man auch ablehnen. Überhaupt werde die Sache mit den Kontakten überschätzt. Es gehe weniger um Kommunikation bei seinem Geschäft, mehr um Analyse. Aber – »Das ist Geschäft. Ich will nicht drüber reden.« Macht das Geschäft Spaß? »Sehr.« Was macht Spaß daran? »Die Arbeit.« RWE berät er nur für Nabucco, da legt er Wert darauf. Siemens nicht im Atomsektor. Ist das nicht eine ziemlich, sagen wir, pharisäerhafte Argumentation, eine, die der junge Fischer, mit Verlaub, jedem Gegner krachend um die Ohren gehauen hätte? Sei ihm auch egal, brummt Fischer. Siemens im Übrigen sei bei der Entwicklung spritsparender Fahrzeuge und Elektroautos ein echter Motor des Fortschritts. Typisch: Wo Fischer ist, ist die Spitze des Fortschritts. Ärgern ihn die Vorwürfe? Nein, ärgern ihn nicht. Er ärgere sich nur über Dinge, die zutreffen. Er sei sich »ziemlich treu geblieben«, sagt Fischer. Punkt. Was schuldet ein Vizekanzler der Republik? Nichts. Nada. Ein Kanzler aber schon, denn was Schröder gemacht hat, findet Fischer nicht ganz lupenrein.

Für ihn sei die politische Hygiene durch den zeitlichen Abstand gewahrt, den er zwischen Abschied aus dem Amt und Ankunft im Geschäftsleben eingehalten habe. Die Gesprächsatmosphäre nähert sich dem Tiefpunkt, da kommt übers Handy eine tolle Nachricht rein. Westerwelle hat der *Bravo* ein Interview gegeben. Über Hautprobleme und Aufklärung. Der Außenminister. Sein Nachnachfolger. Der *Bravo*. In der Euro-Krise. Kann man es fassen? Fischer mit einem Mal ganz aufgekratzt, er wirkt glücklich. Der kann es nicht. Konnte es nie. Wird es nie können. Ist und bleibt unreif. Auch so eine Schnarchnase. Diese Schnarchnasen! Werden alles ruinieren! Deutschland, Europa, die Welt! Es ist zum Verrücktwerden!

28. April, Hörsaal 3A der Heinrich-Heine-Uni Düsseldorf, an der Stirnwand fünf Schiebetafeln im Halbrund. Der Projektor wirft große Namen auf die Leinwand: Marcel Reich-Ranicki, Helmut Schmidt, Avi Primor, Wolf Biermann, Siegfried Lenz. Auf den Rängen drängen sich die Studenten. »Ich hab mal den Papst beim Weltjugendtag gesehen«, sagt einer mit langen Rastalocken zu einem Kommilitonen. »Ach, der Papst, den kannste überall haben«, entgegnet der andere, »aber Fischer!«

Die Digitaluhr springt auf 16.02 Uhr, dann betritt Dr. h.c. Joschka Fischer den Saal, grinst freundlich ins Publikum, blickt missmutig auf die Fotografen und beginnt eine vergnüglich-sorgenvolle Suada. Mal gibt er den Nostradamus, dann den Spitzendiplomaten von Welt, dann wieder den alten Herrn, der eigentlich nur noch in Ruhe Tauben auf dem Gendarmenmarkt füttern will. Er knöpft sich vor: die »Schnösel« von der *Bild*-Zeitung (»da krieg ich Wut«) und ihre Kampagne gegen Griechenland, die deutsche Regierung, die ihre Führungsrolle in Europa verweigert (»ich kriege einen dicken Hals, wie Sie merken«), und die europavergessene junge Generation (»ich frage mich: Erkennen wir unsere eigenen Interessen nicht?«). Höhepunkt der Veranstaltung: Joschka Fischer warnt die Jungen mit milder Ironie davor, Typen wie er selbst zu werden: »Bestimmten Beispielen solltet ihr überhaupt nicht folgen. Es gibt Teile meiner Biografie, reden wir nicht drumrum, da gab es die Verführung zur Gewalt.« Das aber sei überhaupt nicht nötig in Deutschland. »In diesem Land kannst du alles

2010: Fischer wird Geschäftsmann.

1999: Beim Parteitag trifft den Befürworter des Nato-Einsatzes im Kosovo ein Farbbeutel.

erreichen. Es gibt eine Polizei, die einen sogar unterstützt.« Begeistertes Gelächter im Saal.

Ist Fischer je ein Revolutionär gewesen? »Ich weiß nicht«, sagt er. Anfang Juli, er sitzt in einem Restaurant am Gendarmenmarkt. Eine Woche zuvor ist Bundespräsident Wulff im dritten Wahlgang gewählt worden. Wulff, der noch vor gar nicht so langer Zeit gegen Schröder Wahlkampf gemacht hat mit dem Hinweis, dass einem Mann mit so vielen Ehen nicht zu trauen sei, und der sich jetzt seiner Patchworkfamilie rühmt. »Schauen Sie, mit den 68ern ist das ein Kreuz«, sagt Fischer, »um uns zu bewerten, ist es zu früh.« Aufgewachsen im Schatten des Krieges, des großen Verbrechens, denn darum ging es ja. »Ob man ein Revolutionär gewesen ist, wenn man dafür ein Gespür hatte und sich dagegen aufgelehnt hat und sich dabei auch vertan hat mit der Missachtung des Parlamentarismus, ich weiß nicht.« Die dritte Ringvorlesung an der Düsseldorfer Uni ist beendet, die Euro-Krise fürs Erste abgewendet, aber Fischer ist nicht zufrieden, es arbeitet in ihm. Seine Generation sei die letzte gewesen, die versucht habe, Politik auf die Geschichte zu beziehen, sagt Fischer, immer sei man in die Sinnfrage gestürzt worden. Die Konsequenz aus alldem: Europa. Das müsse doch irgendwie in die Gene übergegangen sein, sagt Fischer, er verstehe das einfach nicht, wieso das nicht so sei. Draußen ist es heiß, WM-Zeit, Fähnchen-Zeit. Singt er, wenn die Hymne gespielt wird? Der große Europäer, plötzlich pampig: »Ich bin kein Hymnensinger.« Warum nicht? »Entschuldigung, ich kann nicht singen.«

Wie deutsch er ist, stellte Fischer in seiner Freak-Zeit fest. Damals sei er mit drei Freunden in die Camargue gefahren, um Skat zu spielen, es war das Jahr, in dem die Sommerzeit eingeführt wurde. Man trank, feierte, ließ die Bärte wachsen. Um zwei Uhr sah Fischer auf die Uhr und befahl: »Jungs, Uhren umstellen!« Die Kirchturmuhr im Ferienort ging natürlich noch drei Wochen später anders. Fischer würde nie deutsche Fähnchen aufhängen, aber er mag das Leichte, das Schwarz-Rot-Gold neuerdings hat, vor allem mag er, dass auch die Türken und Araber deutsche Fähnchen aufhängen.

Ein ganz anderes Land sei das Land seiner sogenannten revolutionären Dekade ja gewesen, sagt Fischer, damals habe er ganz anders gedacht, gelitten, gelebt. Das Land geändert zu haben, das sei die eigentliche Leistung der 45er gewesen, der Leute wie Habermas und Schmidt. Wie deren kleine Brüder seien die 68er gewesen, oder eben wie Söhne. Ausgerechnet Schmidt, die Schmidt-Abneigung hatte ja die Grünen erst möglich gemacht. Ist das also jetzt allen Ernstes die Quintessenz: Ich und Schmidt, und danach kamen nur noch Weicheier? Nein, im Gegenteil, er empfinde es als großen Fortschritt, dass die Gräben zugeschüttet seien, sagt Fischer, dass politische Auseinandersetzungen nicht mehr im Modus des Bürgerkriegs geführt würden. Irgendwann gab es sogar so etwas wie ein Versöhnungsgespräch mit Alfred Dregger, dem alten Stahlhelmer der hessischen CDU. »Als ich Sie das erste Mal gesehen habe«, sagte Dregger zu Fischer, »da dachte ich, Sie sind die fünfte Kolonne Moskaus.« – »Und ich dachte, Sie sind die zivil gewandete Reaktion«, entgegnete Fischer. Was will er mit der Anekdote sagen? »Die Gräben sind zugeschüttet, das ist deutsche Geschichte.« Wann hat er eigentlich angefangen, das Land liebenswürdig zu finden? Wisse er nicht mehr, brummt Fischer.

Im deutschen Herbst jedenfalls sei das revolutionäre Jahrzehnt vorbei gewesen. Man verkaufte die Marx-Engels-Ausgaben. Die einen gingen zum Bhagwan und zogen sich in die neoromantische Innerlichkeit in fernöstlichem Gewand zurück, Fischer fuhr Taxi, das zweite Leben begann, eine der wenigen eher unpolitischen Phasen. Er hatte viel Zeit und wenig Geld. Er dachte viel über sich selbst nach. »Born to be free«, das sei immer sein Motto gewesen. »Und dann lande ich ausgerechnet in der Berufspolitik«, sagt Fischer, die nicht viel Freiheit verspricht und doch höchsten Lohn. »Du begibst dich freiwillig auf die Galeere und lässt dich anschmieden, und das alles nur mit der vagen Hoffnung, dass du eines Tages die Meuterei anführen und andere in Ketten legen kannst. Dann allerdings«, Fischers Augen leuchten, »wenn du dein Rendezvous mit der Geschichte hast, dann kannst du Dinge bewirken!« Acht Menschen, rechnet Fischer an den Händen vor, hatten dieses unschätzbare Privileg in Deutschland seit dem Krieg gehabt. Er wiederholt die Zahl: acht Kanzler. So wenig. »Und deshalb verstehe ich nicht, weshalb Merkel nichts macht. Selbst den Text durch Tun in das Geschichtsbuch unserer Nation zu schreiben, das bedeutet für mich Kanzlerschaft.«

Keine Spur mehr von spöttischer Gelassenheit jetzt, das ist ihm ernst. Da spricht der Mann, der immer vor allem eins wollte: Autor der eigenen Geschichte bleiben. Der mit 17 Jahren sehr bewusst den Entschluss fasste, sich selbst zu erfinden. Über den es heißt, er habe sich seither unzählige Male neu erfunden, der das bestreitet und beharrt, er sei doch immer der Alte geblieben. Vermutlich kommt es beim Erfinden nicht auf das Wörtchen neu an, es kommt auf das Wort selbst an. Muss es so einen nicht wahnsinnig machen, dass er so nah dran war, seinen Satz ins Buch der Nation zu schreiben, und gleichzeitig so weit weg, weil er in der falschen Partei war, einer, mit der er nie selbst Kanzler werden konnte? Nein, behauptet Fischer. »Denn dann gehörst du endgültig der Öffentlichkeit, und diesen Preis wollte ich nie zahlen.«

Kann man sich vorstellen, dass einer, der politisch so glüht, zufrieden damit ist, mit anderen Geschäftsleuten Meetings abzuhalten, Telefonschaltkonferenzen zu absolvieren und zum Businesslunch zu gehen? »Natürlich bin ich ein politischer Mensch durch und durch, aus Leidenschaft, nicht aus Sucht«, betont Fischer, wenn auch beides nah beieinanderliege. Natürlich telefoniert er in diesen Tagen manchmal mit Gerhard Schröder. Natürlich fragen sie sich dann: Was würden wir machen? Natürlich sind sie der Meinung, dass sie es besser konnten. »Aber ich will nicht mehr, begreifen Sie das doch!« Er gehe nicht Rosen züchten. Auch für höchste Amtsträger gebe es keine Staatssklaverei, davon stehe nichts im Grundgesetz. Fischer wird wieder ungehalten. Darf man ihn fotografieren, ihn, der so verschieden aussah in seinen verschiedenen Leben und der sein Aussehen zu früheren Zeiten selbst zum Thema gemacht hat? Nein. Warum nicht? Weil er nicht will. Ist vorbei. Er sei jetzt Privatmensch, sagt Fischer. Und schreibt doch ständig Beiträge über Europa, die Türkei, Israel, Iran. Gibt Interviews darüber, wie lasch der Bundestag und wie schwach seine Nachfolger seien. Hasst die Öffentlichkeit, verachtet die meisten Journalisten und liebt doch die eigene Wirkung auf beide. Anruf bei Cohn-Bendit, der meistens einen Schritt weiter war als Fischer und doch formal nie so weit gekommen ist wie sein Freund. Der vor ihm Europäer war und vor ihm für eine militärische Intervention im ehemaligen Jugoslawien. Der da ist, wo das Schicksal ihn als Sohn der bürgerlichen Oberschicht vorgesehen hat, irgendwo oben, und der das darum nie um jeden Preis beweisen musste, während Fischer immer beweisen musste, dass er da angekommen ist, wo er, Metzgerssohn, Studienabbrecher ohne Abitur, nie hatte sein dürfen: ganz oben. »Nee, der Joschka war nie ein Revolutionär«, sagt Cohn-Bendit, »der war ein Revoltierender, der wollte Macht haben, aber es war nicht klar, was da rauskommen sollte. Er wollte die Welt verändern und sich in der Welt.«

Cohn-Bendit hat eine Ahnung, wann Fischer angefangen hat, das Land zu lieben: als das

Land angefangen hat, ihn zu lieben. Das ist nicht so süffisant gemeint, wie es klingt. Was Cohn-Bendit meint: Die Umkehr von Ablehnung zu Akzeptanz am eigenen Leib zu erfahren hat Fischer gezeigt, dass das Land nicht so war, wie er behauptet hatte.

Was ist Fischer jetzt? Jetzt, sagt Cohn-Bendit, gehört er zur gesellschaftlichen Elite und zu denen, die ihren gesellschaftlichen Einfluss paaren mit geschäftlichem Nutzen. »Jetzt ist er wirklich so 'ne Ich-AG. Er lässt sich vergolden, was er geschafft hat.« Cohn-Bendit würde das nicht machen, aber er meint das auch nicht vorwurfsvoll. Wenn Fischer es vertreten kann, kann er es auch. Er kenne so viele Leute bei den Grünen, die jeden Tag gegen ihre moralischen Grundsätze im Umgang mit Frau und Kindern verstießen, die sollten mal nicht so auf dem hohen Ross sitzen, findet Cohn-Bendit, früher Dany le Rouge genannt.

Politiker werden bei Wahlen gewogen, sie sind die Wahrung der Demokratie. Die Währung der Geschäftswelt ist Geld. Für Dostojewskij war Geld gemünzte Freiheit. Ist Geld also wichtig? Nein, sagt Fischer, nicht wirklich. Klar, jetzt sei er dabei, Geld zu verdienen. Andererseits: »Wenn ich Instinkte an der Börse hätte wie in der Politik, wäre ich steinreich.« Ärgert ihn so ein Satz wie der von Großmann, er habe ihn gekauft? Ehrlich wirkende Gelassenheit: Kein bisschen! Großmann habe nicht ihn gekauft, könne der gar nicht, sondern

eine Dienstleistung, und auf die habe er einen Anspruch. Kein klitzekleines bisschen Ärger? Höchstens über die Frage. Die zeigt in seinen Augen mal wieder, dass es in Deutschland ein ungesundes Verhältnis zum Geschäft gibt, als sei das per se etwas Unanständiges. Ist es also umgekehrt: Wenn er jetzt für Unternehmen dasselbe macht wie früher als Außenminister, ist das Unternehmen dann das, was früher seine Partei war, ein Vehikel der Einflussnahme? Auch nicht, sagt Fischer. Sein Unternehmen, das sei eine kühl-rationale Geschäftsbeziehung. Das sei es mit seiner Partei nie gewesen, das sei doch eher eine Art St.-Pauli-Syndrom gewesen: ein Scheißverein, den man trotzdem liebt.

Aufgeräumter Fischer, er sitzt beim Italiener in der Nahe seines Hauses, Ende Juli. Am Nebentisch arbeitet ein Vater daran, seinen Mut zusammenzunehmen, um den »Herrn Minister« beim Rausgehen um ein Foto mit seinem Sohn zu bitten, der an diesem Tag 35 werde. Da ist sie wieder, die Öffentlichkeit, die man nicht so leicht verlassen kann. Aber wenn sie so nett daherkommt wie diese, dann lässt sich das sogar ein Joschka Fischer gefallen. Vierte Sozialisation, ja, kann sein, das gefällt ihm. Was hat ihn am meisten verändert im Leben? Das Alter, sagt Fischer, sei letztlich die Kraft, die einen am stärksten verändere. Alter, nicht als Verfall, nicht nur, sondern als unvermeidlicher Prozess. Älter werden, wachsen, lernen, sich irren, etwas Neues lernen, Kinder kriegen, Enkel kriegen, vor Kurzem ist er Großvater geworden. Evolution statt Revolution, das Schicksal jedes Revolutionärs, der überlebt.

Neulich ist ihm aufgefallen: Wenn sie bei den Wahlanalysen im Fernsehen von der Gruppe Ü 60 sprechen, den über 60-Jährigen, dann meinen sie ihn – ist das zu fassen? Ü 60, das waren für Fischer die Typen, die den Dackel ausführten und im Zweifel aus Versehen »Heil Hitler!« schrien. Und jetzt ist er einer von denen. Er schlägt die Hände vor die Augen, gespielte Verzweiflung, listige Augen, die sagen: Glauben Sie mir kein Wort!

Er schreibt den zweiten Band seiner Memoiren. Er hält Vorträge, um Geld zu verdienen, aber nicht nur. Er will immer noch Einfluss nehmen. Ihn treibt das Gefühl um, dass im Moment etwas passiert. Die Welt so instabil, Deutschland so stark wie nie und so führungsschwach! Andererseits: Wie in einer Nacht alle Regeln über Bord geworfen wurden, um Europa zu retten, das hat ihm gefallen. Vielleicht haben die Schnarchnasen ja doch schon mehr Europa verinnerlicht, als er befürchtet hat. Die Lernmaschine Fischer brummt wieder, und das macht ihm großes Vergnügen. »Ich habe das Gefühl, dass ich im Moment wieder unglaublich viel lerne, etwas, das ich gar nicht erwartet habe.« Er sei ziemlich fit derzeit in diesen ganzen Wirtschaftsfragen. Er könne arbeiten wie ein Journalist, aber mit viel besseren Zugängen. »Ich kann mit Leuten reden, die mit Ihnen nie reden würden. Ich lerne wieder – und das alles nur aus Ärger über die Regierung!« Wer hätte gedacht, dass Joschka Fischer Angela Merkel noch mal würde dankbar sein müssen?

DEUTSCHLANDKARTE: GRÜNE BÜRGERMEISTER

ZEITmagazin 17.09.2009,
Matthias Stolz (Redaktion), Jörg Block (Illustration)

Am Freitag wird in Bad Homburg ein neuer Oberbürgermeister seinen Dienst beginnen, Michael Korwisi. Der Mann ist bei den Grünen.

Die reiche Stadt Bad Homburg hatte seit dem Zweiten Weltkrieg immer Stadtoberhäupter von der CDU. Jetzt hat sich die Stadt etwas ganz Besonderes gegönnt.

Davor haben auch schon Konstanz, Freiburg und Tübingen grüne Oberbürgermeister gewählt, Städte, in denen es beschaulich zugeht.

Die meisten grünen Bürgermeister sind in Hessen, Bayern und Baden-Württemberg zu Hause, in Ländern, die gern konservativ wählen, wenn es um die große Politik geht.

Aber in der kleinen Politik, die nicht so richtig wehtut und keine Vermögenssteuer erfindet, wählen die Wohlhabenden grün, wahrscheinlich um sich selbst zu beweisen, wie weltoffen und tolerant sie sind. Ein grüner Bürgermeister erfüllt ähnliche Zwecke wie ein Hybrid-Toyota als Drittwagen.

Falls die Starnberger nun eifersüchtig sind, könnten sie etwas noch Verrückteres wagen und eine Frau wählen. Bis jetzt gibt es erst eine einzige grüne Bürgermeisterin in Deutschland.

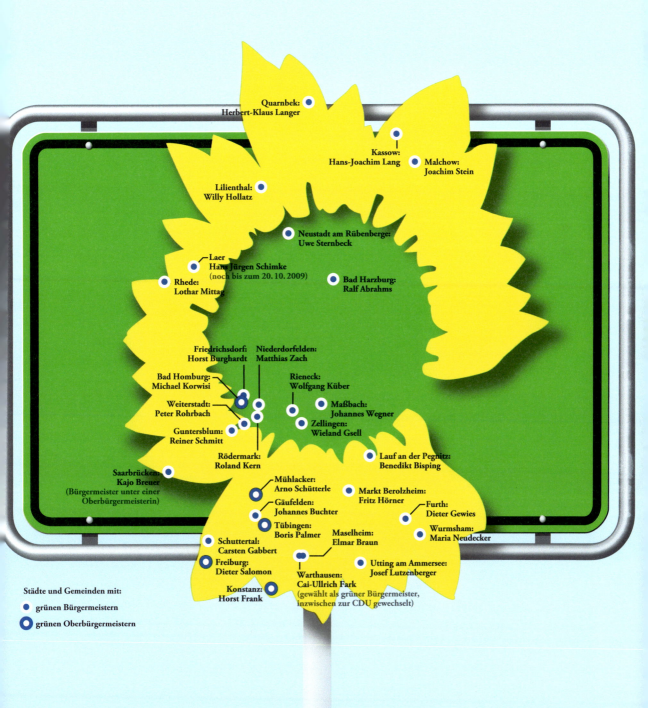

Kapitel 7

DIE GRÜNEN & DIE ZUKUNFT

DER TRIUMPH DES EWIGEN ZWEITEN

DIE ZEIT 13.09.2007
Matthias Geis

Jürgen Trittin ist die Schlüsselfigur der grünen Afghanistan-Debatte. Wird ausgerechnet er, der Linke, die Partei in ein Bündnis mit der Union führen?

Man hat den Redner schon oft erlebt, seine peitschende Rhetorik, die gepresste Tonlage, den ruckartig vor- und zurückwippenden Oberkörper. Doch etwas ist anders auf diesem ersten Parteitag der Grünen nach ihrem Machtverlust. Joschka Fischer fehlt. Noch ist der Redner rot-grüner Minister. Doch gelingt es ihm schon mühelos, sich in den selbstgewissen, angriffslustigen Oppositionspolitiker aus früheren Jahren zurückzuverwandeln. Seine Rede ist die Demonstration seines Führungswillens. Sie übertönt den Schock der Niederlage und die beginnende grüne Desorientierung. Auf diesen Moment hat Jürgen Trittin lange gewartet. Der Parteitag wird ihn feiern.

Dabei hätten manche Grüne ihn gerne mit Fischer von der Bühne geschoben. Wenn Joschka aufhöre, sei es nur konsequent, dass ihn Trittin, sein langjähriger Kumpan und Antipode, begleite, hatte Antje Vollmer bissig angeregt. Er dachte nicht daran. Ein Jahrzehnt lang war er nicht über Platz zwei in der Hierarchie hinausgekommen. Nun war der Weg frei an die Spitze der Partei.

Am kommenden Samstag kann Jürgen Trittin seinen Anspruch untermauern. In Göttingen tagt der Sonderparteitag der Grünen zum Afghanistaneinsatz, den die Parteibasis ihrer Führung aufgezwungen hat. Ob die Grünen auch weiterhin schonungslos offen und deshalb beispielhaft eine der kontroversesten Fragen der deutschen Politik debattieren und verantwortlich entscheiden, dafür trägt Trittin, seit Fischer nicht mehr da ist, die Hauptverantwortung.

Zwar begann für Trittin die Oppositionszeit mit einer Niederlage bei der Wahl zum Fraktionsvorsitz, doch sagt die nominelle Führungsstruktur wenig über die innerparteilichen Machtverhältnisse. Auch Fischer brauchte kein Parteiamt, um die Grünen zu dominieren. So weit ist Trittin noch nicht, auch wenn er sich inzwischen an den vier Spitzen der offiziellen Hierarchie vorbeigeschoben hat. »Er ist ein Faktor« lautet die euphemistische Beschreibung seiner Rolle.

Es überrascht, wie spielend Trittin seinen wiedergewonnenen Oppositionsgestus mit Treue zur rot-grünen Regierungspolitik kombiniert. »Es kann keine Rede davon sein, wir würden den außenpolitischen Kurs von Rot-Grün verlassen«, weist er den Verdacht zurück, die Partei verab-

15.09.2007: Der Fraktions-Vize der Grünen im Bundestag, Jürgen Trittin, spricht in Göttingen auf dem Sonderparteitag seiner Partei zum Afghanistan-Einsatz der Bundeswehr.

schiede sich aus der schwer gewordenen rotgrünen Verantwortung. Zwei neue Mandate, für den Kongo- und den Libanoneinsatz, führt Trittin an. Den Isaf-Einsatz in Afghanistan habe die Partei in der Opposition dreimal verlängert.

Das war nicht selbstverständlich. Eher schien nach dem Ende von Rot-Grün eine außenpolitische Wende rückwärts programmiert. Dass sie bislang ausgeblieben ist, daran hat Trittin großen Anteil. »Ihr denunziert grüne Außenpolitik«, warf er auf dem Parteitag im Herbst vergangenen Jahres den Kritikern des Afghanistan-Engagements vor. Sicher, die rot-grüne Außenpolitik hat in der Partei viele Verteidiger. Aber Trittins Stimme und sein Einfluss im linken Lager geben den Ausschlag. Wer in der historisch umkämpften Frage von Krieg und Frieden bei den Grünen Mehrheiten organisieren kann, dessen Autorität reicht in der Partei weit darüber hinaus.

Dabei wollen auch andere aus der grünen Führung Außenminister und Vizekanzler einer künftigen Regierung werden. Grüne, die noch zur Ironie fähig sind, behaupten, das sei inzwischen die Hauptfrage, mit der sich die Führung beschäftige. Die Vorsitzenden Reinhard Bütikofer und Claudia Roth sind im innerparteilichen Machtkampf schon ins Hintertreffen geraten. Um so ambitionierter bleiben die Fraktionsvorsitzenden Renate Künast und Fritz Kuhn. Dass die Partei davon profitieren würde, ist nicht zu sehen. Die grünen Themen boomen im Weltmaßstab. Die Grünen boomen nicht. Diesem gefährlichen Paradox scheint sich die Partei zu ergeben. Auch Trittin hat darauf keine Antwort.

Annähernd zwei Jahrzehnte dauerte es, bis sich die Grünen von einer pazifistischen Oppositionspartei in eine interventionistische Regierungspartei verwandelt hatten. Trittin gehörte nicht zu den Vorkämpfern dieser Entwicklung. Immer sprang er spät, wenn auch nie zu spät, auf den fahrenden Zug grüner Realpolitik. Erst war er Gegner einer Regierungsbeteiligung, bis er sich 1990 plötzlich als Schlüsselfigur einer rot-grünen Koalition in Hannover wiederfand. Bis ins Wahljahr 1998 lehnte er die deutsche Beteiligung an Kampfeinsätzen strikt ab. Doch auch da erwies sich die Machtoption als Hebel für den Gesinnungswandel. Als Minister im Kabinett Schröder stimmte er der Kosovo-Intervention zu. Es habe »zwei falsche Alternativen« gegeben: der Vertreibung eines ganzen Volkes tatenlos zuzusehen oder ohne UN-Mandat zu intervenieren. »Wir haben uns für die weniger falsche Alternative entschieden«, erklärt er heute.

Ohne den Druck der Regierungsbeteiligung ist die grüne Haltung zu den Militäreinsätzen nicht nur weniger bedeutsam, es ist auch schwieriger, die Partei immer wieder zu überzeugen: Die unklaren Stabilisierungsaussichten für Afghanistan, die zivilen Opfer, der Verdacht, deutsche Tornados könnten an den Bombenangriffen beteiligt sein, lassen die grüne Mehrheit schwanken.

Nun wäre die Stunde gekommen, in der der Taktiker Trittin jenseits aller Taktik für seine Position kämpfen könnte. Mit seiner Autorität und der Überzeugung, die Deutschen dürften sich – Tornados hin oder her – ihrer Verantwortung für Afghanistan nicht entziehen, könnte er den Ausschlag geben. Stattdessen sitzt der Exminister vergangene Woche in der Sonne eines Hamburger Straßenlokals und räsoniert, er könne sowohl die Zustimmung wie die Enthaltung schlüssig begründen – wie ein guter Advokat.

Hat der Mann Überzeugungen? Eher kalkuliert er doch Argumentationsspielräume, wägt Mehrheiten ab, rechnet Wahrscheinlichkeiten und Risiken durch. So ist er weit gekommen. Seit er mit Fischers Zustimmung Parteichef wurde, handelte er mit ihm die Kompromisse aus und organisierte die nötigen linken Stimmen. Andere, wie Ludger Volmer oder Angelika Beer, die sich im Laufe der Jahre daran versucht haben, als Linke die Zustimmung für realpolitische Kursentscheidungen zu sichern, sind am Opportunismus, den diese Aufgabe erfordert, politisch zugrunde gegangen. Nur Trittin, der Virtuoseste, hat überlebt. Doch nun will er über die Funktion eines Mehrheitsbeschaffers hinaus. Er will die Partei führen. Wie schwer das ist, wird sich am Wochenende wieder zeigen, wenn er »die Linke im Boot halten, seriös bleiben und auch noch den Helden des Parteitags spielen« will, lästert ein Führungsmitglied.

Professionalität, Intelligenz, rhetorische Brillanz, nichts davon wird man Trittin absprechen. Er hat die längste Erfahrung, war Landes- und Bundesminister, dazu Parteichef vor der rot-grünen Koalition. Nur einer, der leidenschaftlich seine Überzeugungen vertritt, war er nie. Leidenschaft ist bei ihm eine Funktion seines Kalküls.

Das ist die etwas unheimliche Seite des Jürgen Trittin. Die Partei hat sie oft erfahren. Doch jetzt erzielt er bei den Wahlen zum Parteirat ein Spitzenergebnis. Es sind längst nicht mehr nur die Linken, die ihn schätzen. Nach Joschkas Regime wendet sich die Partei offenbar dem zu, dessen Autorität und Selbstgewissheit Fischer am nächsten kommen. Die vergrübelte Reflektiertheit Bütikofers oder die herzenslinke Emotionalität einer Claudia Roth passen nicht mehr zu den Führungserwartungen. Dabei strebt Trittin ja nicht in den Vorsitz. Bestimmende Figur der Partei zu sein würde ihm reichen. Und Schlüsselfigur einer künftigen Regierung.

Wie die Grünen 1990 aus dem Bundestag flogen, um vier Jahre später wiederzukommen, wünscht er sich jetzt, »dass uns das mit der Regierungsbeteiligung genauso gelingt«. Er redet viel über mögliche und unmögliche Konstellationen. Aber das wirkt, als stelle Trittin gerade erst die Figuren aufs Brett. Unmöglich, unter den realistischen Optionen seine Präferenz herauszuhören: »Ich empfehle ganz nüchtern, sich zu fragen, wo Macht und Inhalte besser zusammenpassen.« Gut, eine Ampel sei denkbar, Schwarz-Gelb-Grün auf keinen Fall. Mit der Linkspartei sehe er die »größten programmatischen Überschneidungen«, provoziert er ein bisschen und gibt dann doch Entwarnung: Noch sei die Linke nicht regierungsfähig. Bereitet Trittin dennoch die Linksoption vor oder will er ablenken von der entgegengesetzten Variante, Schwarz-Grün?« Die Grünen«, mahnt er, »dürfen nicht schwarzgrün etikettiert werden.« Das verschrecke rot-grüne Wechselwähler. Aber wissen zu wollen, was das am Tag nach der Wahl bedeutet, wäre vermessen. Bei den zwei großen Zäsuren der grünen Geschichte in der Pazifismus- und der Machtfrage gehörte Jürgen Trittin zu den Nachzüglern. Doch als Trittbrettfahrer ist er jetzt ans Ende gekommen. Nun wartet eine Hauptrolle mit allen Risiken. Gerhard Schröder, so hat Trittin einmal gesagt, war kein Rot-Grüner. Nur deshalb konnte er Bundeskanzler von Rot-Grün werden. Auf Trittin abgewandelt hieße das: Nur einer mit großem Einfluss, der nicht im leisesten Verdacht steht, ein Schwarz-Grüner zu sein, könnte in seiner Partei Schwarz-Grün durchsetzen.

Er würde sicher sehr leidenschaftlich plädieren.

DIESE EHE WIRD WILD

DIE ZEIT 24.04.2008
Patrik Schwarz

Von der Gentechnik bis zur Atomenergie: Schwarz-Grün birgt weit mehr Zündstoff, als heute viele glauben – aber auch mehr Chancen. Eine davon könnte die Kanzlerin nutzen

———

Man muss sich Schwarz-Grün wahrscheinlich als Wellness-Oase denken. Anders waren die rundum wohlwollenden Stimmen nicht zu verstehen, die jetzt die Koalitionsbildung im Bundesland Hamburg begleiteten. Von der Kanzlerin bis Jürgen Trittin, von der *Bild* bis zur *taz* gab es Zuspruch. Nichts mehr war zu spüren von der Aufregung, ja dem Schrecken, der lange Zeit die Idee dieser Liaison der Gegensätze begleitet hatte. Im gleichen Maße hatte sich allerdings auch der Euphorie-Überschuss verflüchtigt, mit dem viele Sympathisanten die Kombination bedachten. Von Hamburg geht eine geschäftsmäßige Idylle aus. Hat Schwarz-Grün seine wildesten Zeiten hinter sich, noch ehe es einmal Realität geworden ist?

Nein, die Sache ist nicht nett, und die wilden Zeiten kommen erst noch: Schwarz-Grün ist härter, wahrscheinlicher und interessanter, als heute viele glauben. Weil die Beteiligten das wissen, schweigen sie lieber – bloß keine Wähler verschrecken. Die Wahrheit können darum nur Politiker a.D. aussprechen, so wie Joschka Fischer gerade in seiner Kolumne auf ZEIT online: »Warum zieren sich die Parteiführungen so offensichtlich, öffentlich Klartext zu reden? Warum sagen Angela Merkel, Claudia Roth und Renate Künast nicht einfach, dass Hamburg, wenn es funktioniert, selbstverständlich ein Vorbild für den Bund sein kann und sein wird?«

Das aber ist die eigentliche Neuigkeit nach 15 Jahren Fantasialand: Schwarz-Grün ist eine reale Möglichkeit für die Bildung einer Bundesregierung. Drei Gründe machen 2009 zum Entscheidungsjahr, wenn das Wahlergebnis es hergibt: Angela Merkel will Schwarz-Grün, weil sie dafür seit Wendezeiten menschlich Sympathie hegt und politisch damit einen Neustart verbinden könnte. Die Grünen werden das Bündnis wollen, sobald es für eine Zweierkoalition mit der SPD nicht mehr reicht und sie in einem Dreierbündnis mit SPD und FDP um ihre Erkennbarkeit fürchten müssen. Und die SPD wird wohl zu schwach sein, sich zu wehren.

Damit aber steuert Schwarz-Grün schon jetzt auf die Klippe zu, die bei den früheren Feuilletongefechten meist außen vor blieb: Wozu könnte Schwarz-Grün nütze sein, außer für die Beteiligten selbst? Für kaum eine andere Konstellation ist die Versuchung so groß wie für diese, sich vom Eigennutz leiten zu lassen. Gerade ihre Gegensätzlichkeit verführt Union und Grüne dazu, einen Koalitionsvertrag bloß auf die interne Vermittelbarkeit hin abzuklopfen: Wie sag ichs meinen Leuten? Es geht bei Schwarz-Grün aber nicht um die Befindlichkeiten der eigenen Milieus. Entscheidend ist: Nimmt Schwarz-Grün sich der großen Zielkonflikte der Gegenwart an?

Die soziale Frage ist dabei nicht das Entscheidende. Schwarz-Grün wird nicht an den Beschlüssen von Nürnberg scheitern, dem grünen Parteitag zu Hartz IV und Grundeinkommen. Dass die wachsende soziale Schieflage in Deutschland neue Antworten erfordert, ist längst bei allen Parteien angekommen. Es ist dabei nur begrenzt bedeutsam, welche Koalition das Problem angeht. Außerdem haben nicht nur die Grünen nach der Wahl 2005 eine Linkskurve gezogen, sondern auch CDU und CSU. Der relative Abstand zwischen beiden Truppen hat sich also nicht vergrößert. Und bei Innerer Sicherheit und Integration war der Frontverlauf schon zwischen Union und FDP sowie Rot und Grün klar, hier repressiv, da liberal.

Der wirkliche Druck auf Schwarz-Grün ist nicht hausgemacht, er kommt von draußen. Die Zielkonflikte von Schwarz-Grün sind so groß, weil es globale Zielkonflikte sind: In der Klimapolitik und der Gentechnik wird dieses Bündnis eine Kontroverse austragen müssen, für die es weltweit noch keine Lösung gibt. Union wie Grüne sind empfänglich für die doppelte Dimension der Klima-, Landwirtschafts- und Umweltpolitik, die moralische wie die praktische. Trotzdem, bei der Union dominiert oft noch die Tendenz zum Großprojekt, gepaart mit Fortschrittsoptimismus und Machbarkeitsglauben, kurz: sie setzt eher auf die Beschleunigung der Moderne. Bei den Grünen herrscht der Lobpreis der Kleinteiligkeit vor, mit Resten von Technikskepsis, also die Hoffnung auf eine Entschleunigung der Moderne. Wie soll das zusammengehen: Atomkraft und regenerative Energien, Turbopflanzen und biologischer Landbau? Viel Raum zum Zaudern ist nicht, wenn die Zeit für globales ökologisches Krisenmanagement so schnell verrinnt, wie die Experten sagen.

Dabei stechen zunächst die Unverträglichkeiten der Partner ins Auge. Schon Angela Merkel mutet wie das lebende Dementi von Schwarz-Grün an. Natürlich ist die Naturwissenschaftlerin von der Unabdingbarkeit wie Beherrschbarkeit der Atomenergie überzeugt. Aus derselben Geisteshaltung favorisiert sie einen liberalen Umgang mit der Stammzellenforschung und kennt auch bei grüner Gentechnik wenig Berührungsängste. Und den Renate-Künast-Fetisch um die Freilandhennen hält sie wahrscheinlich für ein Dekadenzphänomen: haben ihr etwa die sozialistischen Industrie-Eier ihrer Jugend geschadet?

Tatsächlich wird erst in der programmatischen Spannbreite zwischen Union und Grünen sichtbar, was alles nicht zusammengeht in der Bundesrepublik von heute. Deutlichstes Beispiel ist der Klimawandel. Was soll Vorrang bekommen: der forcierte Ausstieg aus der Kernenergie oder eine Senkung der CO_2-Belastung? Das grüne Mantra vom Atomausstieg wird in den nächsten Jahren jedenfalls unter Druck geraten, denn die Atomlobby verweist bevorzugt auf die Klimakatastrophe, um ihre Meiler als das kleinere Übel zu präsentieren. Schwarz-Grün wird stellvertretend für die Wähler entscheiden müssen: Darf die Atomenergie übergangsweise eine Rolle spielen beim Versuch, den Treibhauseffekt zu verringern? Oder ist nicht das Potenzial bei Energiesparen und Effizienzsteigerung viel größer? Und kann der Ausstieg aus der Atomenergie wirklich einhergehen mit einem Verzicht auf neue Kohlekraftwerke? Erst wenn Schwarz und Grün eine Einigung gefunden haben, besteht die Chance, dass die Republik sie akzeptiert. Und dass Deutschland weltweit Modell wird.

07.05.2008: Der neue Hamburger Senat präsentiert sich im Bürgermeisterzimmer des Rathauses. Von links: Till Steffen (GAL), Dietrich Wersich (CDU), Herlind Gundelach (CDU), Michael Freytag (CDU), Christa Goetsch (GAL), Erster Bürgermeister Ole von Beust (CDU), Karin von Welck (parteilos), Axel Gedaschko (CDU), Anja Hajduk (GAL) und Christoph Ahlhaus (CDU).

Die besondere Fallhöhe gilt ähnlich für den Streit um die grüne Gentechnik, der durch die Biospritdiskussion ebenso angeheizt wurde wie durch die aktuelle Lebensmittelkrise. Ist die gentechnische Manipulation von Saatgut, Nutzpflanzen und letztlich Lebensmitteln eine unvermeidbare Notwendigkeit? Oder kann der weltweite Bedarf mit genfreier Landwirtschaft gedeckt werden? Hinter dem Streit um die Gentechnik stehen Kontroversen um industrielle Naturausbeutung versus Ökolandbau ebenso sehr wie ein Streit um die Eigentumsrechte am Gencode der Natur. Grüne wie Union, in anderen Worten, streiten hier ums große Ganze.

Auch wenn die Union die Kanzlerin stellte, die Grünen müssten nicht fürchten, ihrem Partner unterlegen zu sein. Denn in den 15 Jahren seit den ersten schwarz-grünen Gedankenspielen hat sich eine Umkehr der gesellschaftlichen Definitionsmacht ereignet. Mit ihrem Nein zur Kernkraft wie zu Genfood repräsentieren die Grünen heute die Mehrheitsmeinung der Deutschen. Zugespitzt gesagt: Die Grünen treten an den Verhandlungstisch in ihrer Rolle als Herrscher über die Angst: wovor Grüne sich fürchten, das ist auch bei der Mehrheit im Land schwer durchsetzbar. Die CDU dagegen schöpft aus dem Fundus einer traditionellen Volkspartei, ihre Stärke ist die Fähigkeit zum Pragmatismus und der Glaube an die politische wie praktische Umsetzbarkeit ihrer Ziele.

Was addiert sich also im ungünstigen Fall? Die Angstkultur der Grünen und die natürliche Trägheit der Volkspartei CDU – Stillstand wäre die Folge. Im günstigen Fall aber summieren sich Vorzüge: Das Sensorium der Grünen für gesellschaftliche Empfindlichkeiten verbindet sich mit der Robustheit einer Union, einmal für richtig Erkanntes auch in der Gesellschaft durchzusetzen. Für Angela Merkel tut sich damit eine neue Chance auf. Im Wahlkampf 2005 ist sie gescheitert mit ihrer wirtschaftsliberalen Reformagenda. Gelingt Schwarz-Grün, ist sie die Kanzlerin der grünen Reformen, kein schlechter Ruf.

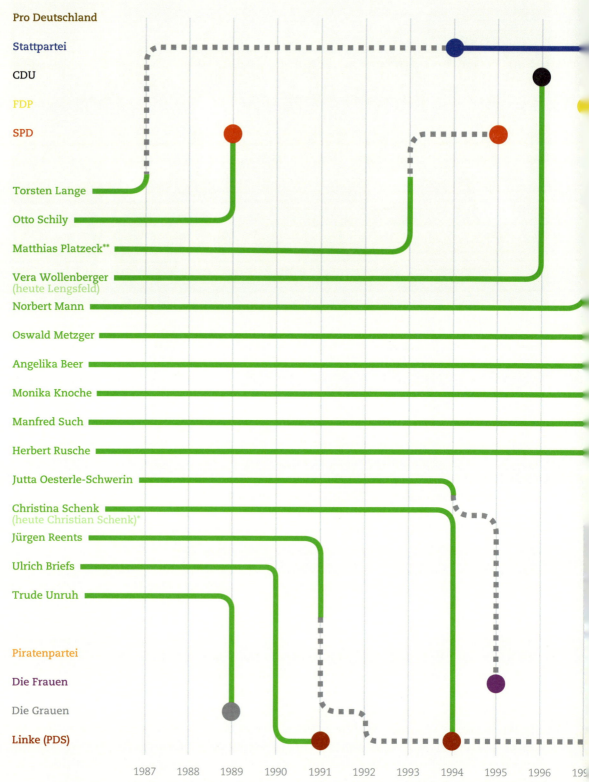

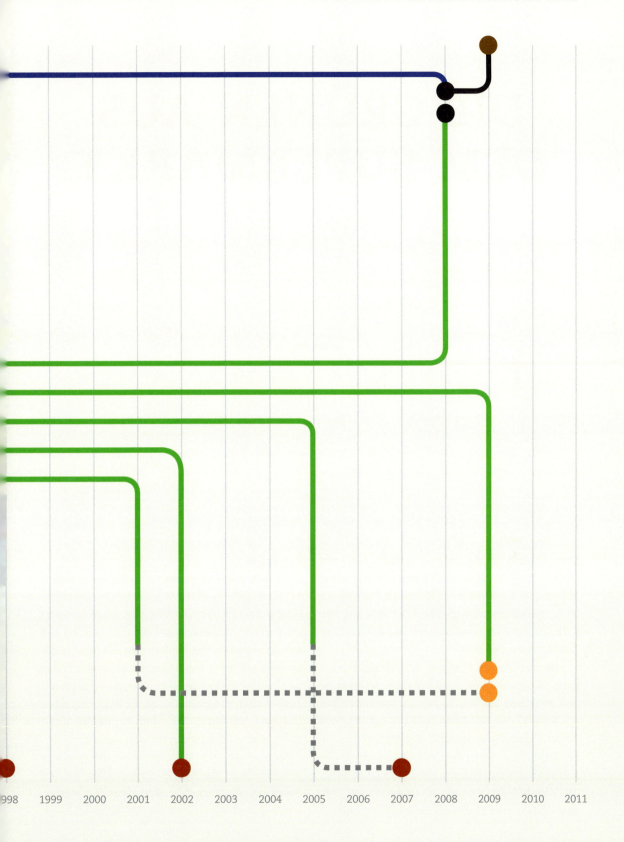

GRÜNE PARTEIAUSTRITTE Alle Bundestagsabgeordnete der Grünen, die in eine andere Partei überwechselten im zeitlichen Verlauf
Quelle: Heinrich-Böll-Stiftung / Stand: August 2011

DIE GRÜNEN AUS DEM SUPERMARKT

DIE ZEIT 18.06.2009
Patrik Schwarz

Die einstige Alternativpartei läuft heute vielerorts der SPD den Rang ab. Kann das gutgehen?

Es geschah in einem Wahllokal in Ihrer Nähe. Wer nicht gerade auf Helgoland lebt oder in den Weiten Mecklenburgs, kann in diesen Tagen auf ein politisches Revival stoßen: Die Grünen sind wieder da. Nicht nur haben sie bei der Europawahl das beste bundesweite Ergebnis ihrer Geschichte eingefahren, sie sind dabei in einer erstaunlichen Zahl von Städten stärkste oder zweitstärkste Kraft geworden. Die Grünen in einer Liga mit CDU und SPD? Das stellt vielleicht nicht die Republik auf den Kopf, aber zumindest die grüne Welt. Schließlich war keine Partei so sehr auf ihre Rolle als Minderheit abonniert wie die einstige Anti-Parteien-Partei.

Stärkste Kraft in Darmstadt, Freiburg, Heidelberg. In Hamburg führend bei allen Altersgruppen zwischen 25 und 59 Jahren, zweitstärkste Kraft von Berlin über Bonn bis Bamberg. Sind die Grünen jetzt die Volkspartei der Städte? Die guten Ergebnisse lassen sich leicht relativieren: Die Stärke der Grünen ist dann besonders groß, wenn die Wahlbeteiligung besonders gering ist. Grünen-Wähler sind eben fleißigere Urnengänger.

Trotzdem hat über die letzten Jahre eine dramatische Begrünung der Republik stattgefunden: Die Grünen sind von einer strukturellen Minderheits- zu einer potenziellen Mehrheitspartei geworden. In den Städten ist der Aufstieg am sichtbarsten, aber selbst in der bayerischen Provinz stehen die Alternativen inzwischen oft zweistellig da. Was aber zieht die Deutschen wieder zu den Grünen?

Bis vor Kurzem waren sie in keiner einzigen Landesregierung mehr vertreten, bis heute gibt die Führungsspitze kein sehr überzeugendes Bild ab, und von wegweisenden Programmen für die Bundestagswahl im Herbst dürfte bisher auch kaum ein Wähler gehört haben. So ist der Erfolg wohl weder ein Verdienst von Parteiführung noch -basis. Es scheint vielmehr, als sei der Erfolg einer Gruppe geschuldet, die selten im Rampenlicht steht: den grünenfernen Grünenwählern.

Man muss sich die Expansion dieser Sorte grüner Wähler wahrscheinlich vorstellen wie den Boom von Biomarken in deutschen Supermärkten. Während Ökojoghurt und Vollkornbrot lange nur der Stammkundschaft spärlich beleuchteter Bioläden als attraktive Wahl erschienen, sind sie inzwischen auch bei Rewe- und Tengelmann-Kunden begehrt. Doch so wenig heute der Kauf eines Vollkornbrots zu einem dazugehörigen Weltbild zwingt, vom Vollkornmüsli bis zum Vollkornsex, so wenig entstammen heute viele Grünen-Wähler einem geschlossenen Kosmos. Damit sind die Wähler der Grünen mehr von dieser Welt als viele grüne Funktionäre.

Da ist der SPD-entnervte Sozialdemokrat, dem die Linken zu tumb erscheinen und das Nichtwählen zu einfach. Der gelegentliche CDU-Wähler, dem seine Partei ökologisch zu untätig ist. Der ehemalige Nichtwähler, der sich wieder aufrafft. Mit ihrer Partei verbindet diese Supermarkt-Grünen nichts, außer dass sie sie eben mal wählen.

Damit haben die Grünen endgültig geschafft, was eine Partei am Leben hält, sie haben Stamm- und Wechselwähler gefunden. Diese Ausdehnung aber schafft drei Probleme: ein Existenzproblem für die SPD, ein Luxusproblem für die CDU und ein Haltungsproblem für die Grünen.

Als Regierungspartei wären die Grünen eben nicht nur für das gute Leben zuständig, sondern auch für manch bittere Pille. Dazu in einem Wahljahr auch gegenüber geschmäcklerischen Gelegenheitswählern zu stehen, erfordert Haltung.

Der CDU wächst dafür nun ein Partner wider Willen zu. Die Freiheit, vielleicht schon im Herbst zwischen FDP und Grünen als Koalitionspartner wählen zu können, klingt luxuriös. Sie nötigt Angela Merkel aber eine Richtungsentscheidung ab, die sie womöglich lieber vermeiden würde: Nein zu sagen zu den Grünen, aber Ja zu Guido Westerwelle, das erfordert in einer angegrünten Republik schon ein Wort der Erklärung.

Existenziell jedoch wird die stille Expansion der Grünen für die Sozialdemokraten, denn sie geht oft zu deren Lasten. Die SPD sitzt heute einem Irrtum auf: Während sie sich im Abwehrkampf gegen die Links-Traditionalisten eines Oskar Lafontaine verschleißt, nimmt sie die Links-Hedonisten von den Grünen nur noch als Partner, nicht mehr als Rivalen wahr. Während sie angstfixiert auf ein mögliches *Unfriendly takeover* durch die Lafontaine-Truppe starrt, übersieht sie, wie gefährlich das *Very friendly takeover* von Teilen ihrer Wähler durch die Grünen ist. Der SPD droht nicht weniger als ein zweiter Generationenverlust binnen 30 Jahren: Nach der Generation des Nato-Doppelbeschlusses droht sie jetzt die Bionade-Republik zu verlieren.

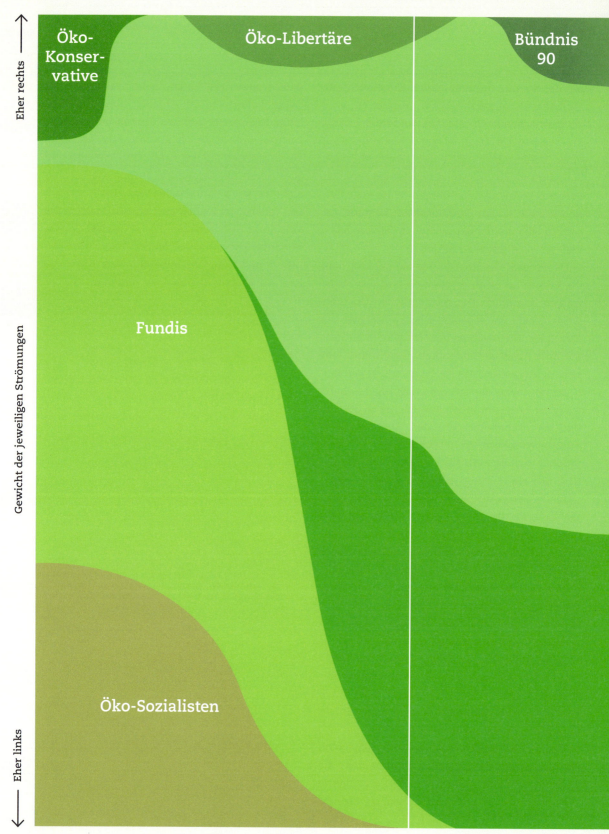

Realos

Regierungslinke

Eher rechts →

Gewicht der jeweiligen Strömungen

← Eher links

00er   2011

GRÜNE STRÖMUNGEN Welches Gewicht hatten die parteiinternen Gruppierungen zu welcher Zeit?
Recherche: Martin Fischer

WENN'S REICHT, GEHT'S

DIE ZEIT 25.06.2009
Bernd Ulrich

Schwarz-Grün im Bund ist kein Projekt und keine Vision, sondern nur eine neue Koalition, deren Zeit gekommen ist

---

Dirk Niebel – das ist der Generalsekretär der FDP – sagte in dieser Woche: »Wir wollen, dass ein schwarz-gelbes Projekt Deutschland erneuert.« Er reagiert damit auf die neu entflammte Schwarz-Grün-Debatte. Was man verstehen kann. Und doch fragt man sich: Wo lebt der Mann?

Was die Deutschen im September wählen werden, weiß keiner. Aber dass ein idealistisch überhöhtes, veränderungswütiges schwarzgelbes »Projekt« eine Mehrheit finden würde, das darf man getrost ausschließen. Für Union und FDP könnte es allenfalls dann zum Regieren reichen, wenn das Ganze sehr leise und unprojekthaft daherkommt. Schwarz-Gelb ohne Bindestrich.

Vierzig Jahre ist es her, seit die Deutschen zuletzt ein »Projekt« an die Regierung brachten. Das war 1969, die sozialliberale Koalition: Ostpolitik, mehr Demokratie wagen, Willy wählen, idealistisch sein. (Jedenfalls bis 1974, da kam Helmut Schmidt, und wer immer noch Visionen hatte, wurde umgehend zum Arzt geschickt.)

Seitdem genießen die Bürger das Regieren lieber kalt. Auch Rot-Grün kam erst an die Macht, als zwischen beiden Parteien schon große Ernüchterung eingetreten war. Man könnte daraus eine Regel ableiten: Die Zeit für eine politische Konstellation ist erst gekommen, wenn sie ihre schönste Zeit bereits hinter sich hat.

Wenn das stimmt, dann ist die Zeit jetzt reif für Schwarz-Grün.

Was wurde da in den neunziger Jahren nicht alles hineingeheimnist: Die Versöhnung von Natur und Industrie, von Wandervogel (grün) und Unternehmer (schwarz), von Thomas Mann (schwarz) und Hermann Hesse (grün), von Gründergeneration und 68ern. Mittlerweile sind die Generationen derart versöhnt, dass es schon wieder ungesund ist. Eine schwarzgrüne Koalition würde der kulturellen Annäherung der Milieus wenig hinzufügen, sie würde nur bundespolitisch vollenden, was regional (siehe Stuttgart, Köln, Hamburg) und gesellschaftlich schon vollzogen ist. Kein Projekt also, keine Vision, nur eine neue Möglichkeit.

Die wirklichen Fragen an Schwarz-Grün sind profan: 1. Ist es möglich? 2. Wäre es gut?

Wolfgang Schäuble und Karl-Theodor zu Guttenberg haben nach der Europawahl eine schwarz-grüne Koalition für denkbar erklärt, für zukunftsfähig, für interessant. Die Reaktion der Grünen-Spitze darauf war äußerst professionell. Jürgen Trittin, Renate Künast und Cem Özdemir haben sich in gleichlautenden Formulierungen so eingelassen, dass die meisten Zeitungen daraus die Überschrift machten: Grüne erteilen der Union eine Absage. Diese Botschaft war gewollt, weil es einen Teil der grünen Stammwähler vertreiben und viele Funktionäre in Aufruhr bringen würde, führten nun die Grünen allzu intensiv Koalitionsdebatten.

Andererseits wollen die Grünen sich nach ihrer Absage an Jamaika (Schwarz-Gelb-Grün) und dem halben Nein zur Ampel (Rot-Gelb-Grün) keine weitere Option ganz verbauen.

An dieser Stelle irren sich denn auch die Überschriften in den Zeitungen. Keiner der drei führenden Grünen hat in den jüngsten Interviews eine schwarzgrüne Koalition ausgeschlossen. Sie haben bloß darauf verwiesen, dass ein Gespräch mit der Union nur wenige Minuten dauern würde, wenn es um den Ausstieg aus dem Ausstieg aus der Atomenergie gehen sollte oder auch nur um die Verlängerung von AKW-Laufzeiten. Das stimmt, aber das würde Angela Merkel auch nicht ernstlich vorschlagen. Schließlich ist sie die Chefin einer machtbewussten Volkspartei und nicht die Geschäftsführerin von E.on. An der Atomkraft würde Schwarz-Grün nicht scheitern, vielmehr wäre Schwarz-Grün das endgültige Aus für die Atomkraft in Deutschland.

Wer über die Schnittmengen der beiden Parteien nachdenkt, sollte eines nicht vergessen: Die Union steht heute auf den meisten Politikfeldern weiter links als die Grünen vor vier Jahren. Da hatten sie zwei Kriege, diverse Schily'sche Sicherheitspakete sowie eine Agenda 2010 hinter sich.

Schwarz-Grün wird politisch möglich, sobald es arithmetisch zwingend ist. (Und nur dann!) Sollte es am 27. September für Schwarz-Gelb nicht reichen, für Schwarz-Grün aber schon, so werden die Grünen diese Konstellation weiteren vier Jahren in der Opposition oder der zweiten Geige in einer Dreier-Koalition mit SPD und FDP vorziehen. Auch die Union koaliert lieber mit einem kleinen grünen als mit einem großen roten Partner, sogar die CSU, der ein Minister mehr immer besser gefällt als einer weniger.

Schwarz-Grün ist, alles in allem, sehr unwahrscheinlich, aber keineswegs ausgeschlossen.

Und was hätte das Land davon? Die nächsten vier Jahre werden hart: Rückführung der explodierenden Staatsschulden, Bekämpfung der Arbeitslosigkeit, die wohl bald bei fünf Millionen liegen dürfte, Belebung der Wirtschaft, neue ökologische Anstrengungen. Diese Ballung spricht schon einmal gegen chaotische Dreier-Koalitionen. Aber ob nun eine Koalition der Union mit der SPD, den Grünen oder der FDP besser ist, lässt sich noch nicht sagen, so etwas muss sich in Wahlkämpfen herausmendeln. Nur eines kann man jetzt schon feststellen: FDP, Linkspartei und weithin auch die SPD sprechen ihre Wähler als Opfer an – sei es des Staates, des Kapitalismus oder der Politik –, denen nichts mehr zugemutet werden könne. Union und Grüne hingegen lassen zumindest erkennen, dass ihre Wähler auch etwas werden beitragen müssen. Das, immerhin, schafft eine Legitimation für all das Schwierige, das bevorsteht.

GRÜNE LOGOS Mit welchen Partei-Emblemen zog die Partei in den Bundestagswahlkampf
Quelle: Konrad-Adenauer-Stiftung und Heinrich-Böll-Stiftung

1994   1998   2002   2005   2009

SO GRÜN WIE WIR

DIE ZEIT 11.11.2010
Bernd Ulrich

Die Grünen treffen das deutsche Lebensgefühl: Man genießt den Wohlstand, man protestiert ein wenig und trennt den Müll. Reicht das, um künftig das Land zu führen?

―

Man muss sie einfach lieben, diese Grünen. Schon weil sie so bescheiden reagieren auf all die Umfragen, die sie bei mehr als zwanzig Prozent und vor der SPD sehen. Gut, ja, in Berlin wollen sie mit Renate Künast die erste grüne Regierende Bürgermeisterin der Welt stellen, das schon. Und in Baden-Württemberg (das ist das Land, das sich seit Längerem um einen Sackbahnhof dreht), da soll bald ein gewisser Winfried Kretschmann Ministerpräsident werden, das auch. Aber spätestens wenn Grüne nach ihrem Kanzlerkandidaten für das Jahr 2013 (oder früher) gefragt werden, wehren sie bescheiden ab, nein, man sei schließlich nicht größenwahnsinnig.

Tatsächlich nicht? Oder hängt die Bescheidenheit bei der Kanzlerkandidatenfrage auch damit zusammen, dass sie mitten hineinzielt in eine der alten grünen Lebenslügen, in ihr Doppelspitzendogma, in die Tradition also, neben jeden Anführer einen zweiten zu stellen, der ihn bremst und kontrolliert? Oder auch damit, dass sich niemand Cem Özdemir, Jürgen Trittin oder Renate Künast als Kanzler vorstellen kann?

Oder gar Claudia Roth. Die hat zuletzt beim Blockieren eines Castors geholfen, was natürlich die Frage aufwirft, wo sie sitzen wird, wenn die Grünen demnächst wieder regieren und selbst Castortransporte nach Gorleben schicken müssen. Und das werden sie, früher oder später. Die Grünen sitzen zugleich in der Lok und auf der Schiene. Ein Widerspruch, der zu der Frage führt, ob das denn geht: regieren und blockieren.

Doch ist die Frage veraltet, die neue Lage der Partei sieht anders aus. Zunächst leichter: Früher musste den Grünen der Spagat gelingen zwischen radikalem Protestmilieu und gutbürgerlichen Wählern, zwischen den Aktivisten und der sprichwörtlichen Zahnarztgattin. Heute ist die Zahnarztgattin selber Zahnärztin und schreit in Stuttgart vor dem Bahnhof Polizisten an.

Doch hat sich die Lage der Grünen zugleich verschärft, denn sie müssen nicht mehr nur Opponieren und Regieren zusammendenken, sondern auch das Regieren von vorne her, als größerer Koalitionspartner, als Koch statt als Kellner, als Volks- statt als Klientelpartei, oder, auf Politologisch: Sie werden von der *Single-Issue-* zur *Catch-all*-Partei.

Man muss die Grünen einfach mögen, für ihre Stärken, ihre Seriosität und spät erworbene Bürgerlichkeit, für dieses fast schon penetrant Vernünftige, das ihnen anhaftet, insbesondere im Vergleich zur chaotischen CSU, zur aus der Fasson geratenen FDP und zur larmoyanten Linkspartei.

Beinah noch liebenswerter als ihre Stärken scheinen indes ihre allzu menschlichen Schwächen. Vergangene Woche haben Grüne in Hannover über die beunruhigend gute Lage der Partei diskutiert. Die Befürchtungen gingen vor allem dahin, dass die Grünen spießig werden könnten, wenn nun so viele Menschen aus der Mehrheitsgesellschaft hinzukämen. Für den Gedanken, dass die Grünen längst spießig sind und gerade deswegen so beliebt, scheint hier gar kein Platz zu sein. Zu schweigen davon, dass es den Grünen guttäte, wenn neue Mitglieder und Wähler sie mal ein bisschen aufmischten. Hier liegt sicher eine der grünen Gefährdungen durch ihr neues Wachstum: dass sie aus ihrer Avantgarde-Attitüde nicht herausfinden, dass sie der Gefahr erliegen, das neue deutsche Edel-Spießertum, die Bionade-Bourgeoisie zu verkörpern, weil sie diese Gefahr gar nicht sehen

Als Hauptursache für den eigenen Aufschwung wurde in Hannover denn auch ausgemacht, dass die Grünen von immer mehr Menschen als die einzige Partei angesehen werden, die Deutschland »aus der ökonomischen und ökologischen Sackgasse« führen könne. Auch hier: kein Gedanke daran, dass die Grünen deswegen so populär sind, weil Deutschland sich weder in einer ökonomischen noch in einer ökologischen Sackgasse befindet, dass also die Grünen kein Mittel gegen die Krise darstellen, sondern der moralisch hochwertigste Ausdruck einer nervös gewordenen deutschen Wohlstands- und Konsumgesellschaft sind.

Nachhaltigkeit hat sich als Leitwert schließlich nicht nur deshalb durchgesetzt, weil die Menschen heute verantwortlicher und klüger wären als früher. Vielmehr ist der Fortschrittsoptimismus so angekränkelt, dass den meisten Deutschen Erhalt schon als Utopie erscheint. Nicht nur der Wald soll so stark und gesund bleiben wie heute – sondern, bitte, bitte, auch wir.

Und was ist eigentlich in Stuttgart los, wo die Grünen an der Spitze des Widerstands stehen und hoffen können, im März als Sieger aus der Landtagswahl hervorzugehen? Wird da mitten in der Stadt ein Atomkraftwerk errichtet? Oder werden Pershing-II-Raketen stationiert? Oder baut man da eine Startbahn, von der aus die Nato Langstreckenbomber in alle Welt schickt? Oder droht einer gut integrierten bosnischen Großfamilie die Abschiebung? Nein, alles falsch, ein Bahnhof soll abgerissen, ein neuer gebaut werden für vier Milliarden Euro. Ist das viel Geld oder wenig? Nun, wenn Baden-Württemberg kein Bundesland wäre, sondern ein Staat, so wäre er einer der reichsten Staaten der Erde. Also: nicht so viel.

Nein, hier drohen keine existenziellen Gefahren, darum passen die Protestformen und die Tonlage nicht recht zum Anlass. Angetrieben wird der Protest eben zugleich von einer Wut auf die Politiker, die morgen auch wieder die Grünen treffen kann. Und die, so unangenehm es den Grünen sein mag, von jenem Zorn, den Thilo Sarrazin mobilisiert hat, kaum zu unterscheiden ist. Die Bürger wüten für den Status quo, gegen störende Fremde und störenden Baulärm.

Gutbürgerlichkeit und Außersichsein, Protestieren und Regieren – das sind also keine Widersprüche der Grünen, es handelt sich vielmehr um die herrschende Bigotterie des Bürgertums selbst, da verweht einfach das alte deutsche Verwöhnaroma. Das macht die Sache für die Grünen jedoch nicht besser, im Gegenteil, es erschwert das Regieren künftig eher noch. Denn die Grünen müssen nicht mehr nur den linken Rand mit Verweis auf die Mitte zur Vernunft bringen, sondern die wild gewordene Mitte selbst mit Verweis auf – ja, auf was?

Die Wahrheit über den Umgang der Grünen mit Emotionen tritt jedem sofort vor Augen, der dieser Tage den herausragenden Kinofilm *Carlos* sieht. Darin werden noch einmal die siebziger Jahre lebendig mit ihrer ungeheuren politischen Feindseligkeit, die vom Terrorismus bis tief in das spätere grüne Milieu reichte. Die Geschichte der Grünen ist eine Geschichte der Selbstzivilisierung, der Wutverminderung und Wutverbannung, der Bändigung des Tieres, das im Menschen steckt. Und nun sieht sich diese Partei einer neuen Art von Aggressivität gegenüber und sieht aus wie der trockene Alkoholiker im Bierzelt: Wie soll er mit diesen Leuten bloß sprechen?

In Hamburg, wo die Grünen mit der CDU regieren, ist ihnen das nicht gelungen. Dort sind sie zwar nicht die Nummer eins, sie stellen auch nicht den Bürgermeister. Doch die Schulreform war ein grünes Projekt, das die Union lediglich mitgetragen hat. Beabsichtigt war, die Chancen von Kindern aus der Unterschicht und aus den Migrantenmilieus zu verbessern. Gescheitert ist die Reform per Volksabstimmung am gymnasial orientierten Bürgertum. Zumindest in Hamburg hat sich gezeigt: Die Grünen sind es einfach nicht gewohnt, zur Mehrheit zu sprechen, ihr gar mit Erfolg zu widersprechen.

In den achtziger und neunziger Jahren hat Joschka Fischer seine Partei dazu gebracht, in diversen Koalitionen Kompromisse zu schlucken, mit dem Argument, dass die kleinere Partei nicht alles bestimmen könne. Nun dürfte, wenn den Grünen irgendwo die Führung in einer Koalition zufällt, erst mal die Erwartung entstehen, dass man endlich grüne Politik im Original durchsetzen könne. Das glatte Gegenteil würde passieren: Die Grünen würden in der Sache nicht viel mehr erreichen als bisher, aber die größere Last beim Gewinnen von Legitimation zu tragen haben.

Aber so weit sind sie ohnehin noch nicht, es kann, das wissen sie, auch ganz anders kommen. Zum Beispiel so wie bei der FDP, die auch mal der letzte Schrei war und dann innerhalb eines Jahres zehn Prozentpunkte eingebüßt hat.

Zwar haben die Grünen mit Nachhaltigkeit und Ökologie ein weitaus tragfähigeres Paradigma als die FDP mit ihrem Weniger-Staat. Was sie fordern, ist auch hinreichend unpräzise, jedenfalls weniger spitz und zerbrechlich als die liberalen Steuersenkungsversprechen. Doch können die Grünen genauso schnell vom Lieblingskind zum Hassobjekt des Mainstreams werden. Dass wahrscheinlich die Hälfte aller Journalisten und aller Gymnasiasten grün gefärbt sind, wird ihnen dann auch nicht mehr helfen, denn ästhetische Urteile sind wichtiger geworden als Interessen, in und out ist genauso wichtig wie oben und unten.

Bigott wird man die Grünen dann nennen, verwöhnt, lieben die arme Natur mehr als die armen Menschen, leben auf der Sonnenseite der multikulturellen Gesellschaft, Lobbyisten der subventionierten Energien, politischer Arm des Beamtentums. Ja, auch so kann die grüne Partei gelesen werden. Man muss sie nicht lieben.

Man kann sie auch bekämpfen. Besonders missgünstig benehmen sich zurzeit die Sozialdemokraten, deren langwieriger Rekonvaleszenz die Grünen ihren Aufstieg mit zu verdanken haben. Schon droht die stolze SPD in Berlin damit, niemals unter den Grünen zu koalieren und stattdessen lieber Lagerverrat zu begehen und mit der CDU ein Regierungsbündnis zu bilden, das nicht mehr ernstlich als Große Koalition bezeichnet werden könnte.

Längst hat die SPD auch damit angefangen, die Grünen subtil zu verhässlichen. »Abstauberpartei« nennt sie Klaus Wowereit, andere Sozial-

28.09.2009: Einen Tag nach der Bundestagswahl stehen die Grünen Cem Özdemir, Renate Künast, Jürgen Trittin und Claudia Roth (von links) im Berliner Postbahnhof gemeinsam auf der Bühne. Mit 10,7 Prozent hatten sie ihr bestes Wahlergebnis bei einer Bundestagswahl erreicht.

demokraten reden von der Wohlstandspartei. So rätselhaft der strategische Zweck dieser Kampagne ist, so klar ist die Richtung. Leute, ruft die SPD, wählt nicht eure Lehrer, Bauarbeiter, wählt nicht eure Architekten! Die Grünen, so lautet die rote Botschaft, sind der wohlmeinende Teil derer da oben, aber es sind eben doch die da oben, die Bürgerkinder, die nett zu ihren Putzfrauen sein wollen.

Die SPD wirft den Grünen, grob gesagt, vor, dass sie die Arbeiter nicht haben, die der SPD zum großen Teil auch schon verloren gegangen sind. Kann die Stimmungsmache dennoch Erfolg haben? Gewiss. Oft schon, bei der SPD, der FDP oder der Linkspartei, hat das Volk sein bestimmendes Lebensgefühl in einer Partei ausgedrückt und sie nach oben getragen – um dann wenig später den kollektiven Selbstekel an ihr abzureagieren. Schon möglich, dass die Deutschen bald abrupt aufspringen und den Stuhlkreis verlassen wollen, in dem sie nun mit den Grünen sitzen, um über alles mal zu reden: Wenn es für dich okay ist, dann ist es für mich auch okay.

Und was müssten die Grünen tun, um einen raschen Imageverfall wie bei der FDP zu vermeiden? Vielleicht in Stuttgart auch mal den Widerstand kritisieren, den Zorn bremsen, Position beziehen nicht gegen bürgerlichen Protest, aber gegen bürgerliche Wut, gegen die Selbstgefälligkeit und Wehleidigkeit von Leuten, denen es, grosso modo, verdammt gut geht. Auch wenn sie selbst im Herzen längst zu cool sind für beides, unterscheiden die Grünen, die ja, um ein beliebtes altes Demo-Transparent zu zitieren, aus »Wut und Trauer« kommen, noch immer zwischen guter Wut (Stuttgart, Wendland) und schlechter (Sarrazin). Dabei hat sich das Gefühl schon von seinen Gründen gelöst, es flottiert frei und sucht sich seine Opfer unter Parteien und Politikern.

Und dann wäre etwas mehr Zukunft und weniger Vergangenheit womöglich hilfreich. Ein paar Jahre länger oder kürzer laufende Atomkraftwerke sind nicht mehr so wichtig, auch ob Gorleben nun Endlager wird oder ein anderer Ort, der dann denselben Widerstand hervorbringt, ist energiepolitisch recht egal. Stattdessen wäre es an der Zeit, die ökologisch bewussten Massen darauf vorzubereiten, was Windparks in der Nordsee und Solarstrom aus der Sahara künftig bedeuten, nämlich: Trassen, Trassen, Trassen für all den schönen neuen Strom. Man wird sehen, wo dann die Stuttgarter Demonstranten stehen.

Noch will die halbe Republik ungefähr so sein, wie die Grünen sind. Noch will sie die Probleme in etwa so lösen, wie die es vorschlagen. Noch will sie Fragen nicht stellen, auf die es keine sanften Antworten gibt. Noch möchte sie Probleme nicht wahrhaben, die sich mit grünen Methoden nicht lösen lassen. Noch ist die Zukunft der Grünen offen. Nach oben und nach unten.

DAS TODESSTÖSSCHEN

DIE ZEIT 02.12.2010
Matthias Krupa

*Zu viel Grün, wenig Schwarz: Warum die Koalition
in Hamburg gescheitert ist*

—

Man muss sich den Hamburger Bürgermeister am Tag danach zwar nicht vergnügt, aber sehr beherrscht vorstellen. Erst Ende August hatte Christoph Ahlhaus das Amtszimmer im ersten Stock des Rathauses bezogen und dort die durchgesessene Couch seines Vorgängers gegen einen schweren, mit dunklem Leder beschlagenen Konferenztisch aus Holz getauscht. Nun sieht es so aus, als müsste er dieses Zimmer schon bald wieder räumen. Doch über die Grünen, die ihm diese unerfreuliche Perspektive eingebrockt haben, will er nicht schimpfen.

Er sei enttäuscht, sagt Ahlhaus, das schon. Die Grünen hätten »keinerlei Vorwarnung gegeben«, bevor sie die Koalition am Sonntag per Telefonanruf beendeten. Doch über das Bündnis selbst, über die Zusammenarbeit in den vergangenen zweieinhalb Jahren, spricht er auch nun, da es Vergangenheit ist, sehr freundlich: »Schwarz-Grün hat gut funktioniert, trotz aller Unterschiede.« Keine der Seiten habe sich verbiegen müssen, im Gegenteil: »Man war sich der jeweiligen Unterschiede sehr bewusst und ist damit umgegangen. Die Grünen haben die CDU bereichert – und umgekehrt.«

Kann das sein? Hat man den CDU-Politiker Ahlhaus richtig verstanden? Gerade ist die Regierung in Hamburg jäh zerbrochen; landauf, landab wird geunkt, nun könne man sehen, dass Union und Grüne doch nicht zusammenpassten. Aber der Mann, der gute Chancen hat, als einer der Bürgermeister mit der kürzesten Amtszeit in die mehr als 700-jährige Stadtgeschichte einzugehen, sagt, das alles habe sich – gelohnt?

Ja, man hat richtig gehört, und Christoph Ahlhaus steht mit seinem Urteil nicht allein. Unterhält man sich in den Tagen nach dem großen Knall in Hamburg mit Christdemokraten oder Grünen, dann begegnet man – neben gelegentlichen lauten Tönen, die auf den bevorstehenden Wahlkampf hindeuten – einer gewissen Melancholie. Mit Schwarz-Grün in Hamburg sei es wie mit manch einer Ehe, hatte Ole von Beust einmal gesagt: Am Anfang stehe die Vernunft, das Gefühl komme dann hinterher. Nun haben die Grünen die Beziehung ziemlich kühl beendet, doch ein

10.11.2010: Hamburgs Erster Bürgermeister Christoph Ahlhaus (CDU) und Hamburgs Zweite Bürgermeisterin, Schulsenatorin Christa Goetsch (GAL), während einer Aktuellen Stunde zur HSH Nordbank in der Hamburger Bürgerschaft.

Gefühl ist offensichtlich geblieben. Nicht nur der bisherige grüne Justizsenator Till Steffen vergoss beim Abschied Tränen. Auch die bisherige Zweite Bürgermeisterin, Christa Goetsch, soll heftig geschluckt haben, als sie Ahlhaus über die Entscheidung der Grünen informierte.

Ihre Partei habe zwar seit vielen Wochen über die Probleme in der Koalition diskutiert, sagt Katharina Fegebank, die Vorsitzende der Grünen-Alternativen Liste (GAL), wie die Partei in Hamburg noch immer heißt. »Dennoch war der Ausstieg für uns eine schwere Entscheidung.« Sie selbst hatte noch am Samstag, als Parteivorstand und Fraktion zusammensaßen, dafür plädiert, mit der CDU weiterzumachen. Die Entscheidung für Neuwahlen, sagt sie nun, sei »kein dauerhafter Todesstoß für Schwarz-Grün«.

Es klingt fast so, als seien einige im Nachhinein erschrocken – und wollten nun auf jeden Fall den Eindruck vermeiden, in Hamburg könnte an diesem Wochenende mehr kaputtgegangen sein als nur eine Landesregierung. Dabei haben CDU und Grüne in der Hansestadt stets sorgfältig darauf geachtet, ihre Koalition nicht mit zu viel Bedeutung zu belasten. Eine Premiere war Schwarz-Grün ohnehin, ein Modell sollte es nicht sein. Das galt am Anfang, als es überraschend harmonisch zuging. Und es soll auch jetzt gelten, da das Experiment vorerst gescheitert ist. Aber warum ist es überhaupt gescheitert, wenn nun so viele Tränen fließen?

Die einfache Erklärung lautet: weil Ole von Beust nicht mehr dabei ist. Tatsächlich war der vorzeitige Rücktritt des populären Bürgermeisters im Sommer ein Wendepunkt, das kann man nun, drei Monate später, ohne Zweifel sagen. Nicht einmal sein Nachfolger Christoph Ahlhaus würde das bestreiten. Und dennoch greift der Hinweis auf von Beust zu kurz. Denn gerade weil sich der Verdacht bestätigt hat, dass Wohl und Wehe dieses Bündnisses an einer einzigen Person hingen, wird die Frage dringlich, was Schwarz-Grün darüber hinaus eigentlich verbunden hat – oder ob es sich am Ende bei dieser Koalition doch um eine politische Täuschung gehandelt hat.

Als die Partner im Frühjahr 2008 den Koalitionsvertrag unterzeichneten, war viel von einer Versöhnung von Ökonomie und Ökologie die

Rede. »Wir sind keine Koalition der Schnittmengen, sondern der programmatischen Ergänzungen«, begründete die grüne Senatorin Anja Hajduk damals das ungewohnte Bündnis. Fragt man heute nach den Erfolgen von Schwarz-Grün, verweist die GAL gern auf ein System von 68 Fahrradverleihstationen, das die Umweltbehörde in der Stadt etabliert hat. Und die CDU erklärt, welche Umgehungsstraßen trotz des Koalitionspartners gebaut werden konnten.

Tatsächlich hat die schwarz-grüne Zusammenarbeit in Hamburg unter einer eigentümlichen Asymmetrie gelitten. Die CDU glänzte vor allem mit ihrem Bürgermeister, solange dieser noch von Beust hieß. Das Programm hingegen war von Anfang an grün dominiert, gerade auch jene Projekte, die später scheiterten. Das galt für die umstrittene Schulreform, die im Sommer in einem Volksentscheid verworfen wurde, genauso wie für den Neubau einer Straßenbahn (die Stadtbahn heißen sollte) – ein Vorhaben in mindestens dreistelliger Millionenhöhe, das laut Umfragen ebenfalls von einer Mehrzahl der Bürger abgelehnt wird und das Ahlhaus nun vorerst gestoppt hat. Viel Grün, wenig Schwarz: Auch darin liegt eine Erklärung für das Ende der Koalition. Allerdings ist diese Erklärung für die Grünen deutlich unangenehmer als der Hinweis auf die Personalquerelen der CDU.

Dass die Christdemokraten in Hamburg nach neun turbulenten Regierungsjahren personell ausgezehrt sind, lässt sich kaum bestreiten. Der rasche Wechsel von insgesamt fünf Regierungsmitgliedern im vergangenen halben Jahr, den die Grünen beklagen, ist hierfür ein Symptom. Doch hinzu kommt die inhaltliche Aufzehrung des Bündnisses, die im Wesentlichen auf die Grünen selbst zurückfällt. Am Anfang stand ihr vergeblicher Widerstand gegen das bereits genehmigte Kohlekraftwerk Moorburg, dann scheiterte die Schulreform, und als Nächstes hätte die Stadtbahn eine neue Volksinitiative auf den Plan gerufen: Was von Schwarz-Grün in Hamburg in Erinnerung bleiben wird, sind vor allem die Vorhaben, die nicht gelungen sind. Dabei sind die Grünen nicht am Widerstand ihres Koalitionspartners gescheitert, sondern an bestehenden Gesetzen (im Fall Moorburg) oder am Protest der Bürger (bei der Schulreform), der hier anders als in Stuttgart nicht zugunsten, sondern zulasten der Grünen ging. Das abrupte Ende der Koalition bedeutet unausgesprochen auch ein Eingeständnis der Grünen, dass sie mit ihrem Programm hier – vorerst – am Ende sind.

In dem Wahlkampf, der nun bevorsteht, werden sie erklären müssen, was sie in Hamburg künftig anders machen wollen – und warum ihnen das mit einer neuerdings wieder selbstbewussten SPD besser gelingen soll als im bisherigen Verbund mit der CDU. Vielleicht rührt auch daher die Melancholie: Die Grünen ahnen, welchen Preis sie dafür zahlen müssen, dass sie sich in Hamburg bis auf Weiteres wieder fest an die SPD gekettet haben.

Die zeigt sich in diesen Tagen gut vorbereitet und kann ihr Glück kaum fassen. »Mein Ziel sind 40 Prozent plus x«, erklärt Olaf Scholz, der designierte Spitzenkandidat – und niemand lacht. Denn was anderswo vermessen klingen würde, scheint in Hamburg durch Umfragen gedeckt zu sein. Würde die Wahl im Februar tatsächlich so enden, dann hätte die SPD nach Nordrhein-Westfalen nicht nur ein weiteres Bundesland zurückerobert. Sie hätte die Grünen auch wieder dort, wo sie ihr am nützlichsten sind: als kleineren Partner an ihrer Seite.

Einer aus der grünen Führung fürchtet, dass es in Hamburg sogar noch schlimmer kommen könnte: »Mein Horrorszenario«, sagt er, »ist eine absolute Mehrheit für die SPD.« Das wäre in der Tat die denkbar pointierteste Antwort auf die Frage: Was bleibt von Schwarz-Grün?

1980
Bundesprogramm
19 205 Wörter

Begriff	Anzahl
Arbeit	186
Atom	43
Demokratie	17
Emanzipation	1
Energie	96
fair	0
Familie	10
Frauen	61
Freiheit	23
Frieden	21
Gerechtigkeit	2
Homosexuell/-sexualität	16
Kosten	22
Kultur	55
Mensch	125
Minderheiten	13
nachhaltig	1
ökologisch	90
Pazifismus	0
Selbstverwirklichung	6
Sicherheit	7
Solidarität	3
sozial	63
Tier	91
Toleranz	2
Umwelt	58
Wald	9
Widerstand	8
Wirtschaft	131

MOSES AUS SIGMARINGEN

DIE ZEIT 24.03.2011
Mariam Lau

Dass er von einer Katastrophe profitiert, steht fest. Winfried Kretschmann will Ministerpräsident werden

---

Bloß nicht triumphieren. Eine Woche vor der wichtigsten Landtagswahl dieses Jahres laden die Grünen zu einem kleinen Parteitag nach Mainz, dessen Hauptziel die Entkräftung des Vorwurfs zu sein scheint, man sonne sich angesichts der Atomkatastrophe in Fukushima im Gefühl des Rechthabens. In auffällig vielen Reden fallen Formulierungen wie »Wir können nur beten«. Wo man früher gegen Atommafia, Konzerne und Atomstaat wetterte, warnt man heute leiser vor »menschlicher Hybris«. Gleich am Eingang steht ein Altar aus weißen Rosen und Kerzen. Die Versammlung erhebt sich zur Gedenkminute mit japanischen Lautenklängen. Eine Delegierte fühlt sich an den Roman *Der Herr der Ringe* erinnert, in dem ein einzelner Mensch unter der Last keucht, die Welt ändern zu sollen – bis eine Stimme ertönt: »Wer, wenn nicht du?« Die Grünen befänden sich genau in dieser Lage.

Winfried Kretschmann, der wichtigste Hoffnungsträger der Grünen seit Joschka Fischer, hat sich diesen Teil der Veranstaltung geschenkt. Retrokitsch liegt ihm nicht. Als er dann mittags auftaucht, begrüßt man ihn mit tosendem Applaus als »den künftigen Ministerpräsidenten des Landes Baden-Württemberg«. Routiniert geht es bei ihm gegen die Atomwende der CDU, gegen den früheren Ministerpräsidenten Erwin Teufel, der noch »jedes Windrad persönlich bekämpft hat« und für »eine Politik des Gehörtwerdens« – und schon sitzt er wieder in seinem schwarzen Wahlkampfbus. Kann es sein, dass ein engagierter Christ und Naturliebhaber wie Winfried Kretschmann kein Problem damit hätte, von einer atomaren Katastrophe an die Macht gespült zu werden?

Auf der Fahrt zum nächsten Auftritt in Karlsruhe grübelt er über diese Frage. Er ist erschöpft; eine solche Achterbahnfahrt wie diesen Wahlkampf, mit dem Hoch im letzten Herbst bei Stuttgart 21, dem Tief Anfang des Jahres und nun der nächsten Volte – das hat er noch nie erlebt. Letzte Umfragen vor der Wahl am kommenden Sonntag sehen die Grünen wieder vor der SPD; mit 25 Prozent für die Grünen und 22 Prozent für die SPD hätte Winfried Kretschmann tatsächlich die Chance, 58 Jahre CDU-Herrschaft mit einem Knall zu beenden. Seine Antwort auf das moralische Dilemma ist ein gewisser Fatalismus. »Als

01.10.2010: Cem Özdemir (links), der Vorsitzende der Partei Bündnis 90/ Die Grünen, und Winfried Kretschmann, Fraktionsvorsitzender von Bündnis 90/Die Grünen im Landtag von Baden-Württemberg, besuchen den Schlossgarten in Stuttgart, in dem am Morgen Bäume für das umstrittene Bahnprojekt Stuttgart 21 gefällt wurden.

Christ sage ich: Erfolg ist Gabe und Geschenk. Ich habe es letztlich nicht in der Hand. Genauso wenig wie das Scheitern«, sagt er, den Blick auf die vorbeischwebenden Täler und Höhen der Bergstraße geheftet. Die Skepsis gegenüber der Kernkraft, das sei für Grüne so eine Art »Zivilreligion«. Er sieht keinen Grund für Demutsgesten angesichts der Katastrophe.

Der 62-jährige Gründervater der baden-württembergischen Grünen ist der Angstgegner der CDU schlechthin. Wie sollte es auch anders sein: Mit dem Protest gegen Stuttgart 21 im Rücken und nun einer Atomkatastrophe, vor der die Grünen seit jeher gewarnt haben – wer wollte da Kretschmann noch stoppen? Amtsinhaber Stefan Map-

pus versucht, sich dieses gefährlichen Gegners zu entledigen, indem er Kretschmann rhetorisch aus seiner Partei herausbricht, ihn mit Komplimenten geradezu enteignet. »Das ist ein ganz feiner Kerl«, sagt der Ministerpräsident in einer ruhigen Minute am Telefon. Wie oft habe er zu ihm gesagt: »Winfried! Du bisch kei Grüner.« Ein CDU-Staatssekretär ging so weit, das Gerücht zu verbreiten, Kretschmann sei zu alt und zu krank, um die Geschicke der Grünen tatsächlich weiter zu führen. Deshalb werde an seiner Stelle schon bald »der Özdemir« die Geschicke der Partei in Baden-Württemberg bestimmen. »Der Özdemir« – das ist ein Echo aus dem Hessen-Wahlkampf, wo die CDU seinerzeit vor »Al-Wazir und Ypsilanti«

16.09.2011: Der Ministerpräsident von Baden-Württemberg, Winfried Kretschmann (Grüne), kommt in Berlin zum Grünen-Wahlkampfabschluss und trifft auf Demonstranten gegen das Projekt »Stuttgart 21«.

warnte. Kretschmann drohte deshalb bei einer Fasnachtsfeier in Meßkirch scherzhaft, er werde nach seiner Machtübernahme umgehend eine Moschee errichten. Dort, wo Heidegger geboren ist und man seit Menschengedenken CDU wählt, hatte er die Lacher auf seiner Seite.

Aber stimmt es denn? Ist Winfried Kretschmann eigentlich ein Konservativer, der sich in die falsche Partei verstolpert hat?

Er ist seit vierzig Jahren verheiratet. Mit der Lehrerin Gerlinde Kretschmann, Mutter seiner drei Kinder, lebt er im Bauernhaus ihrer Eltern im kleinen, ereignisarmen Laiz bei Sigmaringen, wo er auch Mitglied im Kirchenchor und im Schützenverein ist. Kretschmann war Schützenkönig (Lang- und Kurzwaffe) und Mitglied in der katholischen Studentenverbindung Carolingia (nicht schlagend). Wenn er einem die Hand drückt, einen aus hellen Augen unverwandt anschaut und von der Angst spricht, die ihm die Feindseligkeiten rund um Stuttgart 21 auch bereitet haben, die Irrationalität und der Antiparlamentarismus auch in den Reihen der Parkschützer – dann sitzt einem eine geballte Ladung republikanischer Ernst gegenüber, das schon. Aber wann hat man sich daran gewöhnt, so etwas konservativ zu nennen?

Wenn man Winfried Kretschmann fragt, warum es gerade die Grünen sein mussten, damals 1979, dann überlegt er keine Sekunde: »Aus Liebe zur Natur, einer emphatischen Liebe zur Natur.« Auf der Schwäbischen Alb »kenne ich jeden Felsen«, sagt er ohne Lächeln; hier geht es nicht um ein ulkiges Hobby.

Uschi Eid, ehemals Staatssekretärin im Entwicklungshilfeministerium, kennt Winfried Kretschmann seit vier Jahrzehnten. Die grüne Partei hat beide nicht immer gut behandelt, das hat sie zusammengeschweißt. »Er kann nicht über nichts reden, auch wenn man abends zusammensitzt und Gerlinde was Schönes gekocht hat; es geht immer um Politik, um seine Politik. Aber ich schätze den Ernst, mit dem er das alles betreibt. Wenn man mit ihm wandern geht«, grinst sie, »dann ist er ganz bei sich, dann pflückt er hier und zupft da und hält Ausschau nach *Invasive plants* – nach Pflanzen, die eingeschleppt wurden und sich auf Kosten der einheimischen Vielfalt ausbreiten, wie Alpenampfer oder Indisches Springkraut. Wenn er welche entdeckt, ist er nicht mehr zu bremsen. Er reißt sie aus.«

Anfang der siebziger Jahre unternahm Winfried Kretschmann an der kleinen, ländlich geprägten Universität Hohenheim, wo er Biologie und Chemie studierte, einen kurzen Ausflug in den Linksdogmatismus. Er wurde Mitglied im Kommunistischen Bund Westdeutschland (KBW). Auf den ersten Blick wirkt diese Episode seines Lebens heute wie geträumt. In der Familiengeschichte war sie jedenfalls nicht angelegt. Kretschmanns Eltern waren Vertriebene aus dem Ermland, die mit ihrem Volkskatholizismus inmitten des ostpreußischen Protestantismus eine Diaspora-Erfahrung machten. »Den ganzen Reichtum des Kirchenjahres« habe er zu Hause genießen können. Am Palmsonntag Palmen binden, fasten, Feste feiern.

Finster waren seine Jahre auf einem katholischen Internat. Er gerät ins Stocken, wenn er über diese Zeit spricht. Selbstverständlich hätten die Priester ihre Zöglinge misshandelt (»alles, worüber heute am Runden Tisch geredet wird«). Ein Zimmerkamerad hat einmal mit einem Plastikeimer gekickt und wurde dafür vom Präfekten blutig geprügelt. Für jede falsche Endung in der lateinischen Konjugation gab es eine Kopfnuss. Es war selbstverständlich, den Jugendlichen mit dem Fegefeuer und der Hölle zu drohen.

Mit 16 kehrte Kretschmann der Klosterschule den Rücken, zeitweilig trat er sogar aus der Kirche aus. Heute ist er Mitglied im Diözesanrat. Die Jahre im Internat haben einen tief sitzenden Antiautoritarismus hinterlassen – auch das trieb Kretschmann zu den Grünen. Und diese Erfahrung ist es auch, die ihn von vielen Konservativen im tiefsten Inneren unterscheidet: eine Abscheu vor Herrschaftsformen, die auf Angstmache und Gewalt gründen.

Der KBW passte zu Kretschmann, meint Uschi Eid, »das war so eine Art intellektuelle Elite unter den K-Gruppen«. Man habe alles theoretisch durchdringen wollen, seriöser sein wollen als die Konkurrenz der Trotzkisten, der DKP oder der Spontis. »Da herrschte ein gewisser heiliger Ernst«, meint auch Gerd Koenen, der selbst dabei war und ein Buch über diese Zeit geschrieben hat. »Wir waren keine lustige Truppe. Wir lasen *Das Kapital* rauf und runter. Bei den Trotzkisten gaben sie sich französisch, bei den Spontis italienisch – beim KBW sprach man Dialekt. Wir volkstümelten. Wir waren geradezu hingebungsvoll. Das Leninistische, das kam erst später – da war Winfried Kretschmann längst nicht mehr dabei.« Wie ist er da rausgekommen? »Sie merken die totalitären Züge«, sagt Kretschmann knapp. »Ich stand einmal ganz allein gegen den gesammelten Unmut der Versammlung. Das war keine schöne Situation.« Vor dem ganz großen Irrsinn haben Kretschmann womöglich schlichte Dinge bewahrt. Er hat früh geheiratet, seine Frau war während des Studiums schwanger geworden. Er hat Naturwissenschaften studiert, später auch

Ethik, und ist Gymnasiallehrer geworden, bevor er in die Politik ging. Familie und Beruf – das vertrug sich nicht mit dem Kaderleben.

Seinen intellektuellen Fixstern bildeten nach dem Abschied vom KBW zwei jüdische Philosophinnen: Hannah Arendt und Jeanne Hersch. Beide vertraten einen emphatischen Begriff des politischen Lebens, die Wertschätzung republikanischer Institutionen, »Staatsliebe« geradezu, mit starken Abneigungen gegen alle Formen des Radikalismus, auch auf der Linken. Die Folge: Kretschmann ist es, der einer Partei mit vielen antistaatlichen Impulsen die Wertschätzung demokratischer Institutionen nahegebracht hat.

Kein Moment in der jüngeren grünen Geschichte war für diese Spannung so beispielhaft wie der Streit um Stuttgart 21. Während Parteichef Cem Özdemir vor den Kameras stand und raunte, »der Mappus will Blut sehen«, versuchte Kretschmann den ganzen Sommer lang in Telefonaten mit dem Ministerpräsidenten die Eskalation abzuwenden. Dass es aufseiten der Bahnhofsgegner Leute gab, die den Abbruch des Nordflügels mit der Sprengung der Buddhastatuen durch die Taliban in Afghanistan verglichen, das raubte Kretschmann den Schlaf.

Für seine Generation baden-württembergischer Grüner, so erzählt Kretschmanns Altersgenosse Rezzo Schlauch, waren zwei Situationen prägend: Erstens der Moment im Deutschen Herbst 1977, als der Stuttgarter CDU-Bürgermeister Manfred Rommel gegen den geballten Volkszorn darauf bestand, die in Stammheim umgekommenen RAF-Terroristen auf dem städtischen Friedhof zu begraben. Und dann der Aufstand gegen das Kernkraftwerk Wyhl, der auch von ländlichen Milieus getragen wurde – die Initialzündung für die Bewegung von Bauern und Studenten, die für die Gründung der Grünen paradigmatisch wurde. Für Schlauch und Kretschmann folgte aus diesen Erfahrungen, dass eine gute Opposition »immer mitregieren« muss.

Jetzt ist es vielleicht so weit. Gegenüber der *taz* hat Kretschmann sich einmal als Moses bezeichnet, der seine Partei durch die Wüste einer dreißigjährigen Opposition in ein Kanaan führt, das er dann selbst nie erreicht. Lange Zeit sah es aus, als sei es umgekehrt: Winfried Kretschmann ist längst zu Hause in einem Land, mit dem weite Teile seiner Partei noch immer fremdeln. Jetzt könnten sie zusammen ankommen.

»ES GIBT KEIN LINKES LEBENS-GEFÜHL«

DIE ZEIT 20.04.2011

*Die Zeit der Ausreden ist vorbei, sagt Jürgen Trittin.
Ein Gespräch über das Regierenlernen,
die Kanzlerkandidatur und bürgerliche Hybris*

DIE ZEIT: Herr Trittin, wie sehr irritiert Sie, dass die Grünen bis Fukushima in allen Umfragen deutlich schlechter dastanden? Dass sie als Dagegen-Partei galten? Dass der Regierungswechsel in Baden-Württemberg unmöglich schien?
Jürgen Trittin: Ich glaube nicht an Umfragen, ich glaube an Wahlergebnisse. Insofern ist auch die Frage entschieden, ob die Diffamierungsstrategie der Kanzlerin verfangen hat.
ZEIT: *Wenn Sie an Umfragen zweifeln, dann auch daran, dass fast jeder Dritte derzeit grün wählen würde?*
Trittin: Wir werden erst bei der Bundestagswahl im September 2013 wissen, wie groß die Zustimmung für die Grünen bundesweit ist. Wir sind trotz unseres besten Ergebnisses bei einer Bundestagswahl die kleinste Oppositionsfraktion, haben aber sicher gute Chancen, uns deutlich zu steigern, wenn wir uns anstrengen. Das ist noch viel Arbeit. Aber das ist die Perspektive, auf die ich hinarbeite.

ZEIT: *Als Kanzlerkandidat?*
Trittin: Wir führen diese Diskussion nicht. Wir haben genug damit zu tun, in Bremen mehr Grün in den Senat zu bringen, in Mecklenburg-Vorpommern in den letzten Landtag einzuziehen und mit Renate Künast stärkste Partei in Berlin zu werden.
ZEIT: *Warum so zögerlich?*
Trittin: Ich glaube, dass sich die Frage einer Kanzlerkandidatur derzeit nicht stellt. Wie valide unser Aufschwung ist, wird man Ende des Jahres etwas besser sehen. Unser Umfragetief in diesem Winter haben wir mit dieser bodenständigen Haltung gut überstanden: erfolgsorientiert, aber nicht selbstbesoffen.
ZEIT: *Sie würden ablehnen, wenn Ihre Partei Sie fragte?*
Trittin: Das sind zu diesem Zeitpunkt alles müßige Fragen.
ZEIT: *Die FDP gibt sich jetzt eine Führung aus Mittdreißigern. Die Grünen werden von Mittfünfzigern geführt. Was sagt das über die Grünen aus?*

Trittin: So richtig ist der Durchmarsch bei der FDP nicht gelungen, wenn ich mir Kabinett und Fraktionsspitze anschaue. Wenn Sie die aufgeregten Diskurse und die Moden des hauptstädtischen Salon-Politisierens für bare Münze nehmen, hätte Olaf Scholz nicht die Wahl in Hamburg und Winfried Kretschmann nicht die in Baden-Württemberg gewinnen können.

ZEIT: *Weil sie als langweilig gelten?*

Trittin: Nein, weil sie solide sind. Am Ende zählen Parteien und Programme. Das ist zwar langweiliger, aber die Wahlergebnisse der letzten Jahre belegen das. Und das ist ein Teil des grünen Aufschwungs.

ZEIT: *Im baden-württembergischen Wahlkampf hörten wir oft: Ja, den Kretschmann finden wir gut, aber der Trittin wäre für uns unwählbar.*

Trittin: Das mag Ihre Erfahrung sein, meine aus dem Wahlkampf dort in Schwaben und Baden ist eine andere. Und ganz offensichtlich haben die Grünen eine hohe Mobilisierungsfähigkeit in neue Wählerschichten hinein.

ZEIT: *Was bedeutet der Erfolg in Baden-Württemberg für das Selbstverständnis der Grünen?*

Trittin: Niemand in meiner Partei wird mehr sagen können: »Das mussten wir wegen des großen Koalitionspartners so machen«. Das war schon immer eine Ausrede, aber jetzt gilt sie weniger denn je. Wir stehen für die Gesamtverantwortung von Politik, im Guten wie im Schlechten. Wenn einem bestimmte Entscheidungen gar nicht passen, muss man die Frage beantworten, ob man eine Regierungsbeteiligung deswegen beenden will. Bisweilen sind einem andere Dinge wichtiger, sodass man das mitträgt. In Baden-Württemberg aber kommt noch etwas anderes hinzu: Dort spielt der Ministerpräsident durch die Verfassung des Landes eine ganz besondere Rolle, sie ist größer als die Richtlinienkompetenz eines Regierungschefs auf Bundesebene.

ZEIT: *Das ist eine versteckte Drohung an den kleinen Koalitionspartner dort, die SPD.*

Trittin: Die Verfassung ist keine Drohung, sondern die Verfassung. Aber den Vertrauensvorschuss der Wähler hat Winfried Kretschmann bekommen – niemand sonst.

ZEIT: *Nach seinem Wahlerfolg sagte Kretschmann: »Erst das Land, dann die Partei«. Ist das auch Ihre Reihenfolge?*

Trittin: Das kann gar nicht anders sein – gerade wenn man das Land sozial und ökologisch modernisieren will.

ZEIT: *Erfahrungsgemäß steigt die Spannung, wenn die Grünen mitregieren. Möglicherweise steigt sie noch mehr, wenn sie erstmals eine Regierung führen müssen.*

Trittin: Klar, da wird genau hingeguckt werden, wie wir das machen. Der grüne Regierungschef wird am Ende seinen Kopf dafür hinhalten müssen, wenn der rote Finanzminister nicht solide wirtschaftet. Er wird auch für potenzielle Aktionen seines Innenministers geradestehen müssen. Die Ausrede »Das sind die anderen« zählt nicht. Der Hauptverantwortliche, der die Gesamtpolitik in Baden-Württemberg personifiziert, ist Winfried Kretschmann.

ZEIT: *Wir meinten weniger die Spannung innerhalb der Regierungskoalition als innerhalb Ihrer Partei. Beim Ausbau der erneuerbaren Energien stemmen sich Anhänger der Grünen gegen Projekte, die aus der Logik des grünen Programms heraus notwendig sind.*

Trittin: Vor Ort gibt es Leute aus allen Parteien, die gegen das eine oder andere Projekt sind. *So what?* Ich habe in Baden-Württemberg Wahlkampf für den Ausbau der Windenergie gemacht und bin weder aus dem Saal geprügelt noch ausgepfiffen worden, sondern habe sehr viel Beifall bekommen. Wir dürfen nie so tun, als hätten wir die Weisheit mit Löffeln gefressen. Einwände muss man sehr ernst nehmen. Es gibt Standorte, die nicht gehen, und manchmal stellt sich so etwas erst im Zuge des Prozesses heraus. Ich habe als Bundesumweltminister Vorrangflächen in der Ostsee nicht genehmigt, aus Naturschutzgründen. In anderen Fällen habe ich die Genehmigung erteilt, weil ich es für vertretbar hielt. Das heißt, wir müssen den Abwägungsprozess transparent machen, ohne das Ziel aus dem Auge zu verlieren.

ZEIT: *Was heißt das konkret?*

Trittin: Das bedeutet, dass man mit den Menschen gemeinsam an solche Vorhaben herangeht und sie auch beteiligt. Das schafft zugleich mehr Akzeptanz. Wenn ich schneller aus der Atomenergie heraus will, muss ich im Bereich der *Onshore*-Windanlagen mehr investieren. Dazu sind die Menschen bereit. Und das bedeutet: Wir bauen neue Windräder in Süddeutschland und ersetzen im Rest der Republik viele der alten, ineffizienten Anlagen durch wenige effiziente – das heißt große – Windräder, die sich im Interesse des Landschaftsschutzes langsamer drehen und damit das Landschaftsbild weniger beeinträchtigen.

ZEIT: *Niemand wohnt gern in der Nähe eines Windparks.*

Trittin: Wenn Sie früher durch das Emsland gefahren sind, standen da auch keine Windräder. In dieser Region sind die Grünen auch heute noch weit davon entfernt, stärkste Partei zu werden; die CDU hat da eine stabile Zweidrittelmehrheit. In dieser Region liegt der Versorgungsgrad bei Windkraft deutlich über 100 Prozent. Das heißt, man ist von einer Stromimportregion zu einer Stromexportregion geworden. Trotzdem fühlen sich die Menschen dort sehr wohl und haben kein Problem mit der Windenergie. Wichtig ist, dass sie das Gefühl haben: Sie sind daran beteiligt. Man kann an der Gemeindekasse ablesen, dass sie davon profitieren, etwa durch Gewerbesteuereinnahmen. In Baden-Württemberg gibt es landesplanerische Auflagen, die besagen, dass Windvorrangflächen nur in Tälern ausgewiesen werden dürfen – super Idee! Damit wird Windenergie bewusst unrentabel gemacht. Solche Dinge gehören weg. Wenn wir wirklich aus der Atomenergie aussteigen wollen, müssen wir mehr Windkraftanlagen installieren als im vergangenen Jahr. Mit der Ausbaurate des letzten Jahres wird ein schnellerer Umstieg nicht gehen. Wir müssen die Baublockade in Süddeutschland abräumen.

ZEIT: *Die SPD warnt beim Atomausstieg vor steigenden Preisen, will die Schutzmacht der kleinen Leute sein. Was sagt das über die SPD?*

Trittin: Dass sie in ernsten Schwierigkeiten ist. Die SPD agiert hektisch, ohne Kompass und Kurs. Sozialdemokraten waren die Ersten – noch vor der Kanzlerin –, die gesagt haben, auf keinen Fall dürfe es zu einer Besteuerung des Diesels nach CO_2-Gehalt kommen – obwohl das nicht nur fachlich logisch ist, sondern auch im SPD-Programm steht. Darüber hinaus haben sie in Reaktion auf das Moratorium der Laufzeitverlängerung sehr schnell für neue Kohlekraftwerke plädiert, bezeichnenderweise in einer Allianz mit Herrn Lindner von der FDP. Das alles sind Konzepte, die nicht zu Ende gedacht sind.

ZEIT: *Und daher ist Schwarz-Grün eine Option für 2013?*

Trittin: Wir haben in Baden-Württemberg eine Mehrheit für Grün-Rot. In Rheinland-Pfalz wird eine rot-grüne Regierung gebildet. Wenn alles gut geht, werden wir in Bremen stärkeren Einfluss bekommen. In Berlin wird es darum gehen, ob wir stärkste Kraft werden. Wie ich die Berliner SPD kenne, wird sie lieber auf Wowereit verzichten, als in die Opposition zu gehen; da bin ich sehr gelassen. Auch bei allen folgenden Landtagswahlen spricht von der Orientierung her mehr für eine Mehrheit aus Sozialdemokraten und Grünen – oder Grünen und Sozialdemo-

Nach zwei erfolgreichen Landtagswahlen bekommen die Spitzenkandidaten der Grünen aus Rheinland Pfalz, Eveline Lemke (Mitte links), und Baden-Württemberg, Winfried Kretschmann (rechts), am Tag danach in Berlin Blumen von den Bundestagsfraktionsvorsitzenden Jürgen Trittin und Renate Künast

kraten –, als für andere Konstellationen. In den neuen Mehrheitsverhältnissen drückt sich eine größere politische Schnittmenge aus. Je eigenständiger die Politik der Grünen ist, umso unwahrscheinlicher werden andere Mehrheiten. Grün ist die Alternative zu Schwarz – nicht die Deko.

ZEIT: *Die Grünen sind jetzt Mainstream. Hält Ihre Partei das überhaupt aus?*

Trittin: Ich glaube, es ist eher andersherum: Die grünen Themen haben es über die Jahre geschafft, den Mainstream neu zu definieren. Es kommt darauf an, die eigenen Inhalte in der Mitte der Gesellschaft zu positionieren, sich selbst mehrheitsfähig zu machen. Hegemoniefähigkeit ist die eigentliche Kunst. Das ist uns gelungen mit Themen, die früher belächelt worden sind. Wenn man vor 20 Jahren gesagt hätte, dass

Deutschland komplett auf erneuerbare Energien umsteigt – was heute ein zumindest auf dem Papier formulierter Konsens zwischen allen Parteien ist –, dann hätte man als verspinnert, als Exot gegolten. Das war sozusagen das Privileg von Hermann Scheer und Franz Alt, um einmal bewusst zwei wichtige Visionäre aus anderen Parteien zu nennen.

ZEIT: *Einem Teil der Partei könnte es unbehaglich sein, in der Mitte der Gesellschaft anzukommen.*
Trittin: Warum? Wir haben diese guten Wahlergebnisse mit urgrünen Themen erreicht: mit einer Politik, die sehr konsequent darauf gesetzt hat, dass wir schnell rausmüssen aus der Atomenergie, dass wir eine andere Form von Verkehrspolitik brauchen, dass man Steuergelder nicht einfach unter der Erde verbuddelt. Ich bin nicht bange um das, was daraus resultiert.

ZEIT: *Wie links sind die Grünen noch?*
Trittin: Sie gehören zur linken Mitte. Alle Untersuchungen zeigen, dass sich unsere Wähler weiter links einschätzen als unsere Mitglieder.

ZEIT: *Was macht Linkssein aus?*
Trittin: Das Primat der Politik über den Markt. Das ist der Anspruch, dass Menschen sich als vernunftbegabte Wesen, als gleichberechtigte Subjekte begegnen können und sollen. Und dass Ungerechtigkeit nicht der erstrebenswerte Motor gesellschaftlicher Entwicklung sein sollte. Aber links ist eine Haltung, keine Mode. Das rechte Lager in diesem Land kostümiert sich gerne als bürgerliches Lager. Welch eine Hybris! Wir haben in unserer Gesellschaft de facto nur noch bürgerliche Parteien. Es gibt rechte bürgerliche Parteien, wir haben linke bürgerliche Parteien, aber bürgerlich sind sie alle. Deshalb sind die habituellen Fragen – »Kann jemand mit Messer und Gabel essen?«, »Hat er einen federnden Gang?«, »Wie hoch ist der Gelfaktor in seinen Haaren?« – kein Ausweis von Bürgerlichkeit.

ZEIT: *Aber es gibt noch so etwas wie linkes Lebensgefühl?*
Trittin: Nein.

ZEIT: *Nein?*
Trittin: Unsere Gesellschaft ist von individualisierten Lebenslagen geprägt. Früher konnte die Wahlsoziologie noch sagen: Frau, katholisch, lebt auf dem Lande – wählt CDU. Evangelisch, Gewerkschaftsmitglied, Stadt – wählt SPD. Im Großen und Ganzen lag man damit immer richtig. Das funktioniert nicht mehr. Weder in der Politik noch anderswo. Es gibt auch keine linke Musikkultur mehr.

ZEIT: *Sie bezeichnen die Grünen als »bürgerlich«. Gleichzeitig fordern Sie bei internen Treffen der Parteilinken eine klarere Polarisierung. Wie passt das zusammen?*
Trittin: Ich habe nur eine Tatsache benannt. Wir haben in Baden-Württemberg in einer scharfen Konfrontation über Stuttgart 21, über die Atomenergie und in einer scharfen machtpolitischen Zuspitzung – Grün-Rot gegen Schwarz-Gelb – gewonnen. Die Bürger haben sich für die linke Mitte und gegen die Rechten entschieden.

ZEIT: *Mal ehrlich: Was hat Sie zuletzt verunsichert?*
Trittin: Fukushima. Sie wissen, dass ich immer gegen Atomkraft war. Aber trotzdem hätte ich nie geglaubt, dass so etwas wie in Japan passieren kann. Als ich die ersten Nachrichten auf dem Bildschirm meines Computers gelesen habe – sechs Reaktorblöcke außer Kontrolle, drei Kernschmelzen –, hat mich das regelrecht verstört. Eigentlich hatten wir uns doch alle darin eingerichtet, dass Technik nicht schiefgeht. Wir sind alle von Technik abhängig, und irgendwie glaubten wir daran, dass sie funktioniert. Und dann funktionierte sie selbst in Japan nicht.

Das Gespräch führten Marc Brost und Matthias Geis

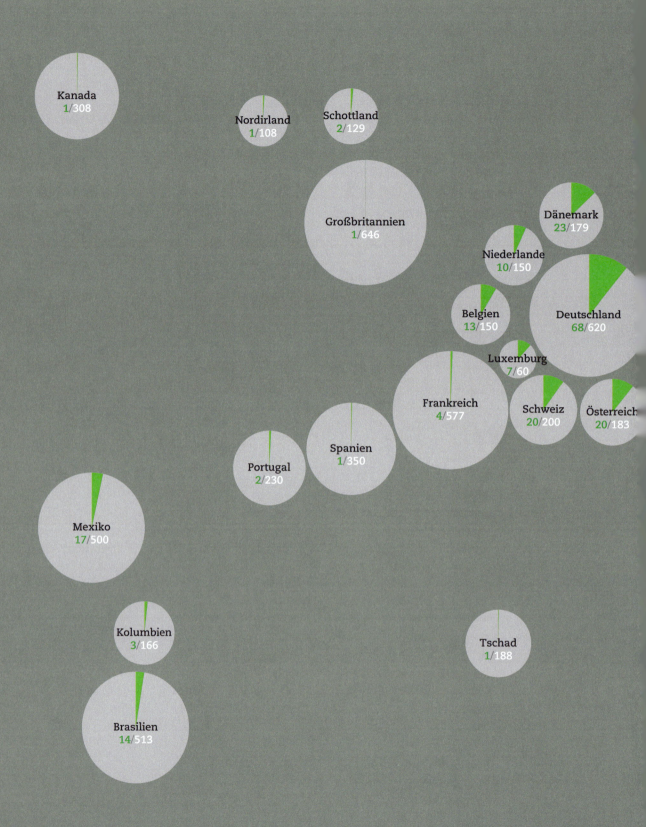

GRÜNE WELTKARTE   In welchen Parlamenten sitzen grüne Abgeordnete?
Stand: August 2011 / Recherche: Martin Fischer / Quelle: Global Greens, European Green Party, Greens/EFA, IFES Election Guide

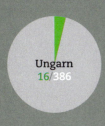

ES GRÜNT IM KLUB

DIE ZEIT 12.05.2011
Giovanni di Lorenzo

Mit der Wahl Winfried Kretschmanns zum Ministerpräsidenten etabliert sich die dritte deutsche Volkspartei

—

Auch wenn man die Grünen nie gewählt hat, jetzt kann man ihnen nur Glück wünschen. Am Donnerstag wird die erste Landesregierung in Deutschland unter Führung eines grünen Ministerpräsidenten vereidigt, und es steht dabei mehr auf dem Spiel als der Erfolg einer grün-roten Koalition in Baden-Württemberg, die für sich schon eine historische Zäsur in der Parteiengeschichte ist. Es geht auch um die Hoffnung auf politische Erneuerung in Deutschland und um die grundlegende Frage, ob und in welcher Form Volksparteien eine Zukunft haben.

Grün-Rot also – ein politischer Umsturz ausgerechnet in einem wohlhabenden Bundesland, das jahrzehntelang als Trutzburg von Parteien galt, die einst als bürgerlich bezeichnet wurden. Man hat das als fällige Reaktion auf eine 58 Jahre währende Herrschaft der CDU (mit zeitweiliger Hilfe der FDP) interpretiert. Als Ausdruck einer Stimmungswahl, die ohne die Reaktorkatastrophe in Fukushima undenkbar gewesen wäre.

Aber die Diagnose ist unvollständig, wenn sie nicht ein anderes Symptom berücksichtigt, das für die etablierten Parteien die stärkste Herausforderung seit der Wiedervereinigung darstellt: Noch nie waren die Präferenzen der Wähler so schwer voraussehbar, noch nie schienen sie so entschlossen zu sein, ihre Wut zu demonstrieren – sei es durch Wahlboykott, sei es durch die Stimmabgabe für eine Partei, die sie früher nie gewählt hätten. Das hat diesmal Grüne und SPD an die Regierung gebracht. Doch dieser Erfolg ist nicht mehr als eine Belobigung auf Bewährung.

Der neue Ministerpräsident Winfried Kretschmann ist sich seiner Verantwortung offenbar bewusst. Schon in der Stunde des Wahltriumphs erinnerte er daran, nun gelte es, die Erwartungen der Bürger zu erfüllen, die zum ersten Mal Grün gewählt hätten. In Interviews sprach er davon, man wolle keine »feindliche Übernahme des Landes«, und er lobte den Amtsstil seines Vorvorgängers Erwin Teufel von der CDU. Auch wenn er vor der Wahl Wert auf die Feststellung legte, dass die Grünen eine volksnahe und keine Volkspartei sein wollten, weil dies ein überholter Begriff sei, so lassen diese Erklärungen doch den Schluss zu: Die Grünen unter Winfried Kretschmann sind auf dem besten Wege, das zu werden, was gemeinhin eine Volkspartei ist.

Nach der Definition von Parteienforschern zeichnen sich Volksparteien heute vor allem dadurch aus, dass sie ungefähr 30 Prozent der Wähler vertreten und durch ein relativ unideologisches Parteiprogramm wählbar für Bürger aus unterschiedlichen gesellschaftlichen Schichten sind. Das klingt weit unattraktiver als das, was sie für die Bundesrepublik über viele Jahrzehnte tatsächlich gewesen sind: eine große Erfolgsgeschichte, jede Volkspartei für sich eine kleine Koalition, bestrebt, möglichst viele Menschen mitzunehmen, statt Standesinteressen oder Berufsgruppen zu vertreten.

Das alles haben die Grünen nahezu geschafft, und darin liegt eine Chance: In einer Zeit, in der die Zersplitterung der politischen Landschaft in lauter Klientelparteien befürchtet wird, könnte eine dritte Volkspartei entstehen – vorausgesetzt, die SPD, die zweite Volkspartei, bleibt auch eine.

Die baden-württembergischen Sozialdemokraten haben kaum mehr als 23 Prozent der Stimmen auf sich vereinen können, bei diesem Ergebnis ist ein Kriterium der Volkspartei schon nicht mehr erfüllt. Die Entscheidung Kretschmanns, der SPD dennoch die Mehrzahl und die wichtigsten Ministerien der Landesregierung zu überlassen, ist ihm als Zeichen der Schwäche ausgelegt worden. Womöglich war es aber auch ein Akt der Klugheit gegenüber einem Partner, der sich tief gedemütigt fühlen muss. Das ist umso generöser, als Kretschmann und seine Mitstreiter in den Wochen der Koalitionsverhandlungen schwer an der SPD gelitten haben: Sie beklagten das Fehlen jeder politischen Fantasie, das Beharren auf Posten und alten Positionen.

Paradoxerweise stellte ein Erfolg von Grün-Rot in Baden-Württemberg für die SPD eher ein Risiko dar. Der Rest der Republik könnte sich an den Gedanken grüner Ministerpräsidenten gewöhnen, als Nächstes bei den Wahlen zum Berliner Abgeordnetenhaus.

Aus dieser Gefahrenlage kommen die Sozialdemokraten nur heraus, wenn sie wieder Anker in die ganze Gesellschaft werfen, die sie aus Rücksicht auf ihre Parteibasis aus den Augen verloren haben, und bei der Auswahl ihrer Spitzenkandidaten weniger auf die Stimmung der Parteifunktionäre als auf die Erfolgsaussichten bei den Wählern achten.

Auch in diesem Punkt haben die Grünen in Baden-Württemberg ein Beispiel gegeben: Vor einem Jahr, bei der Aufstellung der Spitzenkandidaten zur Landtagswahl, stellte eine linke Fronde in der Partei dem Zugpferd Kretschmann noch misstrauisch ein Team zur Seite. Als Ministerpräsident hat er sich nun der Jahrhundertaufgabe zu stellen, in einer der wirtschaftlich stärksten Regionen Europas die Ökonomie des Landes mit der Ökologie zu versöhnen; nun muss er nach den aufreibenden Auseinandersetzungen um Stuttgart 21 auch einen Konsens finden. Geschockt von einigen fanatischen Forderungen von Baum- und Bahnhofsschützern, plädiert er bereits für den »zivilisierten Streit«. Konsens? Zivilisierter Streit? Klingt verdammt nach regierungsfähiger Volkspartei: Willkommen im Klub!

SIND SIE EIN GRÜNER SPIESSER?

Der Test funktioniert so:
Man darf immer nur ein Kreuz machen und bekommt dafür am Ende (Buch umdrehen, kleine Schrift) Punkte von 0 bis 10 für die einzelnen Antworten.
Ganz neu:
Wenn nix zutrifft, macht man einfach: kein Kreuz! Am Ende ist man entweder überhaupt kein, eher kein, ein kleiner oder ein großer Ökospießer.

Von Heike Faller, Christine Meffert und Matthias Stolz

Was sagt Ihnen der Name Ortlieb?
☐ Die schönsten Taschen der Welt (7)
☐ Ein Berg in den Alpen – wunderschön zum Wandern (4)
☐ Hat irgendwas mit Radfahren zu tun (2)

Wie denken Sie über Prince Charles?
☐ Er ist schuld am Tod Dianas (0)
☐ Er ist hässlich (0)
☐ Toller Typ – er hat mit allen seinen Thesen Recht (8)

Welche Kindernamen würden Sie wählen – oder haben sie schon gewählt?
☐ Lolle, Michel, Hannah (7)
☐ Luna, Blue und Lila (0)
☐ Jamie, Dominic, Yannick (0)
☐ Johannes, Emil, Marie (6)

Welches ist ihr Lieblingsgemüse?
☐ Pommes rot-weiß (0)
☐ Zucchini (4)
☐ Zuccini, aber natürlich nur die Blüten (8)

Wie denken Sie über Südtirol?
☐ Ein schlimmer Ort (0)
☐ So schön wie der Rest von Italien – und außerdem entspannend (6)
☐ Toll – aber schade, dass plötzlich alle hinfahren (7)

Ihr Kind soll getauft werden. Warum?
☐ Ich bin zwar selbst aus der Kirche ausgetreten, aber ich finde, dass ein festes Wertesystem zur Erziehung gehört (9)
☐ Weil wir christlich sind, wieso denn sonst? (0)
☐ Wegen der Großeltern (3)

SIND SIE EIN GRÜNER SPIESSER?

Warum machen Sie Yoga?
- ☐ Ich mach kein Yoga, es gibt ja Exerzitien, viel toller (8)
- ☐ Weil ich's mir wert bin (6)
- ☐ Wegen meines Nackens (2)

Welche Outdoor-Marken kaufen Sie gerne?
- ☐ Mammut, Hagelöff oder Berggans (9)
- ☐ Jack Wolfskin (4)
- ☐ Marlboro Classics (1)

Ihr Lieblingserfrischungsgetränk?
- ☐ Leitungswasser (7)
- ☐ Coca Cola, Fanta oder Sprite (0)
- ☐ Naja, schon Bionade, obwohl's irgendwie vorbei ist (9)

Welches Buch haben Sie zuletzt gelesen?
- ☐ Foer: *Tiere essen* (6)
- ☐ Karen Duve: *Anständig essen* (8)
- ☐ Thilo Bode: *Die Essensfälscher* (4)
- ☐ Mehrere davon (7)
- ☐ Keines (0)

Ihre Meinung zu Sex-Toys?
- ☐ Finde ich ganz lustig (2)
- ☐ Okay. Aber die Batterien müssen Akkus sein (6)
- ☐ Ich bin liiert (8)

Ihrer Meinung nach: Der Papst in Wahrheit …
- ☐ … schwul (4)
- ☐ … ein glänzender Witzeerzähler (5)
- ☐ … der Stellvertreter Jesu (1)

Ihre Meinung zu Ihrer eigenen Beerdigung?
- ☐ Wenn schon Sarg, dann vom Schreiner um die Ecke (8)
- ☐ Kein Sarg, verbrennen (6)
- ☐ Ich hab schon einen Platz in einem Schweizer Friedenswald (9)
- ☐ Mir egal, bin ja eh nicht mehr dabei (0)

Wie legen Sie ihr Geld an?
- ☐ Datsche in Brandenburg (macht mir natürlich auch Spaß) (8)
- ☐ Gold und Erdöl (0)
- ☐ Objekte von Olafur Eliasson (9)
- ☐ Aktien und so (2)

Wie denken Sie über Kindererziehung?
- ☐ Kinder brauchen Grenzen (5)
- ☐ Kinder brauchen Eltern, die ihnen mit gutem Beispiel vorangehen (8)
- ☐ Kinder brauchen ein gutes Internat (2)

Sie und die Mobilität:
- ☐ Hab kein Auto, aber den Toyota Primus find ich toll (7)
- ☐ Im ICE kann man so herrlich lesen (9)
- ☐ Jeder Kilometer zu Fuß bringt mir Lustgewinn (2)

Stuttgart 21 – wo ist da noch mal das Problem?
- ☐ Komm, das fragen Sie jetzt nicht im Ernst? (8)
- ☐ Bei den Rentnern, die haben sonst nichts zu tun (0)
- ☐ Die Bäume, hm? (4)

Wie heißt der Ministerpräsident von Baden-Württemberg?
- ☐ Wilfried Kretschmann (1)
- ☐ Winfried Kretschmer (0)
- ☐ Winfried Kretschmann (5)

SIND SIE EIN GRÜNER SPIESSER?

Was haben Sie mit ihm gemeinsam?
- ☐ Einen Bruch in der Biographie, den ich nicht missen möchte (10)
- ☐ Ich hab auch ein unverkrampftes Verhältnis zu Schützenvereinen (9)
- ☐ Ich weiß wie es ist, jahrzehntelang überhaupt nicht wahrgenommen zu werden (2)

Wenn Chips, dann welche?
- ☐ Pringels muss es schon sein (1)
- ☐ Egal, Hauptsache Chips (0)
- ☐ Selbstgemacht aus blauen Kartoffeln, gebacken in Ölivenöl – hmmm (8)

Bei Rapunzel, was denken Sie da?
- ☐ Neu verfönt (0)
- ☐ Ein Blattgemüse (5)
- ☐ Tolle Marke (7)

Wo feiern sie Hochzeit?
- ☐ Landgut in Brandenburg (8)
- ☐ Schloss in Brandenburg (5)
- ☐ Gar nicht in Brandenburg (2)

Wie heißt Ihr Salz?
- ☐ Fleur du Sel (6)
- ☐ Salz halt (0)
- ☐ Wie es heißt, weiß ich nicht, aber es kommt aus dem Himalaya (8)

Mit wem haben Sie ihre letzte außereheliche Nacht verbracht?
- ☐ Mit einem/r Kurator/in (8)
- ☐ Mit einem/r Kurdirektor/in (1)
- ☐ Mit einem kurdischen Extremisten (1)

Welches Geschirr besitzen Sie?
- ☐ Villeroy & Boch (6)
- ☐ WMF (2)
- ☐ Meißener (0)
- ☐ Kahla ausm Osten (9)
- ☐ Der ererbte Geschirr von meinen Großeltern (9)

Was sagt Ihnen das Wort Uckermark?
- ☐ Was soll ich dort? (0)
- ☐ Wo ist das? (0)
- ☐ Für mich die deutsche Toskana (8)

Energiesparlampen ...
- ☐ ... benutz ich nur im Wohnzimmer, im Flur und Badezimmer bringen sie ja nix (8)
- ☐ ... sollen ja so sparsam gar nicht sein (4)
- ☐ ... find ich hässlich (6)

A+++ hab ich schon mal gehört. Das ist doch ...
- ☐ ... eine Batterie (2)
- ☐ ... das Rating von Slowenien (0)
- ☐ ... eine Note für Kühlschränke (7)

Stand by – was ist das?
- ☐ Ein Lied von Lenny Kravitz (0)
- ☐ Ein Lied von Ben E. King (0)
- ☐ Kein Lied (6)

Geld ausgeben wofür?
- ☐ Ich leiste mir wenig, aber dann darf's auch was kosten (9)
- ☐ Konsum verschafft mir keine Befriedigung (8)
- ☐ Saufen, Sex – und was gegen den Hunger (0)

Worüber können Sie lachen?
- ☐ Über meinen Nachbarn – so ein blöder Kerl (5)
- ☐ Über den Klimawandel (0)
- ☐ Über mich – Selbstironie ist wichtiger (8)

SIND SIE EIN GRÜNER SPIESSER?

Was erhalten Sie regelmäßig?
- ☐ Die grüne Kiste und den Manufactum-Monatsbrief (9)
- ☐ Eins davon (7)
- ☐ Nichts davon (0)

Haben Sie schon mal Ihr Trinkwasser analysieren lassen (für 50 Euro)?
- ☐ Ja, klar – aber ich trau diesen Tests nicht (8)
- ☐ Ja (6)
- ☐ Nein (0)

Was wählen Sie?
- ☐ Grün aus Überzeugung (4)
- ☐ Grün, so aus Gefühl (8)
- ☐ Nicht-Grün, mit schlechtem Gewissen (6)
- ☐ Nicht-Grün, ohne schlechtes Gewissen (0)

Was sollen Kinder trinken?
- ☐ Nur Muttermilch (8)
- ☐ Muttermilch oder Milch (4)
- ☐ Keine Cola (0)

Fahrradhelme …
- ☐ … sehen scheiße aus, sind aber nun mal sicher (7)
- ☐ … sehen scheiße aus, drum trag ich sie nicht (0)
- ☐ … sehen scheiße aus – und trotzdem sollten sie Pflicht werden (8)

Was stimmt?
- ☐ Ich kenne total viele grüne Spießer – so will ich nie werden! (7)
- ☐ Ich weiß gar nicht, was das sein soll. Grüne sind doch nicht spießig (7)
- ☐ Ich finde diese Spießerdebatte selbst total spießig. Das ist so eine deutsche Angst, Spießer zu sein. Wer recht hat, soll sich ruhig dazu bekennen (7)

Ich könnte ausrasten, wenn …
- ☐ … im ICE das Kleinkindabteil von Singles belegt ist (8)
- ☐ … Leute Eier aus Legebatterien kaufen (9)
- ☐ … die Milch, die »Mark Brandenburg« heißt, in Wahrheit aus Nordrhein-Westfalen kommt (8)

Welche Reihe ist falsch
- ☐ Neuland/Bioland/Demeter (0)
- ☐ Fair/Trans Fair/Gepard (7)
- ☐ Wiesenhof/Gutfried/Weleda (7)

Schrebergärten sind …
- ☐ … gar nicht mehr spießig (10)
- ☐ … toll – wenn man Kinder hat (9)
- ☐ … ja ne tolle soziale Erfindung (8)

»Ich hab mir jetzt eine Datsche gekauft«
- ☐ stimmt (9)
- ☐ stimmt nicht (0)
- ☐ stimmt nicht, aber ich überlege (9)

Welche Musik mögen Sie?
- ☐ Singer-Songwriter (8)
- ☐ Country (0)
- ☐ So die R'n'B-Soul-Schiene (6)

Ihre Meinung zu Eminem o. ä.?
- ☐ Klar, frauenfeindlich, aber tolle Musik (8)
- ☐ Seine Texte drücken aus, was ich tief in mir empfinde (0)
- ☐ Davor muss man unsere Kinder schützen (2)

SIND SIE EIN GRÜNER SPIESSER?

Bitte eine Meinung über den Prenzlauer Berg
- ☐ So schlimm wie alle sagen, ist es nicht (8)
- ☐ Es ist viel, viel schlimmer (3)
- ☐ Diese selbstverliebten Schnösel – schrecklich (5)
- ☐ Wäre schon toll, wenn's ein bisschen heterogener wäre (9)

Bitte eine Meinung zu Charlotte Roche
- ☐ Nicht mein Humor (3)
- ☐ Einfach nur eklig (8)
- ☐ Alle sagen ja, das erste Buch sei total schlecht, aber ich fand's ganz amüsant (8)

Wofür engagieren Sie sich?
- ☐ Ich mach zwar nichts konkret Politisches, aber ich versuche, dafür zu sorgen, dass es in meinem sozialen Umfeld menschlich zugeht (10)
- ☐ In der Kirchengemeinde, in der Elternvertretung, … und noch irgendwo (8)
- ☐ Gegen Bullenschweine (0)

Auflösung

0–99 PUNKTE: GAR KEIN GRÜNER SPIESSER
Alternative 1: Sie sind so ungrün, dass es schon nicht mehr feierlich ist. Sie entlasten den Planeten zwar insofern, als Sie Ihren Mitmenschen niemals ein schlechtes Gewissen machen würden. Aber sonst tun Sie nichts für den Planeten. Alternative 2, aber sehr unwahrscheinlich: Sie sind noch so einer von den letzten aufrechten Grünen, Hard-Core-Grüne genannt, aber eigentlich sehr friedlich.

100–199 PUNKTE: EIN KLEINER GRÜNER SPIESSER
Sie halten sich natürlich für einen aufrechten Grünen – oder einen aufrechten Ungrünen. Aber leider ist auch an Ihnen der zeitliche Ungeist nicht vorbeigegangen. Sie merken wahrscheinlich gar nicht, dass Sie beim Einkauf im Supermarkt nach Emblemen schielen, die Sie zwar nicht verstehen, die Ihnen aber ganz tief in Ihrem Unterbewusstsein Sicherheit und Ruhe garantieren.

200–299 PUNKTE: EIN ZIEMLICHER GRÜNER SPIESSER
Ach ja, was muss das schön sein: Sie haben sich's hübsch eingerichtet in der schönen Grünen Welt. Alles hat seinen Platz, alles hat sein Label und Sie machen alles richtig. Sie finden sich auch noch cool und sympathisch dabei. Respekt! Wie schaffen Sie das eigentlich?

300 PUNKTE UND MEHR: EIN GROSSER GRÜNER SPIESSER
Vor Ihnen muss man nicht warnen. Sie warnen vor sich selbst. Sie umgibt eine blockwartähnliche Aura. Wenn Sie zum Papiercontainer gehen, dann zittert ihre Hausgemeinschaft: Findet er was? Und wenn ja, wie wird er reagieren? Wird die Strafe alttestamentarisch sein oder vielleicht doch milde?

AUTORENBIOGRAFIEN

JÖRG ALBRECHT, geboren 1954, lange Jahre Redakteur bei ZEIT und ZEITmagazin, ist heute Ressortleiter Wissenschaft der *Frankfurter Allgemeinen Sonntagszeitung*.

GERT BASTIAN (1923–1992) diente als General in der Bundeswehr, ehe er in der Friedensbewegung aktiv wurde und für die Grünen in den Bundestag einzog.

HORST BIEBER, geboren 1942, war ab 1970 Redakteur für Politik bei der ZEIT und bis 1997 Chef vom Dienst. Heute schreibt er als freier Autor Krimis und historische Romane.

JÖRG BLOCK, geboren 1974, zeichnet seit 2009 die Deutschlandkarten für das ZEITmagazin.

MARC BROST, geboren 1971, ist Leiter des Hauptstadtbüros der ZEIT.

JOCHEN BUCHSTEINER, Jahrgang 1965, war von 1995 bis 2001 Parlamentskorrspondent der ZEIT. Heute ist er als Asienkorrespondent für die *Frankfurter Allgemeine Zeitung* tätig.

GIOVANNI DI LORENZO, geboren 1959, ist Chefredakteur der ZEIT.

JUTTA DITFURTH, geboren 1951, Autorin und Soziologin, war Mitbegründerin der Grünen, die sie 1991 verlassen hat. Sie ist heute aktiv bei Öko-LinX und politische Aktivistin in außerparlamentarischen Bewegungen.

FRANK DRIESCHNER, geboren 1962, ist Redakteur im Ressort Politik der ZEIT.

HEIKE FALLER, geboren 1971, ist Redakteurin beim ZEITmagazin.

BRIGITTE FEHRLE, geboren 1954, leitete von 2007 bis 2009 das Hauptstadtbüro der ZEIT und ist heute Chefredakteurin der *Berliner Zeitung* und der *Frankfurter Rundschau*.

MARTIN FISCHER, geboren 1983, war 2011 Hospitant beim ZEITmagazin.

WOLFGANG GEHRMANN, geboren 1947, ist Reporter der ZEIT.

MATTHIAS GEIS, geboren 1957, ist Leiter des Hauptstadtbüros der ZEIT.

MARGRIT GERSTE, geboren 1944, war von 1976 bis 2009 Redakteurin der ZEIT.

CHRISTIANE GREFE, geboren 1957, ist Reporterin im Hauptstadtbüro der ZEIT.

OLE HÄNTZSCHEL, geboren 1979, zeichnet seit 2008 Infografiken für das ZEITmagazin.

KLAUS HARTUNG, geboren 1940, war von 1991 bis 2005 Redakteur der ZEIT.

SVEN HILLENKAMP, geboren 1971, war von 2001 bis 2005 Redakteur der ZEIT. Er ist u. a. Autor des Buches »Das Ende der Liebe«.

TINA HILDEBRANDT, geboren 1970, ist Reporterin im Hauptstadtbüro der ZEIT.

GUNTER HOFMANN, geboren 1942, ist Autor der ZEIT, für die er seit 1977 arbeitet. Er war u. a. Leiter des Hauptstadtbüros und Chefkorrespondent.

MATTHIAS HORX, geboren 1955, arbeitete von 1980 bis 1992 als Autor und Redakteur bei *Pflasterstrand, Tempo, DIE ZEIT* und *Merian*. Heute ist er Zukunftsforscher.

PETRA KELLY (1947–1992) gehörte zu den Mitbegründern der Grünen, die sie auch im Bundestag vertrat.

THOMAS KLEINE-BROCKHOFF, geboren 1960, zuletzt Washington-Korrespondent der ZEIT, ist jetzt Senior Transatlantic Fellow and Senior Director of Strategy beim German Marshall Fund of the United States.

MATTHIAS KRUPA, geboren 1969, war lange Jahre stellvertretender Ressortleiter Politik und ist jetzt ZEIT-Korrespondent in Brüssel.

MARIAM LAU, geboren 1962, ist Redakteurin im Hauptstadtbüro der ZEIT.

HARALD MARTENSTEIN, geboren 1953, ist Autor zahlreicher Bücher. Zuletzt erschienen der Roman »Gefühlte Nähe« und der Prosaband »Ansichten eines Hausschweins«. Martenstein arbeitet seit 2002 als Kolumnist für die ZEIT.

CHRISTINE MEFFERT ist Textchefin beim *ZEITmagazin*.

KLAUS POKATZKY, geboren 1953, war von 1980 bis 1991 bei der ZEIT. Heute arbeitet er für das *Deutschlandradio*.

JAN ROSS, geboren 1965, ist außenpolitischer Koordinator der ZEIT.

SABINE RÜCKERT, geboren 1961, leitet das Ressort Dossier der ZEIT.

PETER SAGER, geboren 1945, war von 1975 bis 1999 Reporter bei der ZEIT und lebt heute als freier Autor in Hamburg.

HELMUT SCHMIDT, geboren 1918, war deutscher Bundeskanzler von 1974 bis 1982 und ist Herausgeber der ZEIT.

WALTRAUD SCHOPPE, geboren 1942, gehört zu den Gründungsmitgliedern der Grünen. Von 1990 bis 1994 war sie in Niedersachsen grüne Frauenministerin im Kabinett von Gerhard Schröder.

GERHARD SCHRÖDER, geboren 1944, war u. a. niedersächsischer Ministerpräsident und von 1998 bis 2005 deutscher Bundeskanzler.

MICHAEL SONTHEIMER, geboren 1955, war Redakteur der ZEIT von 1985 bis 1991. Heute schreibt er vor allem für den *SPIEGEL*.

GERHARD SPÖRL, geboren 1950, kam 1980 zur ZEIT und war zehn Jahre lang politischer Redakteur. Seit 1990 arbeitet er beim *SPIEGEL* in leitender Funktion.

MARK SPÖRRLE, geboren 1967, ist stellvertretender Chef vom Dienst der ZEIT.

ULRICH STEGER, geboren 1943 in Berlin, ist Wirtschaftswissenschaftler, Hochschullehrer, Manager und Politiker (SPD).

ULRICH STOCK, geboren 1958, ist ZEIT-Reporter.

MATTHIAS STOLZ, geboren 1973, ist Redakteur beim *ZEITmagazin*.

HENNING SUSSEBACH, geboren 1972, ist Redakteur im Ressort Dossier der ZEIT.

BERND ULRICH, geboren 1960, ist stellvertretender Chefredakteur der ZEIT und leitet das Ressort Politik.

MORITZ VON USLAR, geboren 1970, schrieb das Interviewbuch »100 Fragen an ...« und das Reportagebuch »Deutschboden« und arbeitet als Autor bei der ZEIT.

FRITZ VORHOLZ, geboren 1953, ist Wirtschaftsredakteur im Hauptstadtbüro der ZEIT.

CHRISTIAN WERNICKE, geboren 1959, war bis 2001 Redakteur der ZEIT und berichtet heute für die *Süddeutsche Zeitung* aus Washington.

STEFAN WILLEKE, geboren 1964, leitet das Ressort Dossier der ZEIT.

PHILIPP WURM, geboren 1980, ist freier Journalist. Seit 2010 schreibt er für das *ZEITmagazin*.

BILDNACHWEIS

achenbach-pacini   S. 62–66

B.C. Möller   S. 29–32

Deutschlandkarten:
Ole Haentzschel   S. 93
Jörg Block   S. 135; 195; 231; 317; 359

Eckard Jonalik   S. 167–170

Gerd Ludwig   S. 140–144

Giovanni Castell   S. 115

Hope Gangloff   S. 347–357

Jens Boldt   S. 48

Jim Rakete   S. 34–37

Mark Edwards – Still Pictures   S. 57

Martin Fengel   S. 77; 79

Max von Gumppenberg und Patrick Bienert   S. 127–132

Ole Haentzschel   S. 371/372; 375/376; 378/379; 388/389; 400/401

picture alliance/akg-images   S. 100 u.l.; 101

picture alliance/Armin Weigel   S. 90

picture-alliance/Dieter Hespe   S. 150

picture alliance/Dieter Klar   S. 164

picture alliance/Berliner_Kurier   S. 277 u.

picture alliance/dpa   S. 73–74; 99; 100 l.o.; 103–108; 118; 121; 125; 176; 204/205; 213–215; 217; 224; 226 u.r.;227; 236; 239; 244; 251; 261; 267 u.; 274; 277 o.l., m.; 283–291; 294; 296; 301; 313/314; 322; 325 o.; 328; 336; 338 o., m.l.; 339; 364; 369; 383; 386; 391; 392; 398

picture-alliance/dpa/dpaweb   S. 120; 219; 270; 307/308; 341; 344

picture alliance/Erwin Elsner   S. 43

picture alliance/Klaus Rose   S. 22; 191

picture alliance/Michael Jung   S. 182/183

picture-alliance/Roland Witschel   S. 257; 332

picture-alliance/Sven Simon   S. 159; 220; 325 u.

picture-alliance/Wolfgang Eilmes   S. 254; 331

picture-alliance/ZB   S. 201 m., u.; 226 o.l.; 266; 267 o.; 338 u.r.;

Sigrid Reinichs   S. 311

Stuart Whitton   S. 81

© 2011 Edel Germany GmbH, Hamburg
www.edel.de
1. Auflage 2011

Konzeption Zeitverlag Gerd Bucerius GmbH & Co.KG,
Herausgeber Christoph Amend, Patrik Schwarz
Verlag: Edel Germany GmbH, Hamburg

PROJEKTKOORDINATION: Melanie Podgornik, Die ZEIT / Dr. Marten Brandt, Edel

REDAKTION: Meite Thiede
LAYOUT, HERSTELLUNG UND SATZ: Groothuis, Lohfert, Consorten, Hamburg | www.glcons.de

UMSCHLAGGESTALTUNG: Groothuis, Lohfert, Consorten, Hamburg | www.glcons.de
LITHOGRAFIE: Frische Grafik, Hamburg
DRUCK UND BINDUNG: optimal media GmbH, Röbel

Alle Rechte vorbehalten. All rights reserved.
Das Werk darf – auch teilweise – nur mit Genehmigung des jeweiligen
Rechteinhabers wieder gegeben werden.

Printed in Germany

ISBN 978-3-8419-0115-6

Wir danken dem Zeitverlag Gerd Bucerius GmbH & Co. KG
und den weiteren Lizenzgebern.